Herausgegeben von:

Hans-Jürgen Lendzian
und
Wolfgang Mattes

Autoren:

Ulrich Bröhenhorst,
Axel Jürgens,
Hans-Jürgen Lendzian,
Christoph Andreas Marx,
Wolfgang Mattes

Zeiten und Menschen

1

Schöningh

www.schoeningh-schulbuch.de
Schöningh Verlag, Jühenplatz 1–3, 33098 Paderborn

Druck 5 4 3 / Jahr 2013 12 11
Die letzte Zahl bezeichnet das Jahr dieses Druckes.

Umschlaggestaltung: Yvonne Junge-Illies, Berlin
Druck und Bindung: westermann druck GmbH, Braunschweig

ISBN 978-3-14-034505-7

Inhaltsverzeichnis

Inhaltsverzeichnis

Inhaltsverzeichnis

Liebe Schülerinnen und Schüler,

das neue Fach Geschichte beginnt auch mit einem neuen Schulbuch. Wir, das Team der Autorinnen und Autoren, haben uns überlegt, wie wir dieses Buch für euch so interessant und lehrreich wie möglich machen können. Beim Durchblättern werdet ihr feststellen, dass es eine Fülle von Vorschlägen für den Unterricht enthält. Einzelne Elemente kommen immer wieder vor. Deshalb wollen wir sie euch kurz vorstellen.

Jedes große Kapitel beginnt mit einer **Aufmacherseite.** Diese Doppelseite enthält Anregungen für ein erstes Gespräch über das neue Thema. Vielleicht wisst ihr schon eine Menge über die Anfänge der Menschheit, das Alte Ägypten oder die Griechen und Römer. Mithilfe der Aufmacherseite könnt ihr erzählen, was ihr schon einmal gehört, gelesen oder gesehen habt, und ihr könnt sagen, was euch am Thema besonders interessiert. Dazu ein Tipp: Wenn jeder von euch am Beginn eines neuen Kapitels aufschreibt: „Was ich schon über dieses Thema weiß …"/„Was ich gerne wissen möchte …" und das dann in der Klasse vorliest, kann jeder von euch zu Beginn einer Reihe einmal drankommen. Vielleicht habt ihr es schon öfter bemerkt: Wenn man gleich am Anfang einer Unterrichtsreihe aktiv einsteigen kann, geht die Mitarbeit auch nachher viel leichter.

Methodenbox
Quellen vergleichen

In jedem Fach muss man bestimmte Methoden und Arbeitsweisen beherrschen um erfolgreich mitarbeiten zu können. Für das Fach Geschichte gehören spezielle Dinge dazu, wie der Umgang mit Texten aus alter Zeit, Landkarten oder Bildern, aber auch allgemeine Dinge wie zum Beispiel die Fähigkeit erfolgreich in einer Gruppe zu arbeiten. Um das zu lernen, gibt es die **Methodenboxen** in diesem Buch. Wir hoffen, dass die Arbeitstechniken und Methoden, die ihr euch so erarbeiten könnt, auch über das Fach Geschichte hinaus von Nutzen sind.

Wenn ein Materialangebot die Überschrift **Forschungsstation** trägt, dann kann es für euch so richtig losgehen. Hier sollt ihr selbst als Geschichtsforscherinnen und Geschichtsforscher arbeiten und einer spannenden Frage möglichst ohne fremde Hilfe nachgehen. Dahinter steckt die Idee, dass man besonders gut und mit Freude lernt, wenn man selber etwas gestalten kann – ebenso wie die Forscherinnen und Forscher, die sich auch freuen, wenn sie etwas Neues entdeckt haben.

Forschungsstation

Info

Neben der Arbeit mit Texten aus alter Zeit, Bildern, Karten usw. spielen aber auch die von den Autorinnen und Autoren dieses Buches verfassten darstellenden Texte eine wichtige Rolle, um etwas über Geschichte zu erfahren. Zusätzlich zu den Texten, die ihr in Verbindung mit verschiedenen Materialien auf fast jeder Doppelseite findet, gibt es daher die **Info-Seiten**, auf denen ihr euch über bestimmte Sachverhalte oder Ereignisse zusammenhängend informieren könnt. Dabei ist es besonders wichtig, zielgerichtet zu lesen, d.h. mit einer klaren Fragestellung (Worum geht es hier? Was kann ich aus diesem Text zum Thema erfahren?). Hilfen hierzu geben euch die Überschriften oder auch Hinweise und Fragen zum Text.

Der Junge auf der Zeichnung rechts blickt mit einem Fernglas in die Vergangenheit. Immer wenn Seiten mit einem solchen **Fernglas** gekennzeichnet sind, heißt das, dass ihr hier Geschichte hautnah erleben könnt. Dies geschieht in ganz verschiedener Form: So könnt ihr etwa eine fiktive „Zeitreise" unternehmen oder ein spannendes Ereignis aus vergangener Zeit wird so geschildert „Als wären wir dabei gewesen", aber ihr könnt hier z. B. auch Hieroglyphen schreiben oder erhaltet Hinweise für ein Projekt … und und und …

Stopp
Ein Blick zurück

Was würde uns das Lernen nützen, wenn wir uns wichtige Erfahrungen nicht einprägen könnten? Ihr kennt das vom Vokabeln lernen. Man muss üben und wiederholen, sonst vergisst man zu schnell wieder. Aber: Üben und Wiederholen, das muss nicht langweilig sein. Ihr werdet das sehen, wenn ihr am Ende jedes größeren Kapitels den Abschnitt **Stopp: Ein Blick zurück** bearbeitet.

In dem neuen Fach Geschichte geht es um vergangene **Zeiten** und die **Menschen**, die darin gelebt haben. Wie haben die ersten Menschen gelebt? Wie haben die Menschen so tolle Bauwerke wie die Pyramiden erschaffen können? Welche Kämpfe haben sie ausgetragen? Welche Sehnsüchte hatten sie? Das ist nur eine kleine Auswahl der Fragen, mit denen ihr euch beschäftigen werdet. Wenn wir die Handlungen anderer Menschen betrachten, denken wir immer auch über uns selbst nach. Und deswegen geht es im Fach Geschichte besonders darum, Antworten auf die folgenden Fragen zu finden:

- Wo kommen wir her?
- Was können wir aus der Vergangenheit lernen?
- Wie sollen wir unsere Zukunft gestalten?

Wir hoffen, dass ihr mit Freude bei der Sache sein werdet und dass **Zeiten und Menschen** für die Gestaltung des Unterrichtes eine interessante Grundlage sein wird.

M 1

Geschichte ...

Überreste aus dem Alten Ägypten: Foto des Amun-Tempels in Luxor, der um 1400 v. Chr. unter dem Pharao Amenhotep III. erbaut wurde

M 2

Ein Relief aus der Römerzeit: Es zeigt vier Lebensabschnitte eines Kindes.

M 3

Eine mittelalterliche Miniaturzeichnung (15. Jh.): Sie zeigt Bürger im Spätmittelalter, die in ihrer Stadt mit Baumaßnahmen beschäftigt sind.

Foto aus dem 20. Jahrhundert: Kinder am Lagerzaun eines nationalsozialistischen Konzentrationslagers

M 4

Auf den Begriff gebracht

Geschichte hängt mit Geschehen zusammen und Geschichte hat vor allem mit Menschen und ihren Lebensweisen zu tun. Dabei fragen wir nach uns und nach anderen.

In der Familie möchten wir wissen, wer unsere Vorfahren sind, wo und wie sie gelebt haben. Welche Probleme haben sie gehabt? Wie sind sie damit umgegangen? Was haben sie im Vergleich zu uns anders oder gleich gemacht und warum? Worin sind wir ihnen ähnlich oder auch gleich? Was verbindet uns auch heute noch mit ihnen? In gleicher Weise fragen wir neugierig oft auch danach, wie es anderen Menschen auf der Welt, die vor uns gelebt haben, ergangen ist. Dabei kann unser Interesse, wie es die Bilder auf dieser Doppelseite zum Ausdruck bringen, ganz verschiedenen Menschen in ihrer Zeit gelten. In einem Fall steht z.B. die Art und Weise des Lebens der Menschen im Römischen Reich vor mehr als 2000 Jahren oder im Mittelalter vor über 500 Jahren im Mittelpunkt des Interesses. Im anderen Fall beschäftigen wir uns fragend mit dem grausamen Schicksal der Ermordung von Millionen Menschen in den Konzentrationslagern durch das nationalsozialistische Deutschland in den 30er- und 40er-Jahren des 20. Jahrhunderts und versuchen damit aus unserer Sicht heute verantwortungsvoll umzugehen.

Alle Beispiele verweisen auf ein weiteres entscheidendes Grundmerkmal von Geschichte: Wenn wir uns mit Geschichte beschäftigen, dann beschränken wir uns nicht darauf herauszufinden, was wo und warum geschehen ist, sondern wir müssen immer auch klären, wann sich die Geschehnisse ereignet haben. Und da gibt es noch etwas Besonderes: Die Zeit, in der sich die Dinge abgespielt haben, ist eigentlich nicht mehr da. Wir blicken von heute zurück. Wer sich mit Geschichte beschäftigt, versetzt sich immer in eine – allerdings unterschiedlich lange – vergangene Zeit zurück. Zum Ereignis (Wer?, Was? und Warum?) und zum Raum (Wo?) gehört also immer die Zeit (Wann?).

Ich notiere mir Stichworte zu dem Thema und erkläre meinen Mitschülerinnen und Mitschülern, was „Geschichte“ ist. Dabei versuche ich auch klar zu machen, was der Unterschied zu „Geschichten“ ist.

Geschichte und Zeit

Wie sehr hat die Uhr das Leben der Menschen verändert?

Älteste erhaltene mechanische Wanduhr der Welt (14. Jh.)

Man sieht sie nicht wirklich, wir können sie nicht in der Hand halten und doch spüren und wissen wir, dass sie da ist. Sie bestimmt unser Leben und den Gang der Dinge unaufhaltsam Tag für Tag. Die Rede ist von der Zeit.
Wenn wir heute wie selbstverständlich auf die Uhr schauen um genau zu wissen, wie spät es ist, ist es den meisten von uns kaum bewusst, dass solch eine präzise minuten- und sekundengenaue Zeitmessung eine recht späte Entwicklung im Verlauf der Geschichte ist. Räderuhren, die die Zeit in kleinen Einheiten (Stunden, Minuten) messen, gibt es erst seit dem 14. Jahrhundert. Über weite Strecken und Zeiträume bestand anscheinend keine Notwendigkeit Zeiträume und Zeitpunkte exakt zu bestimmen. Dass man Zeit messen kann und dass dies hilfreich für die Gestaltung und Organisation des Lebensalltags ist, entdeckten allerdings die Menschen schon sehr früh. Immer dienten dabei Sonne und Mond zum Messen von Zeit. Die Beobachtung, dass die beiden Gestirne Sonne und Mond ihre Bahn mit größter Regelmäßigkeit durchlaufen, bildete die Grundlage für genauere Messungen von Zeit. Tag, Monat und Jahr als Zeiteinheiten waren das Ergebnis. Damit hatte man auch die Grundlage für den Kalender gefunden.
Mit dem Kalender war es dann auch zum ersten Mal möglich, Ereignisse in der Vergangenheit zeitlich genau festzuhalten. Allerdings musste man für die Einordnung der Ereignisse nach Jahres-, Monats- oder sogar Tagesangaben irgendwo im gleichmäßigen Fluss der Jahre einen Festpunkt ansetzen, von dem aus man mit dem Zählen begann. Diesen Festpunkt haben Völker sehr verschieden angesetzt. Somit gibt es auch heute noch unterschiedliche Zeitrechnungen nebeneinander. In vielen Ländern auf der Welt hat man die Geburt Christi als Ausgangspunkt genommen, auf den hin wir die geschichtlichen Daten einordnen. Für unsere Zeitrechnung ist das Jahr 1 das (angenommene) Jahr von Christi Geburt. Da es das Jahr 0 nicht gibt, gilt für unsere Zeitrechnung also Folgendes: Der Zeitraum von der Geburt Christi bis zum Jahr 99 ist das erste Jahrhundert. Das zweite Jahrhundert umfasst die Jahre 100 bis 199 usw. Von diesem Festpunkt (Christi Geburt) aus rechnen wir vor (z. B. 1997, 1998, 1999) oder zurück. Die Zeit vorher zählen wir in umgekehrter Reihenfolge mit dem Zusatz „v. Chr.“ ≈ vor Christus (z. B. 753 v. Chr.).

Schiefer Turm von Pisa begonnen 1174

Kölner Dom Grundsteinlegung 1248

Brandenburger Tor Berlin, erbaut um 1790

Empire State Building New York, erbaut 1930

Olympiastadion München eröffnet 1972

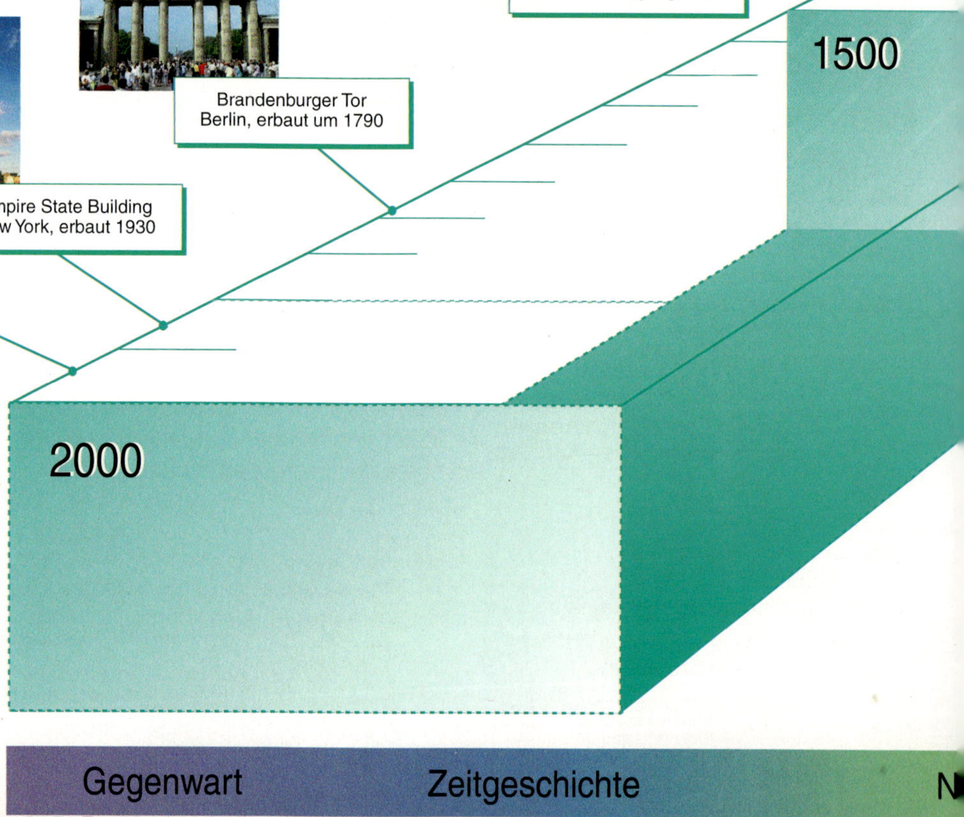

Für Rechner:

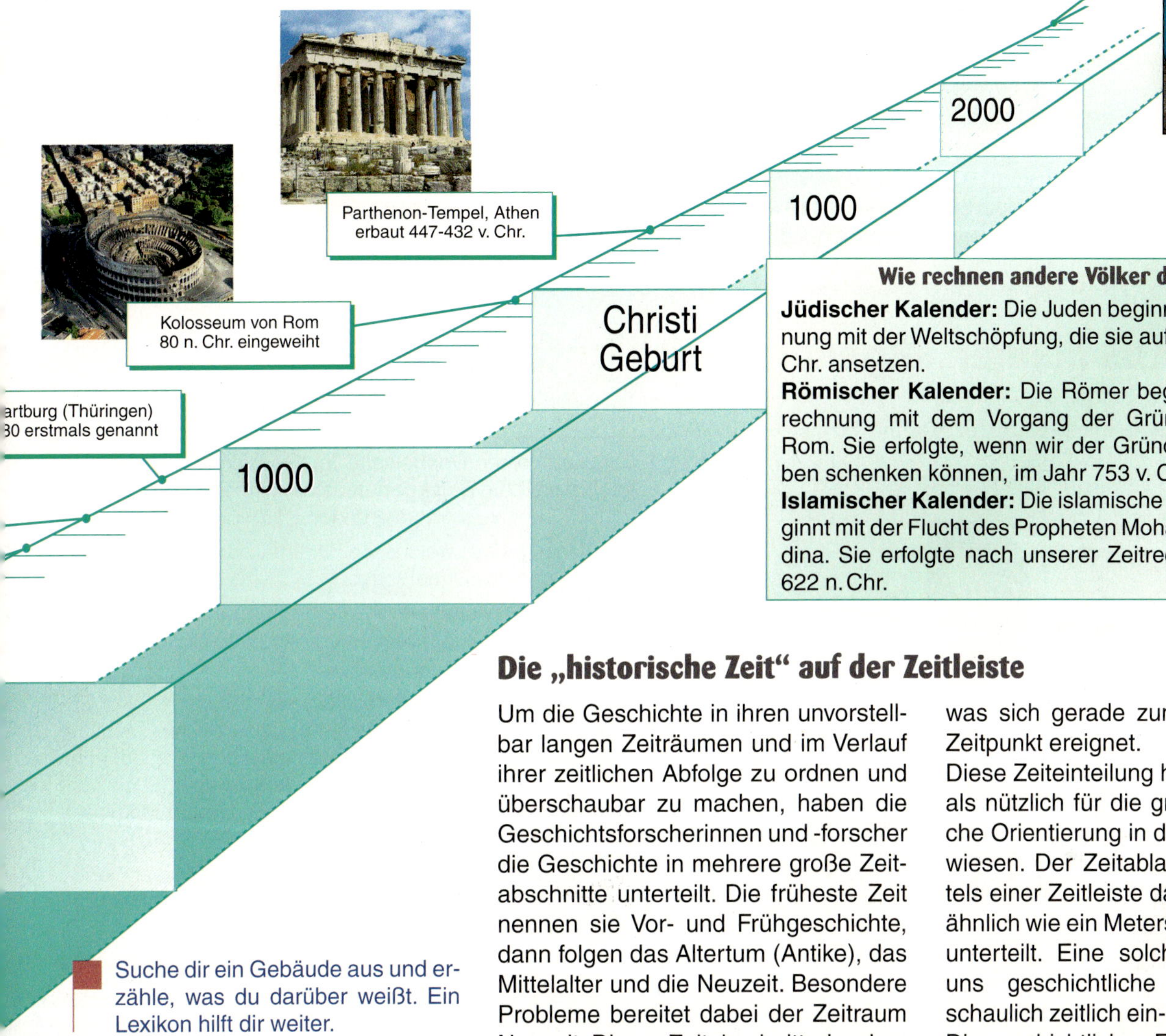

Cheopspyramide, Ägypten um 2500 v. Chr.

Parthenon-Tempel, Athen erbaut 447-432 v. Chr.

Kolosseum von Rom 80 n. Chr. eingeweiht

artburg (Thüringen) 30 erstmals genannt

Wie rechnen andere Völker die Zeit?

Jüdischer Kalender: Die Juden beginnen ihre Zeitrechnung mit der Weltschöpfung, die sie auf das Jahr 3761 v. Chr. ansetzen.
Römischer Kalender: Die Römer begannen ihre Zeitrechnung mit dem Vorgang der Gründung der Stadt Rom. Sie erfolgte, wenn wir der Gründungssage Glauben schenken können, im Jahr 753 v. Chr.
Islamischer Kalender: Die islamische Zeitrechnung beginnt mit der Flucht des Propheten Mohammed nach Medina. Sie erfolgte nach unserer Zeitrechnung im Jahre 622 n. Chr.

Suche dir ein Gebäude aus und erzähle, was du darüber weißt. Ein Lexikon hilft dir weiter.

Tipp:

Hier kann auch eine ganz moderne Informationsquelle gute Dienste leisten: Wir benutzen das „Internet“. Wenn ihr in eurer Schule eine solche Möglichkeit habt, nutzt sie unter Anleitung eurer Lehrerin oder eures Lehrers. Auch Mitschülerinnen und Mitschüler stehen manchmal als Expertinnen und Experten dafür zur Verfügung.

Die „historische Zeit“ auf der Zeitleiste

Um die Geschichte in ihren unvorstellbar langen Zeiträumen und im Verlauf ihrer zeitlichen Abfolge zu ordnen und überschaubar zu machen, haben die Geschichtsforscherinnen und -forscher die Geschichte in mehrere große Zeitabschnitte unterteilt. Die früheste Zeit nennen sie Vor- und Frühgeschichte, dann folgen das Altertum (Antike), das Mittelalter und die Neuzeit. Besondere Probleme bereitet dabei der Zeitraum Neuzeit. Dieser Zeitabschnitt, der dem Namen nach streng genommen jeweils bis zum heutigen Tag reicht, wird eigentlich immer länger, da die Zeit nicht aufzuhalten ist. Um auch diesen Zeitabschnitt noch einmal sinnvoll zu unterteilen benutzen wir für die Geschichte unserer Zeit die Bezeichnung Zeitgeschichte. Damit ist die unmittelbare Vergangenheit gemeint oder auch die „gegenwärtige Geschichte“, all das, was sich gerade zum gegenwärtigen Zeitpunkt ereignet.
Diese Zeiteinteilung hat sich eigentlich als nützlich für die großräumige zeitliche Orientierung in der Geschichte erwiesen. Der Zeitablauf lässt sich mittels einer Zeitleiste darstellen. Sie wird ähnlich wie ein Meterstab in Abschnitte unterteilt. Eine solche Zeitleiste hilft uns geschichtliche Ereignisse anschaulich zeitlich ein- und anzuordnen. Die geschichtlichen Ereignisse werden in ihrer Abfolge nach Jahrtausenden, Jahrhunderten, Jahrzehnten, Jahren und Tagen geordnet aufgereiht.
Die Wissenschaftler nennen ein solches Ordnungsprinzip und Vorgehen **chronologisch.** Das Wort leitet sich aus dem Griechischen ab; „Chronos“ war in der griechischen Götterwelt der Gott der Zeit.

Geschichte als Geschichte von Generationen

Zwei Projekte für „Zeitdetektive“

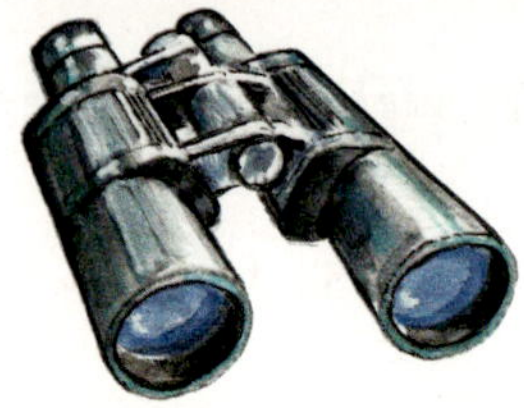

Wir und die Vergangenheit

Zehntelsekunden, Sekunden, Minuten, Stunden, Tage, Wochen, Monate, Jahre, Jahrzehnte, Jahrhunderte, Jahrtausende, Millionen von Jahren. Unendlich ist die Zeit. Aber wir Menschen können sie in Abschnitte – kleine und große Einheiten – einteilen und für uns als Ordnungsprinzip nutzbar machen. So organisieren wir nach dem Prinzip von vorher und nachher unser Heute (die Gegenwart) oder planen vorausschauend die Zukunft. Selbst die Vergangenheit können wir durch unser Gedächtnis bewahren. Allerdings können wir die vergangene Zeit selbst nur in einem sehr kleinen Abschnitt erinnern. Ihr könnt es selbst leicht ausprobieren.

Projekt: Aus meiner „eigenen Geschichte“

Tipp: So könntest du vorgehen:

1. Lege auf einer Doppelseite im Geschichtsheft (besser noch auf einem Stück Tapetenrolle) eine Zeitleiste an und versieh sie mit Zeitmarkierungen.
2. Überlege genau, welche Zeitunterteilung in deinem Fall sinnvoll und zweckmäßig ist.
3. Versuche möglichst viele Erinnerungen aus deinem Leben zusammenzubringen und dir wichtige Geschehnisse zu notieren.
4. Trage die eigenen Lebensdaten mit stichwortartigen Erläuterungen an der Zeitleiste ein. Dazu zählen wichtige Lebensereignisse, an die du dich selbst erinnerst oder die du von anderen erfahren hast. Du kannst auch Bilder dazu malen, Fotos und Fotokopien (z.B. Geburtsurkunde) hinzufügen.
5. Nun kannst du der Zeitleiste folgend deinen Mitschülerinnen und Mitschülern aus deiner Lebensgeschichte zeitlich geordnet erzählen.

Denk noch einmal nach!

- Versuche herauszufinden, bei welchen Ereignissen deiner Lebensgeschichte du ganz allein nur auf deine eigenen Erinnerungen zurückgreifen konntest.
- In welchen Fällen hast du andere Informationsquellen benutzt und für deine Erzählung verwendet?
  Markiere diese Fälle an deiner Zeitleiste.
- Wie erklärst du dir das?

Was ist das: eine Generation?

Schon als Kinder lernen wir, dass die Eltern „älter“ sind als wir selbst. Sie haben schon gelebt, als wir selbst noch nicht geboren waren. Großmutter und Großvater haben noch früher gelebt. Damit ist der Anfang einer Generationsreihe gemacht, die weit in die Vergangenheit führt.

Die Mitglieder einer Familie kannst du mit Hilfe eines Stammbaums ordnen. Die jeweils auf einer Altersstufe lebenden Mitglieder einer Familie – Kinder, Eltern, Großeltern – bilden jeweils für sich genommen eine Generation. Daher sprechen wir in einer Familie von der „jüngeren Generation“, der „Vätergeneration“ und der „Großvätergeneration“. Die Ausdrücke „Müttergeneration“ und „Großmüttergeneration“ werden selten verwendet. Das Wort Generation stammt aus der lateinischen Sprache und bedeutet so viel wie „Altersstufe“. Nach dem Gesetz der Natur gilt, dass Menschen leben, weil vor ihnen schon andere gelebt haben. Erwachsene Menschen beschließen miteinander zu leben; sie zeugen und bringen Kinder zur Welt. Ihre Kinder bilden ihre Nachkommenschaft und leben auf der folgenden Altersstufe: Sie bilden die nächste Generation.

Im weitesten Sinne des Wortes bezeichnen wir also die Menschen ungefähr gleicher Altersstufe und ähnlicher Lebenserfahrung als eine Generation. In diesem Sinne gehören deine Klassenkameradinnen und -kameraden und du zur Generation der Jugend des ausgehenden 20. bzw. des beginnenden 21. Jahrhunderts.

„Das ist bei uns seit Generationen so üblich.“ Wenn jemand dies sagt, möchte er zum Ausdruck bringen, dass schon seit hundert und mehr Jahren gleiche Gewohnheiten gepflegt werden. So sind manche Familien schon Buchhändler und Verleger in der vierten oder fünften Generation. Die Menschen in den Städten und Dörfern feiern jedes Jahr traditionell ihr Schützenfest, ihren Karneval oder religiöse Feste. Es war schon immer so seit langer Zeit und wird auch in Zukunft so bleiben. Auf diese Weise bewahren wir die Erinnerung an althergebrachte überlieferte Gewohnheiten. Wir halten sie in der Gegenwart wach. Generationen sind somit auch wichtige Träger gemeinsamer althergebrachter Gewohnheiten, Sitten und Gebräuche. Sie sind Träger historischer Traditionen.

Projekt:

Woher komme ich? – Meine Wurzeln

Du kannst versuchen, einen Stammbaum deiner Familie aufzuzeichnen. Die notwendigen Daten dazu (z.B. Geburtsdaten und -orte der Eltern, Großeltern usw.) kannst du, soweit sie dir nicht bekannt sind, erfragen oder auch nachschauen (Tipp: Familienbuch). Wer möchte, kann seinen Stammbaum mit in die Schule bringen und aus seiner Familie erzählen. Häufig erfährt man nämlich bei Nachfragen manch Interessantes und Spannendes über seine Vorfahren und deren Leben.

„Weißt du noch, früher ...“ – Wie und wann wird Vergangenheit wieder lebendig?

„Dabei gewesen“ – Mündliche Überlieferung

Wenn Familienmitglieder, Verwandte oder Bekannte zusammenkommen, z.B. bei einer Hochzeit oder einem „runden Geburtstag“, dann sprechen sie nach einiger Zeit garantiert von der Vergangenheit und erzählen Geschichten von früher. Mal lachen alle Anwesenden laut und herzlich in Erinnerung an komische Szenen, dann aber erleben wir auch, dass sie ernst und nachdenklich werden. Denn zu hören gibt es lustige und traurige Geschichten. Die Eltern, die Großeltern oder vielleicht sogar noch eine lebende Urgroßmutter oder der Urgroßvater können solche Geschichten aus vergangenen Jahren erzählen, weil sie sie selbst erlebt haben und sich erinnern. Sie sind Zeitzeugen. „Weißt du noch, damals ...?“ So beginnt bei solchen Gelegenheiten häufig das Zurückblicken auf vergangene Zeiten. Und wenn sich jemand, der erzählt, nicht mehr an alle Einzelheiten erinnert, fragt er andere in der Runde. „Wie war das damals eigentlich noch genau ...?“ Bereitwillig ergänzen dann andere Anwesende Fehlendes aus ihrer Erinnerung der Dinge. Dabei ist dann aber Widerspruch anderer Zuhörer, die auch selbst dabei waren oder das, was berichtet wird, gehört haben, nicht selten. „Nein, nein, das habe ich ein wenig anders in Erinnerung“, tönt es aus dem ein oder anderen Munde. Meinungen und unterschiedliche Ansichten werden ausgetauscht. Manchmal kann man sich einigen, öfters auch nicht. Wenn Menschen bei solchen oder anderen Anlässen aus ihrem Leben erzählen, dann wird für die Zuhörer durch mündliche Überlieferung Vergangenheit wieder lebendig. Vor allem die jüngere Generation kann auf diese Weise des Zuhörens eine Menge erfahren über Ereignisse, Lebensgewohnheiten und -umstände, auch Alltägliches vergangener Zeiten. Ältere Familienmitglieder, Bekannte und Verwandte werden zu mündlichen Quellen der Geschichte. Sie vermitteln Bedeutsames für unser Wissen um die Vergangenheit.

Aber Vorsicht!

Wie weit, genau, allgemeingültig und zuverlässig lässt sich Familiengeschichte und damit auch ein Stück der allgemeinen Geschichte der Menschheit auf dem Wege der mündlichen Überlieferung über Generationen weitergeben?

- Wie würdest du die Frage beantworten?

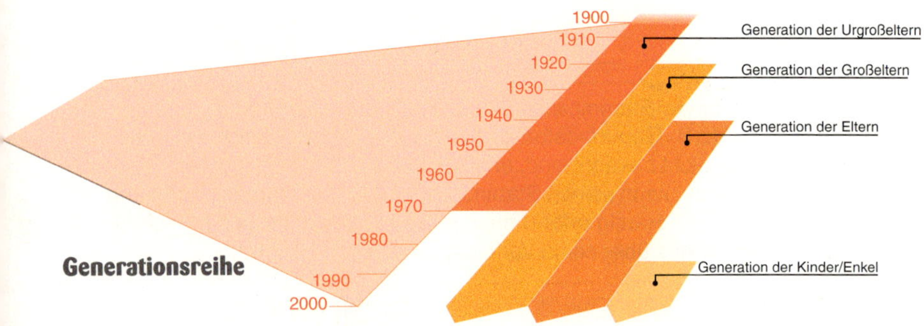

Generationsreihe

Zeitzeugen

Über Zeiten, die wir nicht selbst miterlebt haben, können ältere Menschen berichten. Dabei ist es nicht ungewöhnlich, dass die Oma spürbar andere Erinnerungen hat als der Opa, der zur gleichen Zeit mit ihr gelebt hat. Wir müssen bedenken, dass Zeitzeugen immer eine eigene, *ihre* Geschichte erzählen.
Da wird, wie wir es auch selbst tun, ausgewählt, weggelassen, hinzugefügt, vielleicht auch mal übertrieben. Die Erfahrungen des einen sind somit nicht ohne weiteres auf alle Menschen übertragbar.

Projekt: Zeitzeugen erzählen interessante Geschichten aus der Vergangenenheit

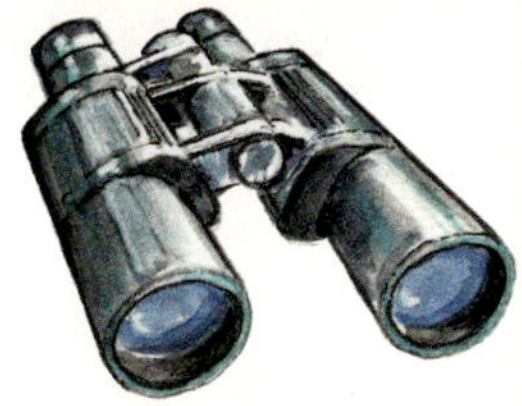

Wir erfahren schon viel Interessantes aus der Geschichte auf dem Wege der mündlichen Überlieferung. Was zum Beispiel Eltern und Großeltern über die vergangene Zeit erzählen können, ist eine wichtige Quelle für das Wissen um vergangene Zeiten. Probieren wir es doch einmal selbst aus.

Tipp:

Wie könnten wir vorgehen, wenn wir aus den Erinnerungen älterer Mitmenschen etwas über vergangene Zeiten erfahren möchten, was uns an einem Thema interessiert?

1. Wir überlegen und entscheiden, wer ein geeigneter Gesprächspartner sein könnte.
2. Wir sammeln und notieren Fragen, die uns zu diesem Thema interessieren.
3. Wir planen ein „Interview" und führen die Zeitzeugenbefragung durch.
4. Wir bedenken die Möglichkeiten, wie wir all das, was wir zu unseren Fragen als Informationen erhalten, sammeln und dauerhaft festhalten können.
   (**Tipp:** Kassettenaufnahme)

Ein Kreisgespräch

Wir stellen uns die Zeiträume der Geschichte vor

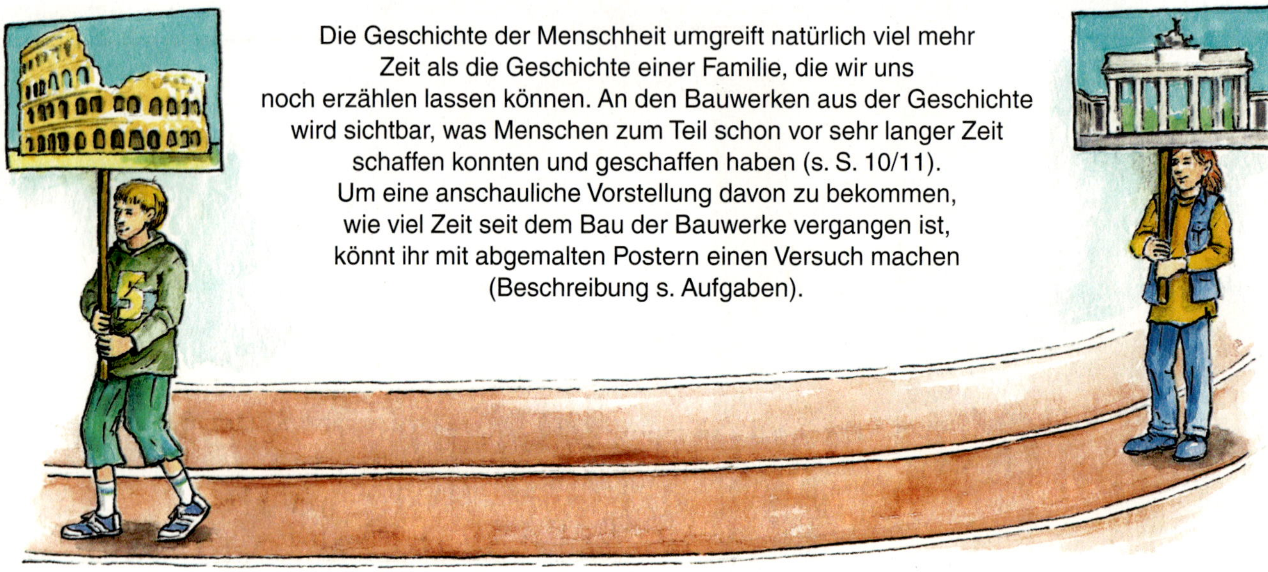

Die Geschichte der Menschheit umgreift natürlich viel mehr Zeit als die Geschichte einer Familie, die wir uns noch erzählen lassen können. An den Bauwerken aus der Geschichte wird sichtbar, was Menschen zum Teil schon vor sehr langer Zeit schaffen konnten und geschaffen haben (s. S. 10/11). Um eine anschauliche Vorstellung davon zu bekommen, wie viel Zeit seit dem Bau der Bauwerke vergangen ist, könnt ihr mit abgemalten Postern einen Versuch machen (Beschreibung s. Aufgaben).

1. Geht auf den Schulhof oder Sportplatz oder in den längsten Gang in der Schule und legt einen Punkt als **Heute** fest. Jetzt müsst ihr den Maßstab bestimmen: Habt ihr viel Platz, dann könnt ihr einen normalen Schritt für je 10 Jahre der Zeit ansetzen, die seit Errichtung der Bauwerke vergangen ist; habt ihr wenig Platz, müsst ihr für jeden Schritt 100 Jahre ansetzen und für die Bauten des 20. Jahrhunderts auf dem letzten Schritt je eine Fußlänge für 20 Jahre nehmen. Wenn ein Metermaß zur Verfügung steht, könnt ihr genauer vorgehen (1 m = 10 bzw. 100 Jahre, 1 cm = 1 Jahr bzw. 10 Jahre).
Rechnet jetzt die Zahl der Schritte für die einzelnen Bauwerke aus. Bedenkt dabei, dass unsere Jahreszählung vom Jahr der Geburt Christi ausgeht und dass einige Bauwerke vor diesem Zeitpunkt entstanden sind.

2. Mitschüler entfernen sich mit den Postern auf einer Linie so viele Schritte vom **Heute**-Punkt, wie ihr für das einzelne Bauwerk ausgerechnet habt, bleiben dann stehen und halten ihr Poster hoch.

3. Betrachtet nun die Gesamtanlage der Poster vom **Heute**-Punkt aus und sprecht über das, was ihr seht. Alle Bauwerke sind „alt“ – aber wie könnt ihr das vom **Heute**-Standort aus genauer ausdrücken? Stellt euer eigenes Alter, das Alter eurer Eltern und Großeltern – falls ihr es wisst – in der Anlage dar.

Weitergedacht ...

Sollen die Menschen von HEUTE für die Erhaltung der noch vorhandenen alten Gebäude oder ihrer Reste sorgen, auch wenn das manchmal viel Geld kostet?

Wie erfahren wir etwas über die Vergangenheit?

Haben ein Kriminalfall und Geschichte etwas gemeinsam?

Wie sieht die Arbeit von Kriminalpolizisten aus?

Wenn sich ein Unglücksfall ereignet hat oder wenn ein Verbrechen begangen worden ist, verständigen wir die Polizei. Im Falle eines vermuteten Verbrechens wird die Kriminalpolizei mit der Untersuchung beauftragt.
Die Tat ist geschehen, vorbei. Der Kriminalpolizist kann nur aus einzelnen Spuren einer Tat den ganzen Tathergang ermitteln. Denn er war kein Tatzeuge. Schon deshalb ist er bemüht so schnell wie möglich am Tatort zu sein. Tatkräftig unterstützt von den Kollegen aus der Abteilung Spurensicherung sucht er nach allen möglichen Spuren des Geschehens, die hinterlassen worden sind. Er sichert sie, damit nichts Wichtiges vertuscht, übersehen wird oder verloren geht. Kriminalpolizisten leisten Detektivarbeit. Spurensuche, Spurensicherung und Spurenauswertung, das ist ihr Beruf. Auf diesem Wege versuchen sie im Nachhinein ein Gesamtbild des Tathergangs zu zeichnen. Sie rekonstruieren Tat und Tathergang so weit und genau es auf der Grundlage der vorhandenen Spuren möglich ist. Rekonstruieren heißt, man versucht etwas Vergangenes wiederherzustellen. In einem abschließenden Bericht fasst der Kriminalpolizist die Ergebnisse seiner Ermittlungen zusammen. Es ist zunächst einmal seine Sicht des Geschehens. Nicht alle teilen sie ohne Einschränkung. Denkt zum Beispiel an den Rechtsanwalt vor Gericht, der als Verteidiger auftritt. Er ist in manchen Punkten anderer Meinung. Nur das hat Bestand, wofür man unwiderlegbare Beweisstücke beibringen kann.

Was sind die Gemeinsamkeiten mit der Arbeit von Geschichtsforschern?

Es gibt auffällige Parallelen zwischen der Arbeit der Kriminalpolizei und der Arbeit von Geschichtsforschern. Die Forscherinnen und Forscher sind sozusagen „Zeitdetektive". Zu diesen Zeitdetektiven gehören die berufsmäßigen Historikerinnen und Historiker, aber auch die interessierten Schülerinnen und Schüler und viele andere Menschen, die sich auf Geschichtssuche begeben. Niemand von ihnen war dabei, als das Ereignis in der Vergangenheit passierte. Sie folgen vergleichbar dem Kriminalpolizisten gezielt Spuren der Geschichte um sich ein Bild machen zu können. Das Ereignis, dessen Spuren sie verfolgen, ist vorbei, ist geschehen und als solches nicht wiederholbar. In dieser Rolle als Zeitdetektive müssen sie die vorgefundenen Spuren geschichtlicher Vorgänge erst einmal so zusammensetzen, dass sie eine Vorstellung davon bekommen, wie sie sich wahrscheinlich abgespielt haben. Geschichtliche Spurensuche, Spurensicherung und Spurenauswertung kann somit auch mit den besten Methoden und aller Genauigkeit nur erreichen, dass der Spurenleser, der jeweilige „Zeitdetektiv", in seinem Kopf eine Vorstellung vom Geschehen aufbaut (konstruiert), das Geschehene also geistig nachbaut (re-konstruiert). So ist es kaum überraschend, dass es nicht in allen Fällen nur eine richtige oder denkbare Aussage über die Vergangenheit gibt. Es kommt nicht selten vor, dass die Forscherinnen und Forscher zu unterschiedlichen Ergebnissen zum gleichen Sachverhalt kommen, weil sie Spuren verschieden gedeutet haben. Die Ergebnisse solcher geschichtlicher Rekonstruktionsarbeit finden wir in Geschichtsbüchern wie in diesem hier abgedruckt. Euer Geschichtsbuch „Zeiten und Menschen" ist bildlich gesprochen sozusagen der „Fahndungsbericht" der Schulbuchautorinnen und -autoren, die dieses Schulgeschichtsbuch für euch geschrieben haben.

Tipp:

Wie spannend ein geschichtlicher Fall sein kann, könnt ihr auf den Seiten 48–50 nachlesen!
Näheres über „Zeitspuren" findet ihr auf S. 18/19.

Quellen ...

Das eigene Gedächtnis sowie die Erinnerung älterer Zeitzeugen – beides wichtige geschichtliche Quellen – reichen nur begrenzt in die Vergangenheit zurück. Schon wenn die eigene Lebensgeschichte rückwärts geschaut überschritten wird und es darum geht, Vergangenes aus der Familien- und Generationengeschichte zu erfahren, reichen Erinnerungen als Quelle nicht aus. Noch weniger erfahren wir auf diesem Wege etwas über die Lebensweise, Sitten und Gebräuche anderer menschlicher Gesellschaften. Und wenn wir daran interessiert sind?
Die Vergangenheit hat in der Welt, in der wir leben, vielerlei Spuren hinterlassen, die uns über das, was früher, also vor unserer Zeit war, Auskunft geben. Da, wo uns mündliche Zeugen fehlen und vor allem auch zusätzlich zu ihnen, steht uns neben der menschlichen Erinnerung noch vielfältiges schriftliches und nichtschriftliches Material als geschichtliches Zeugnis zur Verfügung. Alle diese Materialien, die uns Informationen über vergangenes Geschehen liefern, bezeichnen wir als „historische Quellen“. Das Wort „historisch“ stammt aus dem Lateinischen, der Sprache der alten Römer, und bedeutet „geschichtlich“. Der Begriff Quelle wird im übertragenen Sinne gebraucht. Als Quelle bezeichnen wir eigentlich eine Stelle im Erdboden, wo Wasser aus der Erde sprudelt. Hier ist der Ursprung für einen kleinen Bach, einen größeren Fluss oder sogar einen mehrere tausend Kilometer langen Strom wie den Nil. So wie das Wasser für den Fluss aus einer Quelle, fließt unser Wissen über vergangene Zeiten, die Geschichte, aus den erhaltenen Zeugnissen aus diesen Zeiten. Ein besonderes Kennzeichen aller Zeugnisse, die wir als Quellen einstufen, ist, dass sie zeitlich sehr nah zu dem Ereignis entstanden sind, über das sie Auskunft geben.

Schriftliche Quellen

Zu den schriftlichen Quellen zählen die Geschichtsforscher alle schriftlichen Aufzeichnungen (z.B. Urkunden, Verträge, Berichte aus der Zeit, Reden, Briefe, Gesetzestexte) und viele andere Dokumente von Zeitgenossen aus früheren Zeiten; alles, was Menschen aufgeschrieben und hinterlassen haben, seitdem sie schreiben konnten. Schriftliche Quellen gibt es erst seit ungefähr 5000 Jahren. Je nach der Zeit, aus der sie stammen, können sie mit der Hand geschrieben oder auch gedruckt sein. Auch sind sie nicht alle auf Papier geschrieben. Manche Aufzeichnungen sind auf einen Stein gemeißelt, auf Ton- oder Wachsunterlage eingeritzt, ja sogar in Metall gestanzt. Wenn niemand mutwillig die schriftlichen Aufzeichnungen vernichtet oder verfälscht, bleiben sie oft in ursprünglicher Form und ihrem Originalwortlaut für die Nachwelt erhalten. Man kann die Texte immer wieder nachlesen und nutzen.
Das ist ein unschätzbarer Vorteil gegenüber mündlicher Überlieferung. Dort gerät im Laufe der Zeit vieles in Vergessenheit, geht verloren oder wird einfach „umerzählt“. Schriftliche Aufzeichnungen ermöglichen zudem in vielen Fällen genauere Informationen zum Sachverhalt. Nicht nur das Geschehen selbst wird mitgeteilt, sondern wir erfahren gleichzeitig – im Unterschied zur Informationsgewinnung durch Überreste – in den Texten häufig Aufschlussreiches über Ursachen, Gründe, Folgen und Gedanken der Menschen.

.. was früher war?

Bildquellen

Auch in Bildern haben uns die Menschen Informationen über die Vergangenheit hinterlassen.
Eigentlich seit Beginn der Menschheitsgeschichte haben die Menschen gezeichnet und gemalt. Wir finden ihre Bilder auf Felswänden, auf Vasen, Wänden und Decken in ihren Häusern sowie auf Papier und Leinwand. Die Art und Weise, wie und was sie gemalt haben, verrät eine Menge über die Menschen, die die Bilder gezeichnet, gemalt, in moderner Zeit auch fotografiert haben, sowie über die Zeit, die sie abbilden.

Funde, Bauwerke, Gegenstände ...

Wir finden sie im Erdboden versteckt, genauso wie auf dem Dachboden oder als sichtbaren Gebäuderest oder gar als intaktes Bauwerk in unserer Stadt.

Nichtschriftliche Zeugnisse, Sachquellen oder auch Überreste, wie sie die Geschichtsforscher mit einem Sammelbegriff bezeichnen, finden sich für alle Zeiträume der Geschichte.

Dazu zählen zum Beispiel:

Gebrauchsgegenstände aller Art,
Werkzeuge,
Waffen,
Münzen,
Knochen,
Gräber,
Bauwerke,
Denkmäler.

1. Nun kannst du erklären, warum für historische Materialien der Begriff „Quelle“ gewählt worden ist.

schriftliche Quellen	mündliche Quellen	bildliche Quellen	gegenständliche Quellen (Sachquellen)
......	......	......	......

2. Trage Beispiele, die dir einfallen, in die Tabelle ein.

3. „Quelle ist nicht gleich Quelle!“ Suche dir ein Beispielpaar aus und erzähle dazu.

Alle diese Dinge sagen auf ihre Weise etwas über die Menschen und die Zeit aus, in die sie gehören. Für lange Zeiträume der Geschichte gibt es im Übrigen nur nichtschriftliche Quellen.

Moderne historische Quellen

Fotos, Schallplatten und sonstige Tonträger, Filme, Videos, CD-Roms, Computerdisketten und das Internet sind im 19., 20. und 21. Jahrhundert zu wichtigen Informationsquellen geworden. Sie sind nicht nur Nachrichtenübermittler für heutiges Geschehen, sondern mit ihrer Hilfe können wir auch Informationen über zurückliegende Zeiten bekommen. Der technische Fortschritt hat es möglich gemacht, dass wir sozusagen Ereignisse und Zeiten „live“ erleben können, obwohl wir gar nicht dabei waren bzw. sein konnten, weil wir zum Beispiel noch gar nicht auf der Welt waren.

Unseren Vorfahren auf der Spur

Kurz vor Weihnachten 1994 entdeckte ein junger Franzose, J. M. Chauvet, aus Zufall den Eingang zu einer Höhle. Tief im Inneren fand er Malereien auf den Felswänden. Man hat die Farbe untersucht und ist ziemlich sicher, dass die Bilder etwa vor 30.000 Jahren entstanden sind. Beschreibe, was du auf dem Bild erkennst.

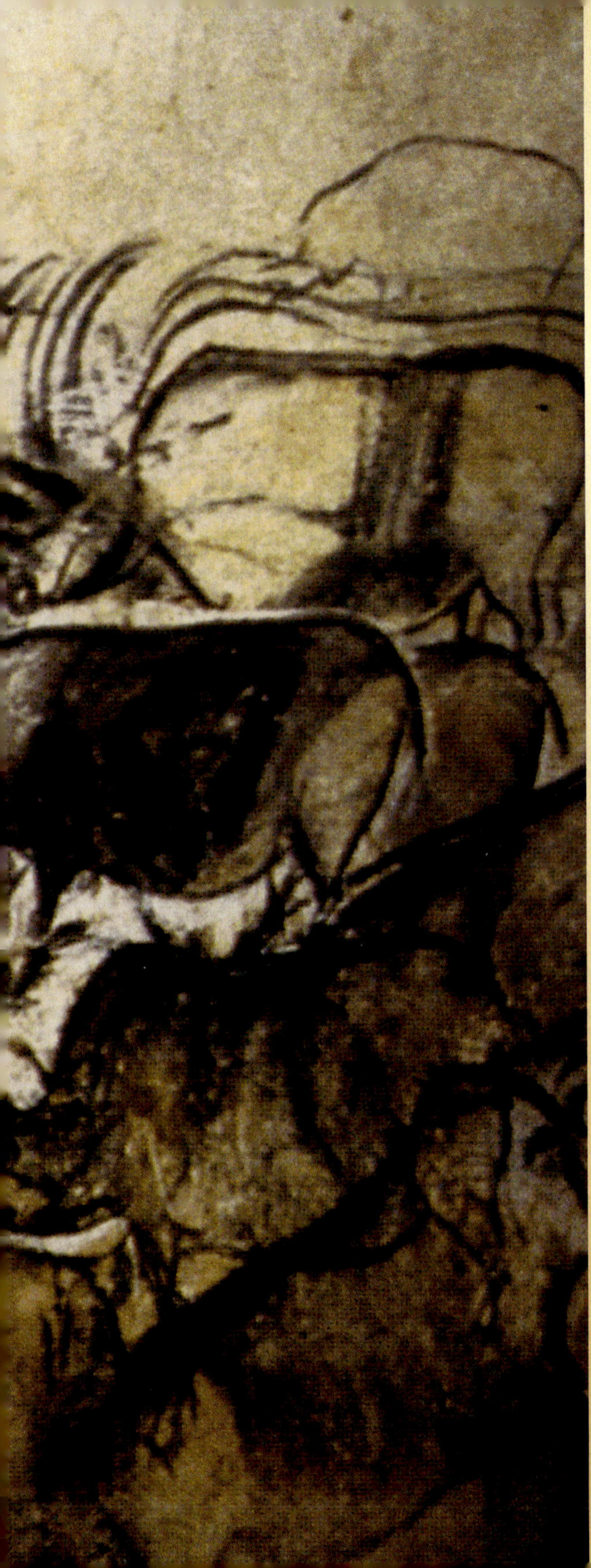

Die Bilder in der Chauvet-Höhle sind etwa 30.000 Jahre alt. Für uns Menschen ist das eine gewaltige Zeitspanne, aber die Geschichte des Lebens auf der Erde ist viel älter. Auch diese Erde hat ihre eigene Geschichte. Fast fünf Milliarden Jahre ist sie alt. Zwei Milliarden Jahre vergingen, bis im Wasser die ersten Kleinstlebewesen entstanden. In der Entwicklung des Lebens erschien der Mensch als eines der letzten Lebewesen vor ca. drei Millionen Jahren.
Um zu zeigen, welch kurzer Zeitraum das ist, betrachte die folgende „Weltzeituhr“:

Wenn wir die fünf Milliarden Jahre der Erde mit zwölf Stunden gleichsetzen, dann erscheint der Mensch erst 26 Sekunden vor zwölf Uhr auf der Erde.

- Wie haben unsere Vorfahren vor 30 000 Jahren gewohnt und gelebt?
- Wie haben sich ihre Lebensgewohnheiten im Laufe der Zeit entwickelt?
- Woher wissen wir eigentlich, wie die Menschen zu dieser Zeit gelebt haben?

Dies sind einige der Fragen, um die es im folgenden Kapitel geht.

Die ersten Spuren der Menschheit

Der Mensch ist blutjung, aber die Erde ist uralt

Die Bilder in der Chauvet-Höhle sind etwa 30.000 Jahre alt. Für uns Menschen ist dies eine gewaltige Zeitspanne, aber die Geschichte des Lebens auf der Erde ist viel, viel älter.

Vor einer unvorstellbar langen Zeit ist die Erde entstanden, nämlich vor etwa 4 bis 5 Milliarden Jahren. Vor etwa 600 Millionen Jahren lebten im Wasser die ersten größeren Lebewesen und in weiteren riesigen Zeiträumen entwickelten sich nach und nach die ersten Wirbel- und Säugetiere.

M **Die Geschichte der Erde**

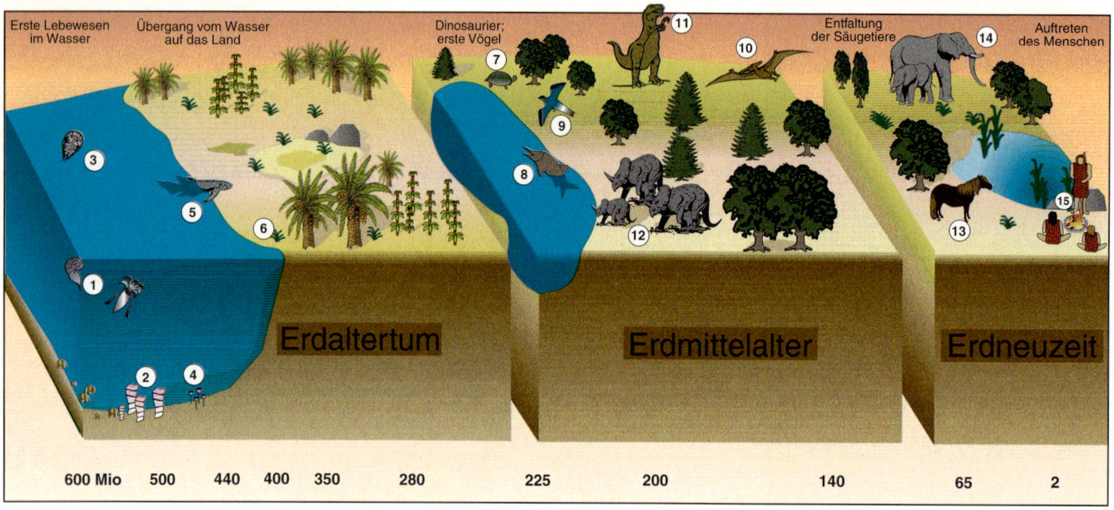

1 Kopffüßler
2 Korallen
3 Trilobit
4 Seelilien
5 Quastenflosser
6 Baumfarn
7 Ur-Schildkröte
8 Ichthyosaurier
9 Archaeopteryx
10 Pteranodon
11 Tyrannosaurus
12 Triceratops
13 Urpferd
14 Urelefant
15 Mensch

Welches Lebewesen ist das älteste, welches das jüngste?
Bringe folgende Lebewesen in die richtige Reihenfolge:
Archaeopteryx, Mensch, Quastenflosser, Trilobit, Tyrannosaurus, Urpferd.

	lebte um	Name
1.		
2.		

Ein Trilobit – zwei Fossilien: links als Steinkern …

… und rechts als Abdruck (Gegenstück)

Fossilien – versteinertes Leben

Die Tiere und Pflanzen aus der Urzeit haben Spuren hinterlassen. Diese Überreste nennen wir Fossilien. In der Umgangssprache benutzt man auch oft das Wort Versteinerung.

Wie Versteinerungen entstehen, zeigt das Beispiel des Trilobiten (vgl. Abbildung). Vor etwa 450 Millionen Jahren, als die ganze Erde noch mit Wasser bedeckt war, hat dieser Trilobit im Meer gelebt. Nach seinem Tode sank der Körper auf den Meeresgrund ab und wurde dort von Schlamm und Sand luftdicht zugedeckt. Nach und nach ersetzten Mineralien die ehemals organischen Stoffe. Das Tier selbst existierte nicht mehr, aber es entstand eine naturgetreue Nachbildung aus Stein. Da dieser Steinkern aus einem anderen Material besteht als das umgebende Gestein, konnte man ihn mit einigem Geschick freilegen. Jetzt kam der Trilobit ein zweites Mal zum Vorschein – nicht als Steinkern, sondern als Abdruck.

Wir holen uns die Urzeit ins Klassenzimmer

- Hast du eine Versteinerung zu Hause? Bringe sie mit! Erzähle, woher dein Fund stammt.
- Vielleicht hast du Lust die Klasse genauer über ein interessantes Tier aus der Vorgeschichte zu informieren. Halte einen kurzen Vortrag, z.B. über einen Quastenflosser, über den Archaeopteryx oder über ein Tier deiner Wahl.
  Du kannst in einem Lexikon nachschlagen oder ein Sachbuch aus der Bibliothek ausleihen.

Quastenflosser
(Fotografie)

Mein Tier ist ein ?

Archaeopteryx
(Rekonstruktionszeichnung)

Projekt:
Versteinerung im Zeitraffer – Wir stellen selbst Fossilien her

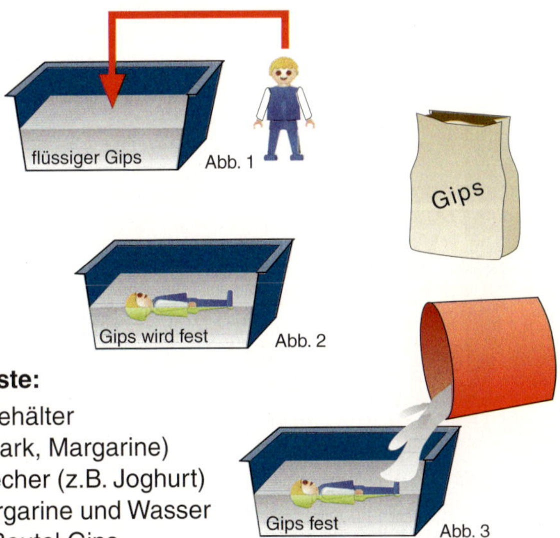

Materialliste:

1 Plastikbehälter (z.B. Quark, Margarine)
2 leere Becher (z.B. Joghurt)
etwas Margarine und Wasser
1 kleiner Beutel Gips
1 Fundstück, das ihr versteinern lassen wollt (z.B. eine große Muschel, eine Playmobilfigur …)
für den Steinkern: etwas Zement

Anleitung:

1. Den Plastikbehälter fettest du von innen mit Margarine ein.
2. In einem Becher wird jetzt Gips angerührt (Wasser), dann etwa 2 cm hoch in den Behälter gegossen.
3. Jetzt wird das Fundstück eingefettet und in den noch flüssigen Gipsbrei gedrückt (Abb. 1).
4. Warte, bis der Gips trocken ist (Abb. 2).
5. Die abgetrocknete Gipsoberfläche mit dem eingegipsten Fundstück wird mit Margarine eingefettet.
6. Rühre neuen Gips an, gieße ihn in den Behälter (Abb. 3).
7. Ist der Gips ausgehärtet, kannst du den Gipsblock aus dem Behälter nehmen, beide Hälften voneinander trennen und auch deinen Fund herausnehmen: Die Abdrücke müssten deutlich erkennbar sein!
8. Willst du einen Steinkern haben, musst du jetzt beide Gipshälften kräftig mit Margarine einfetten, vor allem die Abdrücke!
9. Rühre in einem leeren Becher etwas Zement oder Mörtel an (zähflüssig!) und fülle die Hohlräume in den beiden Gipshälften damit aus.
10. Lege beide Gipshälften übereinander.
11. Warte einen Tag; dann kannst du die Gipshälften voneinander trennen und den Steinkern herausnehmen.

Zwei berühmte Verwandte: Lucy und der Junge vom Turkana-See

Wie Lucy gefunden wurde

Heute ist der 30. November 1974. In der Nähe der Stadt Hadar in Ostafrika scheint die Sonne schon am frühen Morgen glühend heiß vom Himmel. Die beiden amerikanischen Archäologen Don Johanson und Tom Gray stöhnen in der Hitze. Am Mittag wird es weit über 40 Grad heiß sein. Trotzdem bleiben sie bei ihrer Absicht mit dem Jeep in ein abgelegenes Wüstental zu fahren um dort die Suche nach Fossilien fortzusetzen. In diesem Tal, am Rande des afrikanischen Grabens (Rift Valley), ist schon einmal ein interessanter Fund gemacht worden: das Kniegelenk eines Vormenschen. Vielleicht haben sie ja Glück. Sie nehmen einen Schluck Wasser aus ihrer Feldflasche – und auf geht's. Unterwegs im Jeep hören sie einen ihrer Lieblingssongs von den Beatles: „Lucy in the sky with diamonds". Dann geht die Suche los. Fast wortlos gehen die Männer auf und ab, den Blick konzentriert auf den Boden gerichtet. Wenn in der vorherigen Regenzeit der lockere Boden weggeschwemmt worden ist, könnte eine Knochenspitze aus dem Boden ragen. Vielleicht hat ja auch der Wind etwas freigelegt. Aber mehrere Stunden geschieht nichts. Die Augen schmerzen, in der Hitze flimmert alles. Als beide Männer schon zum Lager zurückkehren wollen, bemerkt Johanson an einer Felsböschung ein merkwürdiges, braun gefärbtes Stück. Es ist kaum größer als eine Streichholzschachtel. Johanson hebt es auf und zeigt es Gray. Beide haben die gleiche Vermutung: Das könnte Teil eines Unterarmknochens sein. Fieberhaft suchen sie weiter. Schicht um Schicht werden Sand und Erde abgetragen, mit Zahnstochern und feinen Pinseln werden immer mehr Knochenteile zutage gefördert. Zum Schluss sind etwa 40% eines weiblichen Skeletts gefunden worden. Johansen und Gray wissen sofort, dass sie einen sensationellen Fund gemacht haben. „Bei 43 Grad Hitze begannen wir, auf und ab zu hüpfen. Wir konnten unsere Gefühle mit niemandem andern teilen, also umarmten wir einander, verschwitzt und übel riechend, wie wir waren." Kein Zweifel, das waren uralte Knochen! Jetzt fehlte nur noch ein zugkräftiger Name. Johansen stellte den Kassettenrecorder auf volle Lautstärke, die ganze Welt sollte es wissen: Lucy war gefunden!

(Frei erzählt nach: Donald C. Johanson und M. Edey, The Beginnings of Humankind, New York 1981)

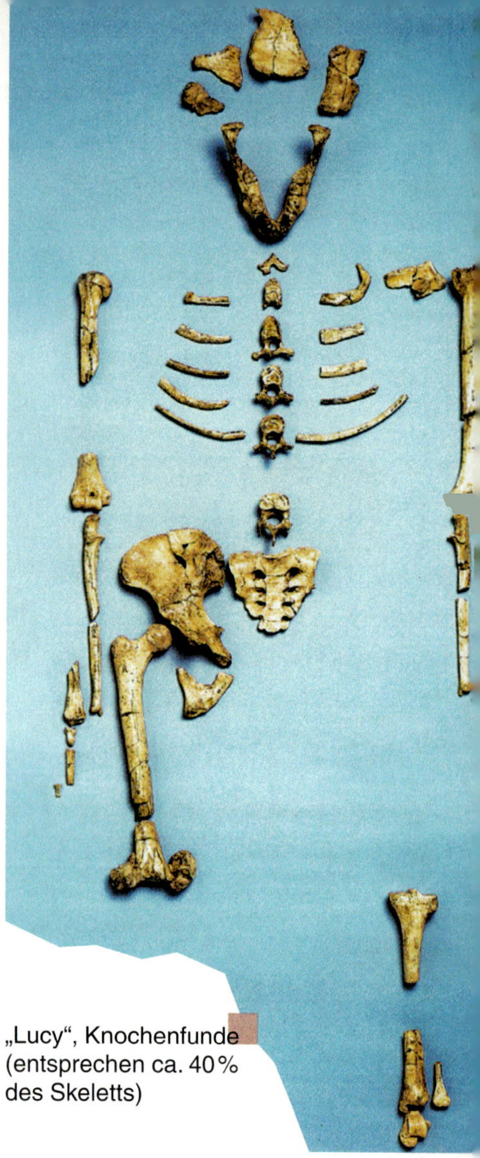

„Lucy", Knochenfunde (entsprechen ca. 40% des Skeletts)

Nachbildung von Lucy (Rekonstruktion)

Lucy-Steckbrief

Geschlecht:	(sehr wahrscheinlich) weiblich
Größe:	etwa 1,20 m
Gewicht:	etwa 30 kg
Alter:	mindestens 20, höchstens 30 Jahre
Zähne:	grobe Backenzähne (pflanzliche Nahrung)
Gehirn:	etwa 420 ccm, ähnlich den Menschenaffen
Wann gelebt?	vor etwa 3,2 Mio. Jahren
Werkzeuge?	vermutlich keine
Fortbewegung:	kletternd und auf zwei Beinen (aufrechter Gang)
Todesursache:	unbekannt

Der Junge vom Turkana-See

Knapp zehn Jahre nach Lucy erregte ein weiterer Skelettfund großes Aufsehen. In Kenia, am Rande des Turkana-Sees, fand der afrikanische Archäologe Kamoya das fast vollständig erhaltene Skelett eines Frühmenschen (Homo erectus), der vor etwa 1,5 Millionen Jahren gelebt hat. Am Knochenbau ist abzulesen, dass er nicht nur aufrecht ging, sondern auch bereits ein guter Läufer gewesen sein muss. Die Beckenknochen verraten, dass dieser Frühmensch männlich war. Seine Zähne sind besonders interessant: Trotz seiner Körpergröße von 1,65 m und des Gewichtes von 48 kg war er noch nicht erwachsen. Er hatte gerade erst die Milchzähne verloren und in seinem Kiefer brach der zweite Backenzahn durch. Dies geschieht bei heutigen Menschen etwa im Alter von zwölf Jahren, Schimpansen aber bekommen die zweiten Backenzähne schon mit sieben Jahren. Wie alt war der Junge wirklich? Forscher, die die Zahnentwicklung mit der Hirngröße (etwa 1000 ccm) vergleichen, nehmen an, dass er etwa zehn Jahre alt war, als er starb. Anders als zehnjährige Schimpansen war er aber noch ein Kind. Als Erwachsener hätte er vermutlich eine Größe von 1,85 m und ein Gewicht von 68 kg erreicht und damit genau die Körpermaße von Menschen, die auch heute noch in dieser sehr heißen Gegend leben. Seine Kindheit hat sich von den ersten Lebensjahren eines Menschenaffen deutlich unterschieden: Er hatte viel Zeit um Steine zu behauen oder das Jagen und Nüsseknacken zu erlernen. Eine hoch entwickelte Sprache besaß er nicht, denn ihm fehlten noch die Nervenstränge um viele Laute zu erzeugen. Ob er schon das Feuer beherrschte? Wir wissen es nicht. Auch ist nicht herauszufinden, woran der Junge gestorben ist.

M **Veränderungen der Schädelform und des Gehirns (vereinfacht)**

Hirnvolumen 420 ccm
etwa 3,2 Mio. v. Chr.
Lucy

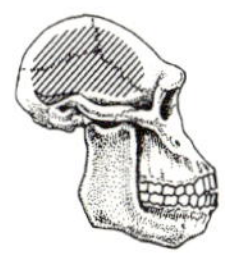

1000 ccm
etwa 1,5 Mio. v. Chr.
Turkana-Junge

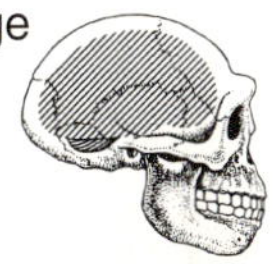

1400 ccm
Gegenwart
Homo sapiens

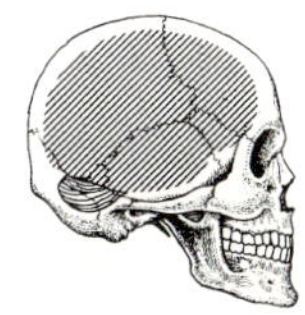

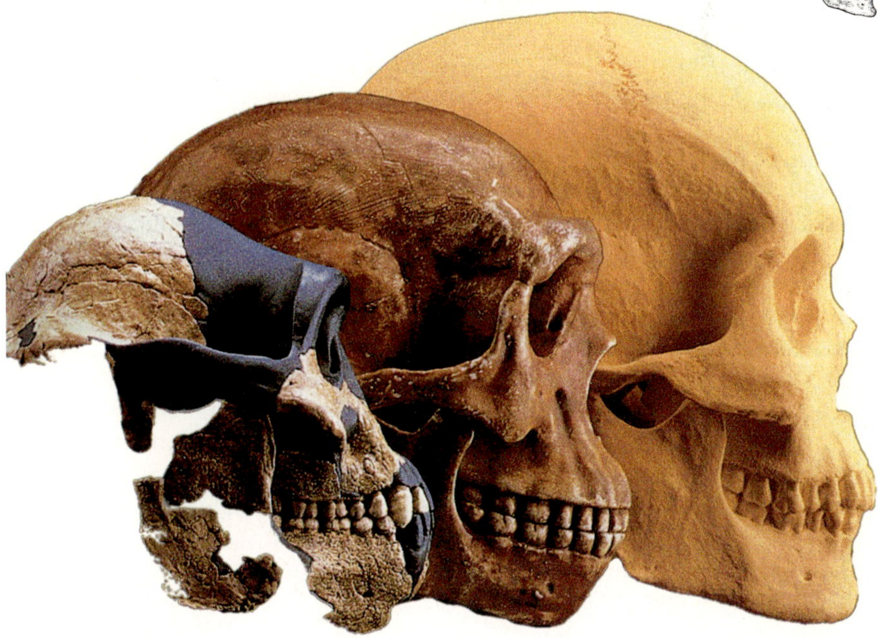

Steinwerkzeug, wie es auch der Turkana-Junge gekannt haben dürfte (Fundort: Ostafrika)

1. Lege nach dem Muster des Lucy-Steckbriefes auch für den Jungen vom Turkana-See einen Steckbrief an.

2. Sammle Gründe für beide Vermutungen:

Der Junge vom Turkana-See ist bereits ein moderner Mensch.	Der Junge vom Turkana-See ist noch kein moderner Mensch.
...	...

3. Herr Kamoya hat davon berichtet, dass ihm manchmal im Traum ein Vormensch begegne: „Im Traum stelle ich dann Fragen, aber bevor ich Antwort erhalte, werde ich wach.“ Welche Fragen würdest du dem Jungen vom Turkana-See stellen?

Wo stand die Wiege der Menschheit?

Wenn du in die Gesichter dieser Kinder blickst, fallen dir sicher die Unterschiede besonders auf. Die Kinder haben schwarze, gelbe oder weiße Haut. Sie haben glatte, krause oder lockige Haare. Auch ihre Augen und Nasen sind ganz anders geformt. Für einen Biologen spielen diese Unterschiede kaum eine Rolle. Er weiß, dass das Erbgut aller Menschen fast gleich ist. Diese biologische Ähnlichkeit ist einfach zu erklären: Alle Menschen haben die gleichen Vorfahren. Die Spuren führen nach Afrika – zu Lucy und zum Jungen vom Turkana-See.

Wie entwickelte sich der Mensch?

Die Vorgeschichte der Menschheit ist sehr kompliziert. Man hat keine schriftlichen Quellen aus dieser Zeit und ist auf wenige Funde angewiesen. Die Forscher suchen jedoch ständig weiter nach Erkenntnissen und jeder neue Fund kann die bisherigen Theorien infrage stellen. Es gilt aber als sicher, dass unsere Vorfahren von Afrika aus die ganze Welt besiedelt haben, denn dort sind die entscheidenden Fossilien gefunden worden. Nicht nur Lucy und der Turkana-Junge, auch die ältesten Fußabdrücke aufrecht gehender Lebewesen stammen aus diesem Gebiet (Laetoli, Tansania).

Die Klimaforscher haben eine Erklärung gefunden, warum gerade Ostafrika zur Wiege der Menschheit geworden sein dürfte. Vor etwa acht bis sechs Millionen Jahren trennten sich nämlich hier die Entwicklungslinien der späteren Menschenaffen und der ersten menschenähnlichen Lebewesen. Grund für diese Entwicklung war ein Klimawechsel. Wo vorher noch dichte Regenwälder gestanden hatten, bildete sich eine trockene Graslandschaft mit wenigen Bäumen aus. In dieser Savanne hatten reine Baumbewohner keine Überlebenschance.

Aber es entwickelten sich Lebewesen, die ihre Lebensgewohnheiten und den Körperbau der neuen Umgebung anpassten. Sie experimentierten mit der Fortbewegung am Boden und lernten nach und nach den aufrechten Gang, der ihnen in den offenen Grasgebieten große Vorteile brachte.

Zu diesen Lebewesen gehörte auch Lucy. Ihr wissenschaftlicher Name, Australopithecus (≈ südlicher Affe), warnt davor, sie einen Menschen zu nennen. Wie eng ihr Kontakt zu den Affen war, die sich in die dichten Wälder Zentralafrikas zurückgezogen hatten, ist unbekannt.

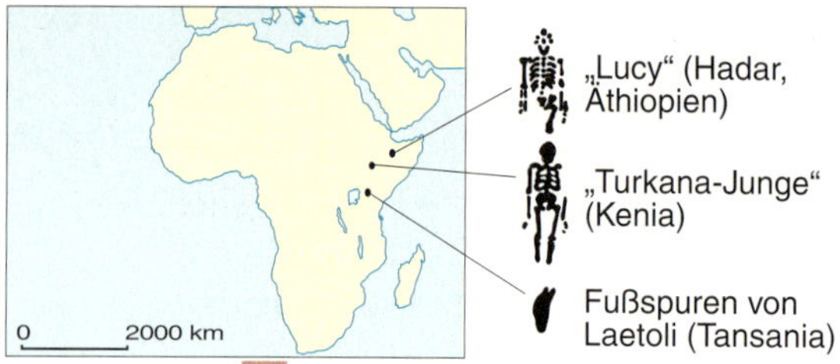

Fundorte in Afrika

M 1

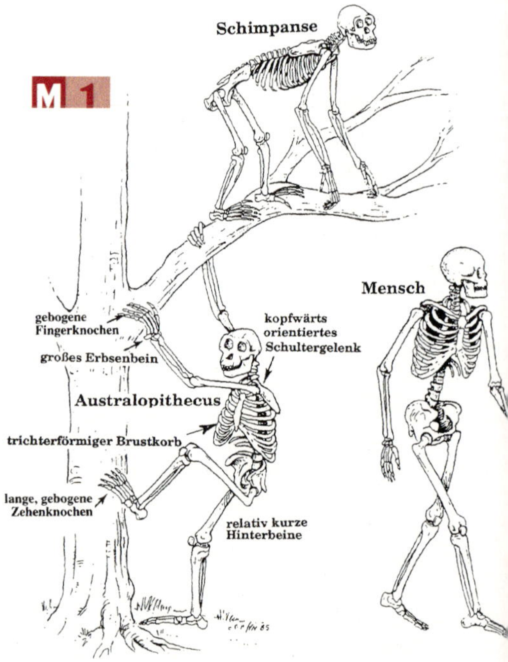

Der aufrecht kletternde Vormensch: Bindeglied zwischen Affe und Mensch

Erläutere die Zeichnung. Der erste Satz könnte lauten:
An der Zeichnung kann man klar erkennen, welche wichtige Rolle „Lucy" in der Entwicklung zum modernen Menschen spielt …

Woher stammt der moderne Mensch?

Die Fußspuren in Laetoli verlaufen schnurgerade. Aber es führt keine gerade Linie zu uns heutigen Menschen. Warum viele Nachfahren Lucys ausgestorben sind und nur wenige Arten sich weiterentwickelt haben, ist trotz modernster Forschungsmethoden nicht immer genau zu klären.

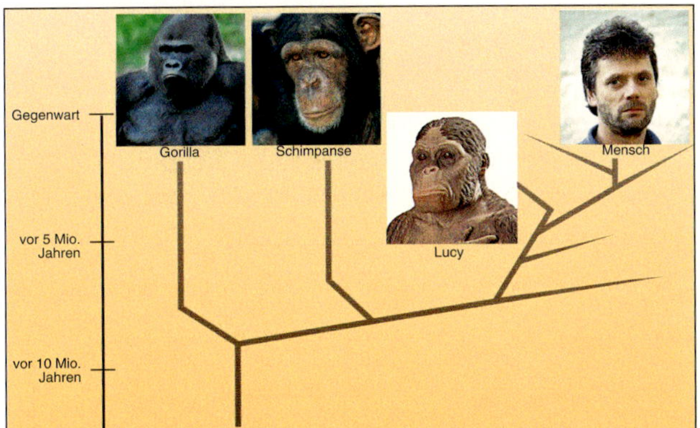

Stammbaum der Menschenaffen und der Menschen

Fast alle Wissenschaftler aber nehmen heute an, dass die Erde von Afrika aus besiedelt wurde. Es spricht einiges dafür, dass diese Besiedelung in zwei Wellen erfolgt ist. Vor etwa 1,8 Millionen Jahren gab es einen ersten Versuch, als aufrecht gehende Lebewesen Afrika verließen. Aber diese Frühmenschen, zu denen etwa der Junge vom Turkana-See gezählt wird und aus denen sich wieder neue Untergruppen entwickelt haben (z. B. der Neandertaler), konnten sich nicht durchsetzen. Der zweite Besiedelungsversuch war erfolgreicher. Vor ungefähr 100.000 Jahren machten sich die ersten „modernen" Menschen auf den Weg. Sie breiteten sich nach und nach über die gesamte Erde aus.

Die Archäologin Mary Leakey untersucht bei Laetoli (Tansania) Fußspuren (3,6 Mio. Jahre alt).

M 2

Besiedlung der Erde durch den modernen Menschen

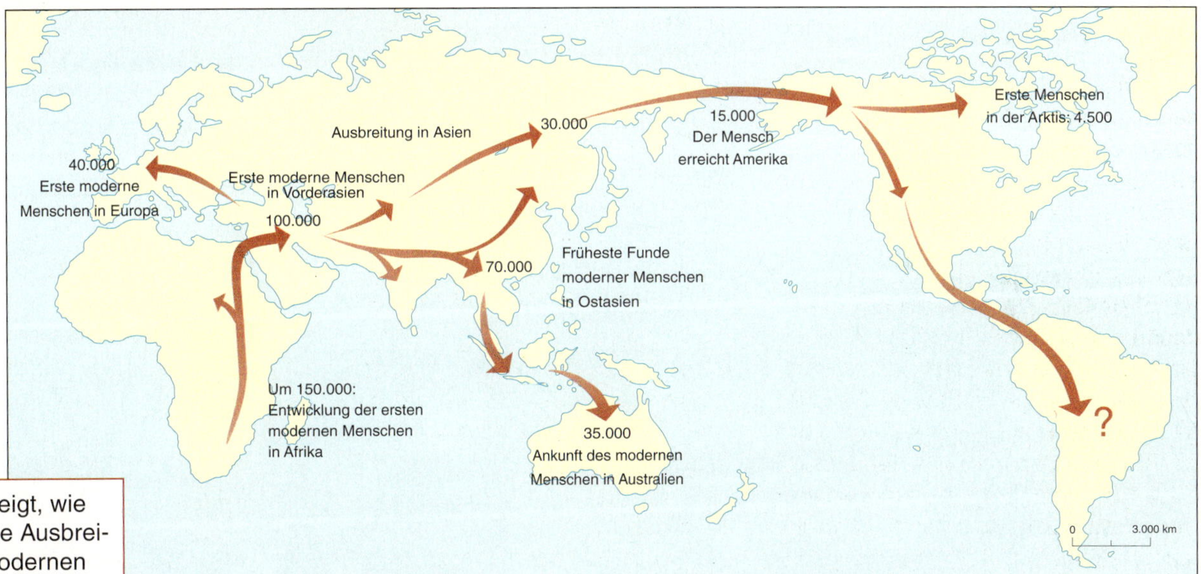

Die Karte zeigt, wie man sich die Ausbreitung des modernen Menschen, des homo sapiens, vorstellt. Die Pfeile zeigen die Richtung der Ausbreitung. Die Zahlen bedeuten Jahre vor der Gegenwart.

In welcher Reihenfolge erreichte der moderne Mensch die Gebiete Afrika, Amerika, Arktis, Australien, Europa, Ostasien, Vorderasien? Übertrage die Tabelle in dein Heft. Schreibe die richtige Reihenfolge auf, notiere auch die Jahre.

Besiedlung der Erde durch den modernen Menschen

Reihenfolge	Gebiet/Erdteil	Besiedlung ab
1	Afrika	150.000
2	?	?

Jagen und Sammeln: Wir erforschen die Altsteinzeit

Lucy oder der Turkana-Junge bei uns in der Fußgängerzone? Die Aufregung wäre groß. Zu deutlich sind die Unterschiede zu uns heutigen Menschen. Um 40.000 vor Christus aber hatte sich das Skelett dieser Menschen so weit entwickelt, dass sie uns äußerlich sehr ähnlich waren. Bei entsprechender Kleidung und nach einem kurzen Friseurbesuch würden sie nicht mehr als fremd auffallen. Deshalb sprechen die Wissenschaftler auch von den „Jetztmenschen“. Ihre Art zu leben, zu wohnen und zu arbeiten unterschied sich jedoch völlig von dem, was heute bei uns als normal gilt. Bis vor wenigen Jahrzehnten besaß man keine genauen Informationen über diese ersten modernen Menschen. Einzelne Fundstücke, z. B. die Knochen von großen Elefanten (dem Mammut) oder Zeichnungen wilder Tiere in Höhlen, führten zu vielen Vermutungen über diese Zeit, die wir Altsteinzeit nennen.

Wie Geschichtsforscher mit Vermutungen umgehen

Eine dieser Vermutungen lautete: „In Europa war es in der Altsteinzeit wärmer als heute“. Die Wissenschaftler haben viele Funde genau betrachtet, beschrieben und untersucht. Sogar Bohrungen im Gletschereis wurden vorgenommen. Dabei stellten sie fest, dass sich das Klima in Europa recht häufig verändert hat. Zwischen 100.000 und 10.000 vor Christus war es in Europa fast immer sehr kalt. Die langen Eiszeiten waren nur von wenigen wärmeren Jahrtausenden unterbrochen. Zumindest Nordeuropa war immer mit Eis bedeckt, das an einzelnen Stellen über 2000 m dick war!

Etwas angenehmere Temperaturen gab es nur im südlichen Europa. In Warmzeiten konnte es hier auch so heiß werden wie heute in Afrika. Die Teile Mitteleuropas, die nicht unter den Eismassen lagen, müssen recht trostlos ausgesehen haben. Es gab keine Bäume, kaum Sträucher, nur Gräser, Moose und Flechten. Die Jetztmenschen lebten also in einer Tundra-Landschaft, wie man sie heute noch in Sibirien, Grönland oder Alaska findet. Knochenfunde von Tieren aus Kaltgebieten bestätigen diesen Auswertungsbefund. Wenn man alle Informationen zusammenträgt, kann man die Eiszeitlandschaft rekonstruieren.

Archäologische Methode

Funde ⟷ Vermutung

Funde → Beschreibung → Auswertung → Vergleich mit anderen Funden → Rekonstruktion

Auswertung: bestätigt oder widerspricht → Vermutung

Vergleich mit anderen Funden: bestätigt oder widerspricht → Vermutung

Die Rekonstruktion zeigt – in künstlicher Anhäufung – einige Tiere, die in der kalten Eiszeit-Tundra leben konnten.

Die ersten modernen Menschen in Europa

Wir forschen selbst

Du kannst jetzt selbst in die Rolle einer Forscherin oder eines Forschers schlüpfen und Vermutungen überprüfen. Auf der nächsten Doppelseite findest du zahlreiche Fundstücke und Rekonstruktionen aus der Zeit der ersten Jetztmenschen in Europa, die zwischen 40.000 und 10.000 vor Christus am Rande der Vereisungszone gelebt haben. In unserer Forschungsstation kannst du mit den Materialien genauso arbeiten wie die Vorgeschichtsforscher und die archäologische Methode anwenden.
Um dir die Forschungsarbeit zu erleichtern findest du hier einige Kästchen mit Vermutungen über die ersten modernen Europäer. Einige wurden durch die neuere Forschung bestätigt. Andere stellten sich als falsch heraus. Schau genau hin und überprüfe selbst! Wenn du selbst weitere Vermutungen über die ersten Europäer hast, kannst du die Liste noch ergänzen.

Die ersten modernen Europäer waren ziemlich dumm.

Sie lebten in Höhlen.

Sie jagten wilde Tiere.

Die Menschen lebten in Familien.

Sie haben nur ganz einfache Werkzeuge benutzt.

Die Frauen kümmerten sich nur um die Kinder, sonst taten sie nichts.

?

Die ersten Jetztmenschen in Europa: Wie sie lebten, wohnten und arbeiteten

	Fundstück 1	Fundstück 2	Fundstück 3
Kurze Bezeichnung und Beschreibung			
Auswertung: – Was verrät der Fund über die Menschen? – Welche Vermutung wird bestätigt/widerlegt?			
Welches andere Fundstück passt gut zu der Auswertung?			

Lege in deinem Heft eine Tabelle nach diesem Muster an. Trage deine Untersuchungsergebnisse ein.

Tipp: In kleinen Gruppen macht die Arbeit viel mehr Spaß; man kann sich auch gegenseitig helfen.

Forschungsstation

Die ersten Jetztmenschen in Europa: Funde und Rekonstruktionen aus der Zeit zwischen 40.000 und 10.000 v. Chr.

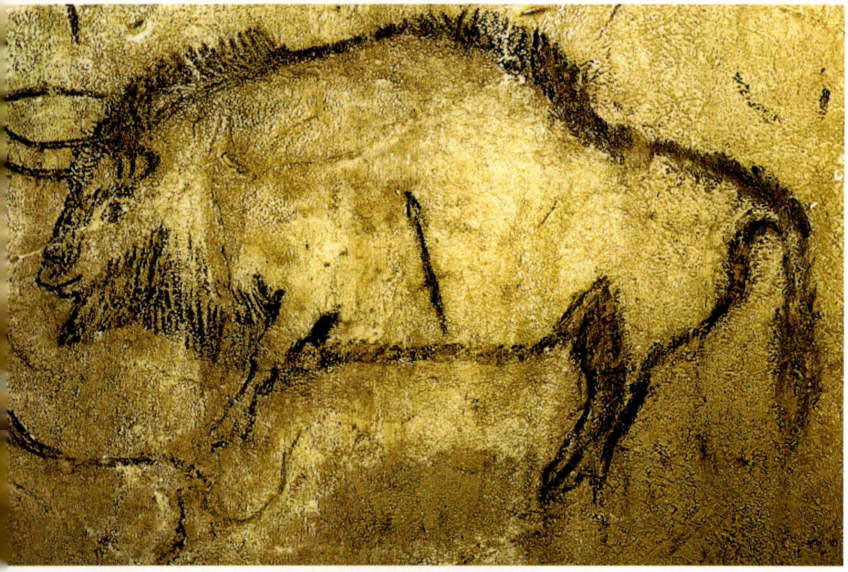

M 1
Darstellung eines Wisents (Zeichnung auf einer Felswand; Fundort: Niaux, Frankreich)

M 2
Honigsammlerin (Felszeichnung aus Spanien)

M 3
Funde in der Chauvet-Höhle
(vgl. S. 20 und 21):

Der Eingang der knapp 500 Meter langen Höhle wurde noch in der Eiszeit durch einen Erdrutsch verschüttet. Dadurch blieben die Malereien und das Höhleninnere völlig intakt. Der Boden war übersät mit Tierknochen. In der Höhle selbst ist es ganz dunkel, aber im Boden finden sich kleine Vertiefungen mit Ascheresten: Überbleibsel von Beleuchtungsfeuern. In ihrem Licht und im Schein von Holzfackeln können die Felswände bemalt worden sein. In anderen Höhlen sind auch Öllampen gefunden worden sowie Trommeln, Flöten und Schwirrhölzer.[1]

[1] Schwirrholz: längliches Gerät, durch dessen Ende eine Schnur gezogen wird; schwingt man es daran im Kreis, entsteht ein summender Ton. Schwirrhölzer werden noch heute bei manchen Naturvölkern als Kultgerät verwendet, wobei der Ton als Geisterstimme gedeutet wird.

M 4
Typische Werkzeuge der Altsteinzeit: Harpunenspitze und Nähnadel aus Knochensplittern, Schaber und Messerklingen aus behauenem Stein

M 5
Wildpferd (Elfenbeinschnitzerei aus der Vogelherdhöhle, Württemberg; etwa 5 cm lang)

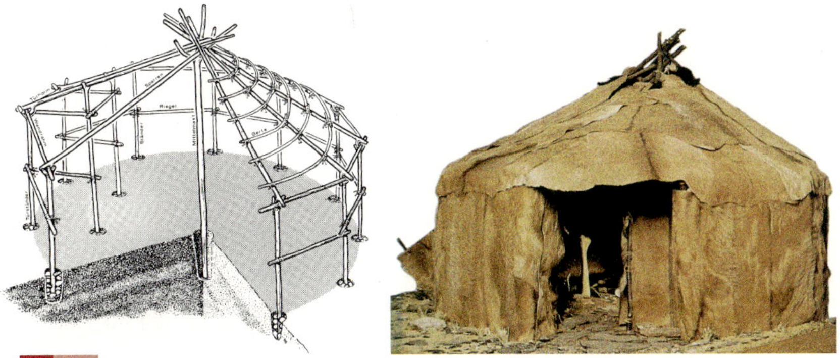

M 6 Typische Behausung der Altsteinzeit
(Rekonstruktion nach Funden in Gönnersdorf, Rheinland)

M 7 Faustkeil aus Stein (Fundort: Eilenburg, Sachsen; ca. 14 cm lang)

M 8
Jäger greifen ein Hirschrudel an (Felszeichnung, Spanien).

M 9
Angelhaken aus Knochen (Fundort: Dänemark)

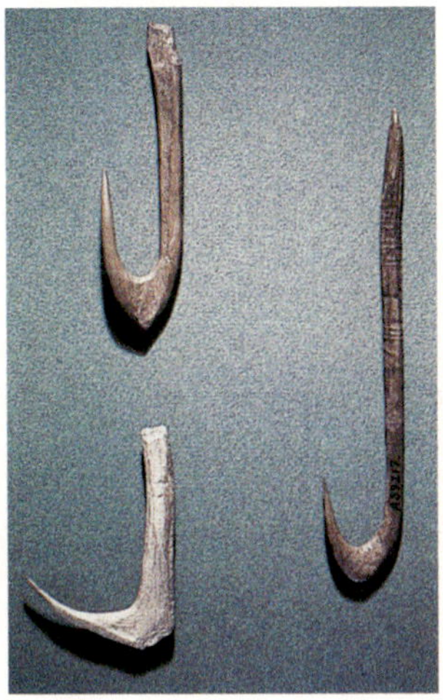

M 10
Skelett eines Mannes, der mit einer Kette aus Elfenbeinperlen bestattet wurde (Fundort: Sungir, Russland)

M 11
Schulterblatt eines Steinbocks, Steinwerkzeuge (Fund von Château-d'œx, Schweiz)

M 12 Felsdach von Château-d'œx (Schweizer Voralpengebiet, aktuelle Fotografie). Die Südwand des Felsblocks ist geneigt und bedeckt eine geschützte Fläche von 10 m Länge und 1 bis 2 m Breite.
Der Platz ist über Jahrtausende hinweg genutzt worden, wie zahlreiche Knochen von Wildtieren und Steinwerkzeuge beweisen.

Forschungs-station

Wir überprüfen die eigenen Ergebnisse

Vermutlich seid ihr bei eurer Forschungsarbeit nicht in allem zu einheitlichen Ergebnissen gekommen. Das verwundert nicht, weil man für die Vorgeschichte auf „stumme Funde“ angewiesen ist, die man erst zum Sprechen bringen muss. Auch Wissenschaftler sind deshalb sehr vorsichtig mit ihren Aussagen.
Sicher aber willst du wissen, was nach dem heutigen Stand der Forschung als richtig zu gelten hat. Deshalb fasst der folgende Text zusammen, was wir im Augenblick über die Zeit der ersten Jetztmenschen in Europa wissen. Diese Zeit nennt man übrigens die *Altsteinzeit,* weil viele Werkzeuge aus Stein hergestellt worden sind.

Wenn du den Text genau liest, wirst du immer wieder Hinweise auf die Funde und Rekonstruktionen finden, die du selbst untersucht hast. Du kannst deine Ergebnisse also selbst überprüfen.

Die Zeit der ersten Jetztmenschen (Altsteinzeit)

Die Menschen hatten keine festen Wohnplätze, da sie im Wechsel der Jahreszeiten den Wildtieren hinterherzogen. Diese Lebensweise ist typisch für *Nomaden.* Nur selten dürften sie das Glück gehabt haben, feste Lagerplätze aufzusuchen (z.B. in Höhlen oder unter Felsüberspüngen). Meistens errichteten sie Zelte aus Ästen und Zweigen. Dieses Gerüst bedeckten sie mit Tierhäuten. Am Boden beschwerten schwere Steine diese Häute. So konnte der Wind die Zelte nicht so leicht zerstören. Einige dieser Lagerplätze hat man gefunden. Bekannt ist der Platz von Gönnersdorf (Rheinland). Hier haben vor etwa 13.000 Jahren Jetztmenschen viele Tierknochen hinterlassen. Am häufigsten waren die Knochen von Rentieren. Es fanden sich aber auch Überreste vom Schneehasen und vom Eisfuchs sowie von Vögeln. Die Knochen großer Wildtiere, etwa vom Wollnashorn, vom Auerochsen oder vom Mammut, lagen vereinzelt herum.

Reste von Holzkohle und Aschenhaufen zeigen, dass das Fleisch der Tiere gebraten wurde. Das Leben der Menschen veränderte sich damals grundlegend, als sie lernten, das *Feuer* zu kontrollieren und zu ihrem Nutzen zu gebrauchen. Die älteste Art Feuer zu machen war vermutlich die, zwei Hölzer aneinander zu reiben und durch die Reibungswärme trockenes Gras zum Glimmen zu bringen.

In einer kleinen Familie hätten die Menschen nicht überleben können. Treibjagden oder der Fischfang mit Netzen konnten nur in größeren Gruppen erfolgreich durchgeführt werden, auch die Versorgung der kleinen Kinder klappte in einer größeren Gruppe besser. Vermutlich lebte man deshalb in einer *Horde* von mindestens 15 bis 20 Personen zusammen.

Die Arbeit der *Nahrungsbeschaffung* war vermutlich unter Männern und Frauen aufgeteilt: Für die Jagd auf große Wildtiere dürften in erster Linie die Männer zuständig gewesen sein, die Frauen haben Beeren, Kräuter und Kleintiere gesammelt. Einige Wissenschaftler nehmen an, die Frauen hätten so bis zu 80% der Nahrung beschafft.

Die *Werkzeuge* bestanden aus Stein, Knochen oder Holz. Da sich überwiegend Geräte aus Stein erhalten haben, sprechen wir von der *Steinzeit.* Ein Allzweckgerät war der Faustkeil.

Die ersten Jetztmenschen waren mit Sicherheit nicht dumm. Sie waren geschickt genug sich in einer lebensfeindlichem Umgebung zu behaupten. Beeindruckend sind auch Höhlenmalereien und andere *„Kunstwerke“.* Zentrales Thema waren die wilden Tiere. Welcher Sinn hinter den Tierdarstellungen steht, ist unbekannt. Die Motive können wir erkennen, aber die Botschaften hinter den Bildern können wir nicht eindeutig lesen. Sollte das Jagdglück beschworen werden? Sollte ein magischer Zauber die Jäger schützen? Oder sind sie Ausdruck der reinen Freude an der Kunst? Wir wissen es nicht genau. Auf jeden Fall wird deutlich, dass diese Menschen schon über viele Fragen des Lebens nachgedacht haben.

Wahrscheinlich versuchten die ersten Jetztmenschen die Natur, von der sie abhängig waren, zu beeinflussen: Sie flehten Naturmächte an und baten um Jagdglück, Fruchtbarkeit und Schutz vor Naturgewalten wie Gewitter, Kälte und Trockenheit. Aus Angst und Hilflosigkeit wuchs vermutlich eine Verehrung dieser unbeherrschbaren Kräfte als älteste Form der *Religion.*

Neues vom Neandertaler – Streit in der Wissenschaft

Im Jahre 1856 wurden im Neandertal bei Düsseldorf Knochenreste eines aufrecht gehenden Frühmenschen gefunden, der vor etwa 30- bis 35.000 Jahren gelebt hat. Seine robuste Figur (75 kg bei 1,60 m Körpergröße) und seine Körperkräfte (30 % mehr Muskelmasse als heutige Menschen) waren dem Leben unter Eiszeitbedingungen angepasst. In Europa und Vorderasien sind mittlerweile über 300 ähnliche Skelettfunde gemacht worden. Man weiß, dass sich diese Neandertaler aus dem Typ des Homo erectus (Turkana-Junge) entwickelt haben und gegen 30.000 v. Chr. ausstarben. Waren die Neandertaler im Vergleich zum heutigen Menschen primitive Lebewesen oder waren sie uns schon sehr ähnlich? Über diese Frage sind die Wissenschaftler unterschiedlicher Meinung.

M 1

Rekonstruktionen des Neandertalers: oben aus dem Jahre 1997 (Neanderthal-Museum), links um 1960 (Zeichnung von Z. Burian)

M 2

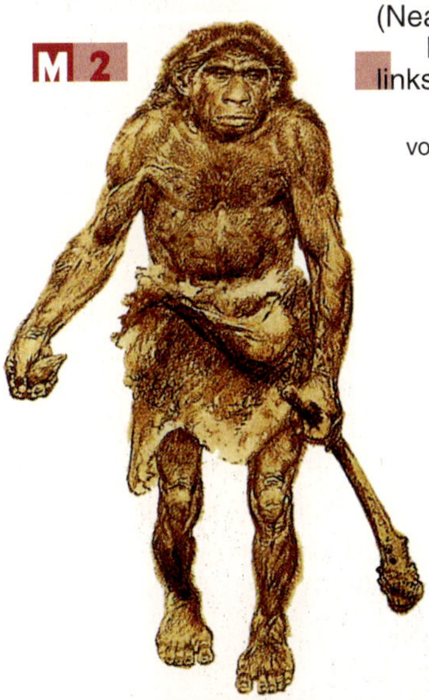

M 3 Die Einschätzung des Archäologen Fr. Schrenk

Neandertaler bestatteten ihre Toten und gaben ihnen Grabbeigaben mit. Zum ersten Mal in der langen Geschichte der Menschheitsentwicklung nahm man sich der Verstorbenen an. [In einem Grab] fanden sich unter und über einem Neandertaler-Skelett Pollen von Heckenrosen, Lichtnelken und Traubenhyazinthen: Der Tote wurde auf einem Bett aus Blüten beigesetzt und mit Blumen bestreut. […]
In Shanidar, Kurdistan, wurde das Skelett eines Mannes gefunden, der besonders unter Krankheiten und Verletzungen schwer zu leiden hatte: Auf einem Auge war er durch eine massive Kopfverletzung erblindet, ihm fehlte eine Hand, ein Arm war verkrüppelt, sein linkes Bein war mehrfach gebrochen und wieder verheilt, die Knochensubstanz war verändert. Die Tatsache, dass er trotz dieser schweren Behinderungen lange Zeit überlebte, kann nur damit erklärt werden, dass ihm von Mitgliedern der Gruppe aktive Hilfe und Fürsorge zuteil wurde. So darf vielleicht bei den Neandertalern ein hohes Maß an Mitgefühl und Verantwortungsbewusstsein angenommen werden.

(Die Frühzeit des Menschen, München 1997, S.112f.)

M 4 Die Einschätzung des Münchener Biologen Pääbo

Frage: Herr Pääbo, was haben Sie und Ihr Team untersucht?
Antwort: Wir haben versucht, aus dem Oberarmknochen des ersten gefundenen Neandertalers die Erbsubstanz zu isolieren. Nach sieben Jahren hat es jetzt endlich geklappt.
Frage: Was haben Sie herausgefunden?
Antwort: Wir haben das Erbgut des Neandertalers mit dem Erbgut heutiger Schimpansen und Menschen verglichen. Das Ergebnis war verblüffend: Der Neandertaler liegt ungefähr auf halber Strecke zwischen Mensch und Schimpanse.
Frage: Also hat der Neandertaler gar nichts mit uns heutigen Menschen zu tun?
Pääbo: Wenig. Wahrscheinlich hat es einen gemeinsamen Vorfahren gegeben. Aber vor etwa 600.000 Jahren haben sich die Wege getrennt. Als der moderne Mensch auftauchte, hatte der Neandertaler keine Chance. Wenn er überlebt hätte, müsste man sich ernsthaft fragen, ob man ihn in einem Zoo unterbringen müsste.

(Nach: Süddeutsche Zeitung, 11.7.1997)

Oberarmknochen aus dem ersten Neandertaler-Fund (1856). Aus der herausgesägten Halbscheibe isolierten die Münchener Wissenschaftler die Erbsubstanz.

1. Wie wird der Neandertaler in M 3 beurteilt, wie in M 4?
2. Wieso kommen die Wissenschaftler zu unterschiedlichen Ergebnissen?
3. Vergleiche die Abbildungen M 1 und M 2: Welche Rekonstruktion passt zu M 3, welche zu M 4?

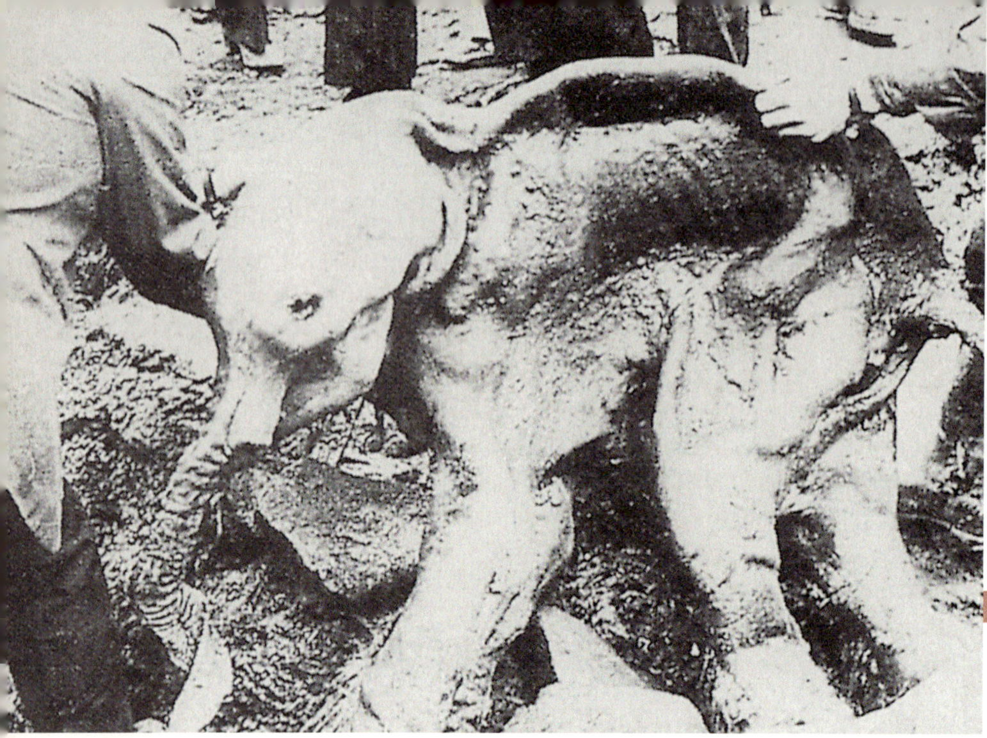

1977 entdeckte man in Sibirien ein 12.000 Jahre altes Mammutbaby (Fotografie). Sein Körper war im Gletschereis völlig erhalten geblieben. Die Todesursache ist unbekannt.

Großwildjäger in der Altsteinzeit

Wenn wir ein typisches Handwerksgerät der Altsteinzeit nennen müssen, denken wir an den Faustkeil. Das typische Tier für die kalten Perioden der Altsteinzeit ist das Mammut. Noch vor 10.000 Jahren haben die letzten Exemplare in Sibirien gelebt, bevor diese Tierart endgültig ausgestorben ist.

M 1 Lexikon-Artikel

Mammut

Ein Mammut konnte etwa vier Meter groß werden und wog vier Tonnen. Die äußere Speckschicht betrug oft zehn cm, darüber befand sich ein dunkles Fell mit struppigen, langen Haaren. Bei ausgewachsenen Exemplaren waren die Stoßzähne drei Meter lang und wogen jeweils 200 kg.
Da die Mammutherden ständig zwischen Sommer- und Winterweiden hin und her zogen, legten sie jährlich bis zu 3000 km zurück. Ein Mammut musste fast ununterbrochen fressen um sich am Leben zu erhalten. Im Magen eines gut erhaltenen Mammuts in Sibirien hat man 15 kg Moose und Jungtriebe von Bäumen gefunden.

(Autorentext)

M 2 Verwertung eines Mammuts

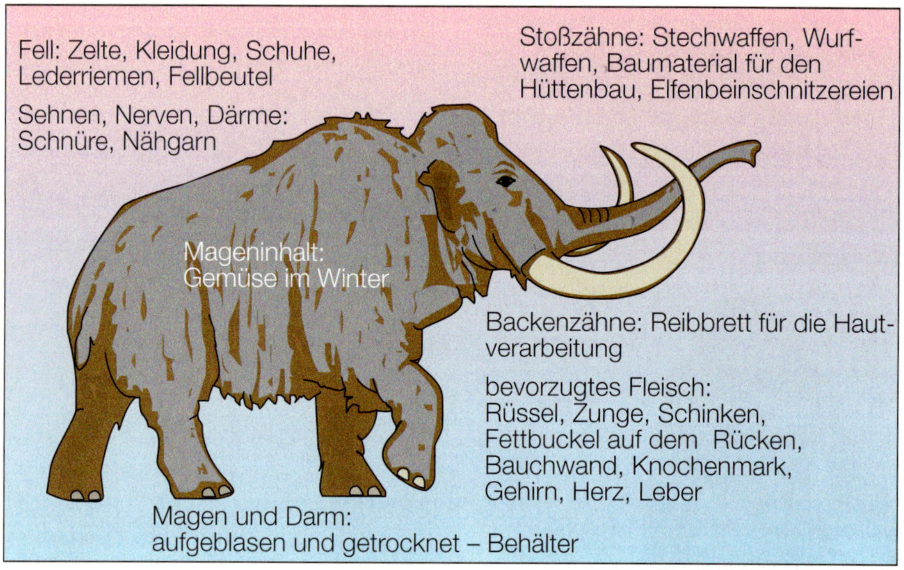

Nutze die Materialien M 1 und M 2 für einen Vortrag über das Mammut. Stelle zuerst Informationen zusammen zu den Gliederungspunkten „äußere Erscheinung", „Nahrung", „Bedeutung für die Menschen der Altsteinzeit".

Wie hat man sich die Jagd vorzustellen?

Das Leben der ersten Jetztmenschen war sehr gefährlich. Neben dem Klima und dem Hunger waren auch wilde Tiere eine ständige Bedrohung. Besonders mutig mussten die Jäger sein, wenn sie Tiere wie einen Elefanten (Warmzeit) oder ein Mammut (Eiszeit) erlegen wollten. Zwei Jagdarten sind durch Funde nachgewiesen worden:

1. Die Jagd mit einem Speer

An einem kleinen See bei Verden (Niedersachsen) hat man das fast vollständige Skelett eines etwa 45 Jahre alten Elefanten gefunden, der ca. fünf Meter hoch und fünf Tonnen schwer war. Zwischen den Rippen steckte ein 2,5 m langer Eibenholzspeer mit einer feuergehärteten Spitze. In der näheren Umgebung lagen Steingeräte wie Faustkeile und Schaber. Die Wissenschaftler haben den Fundort ausgiebig untersucht und den Sachverhalt rekonstruiert. Danach hatten vor über 100.000 Jahren Elefantenjäger eine Herde beobachtet und so lange verfolgt, bis sie nah genug an einen der Dickhäuter herangekommen waren. Einem der Jäger muss es gelungen sein, seinen Holzspeer schräg von vorne in die Brust des Tieres zu stoßen. Es war aber nur verwundet und schleppte sich bis zu einem Tümpel, wo es mitsamt der tief im Körper steckenden Waffe einsank und verblutete. Die Jäger verfolgten ihre Beute. Sie griffen sich Steine, die verstreut umherlagen, und fertigten an Ort und Stelle einfache Werkzeuge an, um mit ihrer Hilfe die aus dem Wasser herausragenden Teile abzulösen.

Bei dieser Jagdmethode muss es sehr wichtig gewesen sein, dass der Speer das Beutetier schwer verletzte, also tief in den Körper eindrang oder etwa das Herz traf. Ging der Stoß daneben, drohte dem Jäger der Tod. Mehrere Zeichnungen und Bilder aus der Steinzeit zeigen Einzeltiere, die Menschen anspringen oder angreifen.

Darstellung der Mammutjagd im „Park der Vorgeschichte“ (bei Lascaux, Frankreich)

Wandmalerei in der Höhle von Pindal (Nordspanien)

2. Die Jagd mithilfe von Fallgruben

Diese Fangart dürfte vor allem in der Nähe von Wasserstellen angewandt worden sein. Die Steinzeitmenschen konnten davon ausgehen, dass die Tiere mit einiger Regelmäßigkeit zur Tränke gingen. An schmalen Zugängen oder hinter Felsvorsprüngen haben sie deshalb Gruben ausgehoben und mit Sträuchern abgedeckt. Die ganze Horde hat Lärm gemacht und vielleicht auch Feuer eingesetzt um Tiere in die Falle zu treiben.

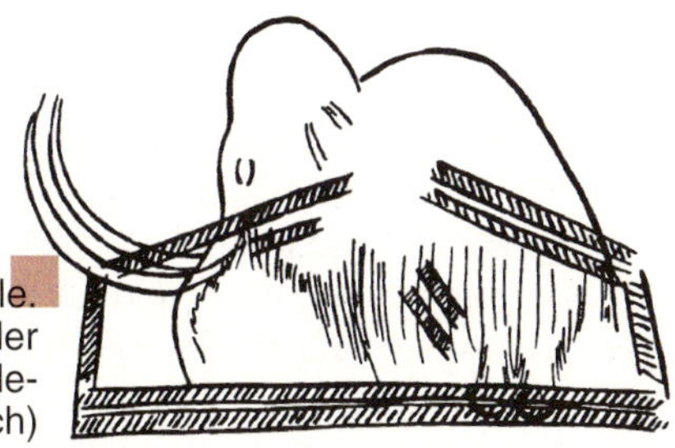

Mammut in der Falle. Wandmalerei in der Höhle von Font-de-Gaume (Frankreich)

Schreibe eine Geschichte: Ich jage einen Elefanten/ein Mammut.
Versetze dich in die Rolle eines Jägers, der mit seiner Horde auf die Jagd geht.
Nutze die Angaben des Textes, entscheide dich für eine der beiden Jagdmethoden.

Wie lebten die Menschen in der Jungsteinzeit?

Eine Siedlung wird ausgegraben

Im Jahre 1930 stießen Archäologen in Köln-Lindenthal auf merkwürdige Verfärbungen im Boden. Ganz vorsichtig und gleichmäßig trugen sie die obere Bodenschicht ab. Dabei entdeckten sie dunkle, runde Flecken auf der Erde. Aus größerem Abstand konnten sie erkennen, dass diese Verfärbungen nicht zufällig angeordnet waren. Sie untersuchten die Flecken genauer. Überall fanden sie drei verschiedene Bodensubstanzen (vgl. M2). Kein Zweifel, an diesen Stellen hatten früher einmal Holzpfosten gestanden. Das Holz war zwar verrottet, aber die Spuren hatten sich erhalten. Als die Forscher in unmittelbarer Nähe auch noch Lehmbrocken fanden, die Abdrücke geflochtener Weidenruten aufwiesen, waren sie sich einig: Hier musste einmal ein Haus gestanden haben! Mit einer Grundkonstruktion aus Holzstämmen und festen Wänden aus Flechtwerk und Lehm.

Umfangreiche Grabungen in den nächsten Jahren ergaben genauere Ergebnisse. Um 5500 vor Christus haben in Lindenthal etwa 100 Menschen gelebt. Sie bewohnten 10 Häuser der gleichen Bauart, von denen einige bis zu 36 m lang und 8 m breit waren. Die gesamte Siedlung war von einem Zaun umgeben.

M1

Luftbild: Ausgrabung eines Hauses der Jungsteinzeit

M2

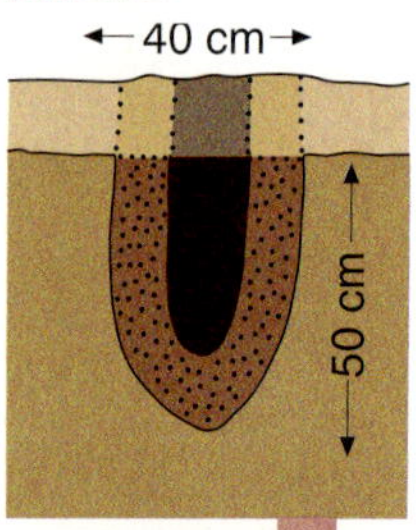

Pfostenloch

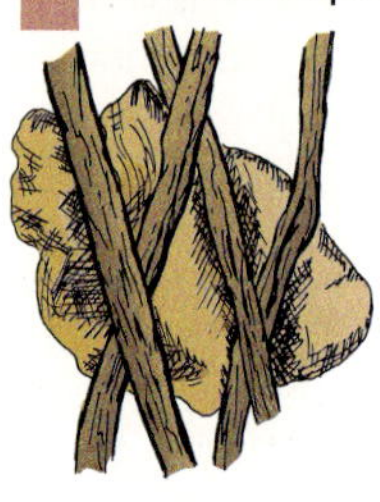

und Lehmverputz

M3

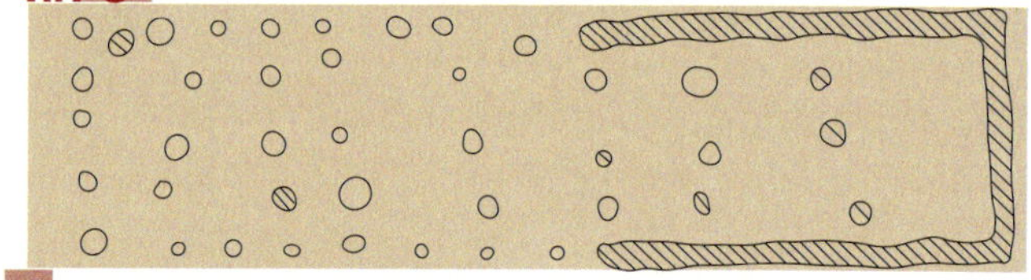

Vermessungsplan/Grundriss

M4

Rekonstruktion eines Hauses

Sorgfältig wurde auch festgehalten, welche kleineren Funde in der Umgebung gemacht wurden:

M 5

Pflanzenreste	Knochen	Geräte
Getreide wie Hirse, Gerste, Emmer und Dinkel; Erbsen, Linsen; Flachs	Hund, Ziege, Schaf, Schwein, Rind, Reh, Wildschwein, Elch, Bär	Grabstöcke, Sicheln mit Schneiden aus Feuerstein, Holzpflug, Pfeile und Bogen, Speere mit Steinspitzen, geschliffene Steinbeile, Bohrapparate, Webstühle, im Feuer gehärtete Tonscherben, Getreidemühlen

M 6 Dem Archäologenteam gelang es, einzelne Fundstücke zu rekonstruieren:

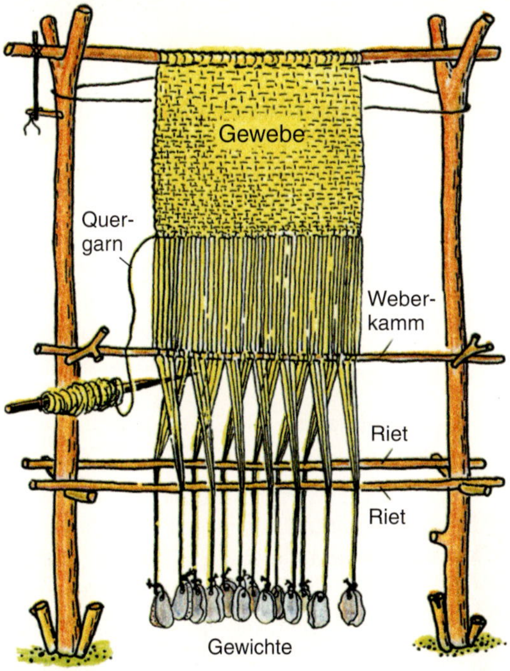

Den Wissenschaftlern wurde immer klarer, dass sie keinen Lagerplatz von umherziehenden Jägern und Sammlerinnen ausgegraben hatten. In Köln-Lindenthal hatten über eine lange Zeit hinweg Menschen gewohnt, die als Ackerbauern und Viehzüchter arbeiteten.

Backen wie die Lindenthaler

Zum Ausprobieren:

Du kannst selbst ein Steinzeitbrot backen. Zunächst brauchst du einen etwas größeren Stein mit einer Fläche, auf der du reiben kannst, und einen kleineren, runden Mahlstein. Nimm einige Getreidekörner und schon kann's losgehen. Mit etwas Wasser (oder Milch?) musst du dann das Mehl mischen. Den Teig kannst du zu Fladen kneten und dann im Ofen oder auf erhitzten Steinen backen. In der Gruppe macht es besonders viel Spaß.

Die Funde sorgen tatsächlich für Klarheit. Die Lindenthaler lebten anders als die früheren Jäger und Sammlerinnen. Wenn du die Materialien M1 bis M6 genau betrachtest, kannst du die Unterschiede selbst angeben. (Mache Notizen zu folgenden Stichwörtern: Berufe, Wohnung, Nahrung, typische Geräte, Lebensweise …)

Der Alltag in Köln-Lindenthal: ein Schritt nach vorn?

Was meinst du: Hättest du lieber als Jäger/Sammlerin in der Altsteinzeit oder als Ackerbauer und Viehzüchter in der Jungsteinzeit gelebt?
Der folgende Text erlaubt dir eine durchdachte Antwort zu geben. Notiere beim Lesen, welche Fortschritte und welche Probleme mit der Entwicklung verbunden waren; dann fällt dir die Entscheidung leichter.

Fortschritte: ______________________

____

Probleme: ______________________

Der Alltag in Lindenthal unterschied sich völlig von dem Alltag der Jäger und Sammlerinnen. Als Ackerbauern und Viehzüchter lebten die Lindenthaler auf einer ganz neuen Entwicklungsstufe, die man als Jungsteinzeit bezeichnet. Weil die Unterschiede zur Altsteinzeit so gewaltig sind, spricht man auch von der landwirtschaftlichen oder neolithischen Revolution (Neolithikum ≈ Jungsteinzeit).

Lebensweise

Die auffälligste Veränderung betrifft das Zusammenleben: Die Lindenthaler lebten über viele Jahre hinweg an der gleichen Stelle, sie waren also sesshaft. Es ist anzunehmen, dass die Menschen nicht mehr als Horde zusammenlebten. In jedem Haus fanden sich vermutlich Gruppen von nahen Verwandten zusammen (Großfamilien?).

Produktion von Nahrung

Die Lindenthaler hatten gelernt wilde Tiere zu zähmen und Haustiere zu züchten. Sie haben planmäßig Felder angelegt, Getreide ausgesät und Monate später geerntet. Dieses Verhalten ist völlig neu in der Weltgeschichte. Einige Wissenschaftler meinen sogar, dass erst diese produzierende Wirtschaftsweise den Menschen vom Tier unterscheidet. Affen z.B. sind schlau, aber nie kämen sie auf die Idee eine Bananenplantage anzulegen. Die Menschen von Lindenthal waren nicht mehr darauf angewiesen, Beutetiere zu suchen und zu erlegen oder essbare Pflanzen zu finden. Sie konnten Haustiere schlachten oder auf Getreidevorräte zurückgreifen. Weil sie ihre Nahrung selbst herstellten, wurden sie unabhängiger von der Natur.

Die Abbildung zeigt, welche Fläche notwendig ist um zehn Menschen zu ernähren: rot ≈ durch Jagen und Sammeln (≈ 30 km²), grün ≈ durch Ackerbau und Viehzucht (≈ 1,5 km²).

Gesundheit

Andererseits war die Nahrungsgrundlage nicht immer stabil. Zwei Missernten reichten aus um die bäuerliche Gemeinschaft in eine Krise zu stürzen. Neben dem Hunger dürfte auch die mangelnde Hygiene die Lebenserwartung gesenkt haben. Gute Ernten jedoch erlaubten die Pflege kranker Dorfbewohner. Insgesamt sorgte die neolithische Revolution für einen Bevölkerungsanstieg.

Arbeitszeiten

Die Menschen mussten regelmäßig arbeiten. Aussaat und Ernte verlangten eine klare Folge von Arbeitsschritten. Das Vieh musste auf die Weiden gebracht und dort beaufsichtigt werden. Auch im Hause fielen täglich Arbeiten an: bei der Lagerung und Verarbeitung der Lebensmittel, bei der Herstellung von Werkzeugen usw. Anders als die Jäger und Sammlerinnen kannten die ersten Bauern und Viehzüchter nur wenig Freizeit.

Konflikte

Lange hat man gerätselt, warum Zäune oder Mauern die ersten Siedlungen umgaben. Heute weiß man, dass die ersten Ackerbauern und Viehzüchter nicht immer friedlich lebten. Im Frühjahr 1983 machten Archäologen in Talheim (Kreis Heilbronn) einen grausigen Fund. Sie fanden die Knochen von 34 Menschen, die etwa 5000 v. Chr. in einem Massengrab verscharrt worden waren. Die Archäologen halten es für wahrscheinlich, dass die Talheimer Opfer eines Überfalles geworden sind. Alle 34 zeigten nämlich schwere Verletzungen am Schädeldach; sie waren erschlagen worden. In den Jahren zuvor muss es mehrere Missernten gegeben haben, denn Knochenuntersuchungen verrieten Eisen- und Vitaminmangel sowie Wachstumsverzögerungen bei den Kindern. Die Bewohner einer benachbarten Siedlung, so die Vermutung der Wissenschaftler, haben die Siedlung bei Talheim überfallen um an die letzten Vorräte zu gelangen.

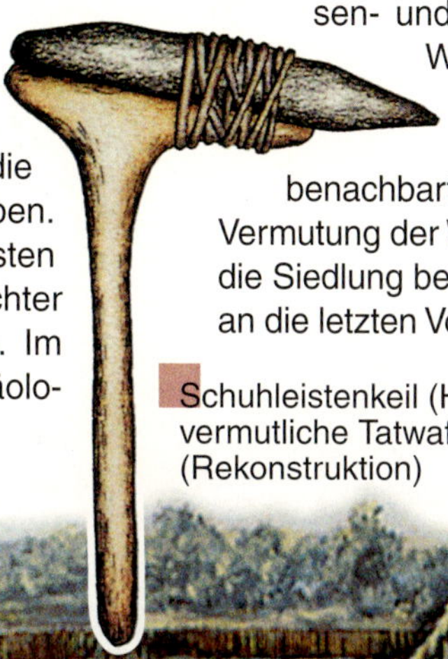

Schuhleistenkeil (Holz, Stein, Fasern), vermutliche Tatwaffe von Talheim (Rekonstruktion)

Umwelt

Wenn Menschen die Natur bearbeiten, verändern sie auch ihre Umgebung. Felder und Viehweiden brauchen Platz; deshalb sind in vielen Teilen der Welt Bäume gefällt worden. Kurzfristig konnte man auf den neuen Flächen gut wirtschaften, dann aber stellten sich Schäden ein. Der Grundwasserspiegel sank und die Böden trockneten aus. Oder das Vieh zerstörte den Pflanzenwuchs. An den Orten, an denen die ersten jungsteinzeitlichen Siedlungen entstanden, kann man heute kaum noch Ackerbau betreiben; die Böden sind steinig.

Die jungsteinzeitliche Siedlung von Köln-Lindenthal um 5500 vor Christus (Rekonstruktion)

Info

Die Siedlung in Lindenthal gibt eine Menge Aufschlüsse, aber viele Fragen können an diesem Beispiel nicht geklärt werden. Deshalb findet ihr auf dieser Doppelseite weitere Informationen zu drei wichtigen Fragen. Wenn ihr die Texte genau lest und auch Karte und Bilder betrachtet, könnt ihr sie beantworten.
Tipp: Ihr könnt in drei Gruppen arbeiten; jede Gruppe beschäftigt sich mit einer der Fragen und informiert anschließend die Klasse.

Weitere Fragen zur Jungsteinzeit

Frage 1

Wie kam es zur landwirtschaftlichen Revolution?

Über mehr als 100.000 Jahre hinweg hatten die Menschen gejagt und gesammelt und auf diese Weise ihr Überleben gesichert. Zwischen 10.000 und 4000 vor Christus begannen die Menschen sich durch Viehzucht und Ackerbau zu ernähren. Eine ungeheure Veränderung! Die Wissenschaftler sind sich einig, dass dieser völlige Wechsel der Lebensweise im Zusammenhang mit einer Klimaveränderung steht. Vor etwa 12.000 Jahren endete die letzte Eiszeit und es wurde langsam wärmer. Das Mammut starb aus, andere Pflanzen wuchsen, viele Bäume bildeten nach und nach große Wälder. In Mittel- und Nordeuropa verzögerte sich die Entwicklung, weil die dicken Eismassen erst langsam abschmolzen. Im Vorderen Orient stiegen die Temperaturen schneller an. Hier reagierten die Menschen als Erste auf die neuen Umweltbedingungen. Vor allem erkannten sie die Möglichkeiten einer neuen Pflanze: des Wildgetreides. Sie begannen, die Getreidekörner zu säen und zu ernten. Gleichzeitig gelang es, wilde Tiere zu zähmen. Große Siedlungen wie Jericho oder Çatal Hüyük mit mehreren tausend Einwohnern konnten entstehen. In Mitteleuropa dauerte es noch 3000 Jahre, bis sich Ackerbau und Viehzucht durchsetzten. Je mehr Jagd und Sammeltätigkeit an Bedeutung verloren, desto wichtiger wurde die Landwirtschaft. Man siedelte dort, wo der Boden fruchtbar war. Das Erntedankfest und die Redewendung von der „Mutter Erde“ erinnern auch heute noch an die große Bedeutung der Ernte.

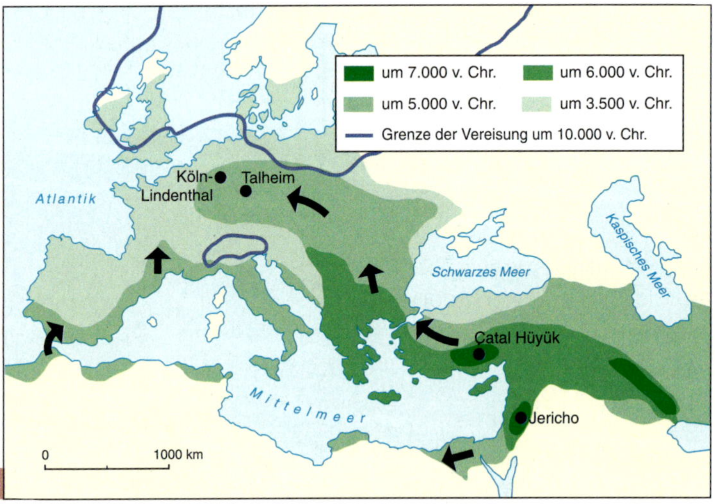

Ausbreitung des Ackerbaus

Frage 2

Wie sah es im Inneren eines Hauses aus?

Als Beispiel eignet sich die Siedlung in Çatal Hüyük, die sehr gut erhalten ist. Um 6500 v. Christus gab es etwa 1000 Häuser, die terrassenförmig an einem Hügel errichtet waren. Die Häuser bestanden aus Schlammziegeln. Sie waren dicht aneinander gebaut und in bemerkenswerter Weise genormt. Alle besaßen nur einen Raum mit einem rechteckigen Grundriss (ca. 4 x 6 m). Die Zahl der gemauerten Schlafbänke lässt vermuten, dass jedes Haus für vier bis fünf Personen Platz bot. In jedem Haus gab es eine kleine Küche mit Herd und Backofen. Man betrat die Häuser nicht durch Türen, sondern durch einen Einstieg auf dem Flachdach, das man wiederum nur über eine Leiter erreichen konnte. Von besonderem Interesse sind einige Gruppen von Räumen, die an Vorratskammern erinnern. Hier standen Kornbehälter aus Ton (ca. 1 m hoch). Das Getreide wurde oben hineingeschüttet und ließ sich durch eine Öffnung in Fußbodennähe entnehmen. Vermutlich wurden in diesen Räumen religiöse Handlungen durchgeführt, denn man fand umfangreiche Wandgemälde, kunstvoll angebrachte Stierhörner und Frauenfiguren, die aus Lehm gebrannt sind.

Blick in die Siedlung von Çatal Hüyük (Rekonstruktion)

Frage 3

Welche Rolle spielten die Frauen?

In der heutigen Wissenschaft gibt es viel Streit um die Frage, ob die Frauen Vorteile von dem Wechsel von der Alt- zur Jungsteinzeit hatten oder ob sich ihre Lage eher verschlechterte. Allgemein anerkannt ist, dass es Frauen waren, die den Ackerbau entdeckten. Als Sammlerinnen besaßen sie ja das nötige Vorwissen. Sie konnten genießbare und giftige Pflanzen auseinander halten, sie wussten um die Heilkräfte von Kräutern und vor allem kannten sie die Orte, an denen in jedem Jahr Wildgetreide wuchs. Jetzt war es nur ein kleiner Schritt, um den Zusammenhang von Aussaat und Ernte zu erkennen und dem Wachstum der begehrten Getreidekörner durch die Anlage von Gärten oder Feldern nachzuhelfen.

Einige Archäologen meinen, dass sich die Entdeckung des Ackerbaus für die Frauen gelohnt hat. Weil Frauen das entscheidende Wissen über die neue Nahrungsgrundlage besaßen, hätten sie auch eine Vorrangstellung in den jungsteinzeitlichen Siedlungen eingenommen. In Çatal Hüyük fanden sich – oft in unmittelbarer Nähe zu den Getreidebehältern – viele Frauenfiguren, die als Fruchtbarkeitsgöttinnen gedeutet werden. Wurden weibliche Figuren verehrt, weil man glaubte, Frauen seien für die Fruchtbarkeit zuständig?

Die Untersuchung von Gräberfeldern in mitteleuropäischen Siedlungen der Jungsteinzeit deutet eher auf eine Benachteiligung von Frauen hin. Frauen erhielten viel seltener als Männer Grabbeigaben und wenn, dann waren diese längst nicht so prunkvoll wie bei den Männern. Die Muskelmarken an den Knochen verraten, dass die Frauen extremen körperlichen Belastungen ausgesetzt waren. Ihr Leben war aber nicht nur hart, sondern auch kurz! Sie lebten durchschnittlich zehn Jahre weniger als die Männer; kaum eine Frau erreichte ein Alter, in dem sie Großmutter hätte werden können.

Lehmfigur einer (gebärenden?) Frau, die sich auf zwei Leoparden stützt; gefunden in einem Getreidebehälter in Çatal Hüyük. Die Figur ist etwa 20 cm hoch.

Wie können Archäologen das Alter von Fundstücken bestimmen?

Woher weiß man eigentlich, dass die Siedlung in Lindenthal um 5500 v. Chr. gebaut wurde? Diese Frage einer genauen Datierung beschäftigt auch die Archäologen. Auf dieser Seite lernt ihr zwei Verfahren kennen, wie sie die Profis in der Wissenschaft benutzen.

Baumringmethode

Jeder von euch weiß, dass Bäume in jedem Jahr einen so genannten Jahresring bilden. Hat ein Baum 50 Ringe, ist er 50 Jahre alt. Wie aber ermittelt man das Alter von Holz, wenn man nicht weiß, wann der Baum gefällt worden ist? Ganz einfach: Bei einem frisch gefällten Baum habt ihr vielleicht selbst schon einmal die Ringe gezählt. Dabei ist euch sicher aufgefallen, dass diese Ringe unterschiedlich breit sind. Je nach Witterung ist der Baum kräftig oder kaum gewachsen. Die Archäologen machen sich jetzt zunutze, dass alle Bäume, die im gleichen Zeitraum und im gleichen Gebiet gewachsen sind, sehr ähnliche Jahresringe besitzen. Im Laufe der Jahre entsteht so ein typisches, unverkennbares Wachstumsmuster. Das Schaubild zeigt euch nun, dass man diese Muster genau notiert. Überlappungen ermöglichen, immer weiter in die Vergangenheit zurückzugehen. In Europa gibt es mittlerweile Standardkurven bis 6000 vor Christus! Findet man irgendwo ein Holzstück, muss man nur suchen, wo die Jahresringe genau zueinander passen.

1. Für gute Rechner: Der Baum wurde 1990 gefällt. Wann (frühestens!) wurde der linke Unterstand gebaut?

2. Zum Ausprobieren: Wähle einen hölzernen Gegenstand aus, dessen Alter du bestimmen willst (z.B. das Bein eures Esstisches). In der näheren Umgebung der Schule oder deines Hauses gibt es sicher einen Baumstumpf, bei dem man die Jahresringe gut erkennen kann. (Wenn du ganz genau arbeiten willst, musst du wissen, wann dieser Baum gefällt wurde.) Übertrage die Jahresringe millimetergenau auf ein Blatt Papier und vergleiche das Jahresringmuster mit dem Tischbein. Wenn der Tisch aus heimischem Holz gemacht wurde, lohnt sich die Mühe bestimmt.

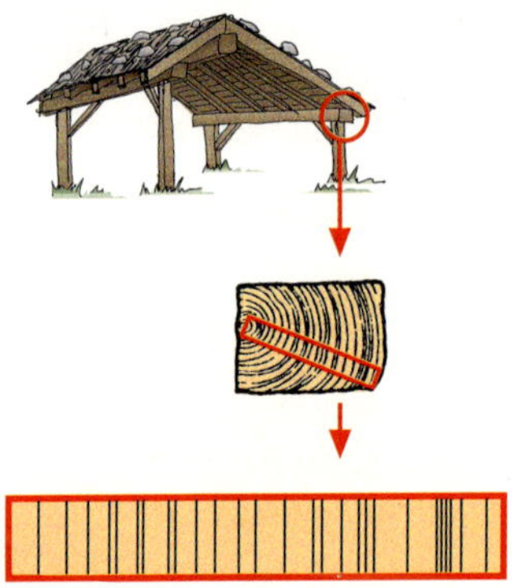

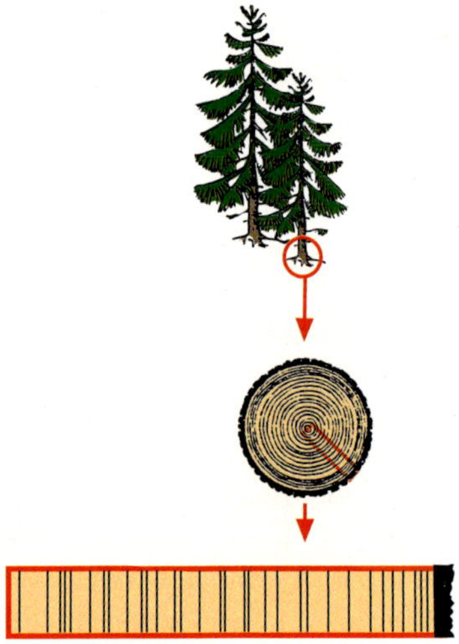

Radiokarbonmethode

Die zweite Methode ist etwas für die Chemiker und Physiker unter euch. Man hat nämlich herausgefunden, dass alle belebten Substanzen das radioaktive Kohlenstoff-Isotop C14 besitzen. Wenn ein Stück Holz, ein Knochen oder Ähnliches abstirbt, zerfällt auch diese Substanz. „Jetzt beginnt die Atomuhr zu ticken", sagte dazu der Erfinder der Methode, der Nobelpreisträger Libby. Er fand nämlich heraus, dass die C14-Strahlung ganz regelmäßig abnimmt. Die Hälfte der ursprünglichen Strahlung ist nach 5.700 Jahren noch vorhanden (Halbwertzeit), nach 11.400 Jahren beträgt die Strahlung nur noch ein Viertel. Misst man nun die Rest-Strahlung der Holzreste in den Pfostenlöchern von Lindenthal, kann man das Alter der Häuser schnell errechnen. Auch das Alter der Höhlenmalereien ist so bestimmt worden, denn die Künstler haben mit Steinkohle gearbeitet.

Methodenbox

Anschaulich ins Bild gesetzt: Kreis- und Säulendiagramme

A Ernährungsgewohnheiten ändern sich. Ein Kreisdiagramm gibt Auskunft

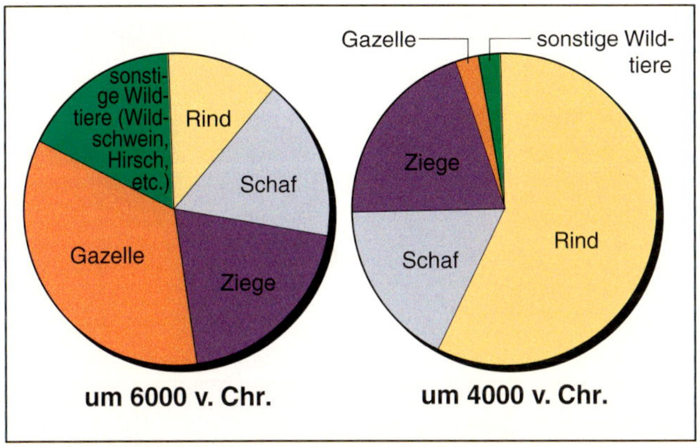

Archäologen haben in einem Dorf der Jungsteinzeit (Mehrgarh, Pakistan) eine Abfallgrube untersucht. Sie haben festgestellt, dass die Grube über Jahrtausende hinweg benutzt wurde. Diese gefundenen Tierknochen haben sie gezählt und sortiert. Das Ergebnis wurde in einem Schaubild festgehalten.

1. Von welchen Tieren ernährten sich die Menschen um 6000 v. Chr. bzw. um 4000 v. Chr.?
2. Wie hat sich die Ernährung zwischen 6000 und 4000 v. Chr. geändert?
3. Versuche die Entwicklung zu erklären.

B Wie alt wurden die Menschen in der Jungsteinzeit? Ein Säulendiagramm gibt Auskunft

Dem Schaubild liegt eine Untersuchung von Skelettresten zugrunde, die aus einer jungsteinzeitlichen Siedlung bei Lenzburg (Schweiz) stammen. Zuerst haben die Archäologen ermittelt, in welchem Alter die Menschen gestorben sind. Dann haben sie Altersgruppen gebildet und die Menschen zusammengefasst, die ein Alter von 0–10 Jahren erreicht haben, von 10-20 Jahren usw.

Die Höhe der grünen Säulen zeigt die prozentuale Verteilung; ein Beispiel: Von 100 Lenzburgern der Jungsteinzeit haben 15 ein Lebensalter zwischen 20 und 30 Jahren erreicht. Die blauen Säulen zeigen, wie alt die Menschen werden, die heute in Lenzburg leben. Auch hier ein Beispiel: Von 100 heutigen Lenzburgern sterben 35 zwischen 70 und 80 Jahren.

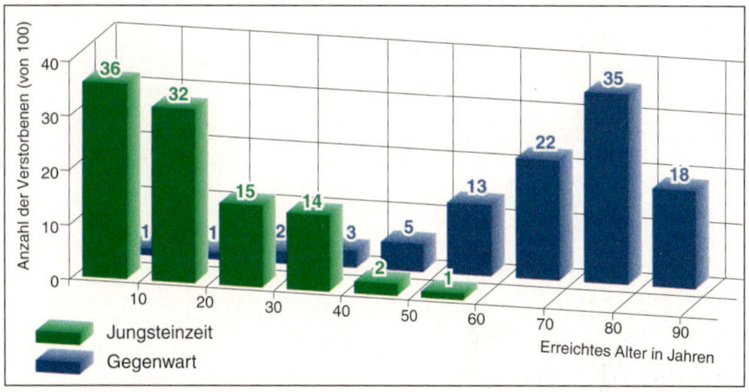

(Umrechnungen und grafische Umsetzung: U. Bröhenhorst; nach: U. Ruoff, Leben im Pfahlbau, Solothurn 1991, S. 35)

1. In welchem Lebensalter starben besonders viele Menschen in der Steinzeitsiedlung? Wie viele Menschen wurden höchstens 20 Jahre alt, wie viele wurden älter als 50 Jahre?
2. Vergleiche mit der heutigen Entwicklung. Wie erklärst du dir die Unterschiede?

In „Zeiten und Menschen“ wirst du häufiger auf solche anschaulichen Abbildungen treffen. Grob betrachtet, kannst du sie immer auf die gleiche Weise nutzen:

1. Beschreibung: Wozu will das Schaubild etwas sagen (Thema, Problemfrage) und wie sagt es etwas (Art der Darstellung)?

2. Untersuchung: Welche Aussage macht das Schaubild zum Thema oder zur Problemfrage?

3. Auswertung: Kann man die Aussage erklären, lassen sich Schlussfolgerungen ziehen?

Lebten Riesen an der Küste?
Gemeinschaftsleistungen der ersten Bauern

In Norddeutschland, vor allem im Gebiet zwischen Weser und Ems sowie an der Ostsee, findet man hunderte von Grabanlagen aus großen Steinen. Wie kaum ein anderer Fund aus der Jungsteinzeit sind sie geeignet unsere Hochachtung vor den Leistungen dieser ersten Bauern zu steigern. Die ältesten Bauten sind etwa 6000, die jüngeren 4000 Jahre alt – und sie stehen immer noch und imponieren durch ihre mächtige Größe. Trotz aller Unterschiede in der Form besitzen alle Großsteingräber mindestens eine Kammer, die von einigen Trägersteinen und einem oder mehreren Decksteinen gebildet wird. Die kleineren Gräber sehen aus der Ferne wie ein Steinhaufen aus und sind nur ein paar Meter lang. Andere Grabanlagen werden von dutzenden von Findlingsblöcken eingerahmt und sind über 100 Meter lang! Fast alle Grabkammern besitzen einen Eingang, durch den man in das Innere der Kammer hineinkriechen kann.

M 1

Der „Klingenstein" – ein einfaches Großsteingrab bei Passow (Mecklenburg-Vorpommern); Größe etwa 5 x 3 x 2,50 m (Luftbild)

Wie wurden die Gräber errichtet?

Findlinge stehen oder liegen in vielen Gärten. Sie sind mächtige Brocken. Das weiß jeder, der schon einmal einen Stein von der einen Gartenecke in die andere umsetzen wollte. Allein hat man auch bei kleineren Findlingen keine Chance und etwas größere Exemplare sind nur mit vereinten Kräften der halben Nachbarschaft zu bewegen. Kein Wunder, dass man jahrhundertelang nach einer Erklärung suchte, wie wohl die mächtigen Findlinge der Großsteingräber transportiert und aufgeschichtet worden sind. In den norddeutschen Sagen werden übermenschliche Kräfte bemüht: Entweder treten Götter als Baumeister auf oder aber der Teufel. Am einleuchtendsten erschien den Menschen lange die Theorie, nach der Riesen am Werke gewesen sein mussten. Deshalb hat der Volksmund den Gräbern auch den Namen „Hünengräber“ (Hüne = Riese) gegeben.

M 2

So erklärte man sich den Bau der Gräber im 17. Jahrhundert.

Die folgenden Bilder zeigen eine moderne Erklärung.

M 3

Tragsteine

Ziehen und Hebeln

Decksteine

Grabanlage (mit Erde aufgefüllter Grabhügel)

Einige Mädchen und Jungen klettern auf den Steinen eines Großsteingrabes herum. Als Spaziergänger kommen und fragen, wie das Grab wohl errichtet wurde, geben die Kinder Auskunft (denn sie haben die Bilderfolge für die moderne Erklärung gut verstanden).
Spielt diese Szene in der Klasse vor. Legt fest, wer die Rolle der Spaziergänger übernimmt und wer zu den Kindern gehört, die Auskunft geben.

Forschungs-station

Großsteinbauten: Was weiß man darüber – was bleibt rätselhaft?

Achim, Meike und Christian aus der 6. Klasse wollen mehr über die Großsteingräber wissen. Deshalb fahren sie in ein Museum für Vor- und Frühgeschichte und befragen einen wissenschaftlichen Mitarbeiter. Im Gespräch erfahren sie auch einiges über andere Bauwerke aus großen Steinen. Auf der Heimfahrt unterhalten sich Achim, Meike und Christian, wie sie die Klasse informieren wollen. Sie teilen die Arbeit auf und legen drei Themen fest:

1. Die Gräber hatten ein Innenleben
2. Rätselhafte Steinbauten in Stonehenge und in der Bretagne
3. Großsteinbauten – eine Erfindung der Jungsteinzeit

Interview und Fotos können die Grundlage für deine Forschungsarbeit sein. Entscheide dich für ein Thema, das du bearbeiten möchtest.

M 1

Steingrab von Drenthe (Emmen, Niederlande)

M 2 Interview

Frage: Woher weiß man eigentlich, dass diese Steinbauten Gräber waren?

Antwort: Im Inneren dieser Kammern hat man Knochen von Menschen, teilweise sogar ganze Skelette gefunden.

F: Waren das besondere Menschen, vielleicht Könige oder Prinzessinnen, für die man solche Anlagen errichtet hat?

A: Nein. Die wirklich großen Grabanlagen waren keine Einzelgräber, es waren eher Friedhöfe. Über einen längeren Zeitraum hinweg wurden sie für Bestattungen ganz normaler Bauern genutzt.

F: Über einen längeren Zeitraum hinweg …? Bedeutet das, dass man bei jedem Todesfall die Grabkammer wieder geöffnet hat?

A: Das ist eher unwahrscheinlich. Wir haben herausgefunden, dass die Menschen schon längere Zeit tot gewesen sein müssen, bevor ihr Leichnam in das Grab kam. Es wurden nur die Knochen beigesetzt; wahrscheinlich in einer Art Sammelbeisetzung. Die Knochen der einzelnen Toten liegen übrigens völlig durcheinander.

F: Wie hat man sich so eine Graböffnung vorzustellen?

A: Fast alle Grabkammern konnte man durch einen Kriechtunnel erreichen.

F: Irgendwann muss so eine Grabkammer doch einmal voll belegt gewesen sein.

A: Dann wurden die Gräber verschlossen und – meist mit Sand – aufgefüllt. Bei einigen wenigen Gräbern deuten Knochenfunde vor dem Eingang darauf hin, dass das Grab einfach ausgeräumt wurde, um es neu belegen zu können.

F: Haben Sie in den Gräbern nur Knochen gefunden oder auch andere Sachen?

A: Diese Sachen nennen wir Grabbeigaben. Oft finden sich Werkzeuge und Scherben von Gefäßen; häufig auch

Klingen und Pfeilspitzen aus Feuerstein, die übrigens alle unbenutzt sind. Selten finden sich Schmuckstücke aus Bernstein oder Gebrauchsgegenstände. Genau wie die Knochen liegen alle diese Beigaben wahllos verstreut in den Grabkammern.

F: Wurden die Gräber auch ausgeraubt?

A: Direkt ausgeraubt wurden sie wohl nicht. Zum einen gab es keine großen Schätze zu holen, zum anderen wäre ein Diebstahl sehr mühsam gewesen. Denn fast alle Großsteingräber waren ursprünglich überhügelt, die großen Steine waren also gar nicht sichtbar.

F: Gab es Bauwerke aus großen Steinen nur in Deutschland?

A.: Nein. In vielen Ländern Europas, vor allem am Atlantik, haben die Menschen in der Jungsteinzeit große Steinbauten errichtet. Meistens waren es Gräber, aber es finden sich auch Steinkreise und Steinreihen.

F: Welchen Sinn hatten denn diese Bauten?

A.: Das weiß heute niemand. Und weil man nichts Genaues weiß, gibt es die tollsten Vermutungen. Für die einen dienten die Bauten als politische Versammlungsorte; für andere sind es religiöse Zentren, an denen geopfert wurde. Auch als Landeplätze für Ufos sollen sie gedient haben.

F: Was glauben Sie persönlich?

A.: Na ja, einiges spricht dafür, dass diese Orte wissenschaftlich genutzt wurden. Die Steine sind so angeordnet, dass man die Sterne gut beobachten und somit die Zeit messen konnte.

F: Mich interessieren die Hinkelsteine!

A.: Du meinst sicher die riesengroßen Steine, die einzeln und aufrecht im Nordwesten Frankreichs stehen. Auch da ist die Bedeutung leider völlig unklar. Man weiß nur, dass die Menschen sich unglaubliche Mühe gegeben haben, um die Steine über große Strecken zu transportieren und dann irgendwo auf freiem Feld zu errichten. Obelix trägt einen Hinkelstein locker spazieren, aber in Wirklichkeit wiegen die größten Exemplare fast 100 Tonnen.

F: Wie lange brauchten die Menschen eigentlich, um solche Bauwerke zu errichten?

A.: Der Berliner Wissenschaftler J. Müller hat ausgerechnet, dass für eine große Grabanlage wie in Drenthe 100 kräftige Männer etwa dreieinhalb Monate täglich 10 Stunden arbeiten mussten.

F: Dann hätten solche Anlagen in der Altsteinzeit gar nicht gebaut werden können?

A.: Diese Schlussfolgerung ist völlig richtig! Ich glaube, ihr wisst jetzt eine Menge über die Menschen, die diese großen Bauwerke errichtet haben.

M 3

Steinkreis von Stonehenge (Wiltshire, England). Luftbild

M 4

Menhir („Hinkelstein") aus der Bretagne (Frankreich). Der Stein ist 9,50 m hoch und wurde in 4 km Entfernung gebrochen.

Achim, Meike und Christian haben sich noch einige Spezialthemen ausgedacht.

Welche Zusatzaufgabe wäre etwas für dich?

- Achim will vorrechnen, wie „teuer" das Grab von Drenthe war (Stundenlohn 5 €) und wie schwer ein Hinkelstein wirklich ist (im Vergleich zu einem VW Golf).
- Meike hat gehört, dass das Grab von Passow den Bauern so bei der Feldbestellung stört, dass er die Steine wegräumen will. Sie will ein Flugblatt entwerfen und damit zur Erhaltung des Grabes aufrufen. Mehrere Überschriften gehen ihr durch den Kopf: „5000 Jahre Geschichte – alles für die Katz?" Oder: „Finger weg vom Klingenstein!" Das Flugblatt will sie in der Klasse aufhängen und den Aufbau und Inhalt erklären.
- Christian interessiert sich für die Vermutung, die Steinkreise hätten zur Beobachtung des Sternenhimmels gedient. Er will sich in der Bibliothek noch genauer über Stonehenge informieren. Vielleicht schaut er auch ins Internet.

Der Gletschermann – ein Mensch aus der beginnenden Metallzeit

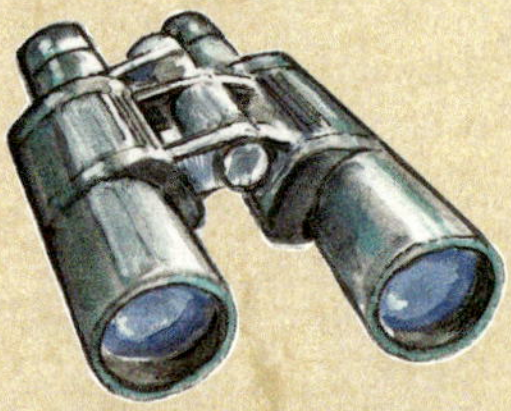

„Als wären wir dabei gewesen“: Ein Toter im Eis – ein Fall für die Kriminalpolizei?

Der Tote aus den Ötztaler Alpen, teilweise freigelegt (Fotografie vom 21.9.1991)

Der Sommer des Jahres 1991 ist ungewöhnlich warm gewesen. Auch am Donnerstag, dem 19. September 1991, herrscht wunderbares Wetter. Die Fernsicht in den Ötztaler Alpen ist einfach fantastisch. Deshalb entschließt sich das Nürnberger Ehepaar Erika und Helmut Simon die Bergwanderung zu verlängern. Sie wollen nicht direkt zur Similaun-Hütte gehen, sondern erst noch die Finailspitze erklimmen um von dort aus zur Berghütte hinabzusteigen. Als sie eine schmale Gletscherwanne passieren, sehen sie etwas Merkwürdiges aus dem Eis ragen. Eine Schaufensterpuppe? Das kann doch wohl nicht wahr sein! Sie treten näher heran und zucken sofort zurück. Kein Zweifel, im Eis liegt eine Leiche! Kopf und Schultern sind deutlich zu erkennen. Erika und Helmut Simon haben ein flaues Gefühl im Magen, als sie schnell zur Hütte hinabsteigen und ihre Beobachtung melden: „Da oben liegt ein Toter im Eis!“ Die Gäste sind aufgeregt; vielleicht ist ein Wanderer oder Bergsteiger verunglückt. Der Wirt Markus Pirpamer will der Sache auf den Grund gehen. Er lebt seit seiner Kindheit im Ötztal, aber von einem vermissten Wanderer oder Bergsteiger ist schon seit Jahren keine Rede gewesen. Als Pirpamer den Fundplatz erreicht, betrachtet er den Toten genauer. Er glaubt eine „Schädelverletzung“ zu erkennen. Ist der Tote Opfer eines Verbrechens? Pirpamer verständigt die Polizei.

In den nächsten Tagen überschlagen sich die Ereignisse. Da ein Verbrechen nicht auszuschließen ist, ordnet der Staatsanwalt an, die Leiche gerichtsmedizinisch zu untersuchen. Dazu muss sie aber erst einmal mit Bohrhämmern aus dem Eis gelöst werden, was sehr schwierig ist, da das Wetter sich verschlechtert hat. Hartnäckig wird der tote Körper vom Eis festgehalten. Aber im Umkreis finden sich merkwürdige Gegenstände: eine Art Axt mit Metallspitze, Schuhe aus Gräsern. Der Ortspolizist hat einen Verdacht: „Das Beil könnte die Tatwaffe sein!“ Vorsichtshalber steckt er sie ein und nimmt sie mit ins Tal. Merkwürdige Zeichnungen auf dem Rücken des Opfers geben dem Bergungsteam zusätzliche Rätsel auf. Wer ist der Tote? Ist er wirklich umgebracht worden? Am 21.9., die Leiche liegt immer noch im Eis, kommt der weltbekannte Bergsteiger Reinhold Messner vorbei. Als er die Gräserschuhe betrachtet, weiß er sofort, dass er keine gewöhnliche Gletscherleiche vor sich hat. Solche Schuhe hat er schon einmal gesehen – bei den Eskimos! Für ihn gibt es kein Halten mehr: Messner verständigt das österreichische Fernsehen. 500 Jahre, so schätzt Messner, ist die Leiche bestimmt alt. Am nächsten Morgen eilt ein Kamerateam herbei, um den Abtransport zu filmen. Da Ötzi, so wird der Tote mittlerweile genannt, über Nacht wieder eingefroren ist, muss er unter großen Mühen ein zweites Mal freigebohrt werden, wobei unter anderem ein merkwürdig geformtes Messer gefunden wird. Erstmalig ist auch ein Wissenschaftler vor Ort. Er ist elektrisiert: Dieses Messer, meine Güte, das muss uralt sein! Und dann soll es noch eine Axt auf der Polizeistation geben! Am liebsten würde er die Leiche und alle Fundstücke direkt nach Innsbruck fliegen lassen, aber die Staatsanwaltschaft folgt ihren Vorschriften: Der Tote muss ordnungsgemäß vom nächstgelegenen Bestatter eingesargt werden. Also wird Ötzi in den Hubschrauber verladen und dann in der kleinen Ortschaft Vent in den Sarg gelegt. Erst einen Tag später, am Dienstag, dem 24.9.1991, liegt die Leiche auf dem Tisch des gerichtsmedizinischen Institutes in Innsbruck. Daneben das Messer, die Gräserschuhe, auch das Beil mit der Metallspitze und weitere Fundstücke. Die Experten sind sich einig: Ötzi ist wirklich keine gewöhnliche Leiche, Ötzi ist 5000 Jahre alt – mindestens!

Beil

Messer mit Bastscheide

Fußbekleidung, Überzug aus Gräsern

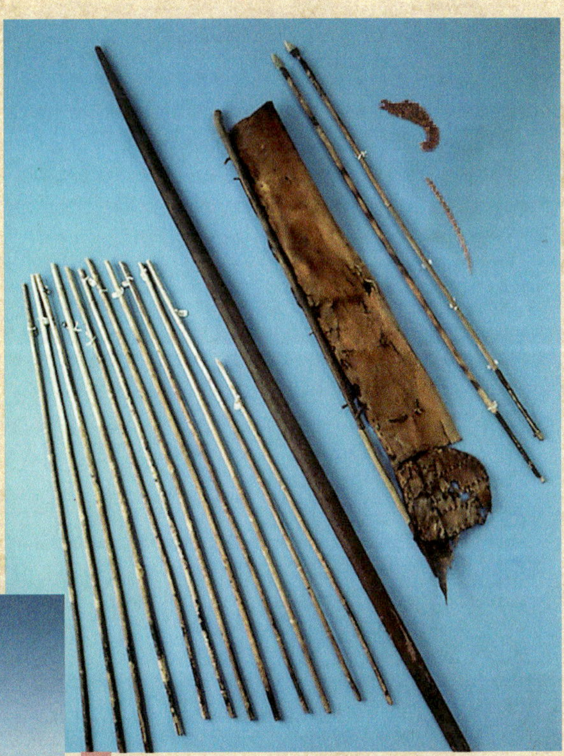

Pfeile, Bogen, Köcher; oben rechts: Schnur aus Baumbast, zu einem Knäuel aufgewickelt, und Dorn aus Hirschgeweih (Pfeilspitze?)

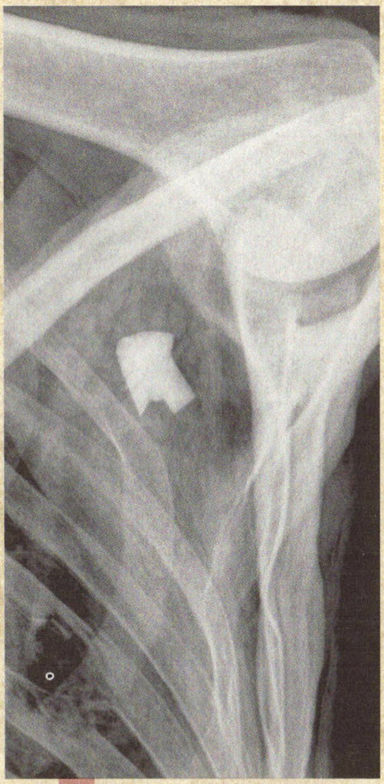

Röntgenaufnahme der Schulter. Zu sehen ist ein Fremdkörper in Form einer Pfeilspitze (vgl. S. 50).

Wer war der Gletschermann?
Was wollte er in den Bergen?

M 1

Die Wissenschaftler ahnen, dass die Auswertung des Fundes noch Jahrzehnte dauern dürfte. Sie entschließen sich die Funde genau zu beschreiben und erste Schlüsse zu ziehen. Sie arbeiten wie die Kriminalpolizei. Nach und nach entsteht der Ötzi-Steckbrief. Die Angaben geben den Stand der Ermittlungen von 2004 wieder. Es kann sein, dass künftige Forschungen für Veränderungen sorgen.

Ötzi-Steckbrief

Größe:	1,60 m
Alter:	ca. 46 Jahre (Mindestalter 40, Höchstalter 53)
Geschlecht:	männlich
Haare:	lang, dunkel, bärtig; Besonderheit: Kupferspuren
Zähne:	abgekaut, ohne Karies, aber ein Zahn fehlt
Todesursache:	Vermutlich kam er bei einem Kampf ums Leben; dafür sprechen eine Pfeilspitze in der Schulter und schwere Verletzungen an der rechten Hand. Primäre Todesursache waren entweder die schweren Blutungen oder der frostige Erschöpfungsschlaf nach der Verwundung.
Lebenszeitraum:	ca. 3300 vor Christus
Erhaltung:	außergewöhnlich gut; direkt nach dem Tod müssen warme Winde geherrscht haben, die den in einer Felsnische liegenden Körper austrockneten; Neuschnee und Gletschereis versiegelten den mumifizierten Körper.
Besonderheiten:	Tätowierungen an den Beinen und auf dem Rücken

M 2

„Ötzi"-Rekonstruktion (Computermodell 1996)

Die äußere Erscheinung kann man recht schnell rekonstruieren. Aber bis heute gibt Ötzi noch viele Rätsel auf. So weiß man immer noch nicht genau, was Ötzi oberhalb der Baumgrenze in den Bergen wollte. Vielleicht war er auf der Flucht vor Menschen, die sein Dorf überfallen hatten. Vielleicht ging er aber auch nur seinem Beruf nach. Aber welchen Beruf hatte er? Die Beschreibung und Auswertung einiger Fundstücke gibt erste Anhaltspunkte:

M 3

Fundstück	Beschreibung	Auswertung
Bekleidung/ Schuhe	Oberbekleidung aus dem Leder von Hausziegen; Schuhe (Hirsch- bzw. Bärenleder) mit Heupolstern ausgestopft; Mantel aus Grasgeflecht; Mütze aus Bärenfell	Auf niedrige Temperaturen vorbereitet; Hinweis auf Jagd, auf Viehzucht?
Köcher mit Bogen und Pfeilen	Köcher aus dem Fell einer Gämse; nur zwei der 14 Pfeile sind funktionsfähig, die restlichen Pfeile und der Bogen sind halb fertig; Schnitzspuren.	Musste Ötzi seine Waffen reparieren?
Beil	Beil mit einer Klinge aus fast reinem Kupfer; die Klinge ist im Schaft mit Pech festgekittet und mit Lederriemen umwunden.	Kein Stein-, sondern ein Metallbeil; im Ötztal gibt es keine Metallvorkommen.
Messer	Griff aus Eschenholz; Befestigung der Klinge aus Feuerstein mit einer Tiersehne und Birkenrindenteer	Vielseitig verwendbar
Baumpilz	Pilz der Birke, enthält Polyporensäure C.	Wirkt wie ein Antibiotikum, Reiseapotheke?
zwei Früchte	Früchte von der Schlehe, Zustand: reif	Schlehen reifen spät im Jahr: Tod im Herbst?
zwei Körner	Getreide	Hinweis auf Ackerbau?

Für mindestens fünf Berufe finden sich Anhaltspunkte: War Ötzi Hirte, Jäger, Metallsucher, Zauberer, Händler? In einem Streitgespräch vor der Klasse sollst du deine Meinung vertreten.

Menschen bearbeiten Metall: Eine neue Zeit beginnt

Bislang haben wir den Gletschermann mit unseren Augen betrachtet. Wechseln wir einmal die Sichtweise: Was hätte ein Steinzeitmensch an Ötzi bestaunt?

Es gehört nicht viel Fantasie dazu, die Antwort zu finden: das Metallbeil! So etwas kannte er nicht! Was war das für ein Material? Es glänzte, es war ganz glatt, es fühlte sich ganz anders an als sein Steinbeil. Wenn er es hätte ausprobieren können, hätte er auch festgestellt, dass es mindestens so gute Arbeit leistete wie sein bestes Beil aus Stein!

Zwei wichtige Fragen hätte unser Steinzeitmensch bestimmt gestellt: Wie macht man ein solches Beil? Und: Kann man noch andere Sachen aus Metall herstellen?

Wenn du die Abbildungen betrachtest, kannst du die Antworten geben.

M 1

Ein Ofen wird mit kupferhaltigem Gestein und Holzkohle gefüllt; Luftzufuhr von außen!

Bei etwa 1100 Grad schmilzt Kupfer. Der Abstich kann erfolgen.

Wird Kupfer mit Zinn gemischt, entsteht Bronze, die besonders hart und widerstandsfähig ist (Fundorte von Kupfer: Ostalpen, von Zinn: Norditalien).

M 2

Lanzenspitze aus Bronze; im Hintergrund: die eine Hälfte der Gussform (Sandstein)

M 3

Geräte und Schmuck aus der Bronzezeit

Naturvölker heute

Verstreut über die Erde gibt es auch heute noch Menschen, deren Lebensweise sich seit der Steinzeit kaum verändert hat. Diese Naturvölker leben zeitgleich mit uns modernen Menschen, befinden sich aber auf einer Entwicklungsstufe, die für uns längst vergangen ist.
Die Naturvölker leben in schwer zugänglichen Gebieten, die uns völlig lebensfeindlich erscheinen (Wüsten, Regenwald). Die Pygmäen sind ein Beispiel für ein Naturvolk heute.
Sie leben im dichten Regenwald Zentralafrikas. Sie sind auffallend klein gewachsen (fast immer unter 150 cm). In Gruppen von höchstens 50 Personen durchstreifen sie riesige Gebiete. Auf den Lagerplätzen werden innerhalb kürzester Zeit Hütten aus Laub und Zweigen errichtet. Der französische Völkerkundler Bahuchet hat eine dieser Gruppen besucht. Er hat fotografiert und Interviews gemacht.

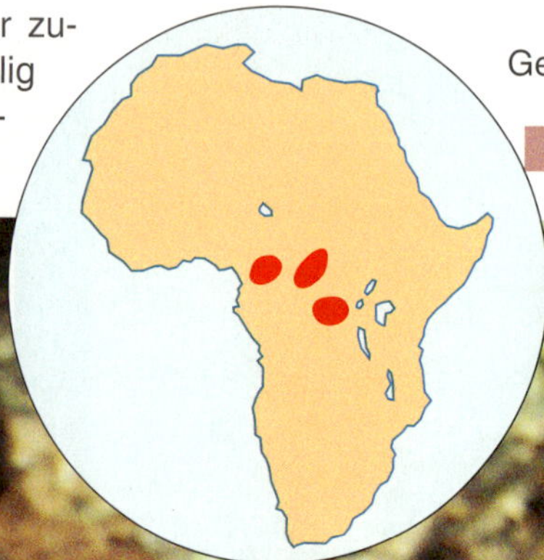

Gebiete der Pygmäen in Zentralafrika

M 1 Interview mit der Pygmäenfrau

Frage: Was machen Sie gerade?
Antwort: Ich bereite Raupen zum Essen zu. Ich muss erst die Borsten entfernen, dann kann ich die Larven kochen.
Frage: Woher haben Sie die Raupen?
Antwort: Mit den anderen Frauen und den Kindern habe ich sie im Wald gesammelt. Wir sind heute in Richtung Sonnenaufgang losgezogen.
Frage: Haben Sie lange suchen müssen?
Antwort: Nein. Wir kennen die Blätter, die die Raupen besonders mögen. Außerdem sind wir ja erst vor ein paar Tagen in diese Gegend gezogen. Es ist also noch genug Nahrung da.
Frage: Wo sind denn die anderen Frauen?
Antwort: Die suchen noch mehr Raupen, die wir dann bei den Bauern in der Umgebung eintauschen können. Den Bauern ist der Wald unheimlich, aber Raupen, Honig oder Fleisch wollen sie gern haben. Vor allem Affenfleisch. Wir kriegen dafür Getreide von den Bauern, hin und wieder Werkzeug oder eine Schüssel.
Frage: Was machen Sie, wenn Sie hier fertig sind?
Antwort: Gar nichts. Vielleicht spiele ich mit den Kindern.
Frage: Man sieht hier gar keine alten Leute.
Antwort: Alte gibt es bei uns nicht. Wir sind ja ständig unterwegs, da könnten die Alten gar nicht mehr mit. Wir lassen unsere Alten an den Lagerplätzen zurück, wenn wir weiterziehen. Niemand lebt ewig.

M 2 Interview mit einem Pygmäenmann, der von der Jagd zurückkehrt

Frage: Haben Sie ein wildes Tier erlegt?
Antwort: Nein. Ich habe einen Affen knapp verfehlt. Schade, es wäre schon mein zweiter Affe in diesem Jahr gewesen.
Frage: Wie jagen Sie denn?
Antwort: Wenn wir Elefanten oder Antilopen jagen, macht das ganze Lager mit. Wir Männer nehmen unsere Speere, die Frauen und Kinder treiben die Tiere möglichst nah an uns heran. Stachelschweine fangen wir auch in großen Netzen, die wir vorher durch den Wald gespannt haben.
Frage: Die Affenjagd läuft anders?
Antwort: Wenn ich einen Affen jage, so wie heute, gehe ich allein los. Affen leben auf Bäumen, die lassen sich nicht treiben. Beim kleinsten Geräusch sind sie gewarnt und fliehen. Früher habe ich einen Bogen mitgenommen, seit einiger Zeit benutze ich die Armbrust. Meine vergifteten Pfeile habe ich aus Palmsprossen gemacht. Als ich nach einigen Stunden einen Affen sah, zog ich meine Pfeife hervor, die ich aus dem Samen des Autranella-Baumes angefertigt hatte. Ich ahmte damit den Schrei des Affenadlers nach und tatsächlich richtete sich der Führer der Affenhorde auf. Er trommelte mit seinen Armen auf die Brust, um dem Adler zu imponieren. Leider traf ich ihn trotzdem nicht.
Frage: Was machen Sie jetzt?
Antwort: Ich werde Raupen essen. Fleisch ist eben etwas Seltenes.

(M1 und 2 frei nach: Serge Bahuchet, Die zentralafrikanischen Pygmäen; in: Naturvölker heute, Hamburg 1994, S. 142ff.)

1. Lies die Interviews und besorge evtl. noch ergänzendes Material zu den Pygmäen (Lexikon, Sachbuch, Internet, z.B. mithilfe der Suchmaschine www.google.de unter dem Suchbegriff „Pygmäen") und stelle die Informtionen in geeigneter Form zusammen.
2. Nenne Gemeinsamkeiten und Unterschiede zwischen den Pygmäen heute und den Vorfahren in der Steinzeit.
3. Zur Frage, wie man sich gegenüber solchen Völkern verhalten soll, gibt es unterschiedliche Meinungen:
   a) Man sollte diese Menschen in Ruhe lassen.
   b) Diese Menschen kann man nicht so primitiv weiterleben lassen.
   Was meinst du dazu? Führt ein Streitgespräch!
4. Können wir „moderne" Menschen von den Naturvölkern lernen?

Übrigens ...

Historiker nennen das, was hier beschrieben wird, „Gleichzeitigkeit des Ungleichzeitigen". Erkläre, was damit gemeint ist!

Stopp
Ein Blick zurück

Zwei Fundstellen werden untersucht

Was verraten die folgenden Funde über das Leben der Menschen?

Diese Begriffe kann ich jetzt erklären:

* Funde in Afrika
* Ausbreitung des homo sapiens in Europa
* Altsteinzeit
* Nomaden
* Höhlenmalerei
* Jungsteinzeit
* Sesshaftigkeit
* Neolithische Revolution

1954 fanden Archäologen in der Nähe von Salzgitter (Niedersachsen) folgende Gegenstände:

Schaber aus Feuerstein, Knochen eines Wolfes, Knochen von Wildpferden, Zeltstöcke neben dicken Steinen, Harpunenspitzen aus Knochen, Knochen eines Geiers, Knochen von Enten, Knochen von Nashörnern, Knochen von Schwänen, Speerspitzen aus Knochen, Messer aus Feuerstein, Knochen von Mammuts, Knochen von Wisenten, Rentierknochen.

Bei Ausgrabungen in Altenerding (Bayern) wurden in den Jahren 1949 bis 1951 folgende Gegenstände gefunden:

Knochen von Rehen, Henkeltassen aus Ton, Nadeln aus Knochen, Sicheln mit Klingen aus Feuerstein, Knochen von Pferden, Knochen von Schafen, Henkelkrüge aus Ton, Schüsseln aus Ton, Knochen von Schweinen, Knochen von Ziegen, Knochen von Rindern, Tonscherben mit Getreidekörnern, Knochen eines Hundes, Töpfe aus Ton.

1. Lege in deinem Heft eine Tabelle nach folgendem Muster an:

Jagdbare Tiere	Haustiere	Jagdgeräte	Hausgeräte

2. Trage die Funde in die richtige Spalte ein.
Nimm für die Funde aus Salzgitter einen roten, für die Funde aus Altenerding einen grünen Stift.

3. Werte nun die Tabelle aus. Was verraten die Funde über die Menschen, die in Salzgitter bzw. Altenerding gelebt haben?

(Idee nach Curriculum Geschichte I/1, S. 13f.)

Wie Wissenschaftler mit einem Fundstück umgehen

Wie können Wissenschaftler die Funktion und Bedeutung eines Fundstückes herausfinden?

Fundstück

Vorsicht! Im folgenden Text fehlt in jeder Lücke ein Fachbegriff. Ordne jeder Zahl den richtigen Begriff zu.
Schreibe die Lösung in dein Heft.
(1) Ausgrabung
(2) …
(3) …
(…) …
(12) …

Altsteinzeit, Archäologen, Ausgrabung, Auswertung, Holz, Jagdglück, Jagdwaffe, Magie, Mammut, Naturvölker, Radiokarbonmethode, Rentiergeweih.

Bei einer (1) erregte ein merkwürdiges Fundstück die Aufmerksamkeit der (2). Man untersuchte den Fund gründlich. Er bestand aus (3) und war etwa 10 cm groß. Zweifellos war der Gegenstand bearbeitet worden: Bei genauerer Betrachtung erkannte man die Umrisse eines Tieres, vermutlich eines (4). Die Naturwissenschaftler der Universität sollten herausfinden, wie alt das Fundstück war. Die (5) erlaubte das Alter festzustellen: Es war etwa 12.000 Jahre alt, stammte also aus der (6).
Lange rätselte man über den Zweck dieses Gegenstandes. Kopf und Rücken des Tieres bildeten eine gerade Linie, die Beine ein Griffloch wie für einen Finger, und der Schwanz war gekrümmt, als wenn er etwas festhalten sollte. Welchen Sinn sollte das haben? Erst als man auf die Idee kam, dass zu dem Fundstück noch ein zweites Teil gehören musste (das leider verloren gegangen war), ging den Forschern ein Licht auf. Was fehlte, war vielleicht ein zugehöriger Speer aus einem anderen Material, das sich nicht erhalten hatte, vielleicht aus (7).
Die Forscher probierten die Sache aus. Sie nahmen einen Speer, legten ihn auf den Rücken des Tieres und nutzten das Fundstück um ihren Wurfarm damit künstlich zu verlängern. Nach einigen Versuchen klappte es prima: Sie konnten den Speer mit Hilfe der Schleuder viel schneller und weiter werfen als ohne. Der Fund gehörte zu einer (8), man hatte eine Speerschleuder gefunden.
Die (9) wird noch dadurch unterstützt, dass auch heutige (10) ganz ähnliche Speerschleudern benutzen. Gespräche mit diesen Menschen verraten auch, warum die Schleudern so aufwendig geschnitzt sind: Der Jäger verspricht sich mehr (11): Er hat das zu jagende Tier schon einmal „ins Bild gesetzt“ er hat es „besiegt“ und seinen „Geist gebannt“. Die Waffe besitzt in seiner Vorstellung eine gewisse (12), eine Zauberkraft.

Rekonstruktion und Handhabung

Australischer Ureinwohner bei der Jagd

Ägypten –

Seit etwa 3500 v. Chr. entstanden an den Flüssen Euphrat und Tigris, am Nil in Ägypten sowie in Palästina und am Fluss Indus in Indien sowie am Huang He-Fluss in China neue Lebensformen, die sich deutlich von den steinzeitlichen Kulturen unterscheiden. Die Geschichtswissenschaftler bezeichnen sie im Vergleich zu den steinzeitlichen Gesellschaftsformen als Hochkulturen. Ihre typischen Merkmale und Besonderheiten lernt ihr in diesem Kapitel am Beispiel Ägypten kennen, einer der wohl bekanntesten und am besten erforschten Hochkulturen aus dieser Zeit.

eine Frühe Hochkultur

Ein bekanntes Wahrzeichen Ägyptens sind die Pyramiden. In Giza ließen sich drei Pharaonen ihre Pyramiden bauen. Die höchste aller Pyramiden ist die Cheops-Pyramide (rechts). Mit 147 m Höhe war sie 4000 Jahre lang das höchste Bauwerk der Welt. Die Seitenlänge beträgt 230 m. Unterhalb der Pyramide sind Gräber für Familienangehörige des Cheops. Die drei kleinen Pyramiden sind Gräber von Königinnen: der Mutter des Cheops und seiner Ehefrauen. Oberhalb der Cheops-Pyramide befinden sich Gräber hoher Beamter.
Wie war es den Menschen damals möglich, diese riesigen Bauwerke zu errichten, und warum haben sie das getan?

Was meint ihr?

Tipp:
S. 86–89 lesen und einen kleinen Vortrag zu der Frage halten.

Ägypten – ein Geschenk des Nil?

Warum ist der Nil ein besonderer Fluss?

Um 450 v. Chr. bereiste der Grieche Herodot Ägypten. Er staunte über dieses ungewöhnliche Land. Für Herodot hätte es ohne den Nil Ägypten nicht gegeben. Daher bezeichnet er Ägypten als „ein Geschenk des Nil“. Was meint er damit? Übertreibt er?

- Zunächst solltet ihr den Darstellungstext lesen, das Foto (M1), die Karte (M5), die beiden Schaubilder (M2, M3) sowie das Gedicht (M4) mithilfe der Arbeitsaufträge bearbeiten und eure Ergebnisse zusammentragen.
- Danach könnt ihr auf der Grundlage eurer Untersuchungsergebnisse die Themafrage, warum der Nil ein besonderer Fluss ist, beantworten.
- Abschließend könnt ihr erörtern, warum die Frühen Hochkulturen, wie z.B. in Ägypten, sich besonders an großen Flüssen gebildet haben.

Überschwemmung – ein Horror?

Wenn du fragst, warum Menschen sich an einem Fluss ansiedelten, wirst du überwiegend die Antwort erhalten: „Weil das Wasser für das Überleben wichtig war.“ Richtig ist, dass in einem Land, in dem es – außer an der Küste – fast nie regnet, der Fluss eine besonders große Bedeutung hat. Aber der Nil brachte sogar noch mehr: Heftige Niederschläge in Äthiopien, dem Quellgebiet des Nil, führten in jedem Jahr in Ägypten zu einer großen Überschwemmung. Jedes Hochwasser ließ eine dünne Schicht schwarzen Schlammes zurück.

… eine Chance!

Der Schlamm war sehr fruchtbar. Wenn das Wasser gesunken war, konnte in den Schlamm ausgesät werden; die Ernte brachte gute Erträge. Schon früh nannten die Ägypter ihr Land „Kemet“, d.h. „schwarzes Land“.

M 1

Der schmale fruchtbare Streifen zwischen Nil und der Wüste kann zwischen einem und zwanzig Kilometern breit sein.

M 2 Querschnitt durch das Niltal bei Niedrigwasser

Beschreibe die Lage der Wohnhäuser.

M 3 Schaubild: Das durchschnittliche Hoch- und Niedrigwasser des Nil

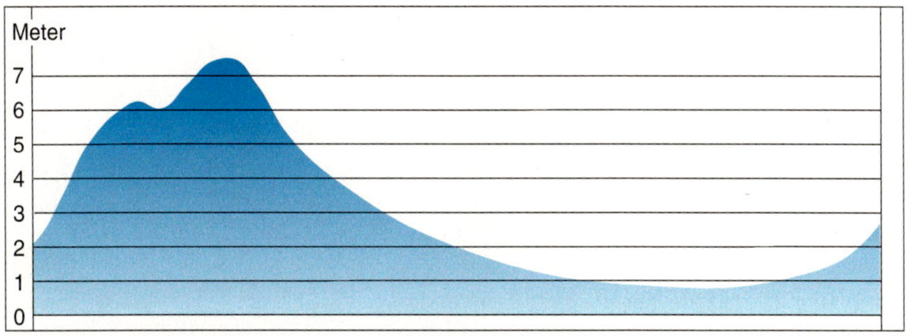

Hochwasser: ca. 15. Juni – 15. Oktober;
Saat: ca. 15. Oktober – 15. Februar; Ernte: ca. 15. Februar – 15. Juni

Wie groß war der Unterschied zwischen dem durchschnittlichen Hochwasser und dem niedrigsten Wasserstand?

M 4 Wir befragen ein Gedicht aus dem Alten Ägypten

Q Heil dir, o Nil, der du nach Ägypten kommst, um es am Leben zu erhalten.
Wenn sein Wasser über die Ufer tritt, wird ihm geopfert und große Geschenke werden ihm dargebracht.
Wenn er [der Nil] zu schwer ist, um sich zu erheben, sind wenige Menschen an seinen Ufern.
Wenn er zu hohes Wasser bringt, dann verringern sich die Menschen, denn er tötet sie. Man erblickt dann die Stadt wie ein Sumpfgebiet, jeder legt seine Arbeitsgeräte nieder.

(Zit. nach: Emma Brunner-Traut (Hg.), Lebensweisheit der Alten Ägypter, Freiburg (Herder) 1985, S. 49ff.; gekürzt und bearbeitet)

1. Wie wird in dem Gedicht über den Nil gesprochen?
2. Suche in dem Gedicht die Zeilen, die von normalem Hochwasser, zu niedrigem Hochwasser und zu großem Hochwasser handeln. Welche Folgen hatten die verschiedenen Arten des Hochwassers?

M 5 Das Alte Ägypten

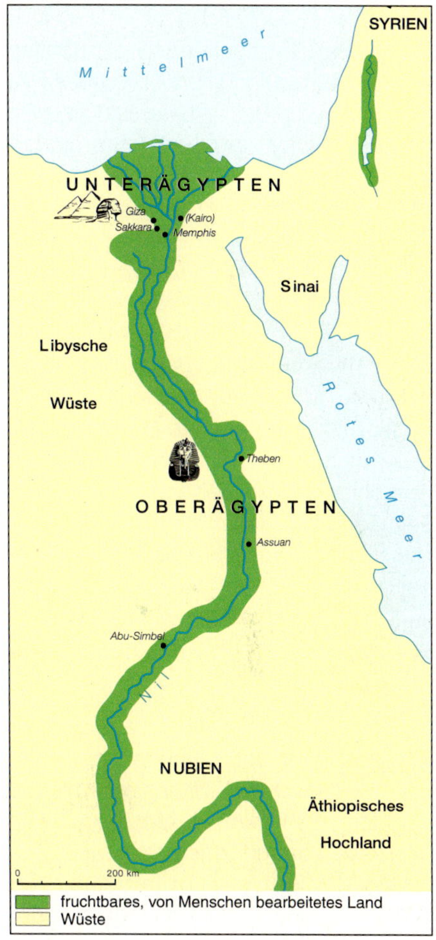

Befrage die Karte:
Was ist das Besondere an diesem Land?
Tipp: Die Legende hilft dir.

Herausforderungen – Leistungen

In einem Staat leben viele Menschen zusammen. Wenn ihr den folgenden Text aufmerksam lest, könnt ihr erklären, wie und warum einer der ersten Staaten entstand.

Warum siedelten Menschen am Nil?

Klimaveränderungen nach der letzten Eiszeit führten in Teilen Nordafrikas zu Austrocknung und Wüstenbildung. Da im Laufe einiger tausend Jahre die Lebensgrundlagen schwanden, sahen sich die Nomaden der heutigen Wüste Sahara gezwungen ihre angestammten Gebiete zu verlassen. Sie zogen in die feuchten Niederungen des Niltals. Hier fanden sie als Ernährungsgrundlage wilde Tiere und wild wachsende Pflanzen. Die Menschen blieben zunächst Jäger und Vieh haltende Nomaden. Sie erkannten jedoch, dass die Ernährungsgrundlage in dem nahezu regenlosen Gebiet durch Nutzung des fruchtbaren Schlammbodens erheblich verbessert werden konnte. Das konnte nur gelingen, wenn sie sesshaft wurden. Das war vor 7000 Jahren.

Der Nil fordert heraus

Die Menschen beobachteten, dass das Hochwasser regelmäßig auftrat. Sie konnten sich darauf einstellen. Die Menschen sahen, dass nach dem Absinken der Flut Wasser in natürlichen Senken zurückgeblieben war. Indem sie vor Eintritt des Hochwassers künstliche Dämme aufwarfen, konnten die Ägypter noch mehr Wasser zurückhalten. So gelang es, Wasser zur künstlichen Bewässerung und somit zur Steigerung der Ernteerträge zu nutzen.

Große Aufgaben – gemeinsam bewältigen

Zunächst waren es nur kleine Gruppen, z.B. die Bewohner eines Dorfes, die zur Bewältigung des Bewässerungsproblems zusammenarbeiteten. Besonders wirksam wurde diese Kooperation, als immer mehr Menschen eingebunden wurden.

Die Menschen erkannten auch, dass es vorteilhaft war, gemeinsam Vorräte für schlechte Zeiten zu lagern.

Die vielfältigen Aufgaben führten dazu, dass sich die Menschen immer weiter spezialisierten. Neue Erfindungen wurden gemacht bei der Bearbeitung von Holz, Stein und Metallen. Diese Arbeitsteilung wiederum hatte zur Folge, dass mit den unterschiedlichen Produkten Handel getrieben wurde. Als zentraler Verkehrsweg für kurze und auch lange Strecken bot sich der Nil an.

Wie entstand der Staat Ägypten?

In einer langen Entwicklung von mehreren hundert Jahren entstand aus der Macht von Häuptlingen über ein oder mehrere Dörfer Herrschaft über immer mehr Menschen und immer größere Gebiete. Etwa um 3000 v. Chr. wurde in einem Krieg Unterägypten (Nildelta) durch Oberägypten (Niltal) unterworfen. Über einer Bevölkerung von knapp einer Million Menschen stand nun ein einziger Herrscher: der Pharao, wie die ägyptischen Könige genannt werden.

Der Staat Ägypten – eine Frühe Hochkultur – war entstanden. Unter Staat versteht man eine Einrichtung, die das Zusammenleben einer großen Zahl Menschen auf einem bestimmten Gebiet organisiert.

Der ägyptische Staat sollte der dauerhafteste der Geschichte werden – mit einer Dauer von rund 2000 Jahren.

Der Pharao – ein Nomade?

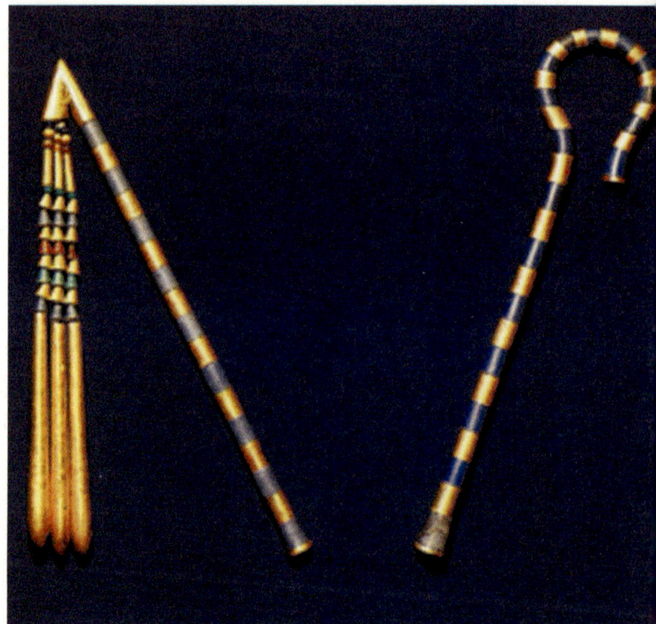

Die wichtigsten Herrschaftszeichen des Pharao waren Krummstab und Geißel. Ursprünglich waren dies Arbeitsgeräte Vieh haltender Nomaden. Mit einem Krummstab konnten Viehhirten Tiere am Hinterlauf fassen. Mit der Geißel wurden die Tiere angetrieben. (Aus dem Grab des Pharao Tutanchamun; er herrschte um 1330 v. Chr.)

1. Welche Auswirkungen hatten die Nilüberschwemmungen auf die Gesellschaft?
2. Überlegt, welche Arbeiten durchgeführt werden mussten.

Wie wurden Felder bewässert? Bilder geben Auskunft

M 1

M 2

Das Schaduf (Pumpschwengel) ist eine Vorrichtung, mit der Wasser aus dem Nil geschöpft und in die Bewässerungsgräben auf den höher liegenden Feldern geleert werden kann. Dieses Gerät geht auf die Zeit der Pharaonen zurück und wird in manchen Teilen des ländlichen Ägypten noch heute verwendet.

Ein altes Bild (M 1) und zwei neue Fotos (M 2 und M 3) zeigen, wie eine Landschaft bewässert werden kann.

Beschreibt die Bilder und erklärt den Ablauf des Bewässerungsvorgangs:

a) Wie gelingt es dem Mann bzw. den Männern (M 1/M 2), Wasser zu heben?

b) Was geschieht mit dem Wasser nach dem Leeren des Eimers bzw. der Eimer (s. auch M 3)?

M 3

So wie auf dem Foto haben auch im Alten Ägypten künstlich bewässerte Felder ausgesehen.

Ägypten – ein Geschenk des Nil? Setze dich mit der Meinung Herodots auseinander. Versuche eine zusammenfassende Antwort. Überlege dabei auch: Hat Herodot die Leistung der Menschen genug berücksichtigt?

Was haben Rechnen, Schreiben und der Kalender mit dem Nil zu tun?

Wozu brauchten die Ägypter Geometrie und Mathematik?

Jedem Bauern war vom Staat ein Stück Land zur Bewirtschaftung zugewiesen. Von der Ernte durften die Bauern nur einen Teil für sich behalten. Der größere Teil wurde von Beamten, den Beauftragten des Staates, eingezogen.
Durch die jährliche Überschwemmung ergab sich jedoch ein Problem: Der Schlamm deckte alles zu und die Grenzen der Felder waren nicht mehr erkennbar. Woher sollte der Bauer also wissen, welche Fläche er zu bearbeiten hatte? Wie konnte der Staat von den Bauern die Ernteabgaben einziehen, wenn unklar war, um welche Fläche es sich überhaupt handelte?

M 1 Landvermesser

Um dieses regeln zu können, wurden nach jeder Überschwemmung die Felder immer wieder neu vermessen.
Aus der Landvermessung entwickelte sich eine Wissenschaft, die später Geometrie genannt wurde.

M 2 Rechnen wie ein Ägypter

Die Null war den Ägyptern unbekannt. Geschrieben wurde überwiegend von rechts nach links. Folgende Zahlenzeichen wurden verwendet:

1	ein Merkstrich oder Zeigefinger
10	ein Bügel oder Huf
100	eine aufgerollte Messschnur
1.000	eine Lotusblume
10.000	ein gekrümmter Zeigefinger
100.000	eine Kaulquappe
1.000.000	der Gott der Unendlichkeit

Entziffere die Zahl:

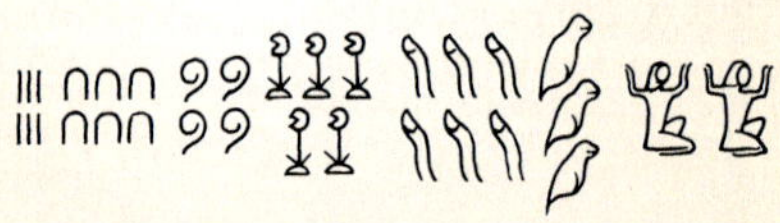

Ein Beispiel für Addition:

1.654
+ 2.535
= 4.189

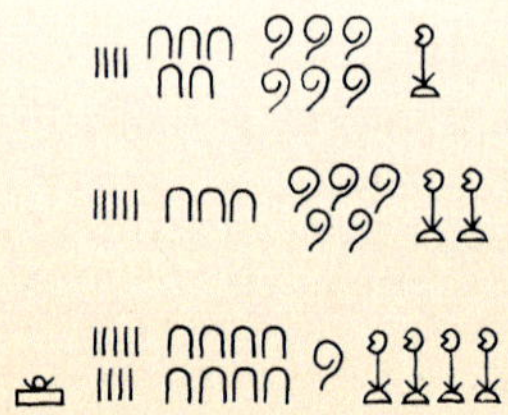

(Nach: Johannes Lehmann, So rechneten Ägypter u. Babylonier, Leipzig/Jena/Berlin (Urania-Verlag) 1994, S. 16, 18)

1. Entnimm dem Bild, welche Hilfsmittel die Landvermesser für ihre Arbeit benutzten.
2. Wo mussten die Feldvermesser tätig werden?
3. Wann war diese Arbeit notwendig?

Was hat der Kalender mit dem Nil zu tun?

Im Laufe der Zeit machten die Menschen in Ägypten interessante Beobachtungen: Zwischen zwei Nilhochwassern lagen 365 Tage, es trat also regelmäßig in jedem Jahr zum gleichen Zeitpunkt auf. Und wenige Tage vor diesem wichtigen Ereignis konnten sie in jedem Jahr im Osten den Stern Sirius sehen. Aus diesen Beobachtungen entwickelten die Ägypter den Kalender. Das Jahr wurde eingeteilt in 12 Monate zu je 30 Tagen mit 5 Zusatztagen am Schluss des Jahres. Von welch großer Bedeutung die jährliche Überschwemmung für die Ägypter war, können wir daran erkennen, dass sie das neue Jahr mit dem neuen Nilhochwasser beginnen ließen. Der ägyptische Neujahrstag lag etwa am 15. Juni unseres Kalenders.
Die Ägypter gliederten das Jahr in drei Einheiten mit jeweils vier Monaten. Sie nannten die Jahreszeiten: „Überschwemmung“, „Herauskommen des Landes“ und „Trockenheit“.
Der gesamte Tag wurde gegliedert in 12 Tag- und 12 Nachtstunden. Diese Einteilung gelang mithilfe der Sonnenuhr und durch die Beobachtung der Sterne.

1. Das Schaubild „Das durchschnittliche Hoch- und Niedrigwasser des Nil“ (S. 59, M 3) kannst du abzeichnen und den ägyptischen Kalender einzeichnen.

2. Suche Beispiele, dass im ägyptischen Staat das Zusammenleben vieler Menschen ohne Kalender nicht möglich gewesen wäre.

Was hat die Schrift mit dem Nil zu tun?

In dem Gedicht, von dem du schon Auszüge kennen gelernt hast (S. 59, M 4) heißt es an einer anderen Stelle: „Alle Schriften sind mit der Hilfe des Nil geschaffen.“ Was mag der Dichter damit gemeint haben?
Außer auf Stein und auf Tonscherben haben die Ägypter vor allem auf Papyrus geschrieben. Dieses Material wurde hergestellt aus der Papyruspflanze, die damals in großen Mengen am Ufer des Nil wuchs.

1. Hat der Dichter Recht, wenn er behauptet, alle Schriften seien „mithilfe des Nil geschaffen“?

2. Die Schreibkundigen unter den Ägyptern benutzten Tonscherben so, wie wir heute Notizzettel benutzen. Versuche zu erklären, warum einfache Notizen nicht auf Papyrus geschrieben wurden.

3. Über die Schrift der Ägypter kannst du auf den Seiten 64 und 65 mehr erfahren.

M 3 Wie wurde Papyrus hergestellt?

Bringe in die richtige Reihenfolge und ordne zu.
Jeweils ein Bildelement und ein Textabschnitt gehören zusammen.

1. Papyrus kann beschriftet werden.
2. Papyruspflanze
3. Durch Schläge mit einem Holzhammer werden die Streifen zusammengepresst, austretender Saft verklebt die Streifen.
4. Das Mark des Papyrusrohres wird in dünne Streifen geschnitten.
5. Die Rinde wird abgeschält.
6. Nach dem Trocknen wird das Papyrus mit einem flachen Polierstein glatt gerieben.
7. Ein Decktuch wird über die losen Streifen gelegt.
8. Auf einem flachen Stein werden die Streifen in zwei Lagen kreuzweise aufeinander gelegt.

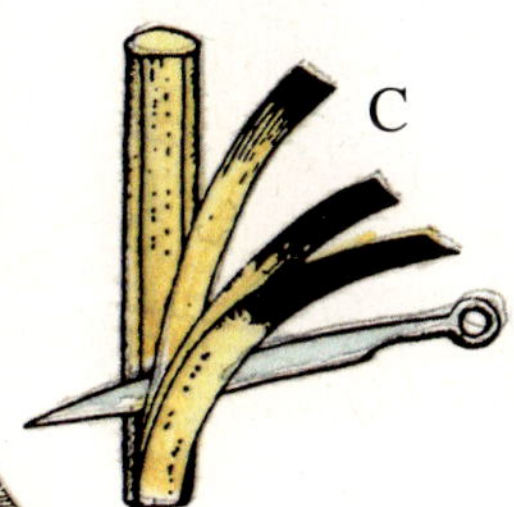

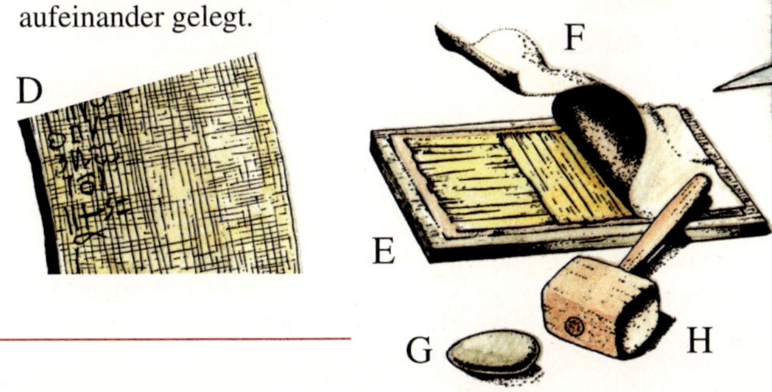

Hieroglyphen – geheimnisvolle Schriftzeichen

Lange Zeit gab die Entzifferung der ägyptischen Schrift den Forschern große Rätsel auf. Wenn du das Material auf dieser Doppelseite durcharbeitest, wirst du nicht nur verstehen, warum die Schrift so geheimnisvoll ist. Du wirst sogar ägyptisch schreiben können.

In Gold gearbeitete Hieroglyphen; sie befinden sich am Fußende des massiv goldenen Sarges des Pharao Tutanchamun (etwa 1326 v. Chr.). Über dem ausgebreiteten Arm der Göttin Isis befinden sich in ovalen Schleifen (Kartuschen genannt) zwei Namen des Pharao. Links: „Tutanchamun Herrscher von Unterägypten"; über dieser Kartusche stehen die Zeichen „Gans" und „Sonne" für: „Sohn des Sonnengottes Re". Einige Zeichen aus dieser Kartusche wirst du in dem Hieroglyphen-Alphabet auf S. 65 wieder entdecken können. In der rechten Kartusche ein weiterer Name des berühmten Pharao: „Nebcheperure".

Hieroglyphen – eine Bilderschrift?

Die Schrift der Ägypter trägt den Namen „Hieroglyphen". Dieser Begriff stammt aus dem Griechischen und bedeutet: heilige, in Stein gemeißelte Zeichen. Hieroglyphenschrift war etwa 3400 Jahre lang in Gebrauch. Dann geriet sie in Vergessenheit. Lange Zeit glaubte man, es handele sich nicht um eine Schrift, sondern um geheimnisvolle Zeichen. Einen Sinn konnte man den Zeichen nicht entnehmen. Das gelang auch nicht mit der Annahme, es handele sich um eine reine Bilderschrift.

Erst 1822 gelang einem Franzosen die Entdeckung, dass die Schriftzeichen überwiegend wie unsere Buchstaben benutzt wurden.

Beispiel: Das Zeichen der Eule hat den Lautwert „m". Sollte das Schriftzeichen „Eule" auch wirklich „Eule" bedeuten, dann wurde ein Strich daneben gesetzt. Geschrieben wurden meist nur Konsonanten, keine Vokale. Um nur aus Konsonanten bestehende Wörter aussprechen zu können, wenden die Wissenschaftler,

die sich mit dem Alten Ägypten beschäftigen (Ägyptologen), einen Trick an: Man spricht einige Konsonanten als seien sie Vokale. Außerdem fügt man zwischen die Konsonanten ein „e" oder einen anderen Vokal ein.

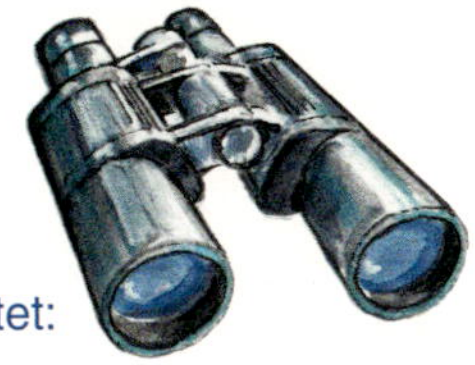

1. Was bedeutet:

2. Wenn wir in unserer Sprache ohne Vokale schreiben würden, welches Deutzeichen würdest du hinter „hs“ (Haus oder Hase oder Hose) setzen?

3. Welche Worte unserer Sprache könnten mit „lb“ gemeint sein, wenn wir ohne Vokale schreiben würden? Welche Deutzeichen würdest du erfinden um zu verdeutlichen, was mit lb jeweils gemeint sein kann?

4. Eine spannende Frage: Könnten sich ein heutiger Ägyptologe und ein zum Leben wiedererweckter Schreiber aus dem Alten Ägypten verständigen?

Wir schreiben Hieroglyphen

Hieroglyphen können von links nach rechts, von rechts nach links oder von oben nach unten geschrieben werden. Zeichen von Menschen und Tieren, z.B. Wachtelküken für u oder w und Hornviper (eine Schlange) für f, blicken immer zum Wortanfang.

Mit einem vereinfachten „Alphabet“ – das ist eine Auswahl aus etwa 2000 Zeichen – kann man üben, seinen eigenen Namen – oder auch mehr – zu schreiben. Allerdings wird aus Deutsch in Hieroglyphenschrift noch kein Altägyptisch!

Um Missverständnisse zu vermeiden haben die Ägypter so genannte Deutzeichen angefügt. Ein solches Zeichen wurde nicht mitgelesen. Bei Personennamen beispielsweise wurde eine sitzende Frau oder ein sitzender Mann als Deutzeichen ergänzt.

PTR ≈ Petra

PTR ≈ Peter

Wer die Wörter mit Vokalen schreiben möchte, z.B.

für Petra, kann entsprechend ergänzen.

Der Lautwert einiger Zeichen wurde angepasst: In der ägyptischen Sprache gab es kein L, doch der liegende Löwe (eigentlicher Lautwert: ru) kann für ein L eingesetzt werden.

M

Herrschaft und Religion: Wie mächtig war der Pharao?

Der Pharao – Mensch oder Gott?

Die Könige wurden in Ägypten „Pharao“ genannt. Das Wort bedeutet „großes Haus“ und war ursprünglich die Bezeichnung für den Königspalast. Als weltlicher Herrscher stand der Pharao an der Spitze des Staates und war neben der Bewässerung sowie der Nahrungs- und Vorratsbeschaffung auch für den Frieden innerhalb und außerhalb des Landes verantwortlich. Da nach Auffassung der Ägypter nur ein übermenschliches Wesen so viele Fähigkeiten in sich vereinen konnte, war der regierende Pharao die Verbindung zwischen der Welt der Götter und der Welt der Menschen und verkörperte die göttliche Macht im ägyptischen Staat.

M 1 Statue des Pharao Haremhab

Der Pharao Haremhab ließ sich in einer Statue neben einem Gott darstellen. Auf dem Kopf tragen Gott und König die Krone Ägyptens, an der Stirn eine Kobraschlange in Angriffsstellung. Unter der Krone trägt der Pharao das Königskopftuch. In seiner linken Hand hält der Gott das Anch-Zeichen, das „Leben“ bedeutet. Der König trägt einen künstlichen Bart, den „Zeremonialbart“; ein solcher Bart kennzeichnet Götter, allerdings tragen sie ihn meist nicht, wenn sie mit Tierkopf dargestellt sind.

1. Wer ist Pharao – wer ist Gott?
2. Wie stellt die Statue den Pharao im Verhältnis zu dem Gott dar?

Die göttliche Ordnung

Nach der Religion der Ägypter war es die wichtigste Aufgabe des Pharao, den Willen der Götter zu befolgen. Der Pharao hatte darauf zu achten, dass in Ägypten die göttlichen Regeln beachtet wurden. Davon hing nach dem Glauben der Ägypter das Schicksal der Welt ab. Die göttliche Ordnung war gestört, wenn Feinde in Ägypten einfielen, wenn die Gottesdienste in den Tempeln nicht durchgeführt wurden, wenn die Herrschaft im Lande ungerecht war.
Der Pharao war der einzige Mensch, der zu den Göttern Kontakt aufnehmen konnte. Der tägliche Gottesdienst wurde eigentlich vom Pharao durchgeführt. Da er nicht in den vielen Tempeln gleichzeitig sein konnte, beauftragte er hohe Priester mit dem Dienst an den Göttern. Der König war es, der Gebete der Menschen den Göttern überbringen konnte.

Der König stand an der Spitze

Im König waren alle Gewalten vereint: Ihm unterstand die Verwaltung des Landes, das Einziehen der Steuern, das Lagern der Vorräte, das Planen und Überwachen öffentlicher Bauten wie Kanäle und Tempel. Er war oberster Richter, erster Priester und Herr über das Militär. Ihm gehörte das gesamte Land, alle Steinbrüche, alle Äcker. Privatbesitz an Grund und Boden entwickelte sich erst langsam.

Ägypten regieren – keine leichte Aufgabe

Die geografischen Bedingungen waren zugleich günstig und ungünstig für die Entwicklung eines stabilen Staates: Einerseits schützten riesige Wüsten Ägypten vor äußeren Feinden, andererseits begünstigte der 1200 km lange und nur wenige Kilometer breite Siedlungsraum aber das Entstehen vieler kleiner Einheiten. Das Auseinanderbrechen des Staates konnte nur durch eine gut organisierte Verwaltung verhindert werden. An der Spitze der Verwaltung stand der Wesir. Er empfing die Befehle direkt vom Pharao. Der Wesir gab die Befehle weiter an die Beamten.

Methodenbox

Wir befragen Textquellen

Die Statue gibt erste Hinweise zu der Frage: „Der Pharao – Mensch oder Gott?“ Damit geben wir uns aber noch nicht zufrieden. Wir forschen weiter: Wir werden zwei Textquellen befragen. Eine Textquelle (M 3) stammt aus dem Umfeld des Pharao. Die andere Textquelle (M 2) ist ein kleiner Auszug aus einer Erzählung, die vermutlich viele Ägypter gekannt haben.

Textquellen befragen: Wie geht das?

1. Wir richten eine präzise formulierte Frage an die Textquelle(n) – in unserem Fall:

Der Pharao – Mensch oder Gott?

2. Die Textquelle Satz für Satz lesen.
3. Jeden Satz prüfen: Finde ich hier etwas zu der Frage? Also: Mensch oder Gott?
4. Die Ergebnisse sammeln.
5. Zusammenfassen, was die Textquelle zur Frage aussagt.
6. Bei der Untersuchung mehrerer Textquellen: Gibt es Übereinstimmungen oder Abweichungen zwischen den verschiedenen Textquellen?

M 2 In einer Erzählung aus dem Alten Ägypten erfahren wir von der Begegnung eines Mannes mit einem Pharao. Sinuhe, der Erzähler, berichtet:

Q Ich fand seine Majestät auf dem großen Thron von Gold, in einer Nische. Da lag ich ausgestreckt auf meinem Bauch, ich war ohne Besinnung vor ihm, während dieser Gott mich freundlich grüßte. Ich war wie einer, der von der Dämmerung überfallen ist. Meine Seele war entwichen, meine Körperkraft gebrochen […] Da sagte seine Majestät: „Er soll sich nicht fürchten, nicht erfüllt sein von Angst und Schrecken“.

(Zit. nach: Alfred Jespen (Hg.), Von Sinuhe bis Nebukadnezar, Leipzig (Evangelische Verlagsanstalt) 1975, S. 80)

M 3 In einer Huldigung für den berühmten Pharao Ramses II. heißt es:

Q Wir kommen zu dir, Herr des Himmels, Herr der Erde, lebende Sonne des ganzen Landes, Herr der Lebensdauer, du Sonnengott der Menschheit, du Schöpfergott, du Säule des Himmels, Balken der Erde. Du, der wacht, wenn alles schläft, dessen Kraft Ägypten errettet, der über die Feinde siegt, dessen Stärke Ägypten schützt, groß an Gewalt, du, unser König, unser Herr, unsere Sonne. Wir sind hier vor deiner Majestät, dass du uns Leben, das du geben kannst, gewährst, Pharao, du, bei dessen Erscheinen alle Welt zu leben beginnt!

(Zit. nach: G. Guggenbühl (Hg.), Quellen zur Geschichte des Altertums, Zürich 1953, S. 15; gekürzt und bearbeitet)

Der Pharao: – Gott? – Mensch? – Gottmensch (d. h.: gleichzeitig Gott und Mensch)?
Halte hierzu einen kleinen Vortrag. Bezieh dich bei deiner Argumentation möglichst direkt auf das Bild, auf die Textquellen und auf den Informationstext.

Frauen auf dem Thron

M 1 **Nofretete**

Eine Berlinerin aus Ägypten?

Die berühmteste aller Königinnen ist Nofretete. Berühmtheit hat sie erlangt durch eine bemalte Kalksteinbüste von 50 cm Höhe, die heute im Ägyptischen Museum in Berlin steht.

Nofretete ist dargestellt mit Schmuckkragen und Krone; über ihrer Stirn die Schlange, Abzeichen für Götter und Könige; der aufgerichtete Vorderkörper der Schlange ist abgebrochen. Die Büste der Nofretete gilt als das bekannteste Kunstwerk Altägyptens. Es gibt Menschen, die sagen, dies sei das schönste Kunstwerk aller Zeiten. Die Büste wurde 1912 in Ägypten gefunden. Nofretete lebte um 1340 v. Chr. Ihr Gatte war der Pharao Echnaton.

M 2 **Hatschepsut**

Königin mit Bart?

Einer Königin gelang es, aus der zweiten Stelle hinter Gemahl oder Sohn hervorzutreten: Hatschepsut. Es waren besondere Umstände, die das ermöglichten. Hatschepsut war Gemahlin des Pharao Thutmosis II. Als er starb, hinterließ er als Thronfolger einen achtjährigen Sohn. Dieser war nicht der Sohn der Hatschepsut, sondern war von einer Nebenfrau geboren. Hatschepsut übernahm für das Kind die Regentschaft. Nach sieben Jahren legte Hatschepsut den mit der Regentschaft verbundenen Titel einer Königin ab und ließ sich zum König krönen. Ihr offizieller Name war „König Hatschepsut". Der Thronfolger blieb in der untergeordneten Rolle eines Nebenkönigs, bis er 1468 v. Chr. – etwa 22 Jahre nach dem Tod seines Vaters – Hatschepsut stürzte.

Die Granitstatue (Höhe: 1,77 m) befindet sich heute im Ägyptischen Museum in Kairo.

Wir befragen eine Expertin

Wir haben ein in Stein gemeißeltes Bild gefunden, auf dem ägyptische Herrscher zu sehen sind. Wir wollen das Bild zur Rolle der Königin im Alten Ägypten befragen. Das ist nicht leicht. Darum bitten wir eine Ägyptologin uns zu helfen (Ägyptologen beschäftigen sich beruflich mit dem Alten Ägypten).

Frage: Um welche Könige und Königinnen handelt es sich?
Antwort: Auf diesem Relief – so nennen wir in Stein gemeißelte Bilder – ist die Königin Ahmes-Nefertari zweimal zu sehen. Links sitzt sie hinter ihrem Ehemann, dem Pharao Ahmose.
Frage: Woher weiß man das?
Antwort: In den ovalen Kreisen – Kartuschen genannt – steht jeweils der Name. Der Name der Königin findet sich zweimal.
Frage: … und rechts?
Antwort: Da sehen wir Ahmes-Nefertari zusammen mit ihrem Sohn, dem Pharao Amenophis I.
Frage: Warum sitzt die Königin jeweils hinter dem Rücken des Königs?
Antwort: Das entspricht der Rolle der Königin. Das Königsamt war bis auf wenige Ausnahmen männlich.
Frage: Der Pharao wurde als Gott angesehen. Wie stand es mit der Königin?
Antwort: Dazu gibt uns das Relief einige Hinweise. Ahmes-Nefertari trägt auf dem Kopf eine Doppelfederkrone, die auch häufig bei Göttern zu finden ist.

M 3 Zwei Könige – eine Königin
Gedenkstein, aufgestellt um 1300 v. Chr.

Darunter – direkt auf ihrem Kopf – sehen wir eine Haube aus dem Gefieder eines Geiers und davor den Kopf eines Geiers.
Dies kann man oft bei Göttinnen finden. Das mag allerdings auch damit zusammen hängen, dass Ahmes-Nefertari nach ihrem Tod als eine beim Volk besonders beliebte Göttin verehrt wurde. Und dieses Relief wurde erst 200 Jahre nach ihrem Tod hergestellt.

Übrigens wurde auch der Sohn in den Jahrhunderten nach seinem Tod den Ägyptern ein besonders beliebter Gott, den man in allen Nöten anrufen konnte. Der Pharao Ahmose erfuhr nach seinem Tod keine besondere Verehrung.
Frage: Gibt die Inschrift sonst noch Hinweise?
Antwort: Da wird es interessant. Die Könige werden „Der gute Gott" und „Sohn des Gottes Re" genannt. Die Königin wird genannt: „Gottesgemahlin" und „Königsgemahlin".
Frage: Aber wenn das Relief erst 200 Jahre nach dem Tod der Königin hergestellt wurde – zeigt uns das Bild die Königin vor oder nach ihrem Tod? Vielleicht war sie ja erst nach ihrem Tod Göttin und nicht vor ihrem Tod.
Antwort: Eine gute Frage. Die Titel beziehen sich jedoch eindeutig auf die Königin zu ihren Lebzeiten. Außerdem kennen wir von anderen Königinnen auch diese Titel, die sie zu Lebzeiten trugen. Es gibt sogar noch den Titel „Gottestochter" für die Mutter eines regierenden Königs. Und die Tochter eines Gottes ist nun unbestreitbar göttlich.

An den Bildern der Königinnen kannst du deinen Mitschülern die Bedeutung von Königinnen im Alten Ägypten erklären. Bezieh dich dabei auch auf die Expertenbefragung.
Du könntest so anfangen: *„Ich berichte über Königinnen im Alten Ägypten. Ich stelle euch dafür eines der schönsten Kunstwerke der Welt, eine Königin mit Bart, und ein Relief vor, auf dem eine Königin gleich zweimal zu sehen ist …".*

Der verlängerte Arm des Pharao: die Beamten

Die Beamten hatten viele wichtige Aufgaben:

- Teile der Ernte, der Viehherden, des Fischfangs als Steuer einziehen
- Lagern der Vorräte
- Verteilen von Vorräten
- das Militär leiten
- den Einsatz und die Verpflegung der tausende von Arbeitskräften an den Baustellen regeln
- Felder vermessen

Ägyptischer Beamter

- den Bau der Bewässerungsanlagen planen und überwachen
- Arbeiten in Steinbrüchen überwachen
- den Bau von Pyramiden und Tempeln organisieren
- für öffentliche Ordnung sorgen
- Berichte schreiben
- die Arbeit der Handwerker überwachen

Um 2300 v. Chr. ließ sich der Beamte Heti diese Statue anfertigen.
Die Beamten ließen sich gerne als Schreiber darstellen, auch wenn sie höhere Aufgaben zu erledigen hatten.
Die Zuständigkeit der Beamten war genau geregelt. An der Spitze stand der Wesir.
Er gab Befehle an hohe Beamte. Diese leiteten die Befehle weiter.
Unten in der Beamtenschaft standen Viehzähler, Steuereintreiber und einfache Schreiber.

Berufswunsch: Beamter?

Die Beamten genossen ein sehr hohes Ansehen. Nur sie hatten Schreiben und Lesen gelernt. Die Ausbildung zum Beamten war eigentlich für alle offen. In Wirklichkeit waren es überwiegend Söhne von Beamten, die diesen Beruf ergriffen. Im Verhältnis zur gesamten Bevölkerung Ägyptens waren dies nur wenige. Mädchen hatten keinen Zugang zur Beamtenlaufbahn. Daher konnten Frauen – vielleicht abgesehen von einigen wenigen Ausnahmen – auch nicht lesen und schreiben. Im Alter von fünf Jahren begann die Ausbildung der Schreiber. Im Alter von 16 bis 18 Jahren erhielt der junge Schreiber seinen ersten Posten in der Verwaltung.

Die Beamten besaßen Privilegien. So nennt man Vorrechte einer Gruppe in einer Gesellschaft. Diese Privilegierten bildeten nur eine kleine Gruppe. Die Masse der Menschen in Ägypten war nicht privilegiert, hatte also keine Vorrechte.

Wie schätzten die Beamten ihr eigene Rolle ein?

Aus Schreibschulen sind Texte überliefert, die die Schüler zu Übungszwecken immer wieder abschreiben mussten (s. M 2 und M 3). Aus diesen Texten erfahren wir, wie die Beamten sich selbst sahen. Wir erfahren einiges über ihre Privilegien. Die Begriffe „Schreiber“ und „Beamter“ wurden oft gleichgesetzt.

Wir informieren uns über die ägyptischen Beamten vor Ort

M 1

Der Wesir hat uns eingeladen durch das Alte Ägypten zu reisen. Wir treffen in Ägypten gerade zur Erntezeit ein. Es ist sehr heiß. Auf einem Feld sehen wir Landarbeiter. Sie werfen das gedroschene Korn in die Luft, damit sich die leichte Spreu von den Körnern trennt. Das ist eine unangenehme Arbeit, denn es staubt sehr. Zum Schutz haben sich die Landarbeiter ein Kopftuch umgelegt. Andere Arbeiter sind damit beschäftigt, das Korn mit Messgeräten umzuschütten. So wird die Menge des Getreides gemessen. Ein einfacher Beamter überwacht diese Arbeit. Besonders fällt uns ein hoher Beamter auf, der in einer überdachten Laube sitzt und alles überwacht. In einer Hand hält er einen Amtsstab. Um den Hals trägt er einen Schmuckkragen, den er vielleicht für besondere Verdienste vom Pharao erhalten hat.

Wir nähern uns dem Beamten, verneigen uns vor ihm und fragen ihn:

- „Welche Aufgaben erfüllen Sie?"
- „Haben Sie ein hohes Ansehen in der Gesellschaft?"
- „Warum sind Sie Beamter geworden?"
- „Welchen Beruf soll Ihr Sohn ergreifen?"

Was könnte er antworten?

Tipp: Den Quellen M 2 und M 3 kannst du entnehmen, was der Beamte antworten könnte. Lege bei der Arbeit an den Textquellen das Verfahren aus der Methodenbox von S. 67 zugrunde.

M 2 **Q** Siehe, es gibt keinen Beruf, in dem einem nicht befohlen wird, außer dem des Beamten; da ist er es, der befiehlt. Nützlich ist dir schon ein Tag in der Schule, und eine Ewigkeit hält die in ihr geleistete Arbeit vor, wie Berge. Du hast ein herrliches Wesen seit deiner Geburt. Dein Haus ist übervoll mit Speisen. Du hast volle Scheunen, der Weizen hat sich dir am Tage deiner Geburt verbunden. Du wohnst herrlich in deinem Haus, und deine Diener antworten prompt. Ein jeder, der dich sieht, ist froh.

(Zit. nach: F. W. v. Bissing, Altägyptische Lebensweisheiten, (Artemis) Zürich 1955, S. 57ff. und 71; gekürzt)

M 3 **Q** Werde Schreiber! Der ist vom Arbeiten befreit; er ist gelöst vom Hacken mit der Hacke, und du brauchst keinen Korb zu tragen. Allein der Schreiber, der leitet die Arbeit aller Leute. Für ihn gibt es keine Steuern. Merke es dir!

(Zit. nach: Wolfgang Lautemann/Manfred Schlenke (Hg.), Geschichte in Quellen, Bd. 1/Altertum, (Bayerischer Schulbuch–Verlag) München [3]1978, S. 50f.; gekürzt)

Götter und Göttinnen in Ägypten

In welchem Verhältnis der Pharao zu den Göttern stand, ist euch mittlerweile bekannt. Aber wie sahen die ägyptische Götterwelt und die religiösen Vorstellungen der Menschen im einzelnen aus? Dazu erfahrt ihr auf den folgenden Seiten mehr.

- Welche Götter gab es?
- Wo „wohnten" die Götter?
- Wie wurden sie verehrt?
- Welche Zusammenhänge bestehen zwischen Tierwelt, den Erfahrungen der Ägypter mit der naturräumlichen Umwelt und ihrer Religion?

Dies sind zentrale Fragen, um die es auf den folgenden beiden Doppelseiten zum Thema Götter und Göttinnen in Ägypten geht.
Tipp: Ihr könnt eure Erkenntnisse in einem Vortrag vor der Klasse vorstellen. Nutzt die Hinweise in der Methodenbox zur Erarbeitung eines interessanten Vortrags.

Alles hing von den Göttern ab

Ob die Sonne über Ägypten aufging, ob der Nil regelmäßig Hochwasser brachte, ob die Ernte gedieh, ob neues Land entstand – alles hing nach dem Glauben der Ägypter von den Göttern und Göttinnen ab. Die Gottheiten waren keine außerirdischen Wesen, sie waren vielmehr in der Welt wirksam. Sie konnten zerstören oder segensreich wirken. Durch den täglichen Gottesdienst in den vielen Tempeln Ägyptens sollten die Götter und Göttinnen besänftigt und gut gestimmt werden.

Land der Tempel

Wie kaum ein anderes Land der Erde war das Alte Ägypten ein Land der Tempel.
Obwohl im Laufe der Jahrtausende viele Tempel zerstört worden sind, staunt der heutige Ägyptenbesucher immer noch über die Vielzahl der Tempel und ihre Größe.

Wer durfte in den Tempel?

Das Betreten des Tempels war der einfachen Bevölkerung nicht gestattet. Zum Allerheiligsten – dem Raum, in dem der Gott oder die Göttin wohnte – hatten nur die Oberpriester Zugang.

Wo lagen die Tempel?

Die Tempel wurden auf einer Anhöhe angelegt. Bei einigen Tempeln war der Hügel auch künstlich angeschüttet worden. Innerhalb des Tempels stand das Allerheiligste wiederum erhöht im Vergleich zu anderen Tempelräumen.

Vor über 150 Jahren bereiste der schottische Zeichner Roberts Ägypten. Er fertigte zahlreiche sehr genaue Aquarelle an. Die damals noch leuchtenden Farben in den Tempeln sind inzwischen weitgehend verblasst. Hier ist der Tempel der Göttin Isis auf der Nilinsel Philae abgebildet.

Methodenbox

Stichwortzettel

Jemand, der einen Vortrag hält, kann nicht alles im Kopf haben. Lege dir deshalb für deinen Vortrag über die Götter und Göttinnen in Ägypten Stichwortzettel (oder Karteikarten) an.

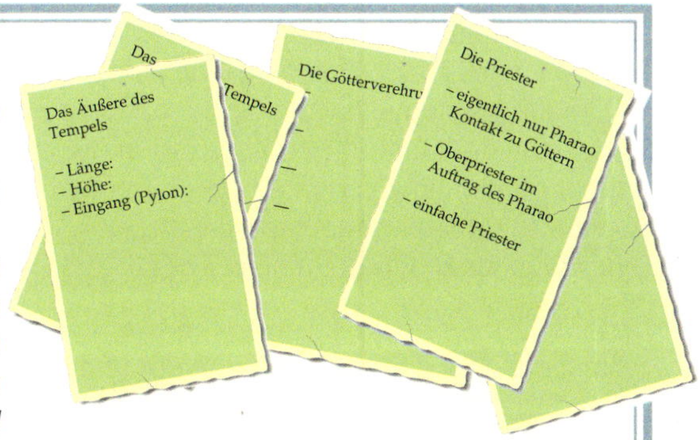

Stichwortzettel anlegen: Wie geht das?

1. Überlege und entscheide dich, welche Aspekte du in deinem Vortrag ansprechen möchtest.
2. Lege für jeden Aspekt einen Stichwortzettel an.
   Das hat den Vorteil, dass du dich zu jedem einzelnen Aspekt schnell orientieren kannst. Außerdem kannst du die Abfolge, wenn nötig und sinnvoll, noch während des Vortragens verändern.
3. Sammle zu jedem einzelnen thematischen Aspekt Einzelinformationen.
4. Bringe die Einzelinformationen auf jedem Stichwortzettel in eine sinnvolle Reihenfolge.
5. Lege alle Stichwortzettel nebeneinander und bringe sie in eine inhaltlich sinnvolle Reihenfolge, in der du vortragen möchtest.
6. Kontrolliere deinen Vortrag: Alles Wichtige aufgenommen? Oder fehlt etwas? Gibt es Überschneidungen? Ist die Länge des Vortrags angemessen?

Für jeden Gott ein Tempel?

Einige Götter und Göttinnen wurden in ganz Ägypten verehrt; sie hatten als Wohnsitz einen Haupttempel und als „Zweitwohnsitz" Nebentempel. Andere Gottheiten wurden nur an einem Ort verehrt; sie hatten dort ihren Tempel. Einige Gottheiten wurden nur in Hausaltären in den Wohnhäusern verehrt.

Arbeitsplatz Tempel

Das Personal der Tempel bestand aus wenigen Hohepriestern und einfachen Priestern, die nur für einen Teil des Jahres ihr Amt ausübten, sowie Hilfskräften und Schutztruppen. Hinzu kamen Bauern und Handwerker zur Versorgung des Tempels. Einige Tempel besaßen riesige Ländereien, die der Pharao ihnen übertragen hatte. Die Haupteinnahmen kamen von den Feldern des Tempels. Die Tempel besaßen auch Wein- und Gemüsegärten sowie Vieh. Für einige Tempel sind genaue Angaben über das Vermögen überliefert: Der größte Tempel, der Amun-Tempel in Theben, verfügte über 2393 km^2 Felder und 421.362 Tiere; 81.322 Menschen arbeiteten für diesen Tempel.

Die ägyptischen Priester hatten völlig andere Aufgaben, als wir es von Priestern kennen. Sie waren nicht Prediger oder Verkünder, sie dienten dem Gott im Tempel. Entsprechend nannten sie sich „Diener Gottes".

M **Plan eines ägyptischen Tempels**

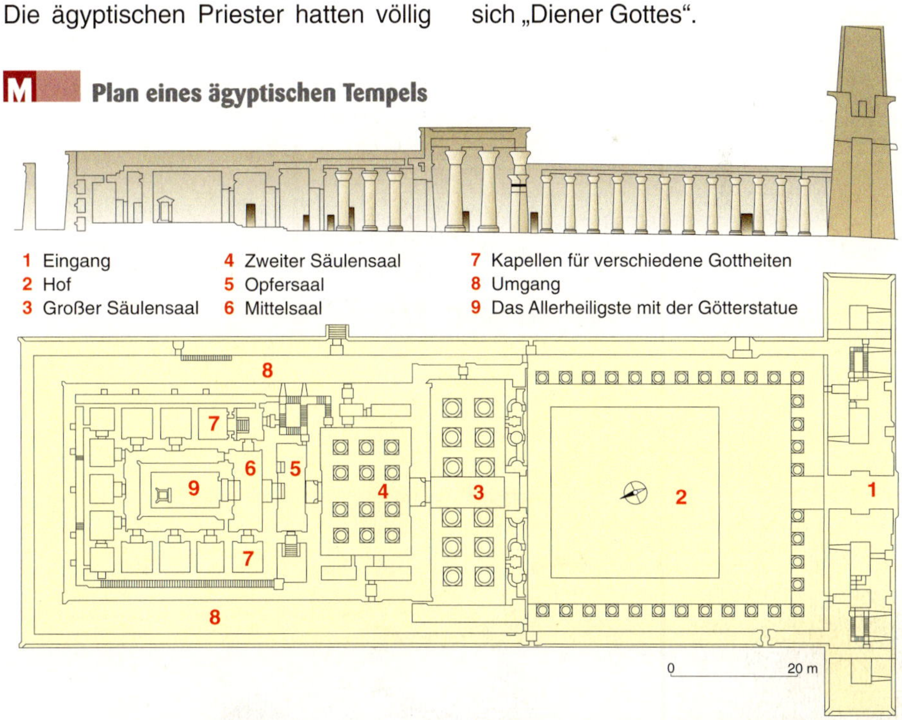

1 Eingang
2 Hof
3 Großer Säulensaal
4 Zweiter Säulensaal
5 Opfersaal
6 Mittelsaal
7 Kapellen für verschiedene Gottheiten
8 Umgang
9 Das Allerheiligste mit der Götterstatue

Die Götter der Pharaonen

Die Ägypter verehrten eine Vielzahl von Gottheiten, da jedes größere Dorf seinen Schutzgott besaß und der Herrscher der Region seine Residenz in der Nähe eines Tempels aufschlug, wo er den Segen seines göttlichen Beschützers erflehen konnte. Die meisten ägyptischen Götter hatten den Körper eines Mannes oder einer Frau, aber oft den Kopf eines Tieres. Diese Tiergestalt der Gottheit war ein Zeichen für die Ehrfurcht, welche die Bewohner des Nillandes denjenigen Geschöpfen entgegenbrachten, mit denen sie das fruchtbare Flussdelta teilten. Eine solche Religion – der Glaube an viele Götter – wird als Polytheismus bezeichnet (von griech. „poly“ = viel und „theos“ = Gott).
Einige von ihnen lernst du hier kennen:

Der Sonnengott Re oder Ra war der wichtigste ägyptische Gott. Re war der altägyptische Name für die Sonne und den Sonnengott. Er war der Herr der Weltordnung, der mit der aufgehenden Sonne seine Barke bestieg, um täglich über den Himmel zum westlichen Horizont zu segeln. Dort bestieg er dann seine Nachtbarke, die er durch die Unterwelt steuerte, bevor er im Osten wieder auftauchte. Der Gott Re wurde meist falkenköpfig mit Sonne dargestellt. Der Pharao wurde häufig als Sohn des Re bezeichnet.

Thot war der Gott der Weisheit und Schreiber der Götter; er wurde mit dem Kopf eines Ibis oder als Pavian dargestellt.

Die Göttin Ma'at verkörperte die Gerechtigkeit, Wahrheit und Ordnung oder Rechtschaffenheit. Sie ist die Tochter des Sonnengotts Re. Der Begriff ma'at stand für die gesamte kosmische und irdische Ordnung und bedeutete für den König die Verantwortung, in Ägypten für Ordnung zu sorgen und die Feinde vom Land fern zu halten. Dargestellt wird diese Göttin mit einer Feder, die ihren Kopf schmückt.

Der Sohn von Isis und Osiris war der falkenköpfige Horus. Während sein Vater über das Totenreich herrschte, war Horus König über Ägypten. Der Pharao galt für die Ägypter als der Gott Horus in Menschengestalt.

Osiris war der Herrscher des Totenreiches. Er wurde umwickelt, wie eine Mumie, dargestellt.

Isis – die Ehefrau des Osiris – galt als eine besonders liebenswerte Göttin. Als Kennzeichen trägt sie einen Thron auf dem Kopf.

Anubis, der für den Schutz der Toten und für die Einbalsamierung zuständige Gott, wurde als Schakal dargestellt.

Die Göttin Hathor wurde als Kuh oder als Frauengestalt mit Kuhkopf oder mit menschlichem Antlitz und mit Kuhgehörn – dazwischen eine Sonnenscheibe – dargestellt. Sie war eine Göttin der Liebe und auch eine Totengottheit, die die Verstorbenen im Jenseits beschützte.

Die ägyptische Götterwelt – nicht leicht zu verstehen?

Eine Expertin gibt Auskunft

Weil die Dinge doch kompliziert und für uns in der heutigen Zeit nicht so ganz einfach zu verstehen sind, fragen wir eine Ägyptologin, die uns wesentliche Forschungsergebnisse zu diesem Thema mitteilen kann:

Frage: Wie kamen die Ägypter überhaupt auf die Idee Götter ganz oder teilweise als Tier darzustellen?

Antwort: Die frühen Bewohner des Niltals lebten eng mit Tieren zusammen. In ihrer unmittelbaren Umgebung erlebten sie Furcht erregende oder bewundernswerte Eigenschaften von Tieren, z. B. die Kraft eines Löwen oder die liebevolle Sorge einer Kuh für ihr Kalb. Hier liegt wohl der Ursprung.

Frage: Werden die Götter und Göttinnen, wenn sie mit menschlichen Körper und mit dem Kopf eines Tieres abgebildet werden, nicht niedriger gestellt als Menschen?

Antwort: Die Frage lässt eine Einstellung zu Tieren erkennen, die von der der Ägypter deutlich abweicht. Die Ägypter sahen im Tier vor allem Kräfte, über die der Mensch nicht verfügte. Die Fähigkeiten eines Tieres zusätzlich zu den Fähigkeiten eines Menschen war mehr als nur Mensch, also: Gott.

Frage: Glaubten die Ägypter wirklich, dass beispielsweise der Gott Horus einen Falkenkopf hatte?

Antwort: Die Ägypter glaubten, dass die Götter unsichtbar seien. Das wirkliche Aussehen, das kannte niemand. Die Darstellung zeigte also nur die Idee von dem Gott, nicht den Gott selbst. Wenn wir von jemandem sagen, er sei ein schlauer Fuchs, nehmen wir auch nicht an, dass er wie ein Fuchs aussieht.

Frage: Warum begnügten sich die Ägypter nicht mit einem einzigen Gott?

Antwort: Die religiösen Vorstellungen der Ägypter bildeten sich in der ganz frühen Phase der Besiedlung der Nillandschaft. Die einzelnen Stämme hatten zunächst kaum Kontakt zueinander. Später übernahm man religiöse Vorstellungen anderer Stämme. So kamen also zu den eigenen Göttern weitere hinzu. Die alten religiösen Vorstellungen wurden nicht beiseite gelegt, sie wurden ergänzt.

Frage: Gab es denn keinen Streit zwischen den Anhängern verschiedener Götter?

Antwort: In Ägypten gab es zwar wichtigere und unwichtigere Götter, aber es gab nicht den einzigen Gott. Jeder Ägypter verehrte mehrere Götter. Es ist wohl nicht falsch, wenn ich sage, dass der Glaube an mehrere Götter – man nennt das Polytheismus im Gegensatz zum Monotheismus (Glaube an einen Gott) – zu tolerantem Verhalten führen kann.

Frage: Aber die Götter selbst – kamen die miteinander klar?

Antwort: Auch hier dachten die Ägypter anders als wir wohl heute denken würden. Es gab nicht Streit unter den Gottheiten, im Gegenteil: Es gab Götter und Göttinnen, die in der Vorstellung der Ägypter Eigenschaften anderer Gottheiten übernahmen; in einigen Fällen wurde sogar aus zwei Gottheiten eine einzige.

Frage: Wie mächtig waren die Göttinnen und Götter der Ägypter?

Antwort: Sie galten als mächtig, nicht aber als allmächtig.

Frage: Wer war wofür zuständig? Z. B. Hathor?

Antwort: Hathor stand vermutlich als

Sinnbild der mütterlichen Fürsorge der Kuh für ihr Kalb. Aber: Die einer Gottheit zugeschriebenen Eigenschaften waren nicht eng festgelegt, vielmehr waren sie wandelbar.

Frage: Und der Unterschied zwischen Göttern und Göttinnen ...?

Antwort: Eine eindeutige Zuordnung von Gottheiten zu Männer- und Frauenrollen ist nur teilweise möglich. Die Mutterrolle wurde von Göttinnen wie Isis und Hathor übernommen. Andererseits war eine Gottheit, die Schrecken verbreitete, weiblich: die löwenköpfige Kriegsgöttin Sachmet; gleichzeitig schützte Sachmet allerdings auch vor Krankheiten. Entsprechend der Vorherrschaft des Mannes in der ägyptischen Gesellschaft waren es jedoch auch männliche Gottheiten, die die führende Stellung innehatten.

Frage: Wie stellten sich die Ägypter die Entstehung der Welt vor?

Antwort: Überwiegend stellten sich die Ägypter das Entstehen der Welt so vor: Aus einem riesigen Gewässer tauchte ein Hügel aus Schlamm auf. Hier entwickelte sich das erste, von einem Gott erschaffene Leben.

Angesichts der großen Zahl verschiedener Gottheiten gab es auch verschiedene Vorstellungen, welcher Gott die Welt erschaffen hatte. Aber immer war dieser Schöpfergott männlich.

... auch das ist typisch Hochkultur – Gesellschaft in Ägypten

Wie groß waren die gesellschaftlichen Unterschiede?

Als Gesellschaft bezeichnet man die Gesamtheit von Menschen, die wie durch ein Netz miteinander verbunden und aufeinander angewiesen sind. Die Menschen in Ägypten bildeten die ägyptische Gesellschaft. Jede Gesellschaft gliedert sich in Gruppen. Dabei haben einige Gruppen einen hohen, andere einen niedrigen Rang. Um dieses Über- bzw. Untereinander auszudrücken spricht man auch von gesellschaftlichen Schichten. In Ägypten waren die Unterschiede zwischen den verschiedenen Schichten besonders stark ausgeprägt. Der gesellschaftliche Rang hing vom Beruf ab. Und abhängig vom gesellschaftlichen Rang sah der Alltag der Ägypter sehr unterschiedlich aus.

Leben ohne Geld?

Ägypten war weitgehend ein Land der Naturalwirtschaft. Das heißt, die Einkünfte wurden überwiegend in Ernteerträgen gezahlt, die dann getauscht werden konnten. Geld in unserem Sinne gab es nicht. Allerdings haben die Ägypter den Wert einer Ware umgerechnet, zunächst in Getreidesäcke, später in Kupfer oder Silber. Löhne für geleistete Arbeit wurden gezahlt in Brot, Bier, Kleidung, Salben, Getreide oder Kupfer.

Wer war reich?

Von den Ernteerträgen konnte Personal entlohnt werden. Wer über große Ländereien verfügte, konnte Handwerker bezahlen, die für ihn ein großes und prächtiges Wohnhaus errichteten, die für ihn Kleidung, Schmuck und Gefäße herstellten und ihm ein standesgemäßes Grab (s. S. 82/83) bauten.
Die reichen Ägypter konnten sich eine große Zahl Diener leisten.
In ihrer Freizeit empfingen die Wohlhabenden gerne Gäste oder gingen auf die Jagd.
Zur Oberschicht, die sich ein Leben in Luxus leisten konnte, zählten hohe Beamte und einige hohe Priester.

... und die unteren gesellschaftlichen Schichten?

Über die unteren gesellschaftlichen Schichten in Ägypten wissen wir relativ wenig. Diese Menschen konnten nicht schreiben. So haben sie uns also beispielsweise nicht überliefert, ob sie glücklich waren oder ob sie unter ihrem niedrigen gesellschaftlichen Rang und der harten Arbeit gelitten haben.
Auf der untersten Stufe der gesellschaftlichen Rangordnung standen Sklaven – meist Kriegs- und Strafgefangene. Sie waren überwiegend in häuslichen Diensten tätig. Die Sklavenarbeit im Alten Ägypten hatte allerdings nicht das Ausmaß wie später in Athen und Rom. Diener und Dienerinnen waren zwar frei, ihr Herr konnte jedoch ihre Arbeitskraft vermieten. Der weitaus größte Teil der Bevölkerung war in der Landwirtschaft beschäftigt. Vermutlich war die Arbeit der Bauern sehr hart. Während der Überschwemmungszeit wurden sie zu staatlichen Baumaßnahmen verpflichtet. Über freie Zeit werden sie wohl nur in sehr geringem Maße verfügt haben. Gewohnt haben die Bauern in kleinen und ärmlichen Häusern. Hunger brauchten sie allerdings wohl nicht zu leiden, denn wie alle Ägypter hatten sie Anspruch auf eine staatliche Grundversorgung.
Die Arbeit der Handwerker wurde wie die Arbeit der Bauern von Beamten gelenkt und überwacht. Aber vor allem die hoch qualifizierten Zeichner, Maler, Bildhauer, Holzarbeiter, Glashersteller, Juweliere konnten nebenbei etwas herstellen und tauschen.

Wer wurde was?

Jungen ergriffen meist den Beruf des Vaters. Die Kinder der unteren Schicht mussten schon früh bei der Arbeit helfen. Besser ging es Kindern der Beamten.

Die folgenden Doppelseiten stellen prägende Merkmale aus dem Alltag der Lebensform Hochkultur vor. Es geht um Gesellschaft, religiöse Vorstellungen, Technik und Wissenschaft. Ihr könnt auswählen. Jeder (ihr könnt euch auch mit jemandem zusammentun) sollte sich für ein Thema entscheiden. Blättert die Seiten 76–89 durch und überlegt, welcher Themenbereich euch am meisten interessieren könnte.

- Bearbeitet die Materialien zu eurem Thema (Arbeitsanweisungen zu den Texten, Bildern und Schaubildern weisen den Weg).
- Überlegt, wie ihr die Ereignisse eurer Arbeit den Mitschülerinnen und Mitschülern präsentieren wollt (ein Plakat, eine kleine Wandzeitung, ein foliengestützter Kurzvortrag, oder für Computerexperten sogar eine kleine power-point-Präsentation)? Vieles ist möglich.

M 1

Wie kann man die ägyptische Gesellschaft in einem Schaubild darstellen?

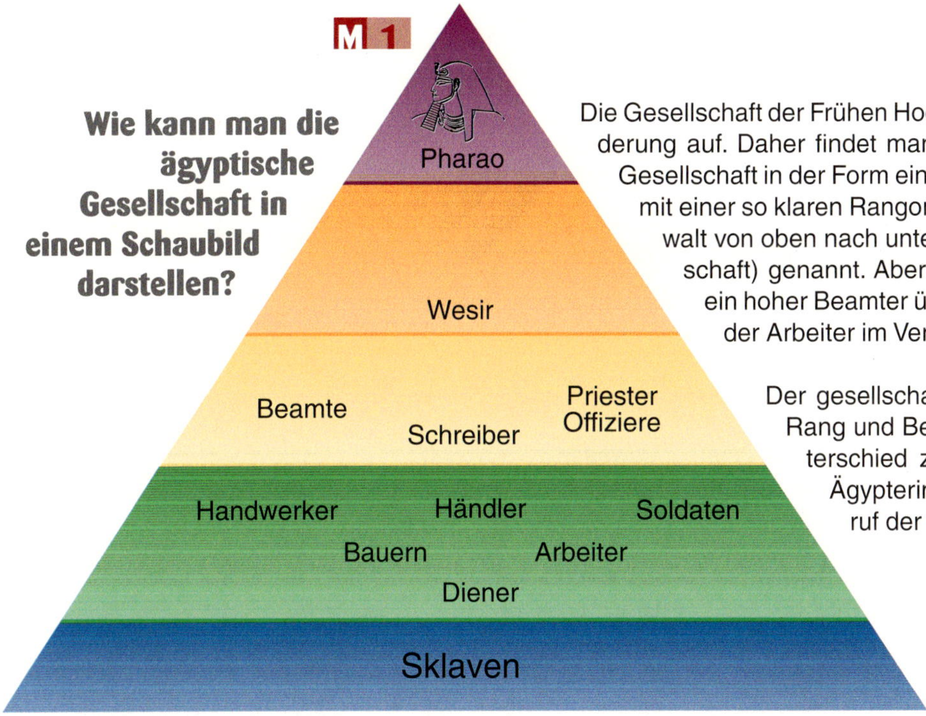

Die Gesellschaft der Frühen Hochkultur Ägypten weist eine deutliche Gliederung auf. Daher findet man heute in vielen Büchern die ägyptische Gesellschaft in der Form einer Pyramide dargestellt. Eine Gesellschaft mit einer so klaren Rangordnung und einer so deutlichen Befehlsgewalt von oben nach unten wird *„Hierarchie“* (hierarchische Gesellschaft) genannt. Aber: Stimmen die Abstände? Wie weit stand ein hoher Beamter über einem Arbeiter? Wie groß war die Zahl der Arbeiter im Verhältnis zu der Zahl der hohen Beamten?

Der gesellschaftliche Rang der Frau war abhängig von Rang und Beruf des Mannes. Wenn wir nach dem Unterschied zwischen einer reichen und einer armen Ägypterin fragen wollen, müssen wir nach dem Beruf der Männer fragen.

Wir machen uns ein eigenes Bild

Die Unterschiede innerhalb der ägyptischen Gesellschaft lassen sich genauer fassen als im Bild der Pyramide:
In einer Felsinschrift ist verzeichnet, welchen Lohn Männer erhielten, die im Auftrag des Pharao in Steinbrüchen Baumaterial beschafften. Als Lohn erhielten die Männer Nahrungsmittel, u.a. Brote. An der Anzahl der Brote lassen sich die gesellschaftlichen Unterschiede fassen.

M 2

Der Expeditionsleiter und Herold Imeni	200 Brote
die 3 „Großen der 10 von Oberägypten“, jeder	100 Brote
die 30 Offiziere, jeder	30 Brote
die 20 Bürgermeister, jeder	100 Brote
der Vorsteher aller Arbeiten des Königs	100 Brote
8 Schreiber, jeder	30 Brote
der Bürovorsteher	30 Brote
60 Zimmerleute, jeder	20 Brote
17.000 Arbeiter, jeder	10 Brote

(Zit. nach: Manfred Gutgesell, Arbeiter und Pharaonen, Hildesheim (Gerstenberg) 1989, S. 73f.; gekürzt)

1. Ordne auf der Grundlage der Entlohnung mit Broten die Berufe aus der Felsschrift folgenden Gruppen zu: sehr hoher Beamter/hohe Beamte/einfache Beamte und Offiziere/Handwerker/Arbeiter.

2. a) Trage auf einer 20 cm langen senkrechten Linie die Abstände zwischen den Gruppen ein. Kennzeichne die Gruppen dabei so: pro Brot 1 mm. Der Expeditionsleiter steht an der Spitze (200 Brote, also bei 20 cm), dann die hohen Beamten (bei 10 cm) usw. Die Arbeiter (10 Brote, entsprechend 1 cm) stehen ganz unten.
b) Wie groß ist die jeweilige Gruppe? Trage auf einer waagerechten Linie für jede Person 1 mm ein, z.B. 24 mm für die Gruppe der hohen Beamten (das sind alle, die 100 Brote erhielten).

3. Vergleiche deine Berechnungen mit dem Bild der Gesellschaftspyramide. Beschreibe die Unterschiede.

4. Fasst eure Arbeitsergebnisse zusammen und schreibt auf: Wie groß waren die gesellschaftlichen Unterschiede?

Info Frauen im Alten Ägypten – da staunten die Griechen

Korn mahlende Frau. Diese Figur einer Dienerin stammt aus dem Grab eines wohlhabenden Ägypters. Er wollte sicherstellen, auch im Jenseits mit Brot versorgt zu werden (s. S. 83).

Der Grieche Herodot bereiste um 450 v. Chr. Ägypten. Er berichtete u.a.: „In Ägypten gehen die Frauen auf den Markt und treiben Handel und die Männer sitzen zu Hause und weben." Wie kommt Herodot zu diesen erstaunlichen Behauptungen? Wir wissen heute aus vielen Textquellen, dass überwiegend Männer Handel trieben, aber *auch* Frauen. Spinnen und Weben war in den durchschnittlichen Familien Aufgabe der Frauen. In den großen Haushalten der reichen Ägypter hat es möglicherweise *auch* Männer gegeben, die an Webstühlen arbeiteten. Aber das war die Ausnahme. Die Stellung der Frau in anderen antiken Kulturen, vor allem in Griechenland, war eindeutig niedriger als in Ägypten. So staunte Herodot über das, was ihm fremd war; genau beobachtet hat er nicht.

„Mann" und „man"

Wenn wir die Sprache der Ägypter mit anderen Sprachen vergleichen, stoßen wir auf etwas Besonderes: Anders als in vielen anderen Sprachen waren in der ägyptischen Sprache die Worte für „Mensch" und „Mann" – oder wie im Deutschen „Mann" und „man" – nicht identisch. Der Plural „Menschen" wurde meist mit den Zeichen für Mann und Frau gekennzeichnet.

Herrin des Hauses

In vielen Inschriften wird eine Ehefrau „nepet per" genannt, das bedeutet: „Herrin des Hauses". Was war die Aufgabe einer „nepet per"?
Das war je nach der gesellschaftlichen Schicht des Ehemannes unterschiedlich. Die Ehefrau eines hohen Beamten war umgeben von vielen Dienerinnen, deren Arbeit sie beaufsichtigte.
Die Frau eines Bauern wird vor allem mit der Nahrungszubereitung, mit Spinnen und Weben beschäftigt gewesen sein. Sie musste am Fluss Wasser holen und Wäsche waschen. Vor allem bei Sonderarbeiten half sie auf den Feldern. Außerdem hatte sie sich um die Kinder zu kümmern. Diener waren in dieser Gesellschaftsschicht selten.
In den meisten Familien gab es eine hohe Kinderzahl. Bei Frauen aus hohen gesellschaftlichen Schichten kann man jedoch annehmen, dass Ammen und Kindermädchen ihnen viel Arbeit abnahmen.

Arbeiten außerhalb des Hauses

Mädchen heirateten im Alter von 12 bis 15 Jahren; Haus und Familie galten als Bereich der Frau. Daher erhielten Mädchen meist keine besondere Ausbildung. Eine unverheiratete Frau arbeitete in der Landwirtschaft, als Dienerin oder als Weberin. Herausgehobene Tätigkeiten für Frauen waren Sängerin oder Tänzerin im Tempel, auch Priesterin auf einer unteren Stufe.
Ob es im Alten Ägypten Frauen gab, die schreiben und lesen konnten, ist nicht sicher. Da die Verwaltungsberufe ausschließlich von Männern besetzt waren, blieb Frauen die Ausbildung zum Schreiber verschlossen.

Gar nicht so einfach!

Auch heute werden noch sehr unterschiedliche Ansichten zu der Frage geäußert, ob die Frau im Alten Ägypten die gleichen Rechte hatte wie der Mann. Warum ist das so schwierig?

Dafür gibt es zwei Erklärungen:

- Vermutlich stammen alle schriftlichen Überlieferungen aus dem Alten Ägypten von Männern. Sie berichteten nur wenig über die Tätigkeiten von Frauen. Und was berichtet wird – ist das glaubwürdig?
- Die bildlichen Darstellungen stammen überwiegend aus Gräbern. Da nur wenige Frauen sich ein eigenes Grab leisten konnten, stellt sich auch hier die Frage: Zeigen diese Bilder die Frau nur aus der Sicht des Mannes?

Die Ägypter glaubten an ein Leben nach dem Tode (s. S. 82ff.). Sie glaubten, dass die Bilder in den Gräbern im Jenseits leben konnten. So ließ man sich jung, schön und mächtig darstellen, weil man so für alle Ewigkeit leben wollte. Die Bilder zeigen also, wie das Leben im Jenseits sein sollte.
Wir wissen, dass sich die Ägypter das Leben im Jenseits ähnlich vorstellten wie das Leben im Diesseits. Deshalb stellen solche Bilder eine Möglichkeit dar, Erkenntnisse über die ägyptische Gesellschaft zu gewinnen. Dabei dürfen wir allerdings nicht vergessen, dass einzelne Quellen nie die ganze Wahrheit zeigen; sie lassen aber begründete Vermutungen zu.

> Auf den folgenden Seiten könnt ihr anhand von Bildquellen beispielhaft die Frage untersuchen, welche Stellung die Frau im Alten Ägypten hatte.

Forschungs-station

Frauen im Alten Ägypten: gleichrangig? gleichberechtigt?

Wir befragen Bildquellen

Alle Bildquellen auf den Seiten 79–81 stammen aus Gräbern. Da nur relativ wenige Ägypter sich ein gut ausgestattetes Grab leisten konnten, sind alle dargestellten Personen einer gehobenen Gesellschaftsschicht zuzuordnen. Gern ließ sich der wohlhabende Ägypter bei der Ausstattung seines Grabes auf einem Grabrelief oder in einer Statuengruppe mit seiner Frau und seinen Kindern abbilden. Damit drückte er den Wunsch aus, das Leben im Jenseits mit seiner Familie zu verbringen. Meist sah er sich als zuständig für die Versorgung der Familie auch im Jenseits.

Euer Forschungsauftrag:

1. **Untersucht die Bilder dieser Seiten genau.**
   - Wie wird die Frau im Verhältnis zum Mann dargestellt?
   - Lassen sich in der Art der Darstellung Unterschiede zwischen Söhnen und Töchtern feststellen?
   - Was sind typische Darstellungsmerkmale von Frauen und Mädchen?
   - Wer hat das Bild vermutlich in Auftrag gegeben?
2. **Versucht abschließend eine Antwort auf die Forschungsfrage zu formulieren. Berücksichtigt dabei auch die Informationen auf S. 78.**

M 1 **Wandmalerei aus dem Grab des Nacht** (um 1400 v. Chr.)

Nacht, ein mittlerer Beamter, ist mit seiner Frau, drei Kindern und Dienern bei der Jagd im Papyrusdickicht dargestellt. Wir sehen Nacht zweimal: Links schleudert er ein Wurfholz auf Wasservögel; rechts deutet die Armhaltung das Werfen eines Speeres zur Jagd auf Fische an. Auch seine Ehefrau und die älteste Tochter sind zweimal abgebildet. Kleine Kinder wurden nackt dargestellt; auch an der Haarlocke sind sie erkennbar.

Forschungsstation

M 2 Statuengruppe des Ii-em-hetep und seiner Ehefrau Anch-Hathor (um 2300 v. Chr.)

Ii-em-hetep hatte eine Stellung am Hofe des Pharao. Daher konnte er sich für sein Grab eine Statuengruppe aus Kalkstein leisten. Ursprünglich war der Stein bemalt.

M 3 Aus dem Grab des Mereruka (um 2300 v. Chr.)

Auf dieser Abzeichnung eines Reliefs sind zwei Frauen zu sehen: Vor dem hohen Beamten Mereruka steht seine Frau, hinter ihm seine Mutter. Übrigens: Ein Relief (gesprochen Re-li-ef) ist ein in Stein gehauenes Bild; ein Relief kann nur von der Vorderseite betrachtet werden, im Gegensatz zu einer Statue.

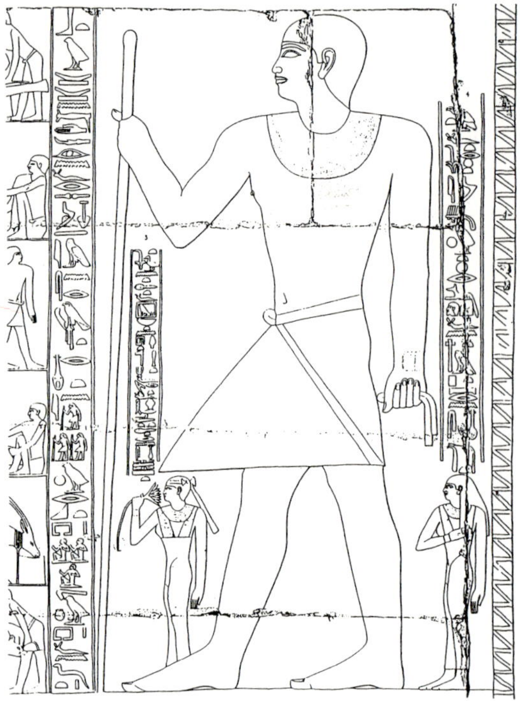

M 4 Sen-nefer und Merit (Wandmalerei um 1400 v. Chr.)

Der hohe Beamte Sen-nefer ließ sich in seinem Grab zusammen mit seiner Ehefrau Merit vor Göttern betend darstellen. Sen-nefer war Bürgermeister einer bedeutenden Stadt.

M 5 **Relief aus dem Grab des Mehi** (um 2500 v. Chr.)

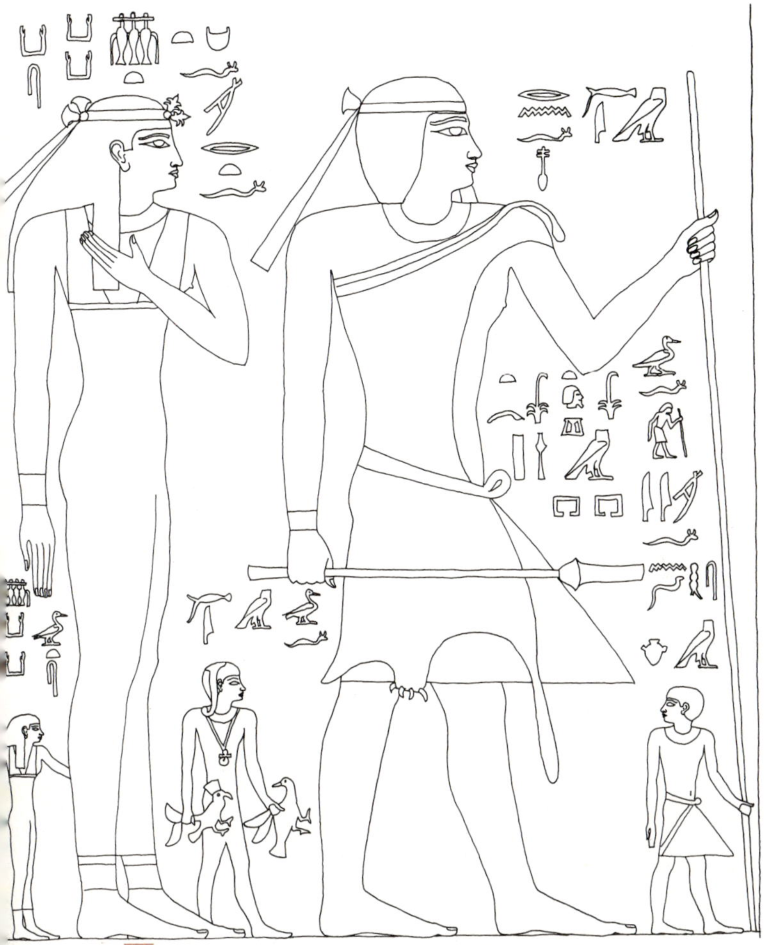

Auf dieser Abzeichnung sind Mehi, seine Ehefrau, zwei Söhne und eine Tochter zu sehen. Der älteste Sohn umfasst den Amtsstab seines Vaters und drückt damit aus, dass er seinem Vater im Amt folgen wird.

In der Inschrift nennt Mehi seine Titel als hoher Beamter. Die anderen Personen werden mit ihren Namen benannt und außerdem gekennzeichnet (von rechts nach links): „sein ältester Sohn", „sein Sohn", „seine Ehefrau", „seine Tochter".

M 6 **Iru-ka-Ptah und seine Ehefrau Neferhetepes** (um 2250 v. Chr.)

Diese beiden Statuen stammen aus dem Grab des Beamten Iru-ka-Ptah. Die Bemalung hat sich hier auf dem Stein noch gehalten. Die dunkle Hautfarbe für den Mann und die helle Hautfarbe für die Frau war eine typische Darstellungsweise. Damit sollten die unterschiedlichen Arbeitsbereiche von Mann und Frau ausgedrückt werden.

Nach dem Tod – ein schönes Leben führen

Das Grab – eine Wohnung für die Ewigkeit

Wenn der Beamte Nacht in seinem Grab die Wände bemalen ließ mit Bildern, die ihn zusammen mit seiner Familie bei der Jagd zeigen (s. S. 79), was wollte er damit bezwecken?
Warum ließ Heti eine Statue in sein Grab stellen, die ihn als stolzen Schreiber zeigt (s. S. 70)?

Vorsorge für das Leben nach dem Tode

Die Ägypter waren davon überzeugt, dass sie nach dem Tode weiterleben konnten und dass sie mit der Ausstattung ihres Grabes beeinflussen konnten, wie ihr Leben im Jenseits aussah. Der Beamte Nacht wollte also im Jenseits nicht auf den Luxus, z. B. die Freuden der Jagd, verzichten. Er wollte im Jenseits so jung und kraftvoll sein wie auf dem Bild dargestellt. Und er wollte auch seine Familie um sich herum haben.
Mit der Statue, die über 4000 Jahre in seinem Grab gestanden hat, wollte der Schreiber Heti das Ansehen und die Vorrechte, die er im Leben genossen hatte, mit in das Jenseits hinübernehmen.

Wovon lebt der Tote?

Die Ägypter glaubten, dass das Leben im Jenseits ähnlich aussah wie das Leben im Diesseits. Wie im wirklichen Leben mussten sie auch im Jenseits Nahrung zu sich nehmen. Von in Stein gehauenen oder in die Wand gemalten Broten konnte sich der Tote bis in alle Ewigkeit ernähren. Da das Leben im Jenseits also davon abhing, wie das Grab ausgestattet war, betrieben die Ägypter einen hohen Aufwand für ein gutes Grab, denn das war die Wohnung für die Ewigkeit.

Verbindung zwischen Diesseits und Jenseits

In der Form eines Vogels konnte die Seele eines verstorbenen Ägypters oder einer Ägypterin das Grab verlassen und in das Diesseits kommen. Lebende konnten vor das Grab Briefe legen, die der oder die Verstorbene las. Auch freute sich der oder die Tote über frische Speisen.

M 1

Blick in das besonders schön ausgeschmückte Grab des hohen Beamten Sen-nefer (das Bild M 4 auf S. 80 stammt auch aus diesem Grab). Diese in den Fels geschlagene unterirdische Kammer diente zur Unterbringung des prunkvollen Sargs und der Grabbeigaben. In dem Sarg befand sich die Mumie (zu Mumien: s. S. 85).
Hinter dem Durchgang liegt ein Vorraum, der so gestaltet ist, als wolle sich der Hausherr in einem Garten vor seinem Haus ausruhen. Sennefer hatte gehofft in seinem „Haus der Ewigkeit" ungestört leben zu können. Schon früh drangen Grabräuber ein. Heute besuchen Wissenschaftler und Touristen das Grab.

Wer konnte sich eine Wohnung für die Ewigkeit leisten?

Den Aufwand, den ein Pharao für sein Grab betrieb, lernst du noch kennen (s. S. 86–88). Welche Dinge ein Pharao für das Leben in seinem Haus der Ewigkeit brauchte, kannst du beim Grab des Tutanchamun sehen (s. S. 92/93); dieses ist das einzige Pharaonengrab, das nicht von Grabräubern geplündert wurde.
Eine Grabanlage war nicht billig. Es gab unterschiedliche Ausführungen, abhängig von den finanziellen Möglichkeiten des Grabbesitzers. Aufwendige Gräber mit mehreren Räumen konnten sich nur wenige leisten. Eine wenig aufwendige Ausstattung einer Sargkammer entsprach etwa 30–35 Monatslöhnen eines Handwerkers, eine etwas bessere Ausstattung entsprach etwa 100 Monatslöhnen eines Schreibers. Der Innerste der drei Särge des Pharao Tutanchamun (s. S. 93) ist aus reinem Gold und wiegt 110 kg. Das entspricht etwa 35.000 Monatslöhnen eines Handwerkers. Dabei ist nur der reine Materialwert erfasst, nicht die Herstellungskosten, z.B. die Löhne der hoch spezialisierten Handwerker.
Wer sich kein Grab leisten konnte, wurde nach dem Tode in ein Tuch eingewickelt und im Wüstensand vergraben.
Die Aussichten auf ein Leben im Jenseits waren für diesen Ägypter düster.
Meist war der Grabbesitzer ein Mann. Es hing von ihm ab, welche Familienmitglieder mit in das Grab aufgenommen wurden.

M 2 Der Beamte Junu im Jenseits

Aus dem Grab des hohen Beamten Junu. Der Grabherr sitzt vor seinem Speisetisch (Ausschnitt). Vor seinen Augen sind in Hieroglyphenschrift geschrieben: „Weihrauch“, „Salbe“, „Feigen“, „Wein“. Auf dem Tisch stehen Brote, darüber ein Rinderschenkel und eine Gans; unter dem Tisch von links nach rechts: „Kleidung“, „Alabaster“ (ein wertvoller Stein), „Brot“, „Bier“.

Nach jeder Mahlzeit wollte sich Junu die Hände waschen. Kannst du entdecken wie?

Tipp: Suche den Handwaschkrug in einer Schale.

1. **Was wäre dir für dein Leben im Jenseits wichtig? Was würdest du also mit in dein Grab nehmen?**
2. **Was würdest du über dich in Hieroglyphenschrift an die Wände schreiben lassen?**
3. **Welche Personen würdest du an die Wände malen lassen um mit ihnen immer zusammen zu sein?**

Der Weg in die Ewigkeit

Vor dem Einzug in das „Haus der Ewigkeit“: das Gericht

Nach dem Glauben der Ägypter musste sich jeder nach seinem Tod vor einem Göttergericht rechtfertigen. Dabei wurde das Herz des/der Verstorbenen gegen eine Feder aufgewogen; am Herzen können die guten und die schlechten Taten gemessen werden. Wenn das Herz zu schwer oder zu leicht war, wurde es von einer krokodilköpfigen Totenfresserin verschlungen. Das hätte den endgültigen Tod bedeutet – ohne Aussicht auf ein Leben im Jenseits. Damit die Prüfung vor dem Totengericht zu einem guten Ergebnis führte, wurde dem/der Verstorbenen eine Liste mit der Aufzählung aller guten Taten in das Grab gelegt.
Auch wurde häufig eine Abbildung des Totengerichts mit in das Grab genommen. Darauf ist gezeigt, wie sich der/die Verstorbene den Ablauf des Totengerichts erhoffte.

M 2 **Das Totengericht**

1. Einige Götter solltest du wiedererkennen: Blättere zurück auf S. 74.
2. Begleite den Schreiber Hunefer beim Totengericht und bringe in die richtige Reihenfolge:
   - Thot notiert das Ergebnis.
   - Gott Anubis leitet den Wiegevorgang.
   - Anubis führt Hunefer zur Waage.
   - Hunefer wird von Horus zu Osiris geführt.
   - Die krokodilköpfige Ammit lauert neben der Waage.
3. Hunefer hat sich diese Papyrusrolle in sein Grab legen lassen. Seine guten Taten sind in Hieroglyphenschrift über der Waage notiert. Was erwartet Hunefer, wenn das Urteil für ihn günstig war? Was kam auf ihn zu, wenn das Urteil ungünstig war?
4. Hunefer wird durch die Kleidung als Schreiber erkennbar, auch wird sein Beruf schriftlich genannt. Warum war ihm das wichtig für das Jenseits?

Mumien – den Körper für die Ewigkeit erhalten

Mumie einer Frau
(heute im Kestner-Museum Hannover)

Was geschah mit der Leiche?

Die Unterschiede zwischen arm und reich wirkten bis in den Tod. Das zeigte sich nicht nur bei Größe und Ausstattung des „Hauses für die Ewigkeit". Auch der Körper der Verstorbenen wurde sehr unterschiedlich behandelt. Wer es sich eben leisten konnte, versuchte den toten Körper für die Ewigkeit lebensecht zu bewahren. Das Verfahren nennt man Mumifizierung.
Es gab bei den Ägyptern verschiedene Arten der Mumifizierung. Bei der aufwendigsten und teuersten wurden das Gehirn und die Eingeweide entnommen; der Körper wurde über Wochen in Natron gelegt, wodurch er austrocknete; alle Hohlräume wurden mit Harz oder mit harzgetränkten Stoffballen gefüllt, nachdem sie vorher mit Palmwein gereinigt worden waren. Die entnommenen inneren Organe wurden gereinigt und getrocknet; anschließend wurden sie in Leinentücher eingewickelt und in Krüge gelegt oder zurück in den Körper. Der Körper wurde mit Leinenbändern umwickelt. Bei einer Mumie haben Wissenschaftler nachgemessen: 375m^2 Leinenstoff für eine einzige Mumie.
Schließlich wurde die Mumie in einen oder mehrere ineinander gestellte Särge gelegt. Diese Särge waren innen und außen mit heilbringenden Texten und Bildern ausgestattet.

Warum Mumifizierung?

Die Ägypter hofften den Körper möglichst unversehrt für die Ewigkeit erhalten zu können. Denn nach ihrer Vorstellung lebte der Verstorbene im Jenseits weiter: Wenn der Begräbniszug vor dem Grab angekommen war, berührte ein Priester die Mumie. Mit dieser „Mundöffnung" sollte Leben in den toten Körper zurückkehren.

Seit wann gibt es Mumien in Ägypten?

Die frühesten Mumien sind Naturmumien; sie entstanden, weil in Ägypten ein extrem trockenes Klima herrscht und gleichzeitig der Wüstensand Natron enthält. Man kann sich vorstellen, dass die frühen Ägypter sehr beeindruckt waren, wenn sie nach einem Wüstensturm in freigewehten Gräbern Verstorbene weitgehend unversehrt fanden. Das brachte sie auf die Idee, den Erhalt des Körpers nicht dem Zufall zu überlassen. Zu Anfang hatten sie damit wenig Erfolg. Es dauerte einige hundert Jahre – etwa bis zum Jahre 1000 v. Chr. – bis das oben beschriebene Verfahren entwickelt war.

Wie geht man heute mit den Mumien um?

Heute gibt es die Möglichkeit, Mumien zu untersuchen, ohne sie auszuwickeln.
Mithilfe von Computern hat man sogar schon versucht, ein Gesicht zu rekonstruieren. So könnte die Frau ausgesehen haben, deren Mumie im Kestner-Museum liegt:

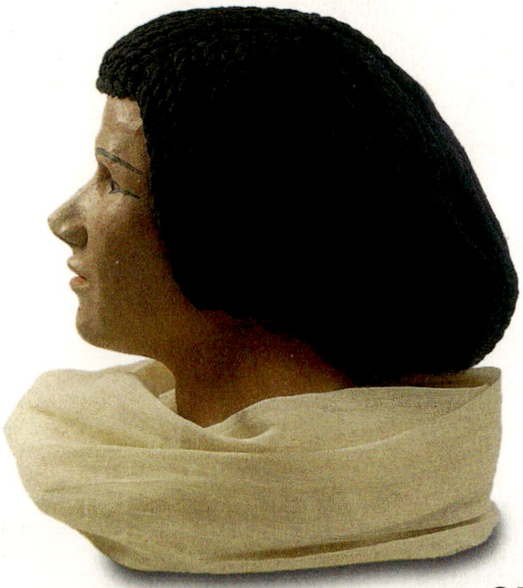

Nach dem Tod – Pyramiden und Königsgräber

Pyramiden bauen – das war nicht nur Ausdruck religiösen Totenkults für verstorbene Pharaonen, sondern auch Zeugnis hoch entwickelter technischer Fähig- und Fertigkeiten.
Bilder oder Texte aus dem Alten Ägypten, die Auskunft geben könnten, wie die Pyramiden gebaut wurden, hat man bisher nicht gefunden. Daher ist man auf Vermutungen angewiesen.
Ein moderner Autor beschreibt anschaulich, wie er sich den Bau einer Pyramide vorstellt. Vor allem die Frage, ob die tonnenschweren Steine über seitliche Rampen transportiert wurden, ist umstritten.

Der Bau der Pyramiden – so könnte es gewesen sein

„Als wären wir dabei gewesen“:

Bereits im zweiten Regierungsjahr begann der Pharao, sich für das Ende seines irdischen Daseins und für das kommende ewige Leben vorzubereiten. So beauftragte er Mahnud Hotep, seinen Architekten, ein Grabmal für ihn zu entwerfen, das ewige Zeiten überdauern sollte. Noch während die Pläne gezeichnet wurden, brachte man mehrere tausend Männer zum Bauplatz: Steinmetzen, Maurer, Landvermesser, Mörtelhersteller, Zimmerleute und allgemeine Arbeitskräfte. Sie sollten das ganze Jahr hindurch in Steinbrüchen oder auf dem Baugelände arbeiten, wo nun auch Wohnbaracken und Bauhütten errichtet wurden. Jedes Jahr mobilisierte man während der Überschwemmungszeit zwischen Juli und November ungefähr fünfzigtausend Mann als zusätzliche Hilfskräfte. Es waren vor allem Bauern, die ihre Arbeit auf den Feldern nicht verrichten konnten, da diese unter Wasser standen. Sie wurden in verschiedene Gruppen eingeteilt und hatten die Aufgabe, die Steine von den Steinbrüchen an ihren Bestimmungsort zu transportieren. Jede Gruppe bestand aus fünfundzwanzig Mann mit einem Soldaten als Vorarbeiter. Die Arbeiter wurden mit Kleidung und Verpflegung entlohnt.
Bevor die Arbeiten beginnen konnten, stellten Schreiber Listen auf, denen man die Menge und die Größe sämtlicher benötigten Steinblöcke entnehmen konnte. An alle Steinbrüche wur-

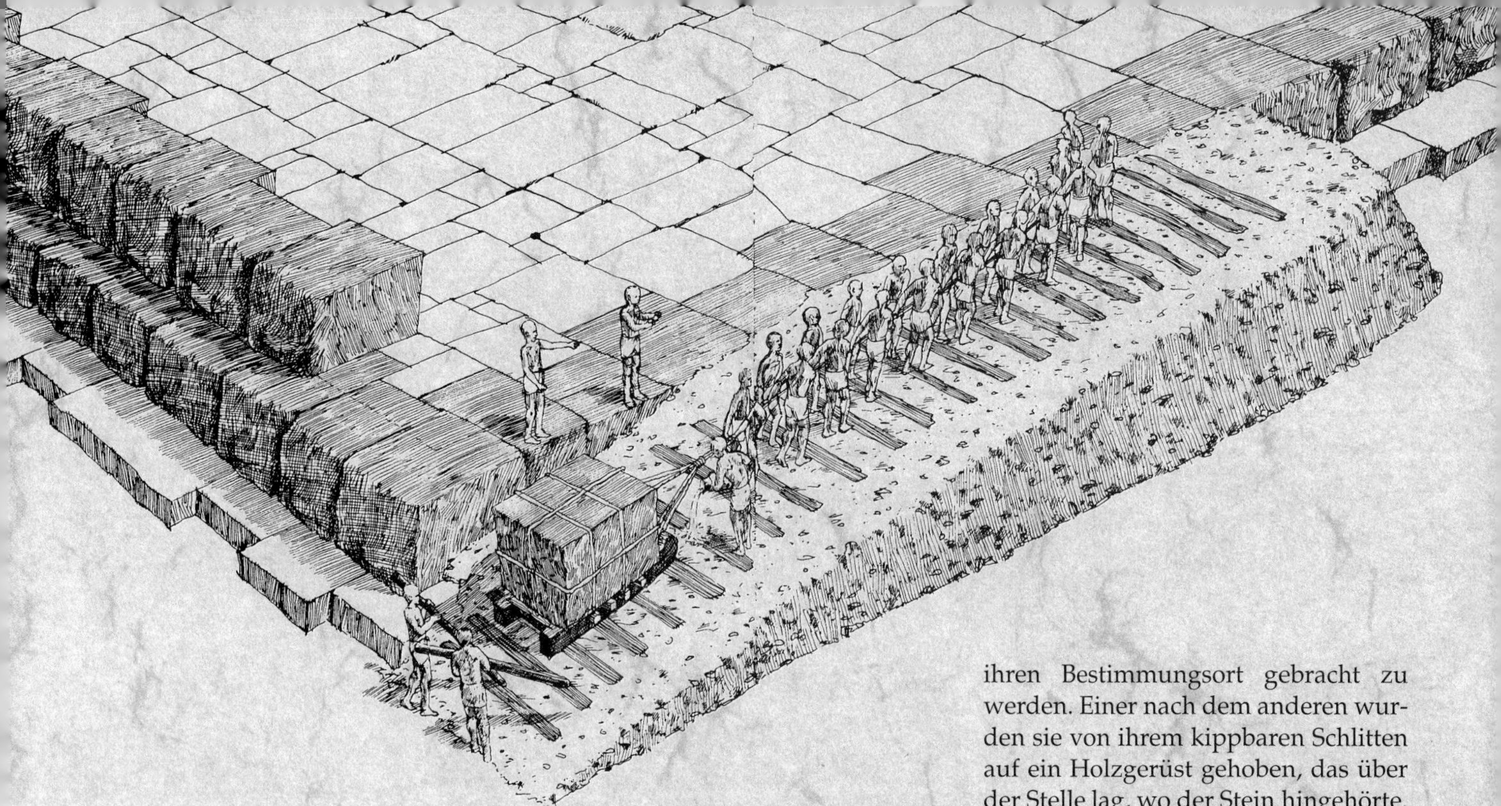

den Kopien dieser Listen gesandt mit dem Befehl, die Arbeit zu beginnen.
Während der Überschwemmungsperiode konnte der Transport der schweren Blöcke über fast die ganze Strecke zu Wasser zurückgelegt werden.
An der Baustelle musste zunächst die genaue Nordrichtung ermittelt werden, da man die Pyramide exakt ausrichten wollte. Das gelang durch genaue Beobachtung der Sterne. Als nächstes musste der Bauplatz geebnet werden. Ein Netz schmaler Verbindungsgräben wurde über das ganze Areal gelegt und mit Wasser aufgefüllt, damit der Wasserspiegel ein ebenes Niveau bezeichnen konnte. Nachdem man den Wasserstand an den Seitenwänden markiert hatte, wurde das Grabensystem entleert, der Fels überall bis auf die Höhe der Markierungslinien abgetragen, und die Gräben wurden wieder zugemauert.

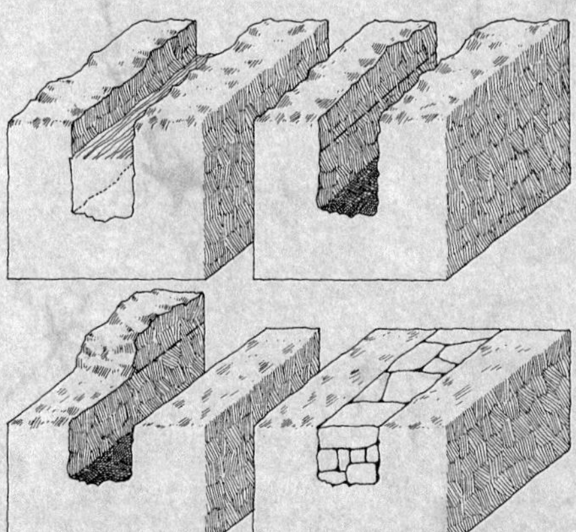

Riesige Blöcke aus Granit und Kalkstein mussten den Aufweg hinauf geschleppt werden, wo sie dann auf leichte, schaufelartige, bewegliche Schlitten geladen wurden. Nachdem man die Seiten eines Blockes sorgfältig geglättet hatte, meißelte man ihm eine Nummer ein, gemäß der er dann versetzt werden würde.
Fast ein Jahr dauerten das Vermessen und die Aushebungsarbeiten. Viele Blöcke warteten bereits darauf, an ihren Bestimmungsort gebracht zu werden. Einer nach dem anderen wurden sie von ihrem kippbaren Schlitten auf ein Holzgerüst gehoben, das über der Stelle lag, wo der Stein hingehörte. Darauf wurde eine dünne Mörtelschicht auf Unterseite und Enden des Blockes gestrichen, das Holzgerüst weggezogen und der Stein in seine endgültige Position geschoben.
Im Gegensatz zu den Blöcken der ersten Lage, deren Verlegung keine allzu großen Schwierigkeiten bereitete, mussten die Steine der folgenden hundertdreiundzwanzig Lagen zuerst auf die Höhe der vorangegangenen Lage gebracht werden, bevor man sie an die richtige Stelle schieben konnte. Mahnud Hotep löste dieses Problem, indem er mit Nilschlamm stabilisierte Schuttrampen bauen ließ.
Sobald die Rampen benutzt werden konnten, begann man die Blöcke für die zweite Steinlage auf ihnen hochzuziehen. Gewöhnlich wurde der Transportschlitten von einer 20 Mann starken Gruppe gezogen, während die restlichen fünf Arbeiter von hinten mit Hebeln stießen und eine Gleitflüssigkeit auf die Rampe gossen, um die Reibung unter den Kufen zu vermindern.

Im Innern wurden Gänge und eine Kammer für den steinernen Sarg des Pharao vorgesehen.

Mit jeder neuen Steinlage wuchs auch die Rampe.

Unglücksfälle kamen nicht selten vor, und jedes Jahr hatten die Dörfer einige Tote zu beklagen.

Zum Schluss – fast 30 Jahre nachdem Mahnud Hotep seine Pläne dem Pharao vorgelegt hatte – begannen die Arbeiter mit dem Abbruch der Rampen, die für die Erbauung notwendig gewesen waren. Oben beginnend wurden die Rampen zunächst nur für einige Meter entfernt. Um den freigelegten Teil wurde dann ein Baugerüst errichtet. Auf dem Gerüst standen Arbeiter, die die Oberfläche der Pyramide glatt schliffen.

Diese Arbeiten wurden so lange fortgeführt, bis die ganze Pyramide ihre glatte Oberfläche erhalten hatte.

Als der Pharao starb, waren die Arbeiten an der Pyramide fertig gestellt. Die Arbeiten an dem Tempel vor der Pyramide waren noch nicht abgeschlossen.

(Text u. Bilder aus: David Macaulay, Wo die Pyramiden stehen, © 1974/1977 Artemis & Winkler Verlag, Düsseldorf/Zürich; bearbeitet)

Wie kam man auf die Idee eine Pyramide zu bauen?

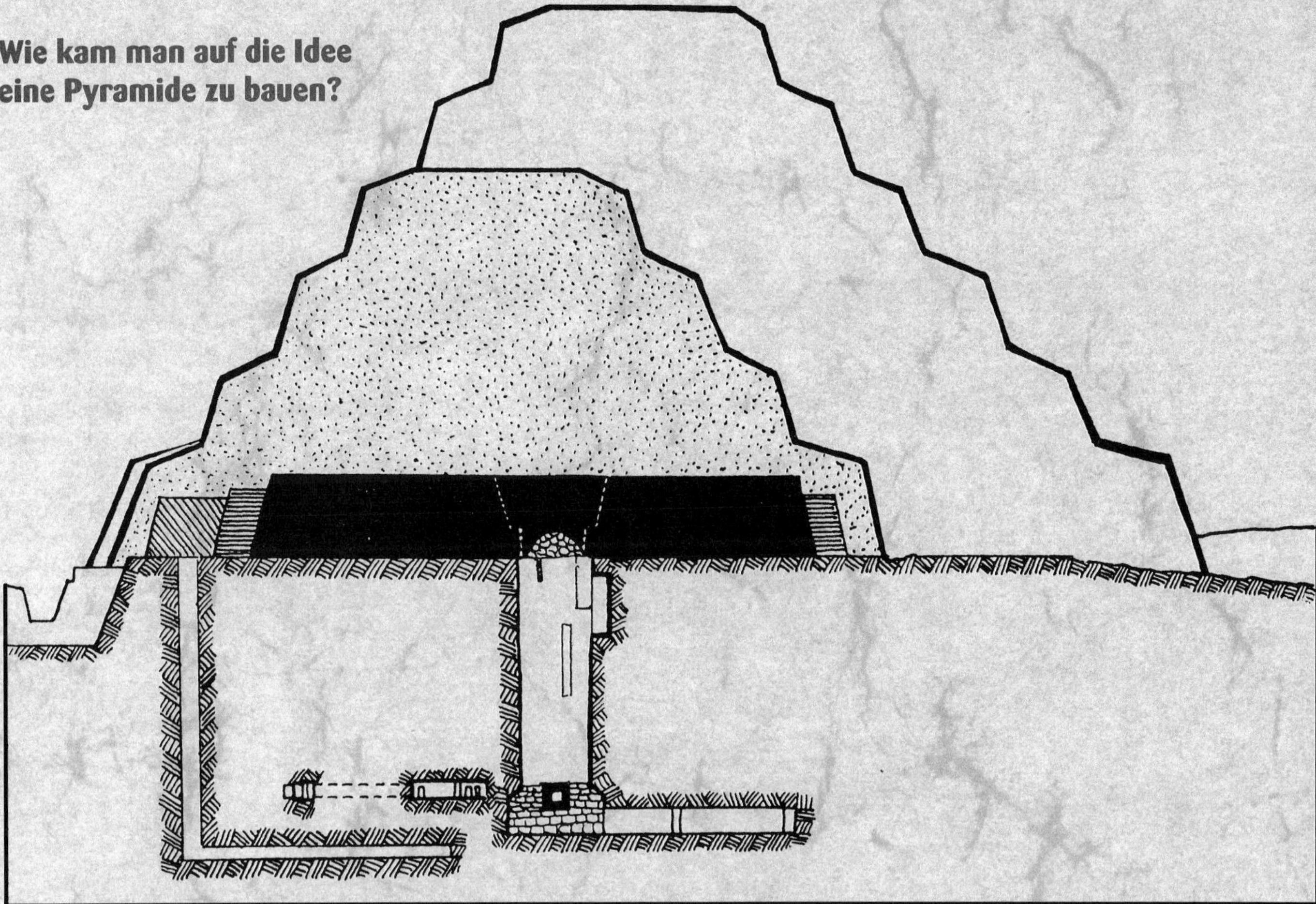

Vielleicht kann die erste Pyramide eine Antwort geben.
Die Stufenpyramide von Sakkara war die erste Pyramide. Sie wurde unter dem Pharao Djoser um 2620 v. Chr. gebaut.
Die Stufenpyramide von Sakkara ist gründlich erforscht worden. Dabei hat man festgestellt, dass der Plan zum Bau einer Pyramide wohl erst während der Bauphase entstanden war: Zunächst wurde die Grabanlage gebaut wie das Grab eines hohen Beamten, allerdings wesentlich größer (vor der Cheops-Pyramide hast du bereits Beamtengräber gesehen: s. S. 56/57). Wie bei Beamtengräbern üblich, befindet sich die Sargkammer nicht in, sondern unter dem Bauwerk, hier 28 m tief senkrecht in den Felsen geschlagen. Zweimal wurde die Anlage seitlich verbreitert. Dann errichtete man darüber ein Bauwerk, das man als vier übereinander liegende Beamtengräber deuten könnte. Schließlich wurde das Bauwerk noch einmal vergrößert (Höhe: 62,50 m). Die erste Pyramide war also vermutlich ein aus sechs riesigen Beamtengräbern bestehendes Königsgrab. Bei den nachfolgenden Pyramiden wurden die Stufen aufgefüllt, sodass glatte Seitenflächen entstanden.

Hat jeder Pharao sich eine Pyramide bauen lassen?

Die großen Pyramiden stammen aus der Zeit des Alten Reiches (ca. 2635–2154 v. Chr.).
Später ließen sich die Pharaonen lang gestreckte Grabanlagen in den Felsen schlagen. Im Neuen Reich (ca. 1551–1080 v. Chr.) wurden diese Felsengräber in dem Gebirge gegenüber der Stadt Theben errichtet. Hier befindet sich auch das berühmte Grab des Pharao Tutanchamun (s. S. 90 ff.).

„Als wären wir dabei gewesen“:

Die Sensation!!!
Das Grab des Pharao wird entdeckt

Im Neuen Reich stellten nicht mehr weithin sichtbare Pyramiden, wie im Alten Reich, die Begräbnisstätte der Pharaonen dar, sondern in den Fels gehauene Gänge. Aber auch diese verborgenen Gräber zogen Räuber an. Bereits zur Zeit des Alten Ägyptens waren die mit wertvollen Beigaben versehenen Gräber geplündert worden. Die goldenen Grabbeigaben hatten die Grabräuber eingeschmolzen. Vor über 150 Jahren begannen nun Archäologen nach den Königsgräbern zu suchen. Sie fanden die Gräber – aber ausgeraubt. Nur das Grab des Pharaos Tutanchamun hatte man noch nicht gefunden. Seit sechs Jahren hatte der englische Archäologe Carter zusammen mit etwa 50 Grabungsarbeitern im Tal der Könige intensiv gegraben, als im Sommer 1922 die Situation hoffnungslos zu werden schien. Dem reichen Lord Carnarvon, der bisher die Ausgrabungen finanziert hatte, wurde das Geld knapp. Es gelang Carter, Lord Carnarvon zu einem letzten Versuch zu überreden, einen Winter lang noch zu graben; dann sollte die Suche nach dem Grab Tutanchamuns endgültig aufgegeben werden. Nur eine Stelle im Tal der Könige war durch Grabungen noch nicht erforscht. Diese Stelle lag dicht neben dem bereits geöffneten Grab des Pharaos Ramses VI. Eile war geboten, denn das benachbarte Grab Ramses VI. wurde im Winter von vielen Touristen besucht, das Aufwerfen von Geröllbergen hätte gestört. Am 1. November 1922 begannen die Arbeiten, drei Tage später stießen die Arbeiter auf eine in den Fels gehauene Treppenstufe. Weitere Stufen wurden freigelegt, man stieß auf eine vermauerte Türöffnung. Carter konnte feststellen, dass die Türöffnung schon einmal aufgebrochen, dann aber das Einstiegsloch mit Nilschlammziegeln wieder zugemauert worden war. Sensationell war, dass das Einstiegsloch mit Siegeln der Verwaltung der Königsfriedhöfe – also aus der Zeit des Alten Ägyptens – versehen war. Ein versiegeltes Felsgrab war von den Archäologen bisher im Tal der Könige nicht gefunden worden. Man entdeckte weitere Siegel mit dem Königszeichen Tutanchamuns. Carter konnte also sicher sein, das lang gesuchte Grab gefunden zu haben.

Aber was befand sich in dem Grab? War auch dieses Grab ausgeraubt?

Beim Bau anderer Königsgräber war Schutt auf den Eingang dieses Grabes geworfen worden. Dann waren darauf

Carter bei der Arbeit, nachdem der obere Teil des Sarkophags abgehoben worden war.

sogar noch Arbeiterhütten errichtet worden. So wurde das Grab unter den Geröllmassen für über 3000 Jahre sicher geschützt.
Nachdem die erste vermauerte Türöffnung aufgebrochen war, gelangte man auf einen mit Schutt angefüllten Gang. Am Ende des Ganges war eine weitere vermauerte Türöffnung. Carter durchstieß mit einer Eisenstange die Mauer. Heiße Luft, seit über 3000 Jahren angestaut, schoss ihm entgegen. Carter hielt eine Kerze in den Luftstrom – es waren keine giftigen Gase.
Dann leuchtete Carter durch die Öffnung in die 8 Meter breite und 3,60 Meter tiefe Vorkammer. Er führte eine Kerze hindurch und spähte hinein [...] Als seine Augen sich an das Licht gewöhnt hatten, tauchten bald Einzelheiten im Innern der Kammer aus dem Nebel auf: seltsame Tiere, Statuen und Gold, überall glänzendes, schimmerndes Gold! Für einen Augenblick war er vor Verwunderung stumm. Lord Carnarvon fragte: „Can you see anything?" Carter: „Yes, wonderful things."
Fast drei Monate dauerten die Arbeiten der Archäologen in der Vorkammer. Hier waren die Spuren von Grabräubern deutlich sichtbar: Viele Gegenstände lagen in einem großen Durcheinander. Offensichtlich hatten die Räuber das Grab fluchtartig verlassen müssen. Viel hatten sie nicht mitgenommen. Aber etwas fehlte: Die Ausgräber stießen auf einen etwa 50 cm hohen Gegenstand, der wie ein Schränkchen aussah (s. Bild). Das Dach war schräg gewölbt. Die Außenteile und die Innenseiten der Türen waren mit Blattgold belegt. In das Blattgold hinein hatten meisterhafte Goldschmiede Szenen aus dem Leben des Königs und der Königin gearbeitet. Die Türen standen offen, ein Blick hinein zeigte:

Das Schränkchen war leer. Von dem ehemaligen Inhalt fanden die Ausgräber nur noch Spuren von den Füßen einer Königsfigur. Vermutlich haben darin ursprünglich Figuren des Königs und der Königin gestanden; wahrscheinlich waren die Figuren aus massivem Gold.
Dann endlich wurde die Mauer zur Sargkammer geöffnet. Die Ausgräber stießen hier auf einen goldüberzogenen Holzschrein, etwa 5 Meter lang, 3,30 Meter breit und 2,75 Meter hoch. Carter stellte überrascht fest: „Das ist die größte vergoldete Fläche, die es auf Erden gibt." Unter vier Schreinen aus vergoldetem Holz befand sich ein steinerner Sarkophag[1]; es folgten drei ineinander gestellte Särge in Mumienform, die beiden äußeren vergoldet, der innere Sarg aus reinem Gold (Gewicht 225 kg). Auf Brust und Gesicht der Mumie lag eine Goldmaske (s. S. 93). In der angrenzenden Schatzkammer entdeckten die Ausgräber weitere wertvolle Gegenstände, u.a. fanden sie in einem vergoldeten Schrein vier kleine goldene Särge mit den Eingeweiden Tutanchamuns.
Carter benötigte mehrere Jahre um die über 5000 Gegenstände zu registrieren, sorgfältig zu verpacken und in das Ägyptische Museum nach Kairo bringen zu lassen.
Lord Carnarvon starb wenige Monate nach der Öffnung des Grabes infolge eines Moskitostiches an Malaria. Sein Tod und weitere mysteriöse Todesumstände anderer Menschen, die direkt oder indirekt an der Öffnung des Grabes beteiligt gewesen waren, ließen die Legende vom „Fluch der Pharaonen" entstehen.
Die Mumie Tutanchamuns ruht heute weiterhin im Tal der Könige.
Die Grabbeigaben befinden sich im Museum in Kairo.
Tutanchamun war ein unbedeutender König. Er starb um 1326 v. Chr. im Alter von 17 Jahren.
Es ist kaum vorstellbar, welche Schätze sich im Grab eines großen Königs wie Ramses II. befunden haben.

(Nach: Rainer Wagner, Das Wunder der Entdeckung; in: Peter Munro/Jürgen Settgast/Dietrich Wildung (Hg.), Tutanchamun, Mainz (Verlag Philipp von Zabern) 1980, S. 9–24)

[1] Ein Sarkophag ist ein kunstvoll ausgestalteter Sarg, der nicht mit Erde überschüttet wird.

Stopp
Ein Blick zurück

Mit den Augen durch das Grab des Pharao wandeln

Diese Begriffe kann ich jetzt erklären:

* Hochkultur
* Pharao
* Polytheismus
* Pyramide
* Schrift

Du führst eine Gruppe Touristen durch das Grab des Pharao Tutanchamun. Darauf solltest du dich gründlich vorbereiten.
Fünf der wertvollen Fundstücke aus dem Grab hast du bereits kennen gelernt: Blättere zurück.
Du solltest den Touristen auch erklären, warum die Ägypter mumifiziert haben, welche Bedeutung der Pharao hatte, etc. Touristen fragen gelegentlich auch: „Ägypten wird als ‚Frühe Hochkultur' bezeichnet. Was bedeutet das eigentlich?" Du hast Gelegenheit in einem Lexikon nachzuschlagen. Dort findest du:

Von einer Hochkultur spricht man bei
- *entwickelten Formen technischen Fortschritts,*
- *gegliederter Herrschaftsordnung,*
- *entwickelter Verwaltungsorganisation,*
- *anspruchsvollen künstlerischen Leistungen.*

Eine der ersten Hochkulturen war Ägypten.

Jetzt musst du nur noch diese allgemeine Erklärung des Lexikons auf Ägypten anwenden. Also: Was machte Ägypten zur Frühen Hochkultur?

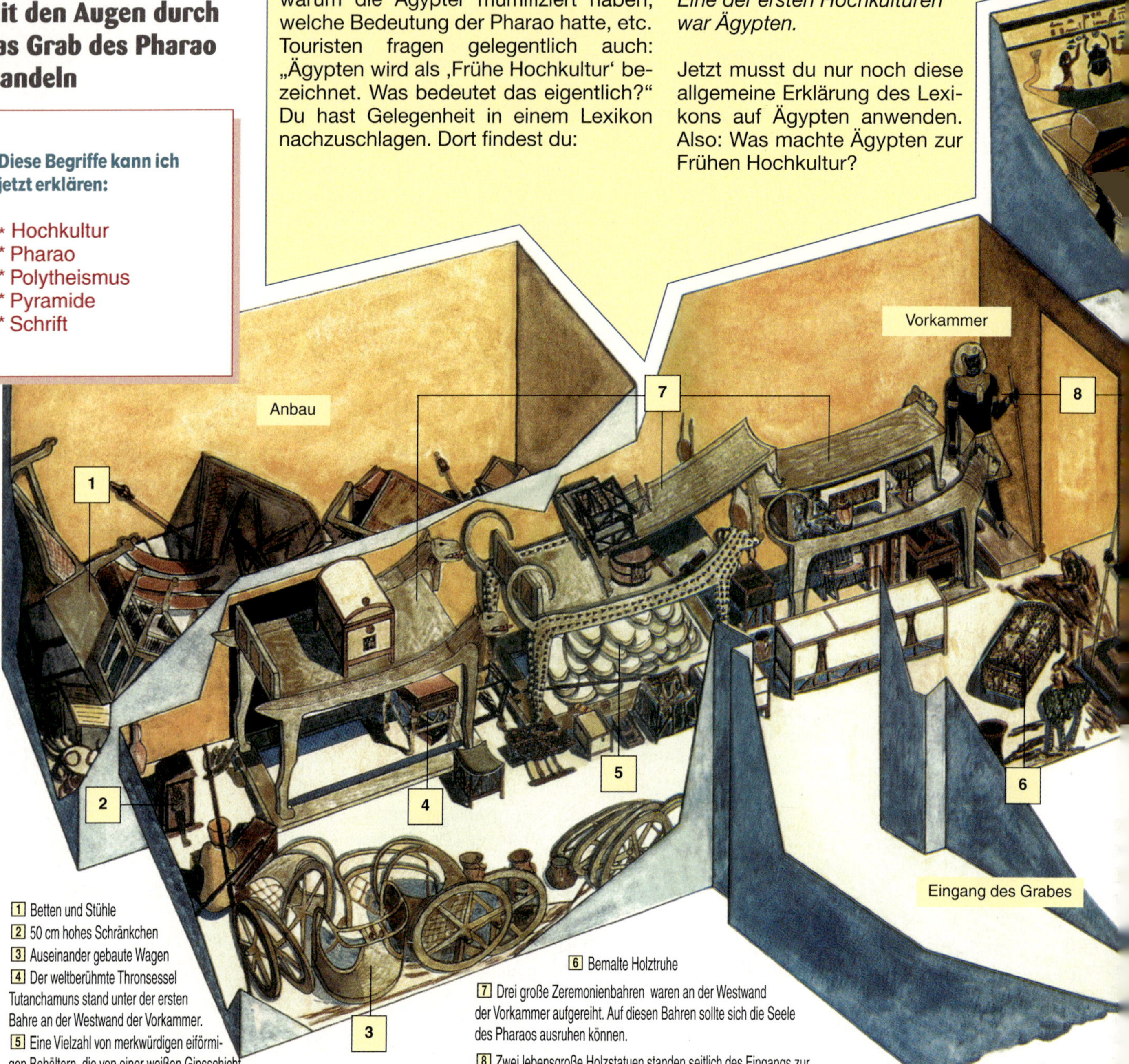

1 Betten und Stühle
2 50 cm hohes Schränkchen
3 Auseinander gebaute Wagen
4 Der weltberühmte Thronsessel Tutanchamuns stand unter der ersten Bahre an der Westwand der Vorkammer.
5 Eine Vielzahl von merkwürdigen eiförmigen Behältern, die von einer weißen Gipsschicht bedeckt waren, enthielten Nahrungsmittel für den Pharao im Jenseits.
6 Bemalte Holztruhe
7 Drei große Zeremonienbahren waren an der Westwand der Vorkammer aufgereiht. Auf diesen Bahren sollte sich die Seele des Pharaos ausruhen können.
8 Zwei lebensgroße Holzstatuen standen seitlich des Eingangs zur Grabkammer. Sie sollten den Pharao für alle Ewigkeit beschützen.

14 Der erste menschengestaltige Sarkophag (zurzeit noch im Grabmal):
Dieser 224 cm große Sarkophag ist aus vergoldetem Zypressenholz. Auf den Seitenwänden sind die Göttinnen Isis und Nephthys abgebildet. Auf dem Deckel ist der König mit über der Brust gekreuzten Armen abgebildet. In den Händen hält er Zepter (Krummstab) und Geißel.

Der zweite menschengestaltige Sarkophag:
Auch dieser Sarkophag ist aus vergoldetem Holz. Er misst 204 cm. Man fand ihn mit einem Leinentuch und Blumengirlanden bedeckt.

Der dritte menschengestaltige Sarkophag:
Dieser 187,5 cm große Sarkophag ist aus purem Gold und wiegt 225 kg. Ursprünglich war er von einer verhärteten Pechschicht überzogen, die mit äußerster Vorsicht entfernt werden musste.

Mumie des Tutanchamun mit Goldmaske:
Die Mumie war mit nahezu 150 Amuletten und Schmuckstücken behängt. Die berühmte Goldmaske war mit Halbedelsteinen und Einlegearbeiten aus gefärbtem Glas verziert.

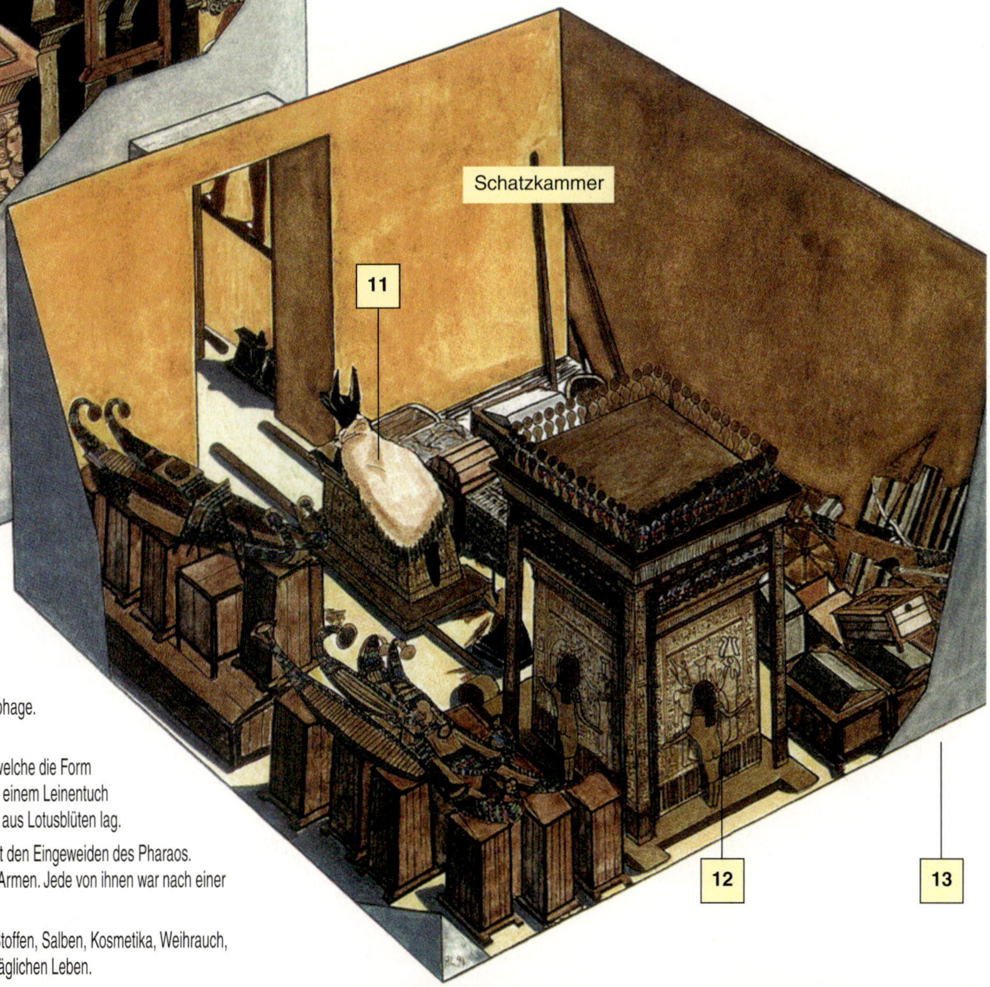

9 Die vier großen vergoldeten Holzschreine, die die Sarkophage es Königs enthielten, füllten beinahe den gesamten Raum aus.

10 Der große Steinsarkophag enthielt drei menschengestaltige Sarkophage. n den Seiten waren vier Schutzgöttinnen eingemeißelt.

11 Die Statue des Gottes Anubis ist auf einer vergoldeten Holztruhe, welche die Form iner Kapelle hat, befestigt. Als die Statue gefunden wurde, war sie von einem Leinentuch edeckt, das um den Hals geknotet war und in dem auch eine Girlande aus Lotusblüten lag.

12 Der fast zwei Meter hohe, vergoldete Holzschrein enthielt Krüge mit den Eingeweiden des Pharaos. n jeder Seite lehnte eine der vier Schutzgöttinnen mit ausgebreiteten Armen. Jede von ihnen war nach einer immelsrichtung ausgerichtet.

13 Im Grab befanden sich über fünfzig Kästchen und Holztruhen mit Stoffen, Salben, Kosmetika, Weihrauch, upferwaren, kleinen Behältern und anderen Gegenständen aus dem täglichen Leben.

Die Griechen

Die Zeit des klassischen Altertums reicht etwa von 2000 v. Chr. bis 500 n. Christus. Man nennt diese Zeit auch Antike; grob gesehen wird sie gebildet von der Geschichte der „alten" Griechen und der „alten" Römer. In diesem Kapitel beginnen wir mit den Griechen, weil sie lange vor den Römern große Bedeutung erlangten.
Die Abbildungen auf dieser Seite zeigen: die Überreste eines Tempels, den Kopf von der Statue eines Jünglings, eine kunstvoll bemalte Vase und den festlichen Kopfschmuck einer Frau. Alle diese Werke stammen aus der Zeit der griechischen Antike.

- Welches Bild gefällt dir am besten?
- Welche Fähigkeiten haben die Griechen in der Antike besessen, um solche Kunstwerke schaffen zu können?

Quiz für Einsteiger:

Die Griechen und wir

➜ In der deutschen Hauptstadt steht ein Tor, das seit der Wiedervereinigung als Symbol der Einheit Deutschlands gilt. Dieses Tor wurde im Stil eines alten griechischen Tempels erbaut, wie man ihn zum Beispiel auf dem berühmten Tempelberg über der griechischen Stadt Athen findet.

- Welchen Namen trägt dieses Tor?
- Wie heißt der berühmte Tempelberg in Athen?

➜ Du besuchst mit deinen Eltern ein griechisches Restaurant. Auf der Speisekarte findest du einen Salat Athene, einen Poseidon-Teller und eine Zeus-Platte. Diese Namen werden euch im folgenden Kapitel noch einmal begegnen.

- Wisst ihr schon jetzt, wer damit gemeint ist?

➜ Noch heute wird bei den Olympischen Spielen ein Lauf ausgetragen, der auf die alten Griechen zurückgeht. Ein Bote soll vor etwa 2500 Jahren diese Strecke zurückgelegt haben um seinen Landsleuten in Athen von einer siegreichen Schlacht zu berichten.

- Wie heißt dieser Lauf?
- Wer weiß, wie lang die Strecke ist?

➜ Bereits die Griechen der Antike haben sich mit den Naturwissenschaften beschäftigt; deshalb stammen viele Fachbegriffe aus dem Griechischen – auch die Bezeichnungen der Schulfächer Physik, Biologie, Chemie.

- Was bedeuten diese Begriffe wörtlich übersetzt?

Wer sind die Griechen?

Info Die griechische Frühzeit

Die folgenden Seiten informieren über die griechische Frühgeschichte und das Leben der ersten Griechen. Sie enthalten auch einige Ortsnamen und Begriffe, die für die Griechische Geschichte von großer Bedeutung sind.

1. Notiere die Ortsnamen Knossos und Mykene; gib knapp an, welche Informationen du mit diesen Namen verknüpfst.

2. Es fallen bereits die wichtigen Namen Athen, Sparta, Delphi und Olympia. Suche die Orte auf der Karte und präge dir die Lage gut ein, sodass du die Orte auf der Wandkarte zeigen kannst.

3. Ganz wichtig sind die Begriffe „Hellas" und „Polis". Notiere, was damit gemeint ist.

Die Vorgeschichte ist kompliziert

Das Gebiet, das wir heute als „Griechenland" bezeichnen, wurde ursprünglich von vielen Völkern bewohnt, über deren Geschichte wir nur wenig wissen. Sicher ist nur, dass sich „die Griechen" im Laufe von mehr als 1000 Jahren und als Folge verschiedener Wanderungsbewegungen und Eroberungszüge herausgebildet haben und dass es sehr lang dauerte, bis sie sich als Angehörige eines Volkes verstanden.

Eine Wurzel des Griechentums liegt in der südlichen Hälfte des Ägäischen Meeres. Auf der Insel Kreta und einigen benachbarten kleineren Inseln hatte sich schon recht früh (etwa ab 2000 vor Christus) eine hochstehende Kultur entwickelt mit großen städtischen Anlagen. Die Ruinen des Palastes von Knossos sind bis heute eine Touristenattraktion ersten Ranges und beeindrucken die Besucher durch die labyrinthartige Anordnung der Straßen und Häuser sowie durch die prunkvollen Wandgemälde. Nach dem sagenhaften König Minos von Knossos wird diese Kultur als minoische Kultur bezeichnet.

Auf dem griechischen Festland waren schon seit etwa 2000 vor Christus immer wieder kriegerische Völker, die Achäer, aus dem Norden eingewandert. Sie unter-

Das Löwentor des Palastes von Mykene

warfen die Ureinwohner und vermischten sich nach und nach mit ihnen. Diese Gruppe bildet die **zweite Wurzel** des Griechentums. Die Ausgrabungen der Archäologen haben ergeben, dass die Anführer der Achäer in befestigten Anlagen wohnten, die oft nur wenige Kilometer voneinander entfernt lagen. Man nimmt an, dass die Burgherren wie Könige über das jeweils direkt umliegende Gebiet regiert haben und die Bauern der Umgebung Abgaben an den Fürsten zahlen mussten. Das bekannteste Beispiel einer großen Burganlage ist Mykene. Die aus tonnenschweren Steinen errichtete Burgmauer hat eine Länge von 900 Metern und ist an mehreren Stellen 6 Meter dick.

Um 1200 vor Christus setzte eine weitere Einwanderungswelle ein, die den Namen „Dorische Wanderung“ trägt und die **dritte Wurzel** des Griechentums bildet. Ähnlich wie die Achäer kamen auch die Dorer aus dem Norden – aber sie zerstörten die mykenische Kultur der Achäer und hatten um 1000 fast das gesamte griechische Festland in ihrem Besitz. Die Dorer lebten in sehr engen, sippenartigen Gemeinschaften und vermischten sich nach und nach mit den Bewohnern, die nicht vertrieben worden waren.

Erst mit Ende dieser großen Wanderungsbewegungen begannen sich die Umrisse einer neuen Ordnung herauszuschälen: Etwa seit dem 8. Jahrhundert vor Christus verstanden sich die Nachfahren der Minoer, der Achäer und der Dorer als Griechen: Sie nannten sich „Hellenen“ und das von allen Griechen bewohnte Gebiet war für sie „Hellas“. Das Wort Griechenland kannten die Griechen übrigens nicht; es stammt aus dem lateinischen Graecia und wurde von den Römern benutzt.

Info Viele Berge, viele Inseln: viele kleine Staaten

Die Eurotas-Ebene im Süden des Peloponnes. Die antike Stadt Sparta befand sich in diesem Tal, das im Westen und im Osten durch Gebirge, im Süden von Sümpfen umschlossen ist.

Hätten wir einen Menschen aus dem alten Griechenland fragen können, welche Nationalität er besitzt, so hätte er wahrscheinlich geantwortet: „Ich bin Athener" – oder „Spartaner" oder „Bürger von Korinth". Die Antwort „Ich bin Grieche" wäre ihm kaum eingefallen, denn die Heimat eines jeden Griechen war die Stadt, in der er wohnte und Bürgerrechte besaß. Dass er auch Grieche war, hätte für ihn vermutlich keine große Rolle gespielt.

Diejenigen von euch, die schon einmal in Griechenland Urlaub gemacht haben, können gut verstehen, warum sich die Griechen im Altertum viel mehr mit ihrer Stadt identifizierten als mit „Hellas". Jeder Griechenlandtourist weiß, dass fast alle Städte an der Küste liegen und dass jeder Spaziergang ins Landesinnere zu einer anstrengenden Kletterei werden kann. Griechenland ist sehr gebirgig, mit steilen Anstiegen und schroffen Abhängen. Weil die meisten Landwege so beschwerlich waren, gab es nur wenig Anlass, die Städte hinter dem Küstengebirge zu besuchen und die Menschen dort näher kennen zu lernen. Wenn Nahrungsmittel, etwa Käse, Oliven oder Fleisch, zu transportieren waren, ging dies nur mit Eseln oder Maultieren, was das Tempo noch weiter senkte. Lag eine Stadt in einem der wenigen fruchtbaren Täler, war die Kontaktaufnahme natürlich genauso schwierig. Viel leichter war es, andere Städte mit dem Schiff zu erreichen. Aber ein Blick auf die Karte zeigt, dass längst nicht alle Küsten besiedelt werden konnten und die Uferstädte oft weit auseinander lagen – ähnlich wie die vielen kleinen Inseln bildeten sie eine Welt für sich. Man musste schon ein größeres Schiff haben, wenn man die Heimatstadt verlassen wollte.

Ein Vergleich mit Ägypten macht die Besonderheit ganz deutlich: In Ägypten sorgte der Nil dafür, dass es ein zusammenhängendes bewohnbares Gebiet gab: das Niltal. Es lag einfach nahe, dass im Niltal ein gemeinsamer Staat für alle entstand und die Pharaonen ein großes Reich regierten. In Hellas sorgte die Natur dafür, dass die Menschen wegen der hohen Berge und der vielen kleinen Inseln voneinander entfernt lebten. Die räumliche Trennung führte zur Entstehung vieler kleiner Staaten. Deshalb fühlten sich die Einwohner auch als Mitglied eines Stadtstaates, den sie Polis nannten. (Unsere Wörter Politik und Polizei gehen darauf zurück.) Die Bürger jeder Polis schufen sich eine eigene Ordnung und achteten auf ihre Eigenständigkeit. Es gab recht große Poleis wie Athen (das die gesamte Halbinsel Attika umfasste) oder Sparta (die südliche Hälfte der Peloponnes), aber das waren Ausnahmen; viele Stadtstaaten hatten weniger als 1000 Einwohner. Man schätzt die Gesamtzahl aller Poleis auf mehrere hundert. In Hellas zu leben, war für jeden Athener, Spartaner oder Kreter zweitrangig.

Sonnenuntergang über der Insel Ithaka

Was verbindet die Griechen?

Trotz aller Unterschiede besaßen die Griechen drei sehr bedeutende Gemeinsamkeiten: Zum einen hatten sie alle die **gleiche Sprache**; trotz der unterschiedlichen Dialekte konnten sich die Menschen aus Kreta, Athen und Korfu gut miteinander verständigen und waren sich darin einig, die fremden Völker, deren Sprache sie nicht verstanden, als Barbaren (d.h. „Plapperer") zu bezeichnen. Zu dieser Vereinheitlichung der griechischen Sprache hat der Dichter Homer mit seinen Werken „Ilias" und „Odyssee" beigetragen, die anschaulich von spektakulären Ereignissen aus der mykenischen Zeit erzählen und, wie alle Sagen, auch einen historischen Kern enthalten. Die Kämpfe von Troja und die Abenteuer des Odysseus kannte in Hellas jedes Kind, die meisten Erwachsenen konnten noch im hohen Alter viele Stellen auswendig aufsagen. Der Wortlaut von „Ilias" und „Odyssee" bildete wie ein Sprachbuch die Grundlage für ein einheitliches „Griechisch".

Die Entwicklung einer einheitlichen griechischen Sprache wurde gefördert durch die recht einfache Buchstabenschrift des griechischen Alphabetes. Anders als im Alten Ägypten, wo die Hieroglyphenschrift nur von einer kleinen Elite der Schreiber beherrscht wurde, war Lesen und Schreiben in Griechenland keine Kunst. Die wenigen Buchstaben des griechischen Alphabetes konnte man mühelos lernen. Im 5. Jahrhundert, so wird heute geschätzt, konnten mindestens zwei Drittel der männlichen Bevölkerung Texte lesen und selbst verfassen.

Die zweite Gemeinsamkeit war die der **Religion**. Wo auch immer Griechen wohnten, wurden Tempel gebaut und die gleichen Götter verehrt. Zeus galt in ganz Hellas als Herrscher der Götterwelt. Sein Heiligtum in Olympia oder der Tempel des Apoll in Delphi war allen Griechen heilig. Die Gebete und Rituale, mit denen man den Göttern opferte, ihnen dankte oder sie um Hilfe bat, waren überall ähnlich oder gleich.

Die dritte Gemeinsamkeit war die der gleichen oder zumindest ähnlichen **Kultur der Festspiele und Wettbewerbe**. Sie fanden an vielen Orten statt und begannen fast immer mit Opfer und Gebet. Dann folgten die Wettkämpfe: der Dichter, der Sänger oder der Sportler.

Unter den sportlichen Wettkämpfen ragen die Olympischen Spiele heraus, die alle vier Jahre stattfanden und an denen nur griechische Sportler teilnehmen durften. Aus allen Teilen Griechenlands strömten auch die Zuschauer herbei, die „ihre" Athleten anfeuerten oder auspfiffen. Neben sportlichen Wettkämpfen gab es auch Veranstaltungen der Dichter und Sänger. Diese Veranstaltungen waren ebenfalls fast immer in Form von Wettbewerben organisiert, denn die Griechen hatten stets das Ziel, zu gewinnen bzw. der Beste zu sein.

Das griechische Alphabet (Großbuchstabe, Kleinbuchstabe, Name, Lautwert):

Α	α	Alpha	a
Β	β	Beta	b
Γ	γ	Gamma	g
Δ	δ	Delta	d
Ε	ε	Epsilon	e
Ζ	ζ	Zeta	z
Η	η	Eta	ä
Θ	ϑ	Theta	t (th)
Ι	ι	Jota	i, j
Κ	κ	Kappa	k
Λ	λ	Lambda	l
Μ	μ	My	m
Ν	ν	Ny	n
Ξ	ξ	Xi	x
Ο	ο	Omikron	o (kurz)
Π	π	Pi	p
Ρ	ρ	Rho	r
Σ	σ	Sigma	s
Τ	τ	Tau	t
Υ	υ	Ypsilon	y
ϕ	φ	Phi	f (ph)
Χ	χ	Chi	ch
Ψ	ψ	Psi	ps
Ω	ω	Omega	o (lang)

Weitergedacht ...

1. Erkläre, warum die Natur für die Entstehung vieler kleiner Stadtstaaten sorgte.
2. Wir versuchen, die Gemeinsamkeiten aller Griechen anschaulich darzustellen. Du kannst eine der beiden Grafiken in dein Heft übertragen und dann sinnvoll beschriften oder eine eigene Grafik-Idee entwickeln.

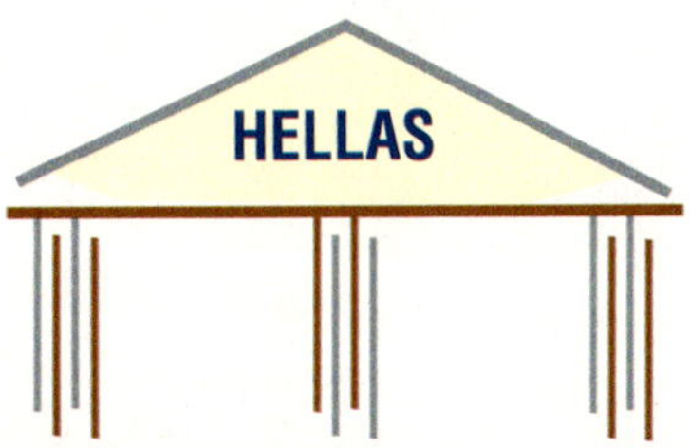

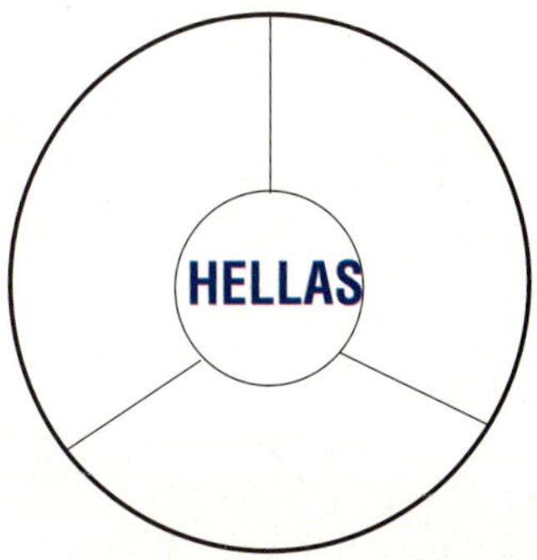

Wir finden den historischen Kern einer Sage heraus

M 1 Die Sage vom Minotaurus

Auf Kreta herrschte der mächtige König Minos in seinem Palast in Knossos. Innerhalb des Palastes, im Labyrinth, lebte der Minotaurus. Das war ein fürchterliches Lebewesen, halb Mensch, halb Stier. Jeder Mensch, der das Labyrinth betrat, wurde vom Minotaurus getötet, denn wer das Labyrinth einmal betreten hatte, fand nicht wieder heraus. Der Minotaurus ließ sich nur besänftigen, wenn er in jedem Jahr sieben junge Männer und sieben junge Frauen als Opfer erhielt. König Minos ordnete an, dass die Stadt Athen diese menschlichen Opfer bereitstellen sollte. Dies geschah auch über viele Jahre. Dann jedoch wagte es der athenische Held Theseus, das Labyrinth zu betreten, und es gelang ihm, den Minotaurus zu töten und aus dem Labyrinth wieder herauszufinden. Ariadne, die Tochter des Königs Minos, hatte sich in den jungen Mann verliebt und ihm eine Zauberwaffe gegeben sowie einen langen Faden, mit dessen Hilfe Theseus das Labyrinth wieder verlassen konnte.

Welchen historischen Kern könnte die Sage besitzen?

Viele von euch kennen Sagen. Ihr wisst, dass in Sagen oft ganz unglaubliche Dinge mitgeteilt werden, aber dass Sagen sich trotzdem von Märchen unterscheiden – einfach deshalb, weil sie nicht völlig erfunden sind, sondern einen historischen Kern besitzen. Eine der bekanntesten Sagen der griechischen Frühzeit ist die Sage vom Minotaurus von Knossos. Über Jahrtausende hinweg hat man diese Geschichte gekannt, aber erst die Ausgrabungen der Palastanlage von Knossos (um 1900) zeigen den Archäologen, was an dieser Sage wahr ist und was nicht. Die Methodenbox enthält Hinweise, damit ihr die Materialien sachgerecht nutzen könnt, um den historischen Kern selbst herauszufinden.

Methodenbox

Den historischen Kern einer Sage ermitteln: Wie geht das?

1. Ihr müsst die Sage genau lesen und verstehen.
2. Ihr betrachtet die Funde und stellt erste Vermutungen an.
3. Jetzt lest ihr die kleinen Textblöcke mit den Ergebnissen von Wissenschaftlern. Die Texte erleichtern euch die Arbeit, aber sie nehmen sie euch nicht vollständig ab.
4. Jetzt müsst ihr versuchen, Beziehungen zwischen einzelnen Elementen der Sage und den Funden herzustellen. Folgende Fragen helfen dabei:
   - Welches Element der Sage findet man wieder; was lässt sich also gut erklären?
   - Was bleibt rätselhaft?
   - Welches Element der Sage bleibt sehr unwahrscheinlich (reine Erfindung)?

M 2 Delphine (Wandfresko im Palast von Knossos)

M 3 Stiersprung (Wandfresko in Knossos)

M 4 Palastanlage in Knossos (Grundriss)

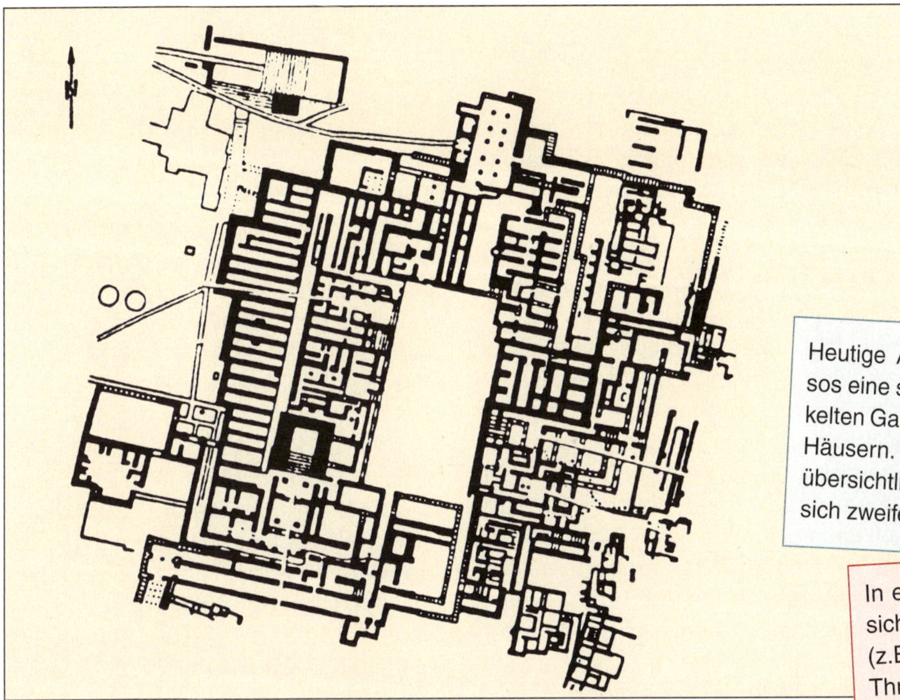

M 5 Doppelaxt (Fund in Knossos)

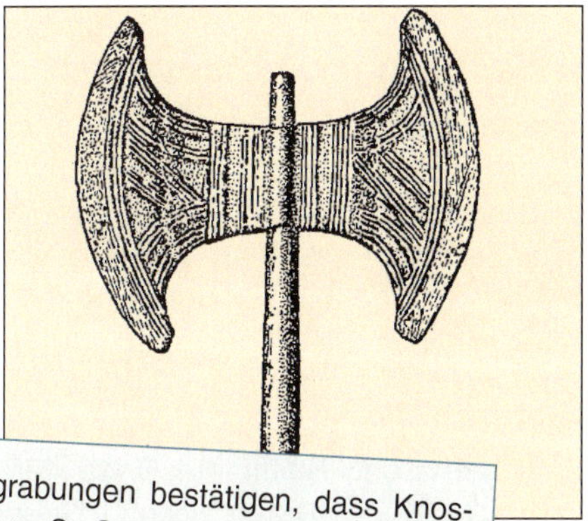

Heutige Ausgrabungen bestätigen, dass Knossos eine sehr große Stadt war, mit vielen verwinkelten Gassen und teilweise auch mehrstöckigen Häusern. Wer hier fremd war oder aus kleinen, übersichtlichen Gemeinden stammte, konnte sich zweifellos schnell verlaufen.

In einigen, eng benachbarten Häusern fanden sich besonders prunkvoll ausgestattete Räume (z.B. Wandmalereien, Mosaiken, Badewannen, Thronsessel usw.). Es ist anzunehmen, dass dieser Teil der Anlage ein Herrscherpalast war.

M 6 Theseus besiegt den Minotaurus (Vasenmalerei)

Einer der Räume im Zentrum des Herrscherpalastes war mit mehreren Abbildungen einer Doppelaxt geschmückt; auf griechisch heißt Doppelaxt „labrys".

Auf Kreta wurden Stiere offenbar religiös verehrt; sie galten als Fruchtbarkeitssymbole. In engem Zusammenhang mit dieser Verehrung steht der „Kult des Stierspringens". Auf Abbildungen ist zu erkennen, dass junge Männer und Frauen vor einem wilden Stier stehen, diesen bei den Hörnern packen, um dann mit einem Salto über den Rücken zu springen. Unklar ist, ob dieser Stiersprung auch Teil eines akrobatischen Vergnügens war oder aber nur religiös-symbolische Bedeutung hatte (Mensch als Sieger über das Tier). Auf jeden Fall war der Sprung lebensgefährlich.

Athen wurde erst im 6. Jahrhundert eine Stadt von Bedeutung; zu diesem Zeitpunkt waren die minoische Kultur und der Palast von Knossos schon seit mindestens 800 Jahren zerstört.

Sagenhafte Texte: Ilias und Odyssee

Wir nutzen die Erzählungen Homers als historische Quelle

Etwa seit 1200 vor Christus verlor die mykenische Kultur an Bedeutung: Städte und Paläste wurden zerstört. Aber in den Sagen und Erzählungen, die von Generation zu Generation mündlich weitergegeben wurden, lebte die mykenische Kultur fort. Etwa 400 Jahre später wurden zwei dieser großen Erzählungen erstmalig aufgeschrieben: die „Ilias" und die „Odyssee". Als ihr Verfasser gilt Homer, aber heute weiß niemand genau, ob es wirklich einen Dichter Homer gegeben hat, woher er seine Informationen hatte und wann genau diese Dichtungen entstanden sind. Durch mündliche Überlieferungen über viele Jahrhunderte ist zweifellos einiges ausgeschmückt und verändert worden, dennoch liefern Homers Werke als einzige schriftliche Quelle wichtige Anhaltspunkte, um sich über die griechische Frühzeit zu informieren. In der Ilias wird berichtet, dass Helena, die schöne Frau des Königs Menelaos von Sparta, von dem Prinzen Paris aus Troja entführt wird. Diese Entführung, so heißt es bei Homer, löst eine gewaltige Befreiungs- und Racheaktion aus; Menelaos und sein Bruder Agamemnon (König von Mykene) ziehen mit Tausenden von Griechen nach Troja, belagern zehn Jahre lang die Stadt, bevor sie schließlich nach einem genialen Einfall des listenreichen Odysseus erobert und zerstört werden kann. In der Odyssee werden die Erlebnisse des Helden Odysseus auf seiner Heimfahrt erzählt: Zehn Jahre irrt er mit einigen Gefährten durch das Mittelmeer und erlebt zahlreiche Abenteuer.

Heinrich Schliemann, ein Kaufmann aus Deutschland, glaubte an den geschichtlichen Kern der Dichtung. Er hatte viel Geld verdient und begann 1870, an der Westküste der heutigen Türkei nach Troja zu suchen. Alle Welt lachte ihn aus. Aber er hatte Erfolg. Er fand Troja und einige Jahre später auch die Burganlage von Mykene. Vor allem die dort gefundenen Schmuckstücke aus Gold machten ihn weltberühmt. Aus heutiger Sicht sind Ilias und Odyssee interessant, weil sie uns verraten, wie die frühen Griechen dachten und welche Eigenschaften in ihren Augen besonders wichtig waren – auch wenn sich die Erzählungen leider auf das Leben der Vornehmen konzentrieren und die einfache Bevölkerung kaum vorkommt. Aber zweifellos sahen alle Griechen in dem Verhalten der Helden Vorbilder für sich selbst.

Sophia, die Ehefrau Heinrich Schliemanns, mit Goldschmuck aus Troja

Trojanisches Pferd (Abbildung auf einem Gefäß, um 700 v.Chr.)

Was war den Griechen wichtig? Die Helden aus „Ilias“ und „Odyssee“ charakterisieren sich selbst

M 1 Der trojanische Held Hektor verabschiedet sich von seiner Frau Andromache, um gegen die Griechen in den Kampf zu ziehen.

Q Neben ihn trat Andromache, Tränen vergießend, reichte ihm die Hand und sagte zu ihm: „Liebster Mann, dir bringt dein Mut noch den Tod. Und du erbarmst dich nicht des kleinen Kindes und nicht deiner elenden Frau. Ach, bald bin ich Witwe von dir. Denn dich töten gewiss die Achäer, die sich alle auf dich stürzen. Für mich wäre es dann wohl das beste, deiner beraubt, in die Erde hinabzusinken. Denn kein Trost wird mir bleiben, wenn dein Schicksal besiegelt ist, nur Trauer. Und ich habe keinen Vater mehr und auch keine Mutter!“ […] Hektor jedoch antwortete, schon mit dem blitzenden Helm versehen: „Auch mich bekümmert dies alles, Liebste, aber ich schämte mich vor Trojas Männern und Frauen, wenn ich hier wie ein Feigling mich vom Kampf fernhielte. Auch verbietet dies mir mein Herz, denn ich habe gelernt, immer Tapferkeit zu zeigen und in der ersten Reihe der Trojaner zu kämpfen, um zugleich des Vaters Ruhm und meinen eigenen zu bewahren.“

(Homer, Ilias VI 405–446; übersetzt von J. H. Voß, München 1979, S. 110f.)

M 2 Odysseus gibt sich während seiner Irrfahrt als Bürger von Kreta aus. Er will seine Gastgeber beeindrucken und charakterisiert sich folgendermaßen:

Q Ich war kein Schwächling oder einer, der Kämpfe scheut. Wenn ich für einen Überfall die besten Männer aussuchte und es galt, gegen die Feinde zu kämpfen: Nie sah der mannhafte Mut mir den Tod voraus, sondern anspringend als allererster fasste ich den mit der Lanze von den Feindesmännern, der mir mit den Füßen unterlegen war. So einer war ich im Krieg! Die Arbeit aber war mir nie lieb, auch habe ich mich kaum um das Haus gekümmert, in dem die prächtigen Kinder heranwuchsen. Sondern mir waren immer beruderte Schiffe lieb und Kriege und wohlgeglättete Wurfspieße und Pfeile. Neunmal führte ich Männer und schnellfahrende Schiffe gegen fremdländische Männer, und jedes Mal fiel mir gar viel zu. Schnell vergrößerte sich mein Hausgut und ich wurde bei den Kretern von allen gefürchtet und geachtet.

(Homer, Odyssee 14, 220ff.; übersetzt von W. Schadewaldt, Reinbek 1958 u.ö., S. 183)

Abschied eines Kriegers von Frau und Familie (Vasenmalerei, um 430 v. Chr.)

Textquellen unter einer Leitfrage bearbeiten? Wir erinnern uns an die Methodenbox auf S. 67:

1. Wir lesen die Quellen genau und haben die Leitfrage im Blick.
2. Wir arbeiten heraus, welche Eigenschaften Hektor und Odysseus als wichtig darstellen.
3. Wir prüfen, ob die Aussagen beider Quellen übereinstimmen.
4. Wir fassen das Ergebnis zusammen und beantworten die Frage.

Zusätzliche Aufgaben:

1. Wir diskutieren: Welche Eigenschaften, die den Griechen besonders wichtig waren, sind auch heute wichtig und erstrebenswert? Gibt es Eigenschaften, die wir eher kritisch sehen?
2. Wähle eines der Abenteuer des Odysseus aus, das du in der Klasse nacherzählen möchtest. (In fast jeder Bücherei findest du ein Exemplar der Odyssee.) Hier einige Stichworte: Odysseus
   … und das Trojanische Pferd,
   … in der Höhle des Riesen Polyphem,
   … auf der Insel der Zauberin Kirke (die die Gefährten in Schweine verwandelt),
   … und die Heimkehr nach Ithaka.

Die Welt der Götter und der Kulte

Die griechische Götterfamilie

Die Griechen glaubten an die Existenz von vielen Göttern, die ihren Sitz auf dem Olymp hatten, der im Norden Griechenlands liegt, etwa 3000 Meter hoch ist und dessen Spitze fast immer im Nebel liegt. Bei Homer ist gut nachzulesen, wie sich die Griechen diese Götter vorstellten – nämlich als Menschen, die wie in einer menschlichen Familie zusammenlebten: mit Vater, Mutter, Geschwistern und vielen Nachkommen. Das Familienleben der Götter war allerdings überaus turbulent und alles andere als vorbildlich. Viele Geschichten erzählen von Streitigkeiten, von Neid, Eifersucht und sogar kriminellen Taten wie Raub oder Mord. Die Götter haben sich also keineswegs anders verhalten als normale Menschen. Für die Griechen war auch selbstverständlich, dass Götter jederzeit in ihren Alltag eingriffen, sich zu Wort meldeten oder durch die eine oder andere Polis schlenderten. Dennoch gab es Unterschiede: „Die Götter wissen alles“, schreibt der Historiker Xenophon. Außerdem war jede Göttin und jeder Gott ein ausgesprochener Experte auf dem eigenen Zuständigkeitsgebiet; deshalb besaßen Götter übermenschliche Fähigkeiten, konnten durch die Luft fliegen oder die Gestalt von Tieren oder Menschen annehmen. Vor allem aber waren Götter unsterblich.

Den bekanntesten Göttern weihten die Griechen Tempel und Heiligtümer, die sie mit Gold und Kunstgegenständen prächtig ausschmückten. In den Tempeln brachten die Menschen den Göttern Opfer dar, um sie gnädig zu stimmen oder um Hinweise für die eigene Zukunftsgestaltung zu erlangen. Die Menschen wussten also, dass sie von den Göttern abhängig waren, aber sie erkannten die Vorherrschaft mit einer viel größeren Gelassenheit an als etwa die Ägypter: Die Ägypter hatten furchtbare Angst vor ihren Göttern, sie warfen sich vor Gottheiten wie Osiris oder Hathor in den Staub und riskierten den finanziellen Ruin, um nach dem Tode ihre Seele retten zu können. Die Griechen huldigten ihren Göttern aufrecht im Stehen, das Opfer einer Ziege oder eines Widders erschien ihnen im Regelfall als völlig ausreichend, und wenn sich ein Gott als Gegner herausgestellt hatte, gab es in ihren Augen schließlich immer noch andere Götter, die man um Hilfe gegen den gemeinsamen Widersacher bitten konnte – so wollte zwar der Gott Poseidon den Helden Odysseus töten, aber er scheiterte letztendlich, weil sich Odysseus immer auf die Hilfe von Athene verlassen konnte, die ihrerseits mit Poseidon im Streit lag.

Neben den olympischen Göttern wurden an vielen Orten auch noch weitere Gottheiten verehrt. Die Götterfamilie umfasste Hunderte von Mitgliedern.

Der Meeresgott Poseidon

M 1 Das Beispiel: Erdbeben in Helike

Nach einem fürchterlichen Erdbeben, das die Stadt Helike im Jahre 373 vor Christus zerstörte und viele Opfer forderte, suchen die Überlebenden nach einer Erklärung für das schreckliche Geschehen. Alle reden durcheinander, bis eine Frau das Wort ergreift. Sie blickt dabei zum Tempel des Meeresgottes Poseidon, der in der Ferne unzerstört zu sehen ist.

Q „Die meisten von uns wissen, dass wenige Tage vor dem Erdbeben Besucher aus der Fremde die Kultstätte des Meeresgottes besucht haben. Dort sind sie von den Priestern des Heiligtums in übelster Weise beschimpft und beleidigt worden. Vielen von uns war bekannt, dass die Priester im Tempel die Fremden oft schlecht und von oben herab behandeln. Niemand in der Stadt hat sich darüber aufgeregt. […] Poseidon hat sich nun an uns gerächt. Der Erderschütterer hat uns Menschen mit seinem Zorn bestraft. Weil wir in seinem heiligen Tempel ihn und einen seiner Wohnsitze missachtet haben, hat er uns dieses Erdbeben geschickt.“ Still stehen die Menschen. Alle nicken zustimmend.

(Der Sachverhalt und die Rede der Frau werden berichtet in: Adolf A. Borbein, Das alte Griechenland, München 1994, S. 146)

1. Wie erklären sich die Bewohner von Helike die Ursache des Erdbebens?
2. Was verrät diese Quelle über die Vorstellungen, die sich die Griechen von den Göttern machten?
3. Glaubt ihr, dass es solches Denken wie bei den alten Griechen auch heute noch gibt?

Unter die Lupe genommen: Wir stellen zehn Mitglieder der griechischen Götterfamilie vor

1. Er regiert die Welt vom Olymp aus und ist der Vater der Götter. Er macht Stürme und Gewitter und trägt einen Blitz in der Hand.
2. Er ist der Gott des Meeres und einer der beiden Brüder des Göttervaters. Ihr erkennt ihn an seinem Dreizack, mit dem er die Meere aufwühlt.
3. Sie ist die Gattin des Zeus und die Schutzgöttin von Ehe und Familie. Dargestellt wird sie in strenger Schönheit mit einem Goldreif um das Haupt.
4. Er wäre euer Gott gewesen, denn er ist der Gott der Jugend und der Musik und wird deshalb mit einem Musikinstrument dargestellt. Seine Mutter heißt Leto und war eine Geliebte des Zeus.
5. Diese Zwillingschwester des Gottes der Jugend ist für die Jagd und die wilden Tiere zuständig und wird daher auch so dargestellt.
6. Dieser Bruder des Göttervaters lebt nicht auf dem Olymp, sondern als Herrscher über das Totenreich in der Unterwelt. Er führt den dreiköpfigen Höllenhund Zerberus bei sich.
7. Dieser Sohn von Hera und Zeus ist zuständig für den Krieg und das Schlachtengetümmel und trägt Helm, Speer und Schild.
8. Die Schutzgöttin Athens hat keine Mutter. Sie entstieg direkt dem Kopf des Zeus. Sie gilt auch als Göttin der Klugheit und ist bewaffnet mit Helm, Speer und Schild.
9. Der Sohn von Hera und Zeus schmiedet Waffen in den Feuer speienden Bergen. Als Gott der Schmiedekunst sieht man ihn mit Hammer und Amboss.
10. Sie betrachtet ihr schönes Gesicht in einem Spiegel und ist die Göttin der Liebe. Obwohl auch sie eine Tochter der Göttereltern ist, heiratet sie ihren Bruder Hephaistos.

1. Übertragt das Schaubild „Der Stammbaum der Götter“ ins Heft.

2. Wer ist wer? Tragt die Namen der Götter in das richtige Feld ein. Wer möchte, kann auch versuchen, die Götter zu zeichnen.

3. Gebt stichwortartig an, für welches Aufgabengebiet der Gott/die Göttin zuständig ist.

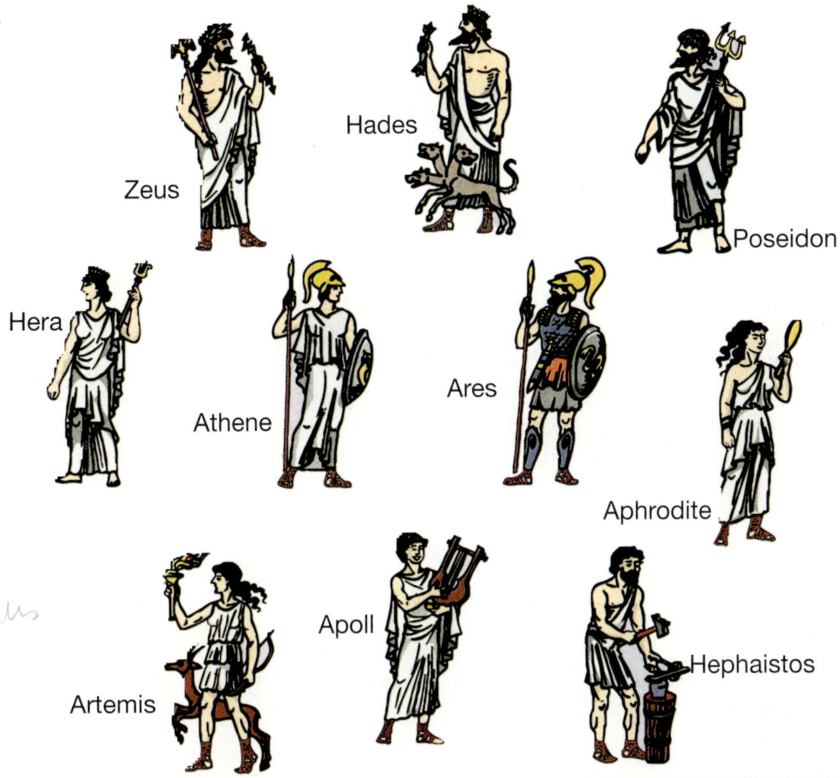

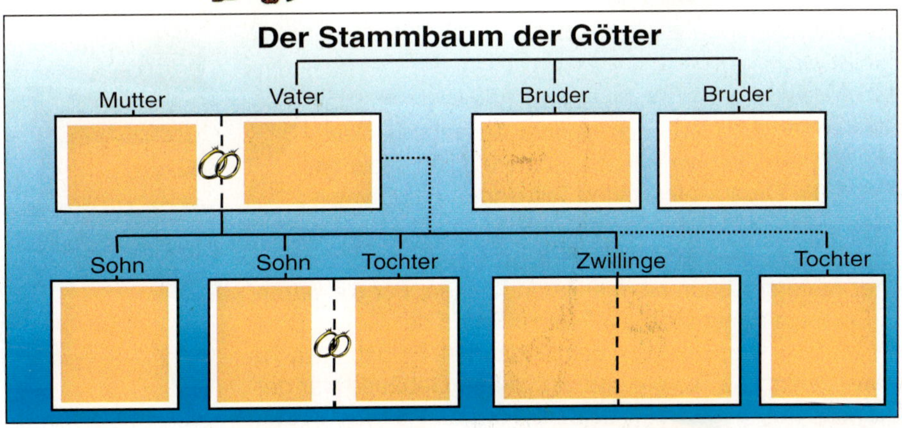

Olympische Spiele in der Antike – Sport, Show oder mehr?

Auf den folgenden vier Seiten findet ihr viele Informationen und Anregungen, um die Frage nach dem Charakter der Olympischen Spiele in der Antike selbst zu beantworten.
Zwei Vorgehensweisen bieten sich an:

Eine tabellarische Zusammenstellung der Gemeinsamkeiten und Unterschiede zwischen antiken und modernen Olympischen Spielen sowie den Besonderheiten in der Antike:

Olympia früher und heute

Gemeinsamkeiten	Unterschiede	Besonderheiten in der Antike
…	…	…

Eine Berichterstattung in Form einer Reportage

Vorschlag: Ihr versetzt euch in die Rolle altgriechischer Reporter, die als Fernsehreporter oder aber als Zeitungsjournalisten über die Spiele berichten.

Tipp: Konzentriert euch auf einen Sportler, der aus der Polis kommt, für die ihr berichtet. Ihr könnt mitteilen, wie der Wettkampf abläuft oder aber wie der Athlet die Vorbereitungen und die Veranstaltungswoche erlebt. In eure Berichterstattung könnt ihr auch ein Interview einbauen. Wichtig: Nutzt die Materialien!

Das Foto zeigt eine junge Frau. Sie trägt das Gewand einer Priesterin, wie es vor gut 2000 Jahren im antiken Griechenland üblich war. In den Händen hält sie das olympische Feuer, das sie kurz zuvor entzündet hat: Ein Hohlspiegel bündelte die Sonnenstrahlen, sodass eine Flamme entstand. Staffelläufer stehen schon bereit, um dieses Feuer an den Austragungsort der aktuellen Olympischen Spiele zu bringen. Schauplatz der Zeremonie ist der heilige Hain von Olympia. Der Sinn dieser Zeremonie ist eindeutig: Jeder soll sehen können, dass die heutigen Olympischen Spiele ihren Ursprung in der Antike haben.
Heftig diskutiert wird aber, ob diese symbolische Anknüpfung wirklich angebracht ist. Haben die heutigen „Spiele" überhaupt noch etwas mit den alten Griechen zu tun?

Entstehung und Entwicklung

Die Veranstalter der Olympischen Spiele in Atlanta (USA, 1996) kannten nach eigener Aussage nur ein Ziel: „We want to give the people the biggest show on earth." Die Organisatoren und Teilnehmer der Olympischen Spiele in der Antike hätten diese Aussage mit Sicherheit nicht verstanden. Auch der geschickteste Dolmetscher hätte sie ihnen nicht erklären können. Für sie waren die Spiele in erster Linie ein Fest zu Ehren der Götter. Dies sah ein Besucher schon an den Gebäuden: Es gab etwa 70 Altäre, zahlreiche Tempel und das größte Gebäude war der Zeus-Tempel, gegen den das Stadion kümmerlich wirkte.

Olympia war keine Stadt, sondern ein heiliger, dem Zeus geweihter Ort, der allein dem Zweck diente, Austragungsstätte der Olympischen Spiele zu sein. Seit dem Jahre 776 v. Chr. – so wissen wir aus den offiziellen Siegerlisten, die von Priestern geführt wurden – wurden diese Spiele alle vier Jahre abgehalten, bis sie im Jahre 393 nach Christus von dem römischen Kaiser Theodosius als heidnische Unsitte verboten wurden. Neben den Sportwettkämpfen gab es viele religiöse Veranstaltungen und auch ein kulturelles Rahmenprogramm, in dem Dichter, Redner und Politiker auftraten, um ihren Bekanntheitsgrad zu steigern. Olympia in der Antike war ein fast reines Männertreffen. In späteren Jahrhunderten trugen zwar junge Sportlerinnen am Tag vor der feierlichen Eröffnung einen Wettkampf zu Ehren der Göttin Hera aus. Aber an diesem Laufwettbewerb nahmen nur wenige Frauen teil, und die Öffentlichkeit nahm kaum Notiz. Ganz anders bei den Männern: Jeder Starter wurde mit seinem Namen aufgerufen und als Zusatz wurde die Polis genannt, die er vertrat und für die er kämpfte. Spätestens 30 Tage vor Wettkampfbeginn musste jeder Teilnehmer in Olympia eingetroffen sein – um gemeinsam mit den Konkurrenten zu trainieren und um an den Kulthandlungen teilzunehmen. Während dieser Zeit galt in ganz Griechenland die Pflicht zum Frieden (unter dessen Schutz die Teilnehmer auch auf der Hin- und Rückreise standen). Ursprünglich dauerten die Spiele nur einen Tag, und es gab nur einen Wettkampf, den Stadionlauf über 192 Meter. Nach und nach erhöhte sich die Zahl der Wettkampftage auf fünf, und es gab weitere Sportarten. Teilnahmeberechtigt waren nur Männer, die das Bürgerrecht besaßen und Griechen waren. Die Veranstaltungen im Faustkampf und Wagenrennen waren nicht ungefährlich, oft gab es Todesfälle. Gekämpft wurde nackt. Der Eintritt war übrigens frei (einige Quellen sprechen von 40.000 Zuschauern). Vermutlich durften auch Sklaven und junge Mädchen zuschauen.

M 1 Der heilige Bezirk

1 Zeustempel mit der Statue des Gottes aus Gold und Elfenbein
2 Heratempel, das älteste Heiligtum
3 Stadion
4 Schatzhäuser der größeren griechischen Poleis, in denen die Weihegeschenke aufbewahrt wurden
5 Übungsstätten der Athleten

M 2 Zeus-Statue

So könnte die von dem Bildhauer Phidias geschaffene Zeus-Statue ausgesehen haben: Sie war zwölf Meter hoch und eines der sieben Weltwunder.

M 3 Wagenrennen

M 4 Weitsprung

Die Vasenmalereien M 3–M 9 zeigen Szenen von den Olympischen Spielen in der Antike.

M 5 Waffenlauf

M 6 Diskuswerfen

M 7 Zuschauer auf einer Tribüne

Fünf Tage in Olympia – Typischer Verlauf für eine Olympiade in der Mitte des 5. Jahrhunderts

1. Tag: Einzug der Teilnehmer und Priester. Vor dem Altar des Zeus werden die Opfertiere geschlachtet. Wettkämpfer und Schiedsrichter leisten den Eid: Sie geloben, die Regeln einzuhalten. Wettkampfpaarungen werden ausgelost, die Reihenfolge der Vor- und Endkämpfe wird festgelegt.
Beginn der Wettbewerbe. Beim Wagenrennen kommt es zu einem schweren Unfall: Der Wagenlenker Demetrios aus Syrakus stürzt, in Führung liegend, in der vorletzten von 72 Runden und verletzt sich schwer.

2. Tag: Ein Höhepunkt der Spiele: Der Fünfkampf! Alle Athleten treten im Laufen, Springen, Ringen, Diskuswerfen und Speerwurf gegeneinander an.

3. Tag: Keine Wettkämpfe. Prozession der Priester, alle Teilnehmer schlachten Opfertiere, am Abend wird das Fleisch verzehrt. Der Schriftsteller Herodot liest aus seinem Geschichtswerk vor und wird begeistert gefeiert.

4. Tag: Durchführung des Waffenlaufes. Die Zuschauer aus Athen bejubeln den Sieg ihres Landsmannes Dandalos. Der hohe Favorit Kleomedes aus Sparta stürzt in der 2. Runde in voller Kampfausrüstung.

5. Tag: Siegerehrungen: Die Sieger erhalten einen Kranz mit Zweigen vom Ölbaum aus dem Heiligen Hain. Mehrere Sieger erklären feierlich, die Götter durch Errichtung von Statuen ehren zu wollen. Die Schiedsrichter tragen die Namen der Sieger in Listen ein und stellen Siegestafeln auf.

M 8 Kurzstreckenlauf

M 9 Ringkämpfer

97. Olympiade: Polyneikos aus Elis verursacht einen Frühstart beim Stadionlauf; wegen Verstoßes gegen den Eid wird er mit Rutenhieben bestraft und ausgeschlossen.

76. Olympiade: Theogenes (Thasos) gewinnt zum zweiten Male in Olympia den Faustkampf und gilt mit dem Gewinn von 22 Siegen bei Großveranstaltungen als erfolgreichster Kämpfer aller Zeiten.

Zwischen 540 und 516: gewinnt Mkilon aus Kroton sechsmal im Ringkampf, dazu noch sechsmal bei den Spielen zu Ehren der Pythia in Delphi und zehnmal in Korinth. Er gilt als Profi.

98. Olympiade: Kallippos aus Athen hat versucht, drei seiner Konkurrenten zu bestechen, und muss eine Geldstrafe zahlen, damit sechs Zeusstatuen auf dem Weg, der zum Stadion führt, aufgestellt werden können. Eingemeißelt wird der Name des Sünders und sein Vergehen.

Um 600: Solon bringt in Athen ein Gesetz ein, wonach die Polis Athen jedem einheimischen Olympiasieger 500 Drachmen Prämie zahlt. (Zum Vergleich: ein Schaf kostet eine Drachme, die jährlichen Lebenshaltungskosten liegen bei 180 Drachmen.)

M 10 Zwei kritische Darstellungen ...

Waffenläufer und Ringkämpfer
(Karikaturen auf einer Schale, ca. 400 v. Chr.)

Das Orakel von Delphi – Rätsel über Rätsel?

Neben Olympia war Delphi ein Ort, der von allen Griechen verehrt wurde, und ähnlich wie in Olympia sammelten sich auch in Delphi Tempel, Statuen und Schatzhäuser der verschiedenen Stadtstaaten. In Delphi befand sich das berühmte Orakel, dessen Aussagen als unumstößliche Wahrheit verstanden wurden – nicht nur in religiösen Dingen, sondern auch in Fragen des Alltages und der Politik. Denn, da waren die Griechen sicher, durch das Orakel sprachen die Götter. Als sich zum Beispiel der Faustkämpfer Kallippos aus Athen weigerte, die Strafe wegen angeblicher Bestechung bei der Olympiade zu zahlen, unterstützte ihn seine Heimatstadt Athen und legte Protest ein. Man einigte sich darauf, das Orakel zu befragen. Es entschied, die Strafe sei gerecht, und Athen zahlte nun anstandslos den Preis für die geforderten sechs Zeusstatuen. Wer einen Ratschlag oder eine Vorhersage brauchte oder wer einfach keine Entscheidung treffen konnte, wandte sich an das Orakel.

Das Orakel befand sich in einer Tempelanlage, die dem Gott Apoll geweiht war. Nachdem der Ratsuchende eine Gebühr bezahlt hatte (Spende für den Tempel), stellte er einem Priester seine Frage, die dieser an die Priesterin, die Pythia, weitergab, die im Inneren des Tempels auf einem Dreifuß saß und die Frage beantwortete. Unklar ist, ob eine Droge, giftige Dämpfe, Hypnose oder ein anderes Mittel auf die Pythia einwirkten, sicher ist nur, dass sie nicht bei klarem Verstand war und nur recht unverständliche Antworten geben konnte. Die Priester hatten die Aufgabe, diese Worte aufzunehmen und die Antwort auszuformulieren. Nicht selten war der Orakelspruch rätselhaft und ließ mehrere Deutungen zu. Aber die Griechen zweifelten nie an der Weisheit des Orakels – und führten es auf den eigenen Mangel an Weisheit zurück, wenn eine Prophezeiung nicht eintraf. Am 7. eines jeden Monates hatte das Orakel „geöffnet", die Nachfrage war manchmal so groß, dass drei Pythien hintereinander im „Schichtdienst" Auskünfte geben mussten.

Delphi, der heilige Bezirk mit Tempelruinen

Orakelsprüche – an Raffinesse nicht zu überbieten!

Das Orakel im Test

Der griechische Geschichtsschreiber Herodot, der selbst felsenfest an die göttliche Herkunft der Orakelsprüche glaubte, berichtet von einem Test, den Krösus, der König von Lydien, durchgeführt haben soll. Krösus misstraute den Orakelsprüchen. Mehrfach hatte er unterschiedliche Antworten bekommen, wenn er den berühmtesten Orakeln die gleichen Fragen gestellt hatte. Deshalb wollte er herausfinden, welches Orakel das beste oder leistungsfähigste war und den kürzesten Draht zu den Göttern besaß. Sein Test war ganz einfach: Zu den sieben bekanntesten Orakelstätten seiner Zeit schickte er Gesandte, die genau 100 Tage nach ihrer zeitgleichen Abreise jedem Orakel die gleiche Frage stellen sollten, nämlich: „Was tut König Krösus heute?" Herodot berichtet, dass das Orakel von Delphi eindeutiger Testsieger wurde. Die Antwort der Pythia lautete nämlich: „Ich zähle die Sandkörner des Meeres und messe seine Tiefe. Ich höre den Stummen und den Schweigenden. Und zu mir dringt der Geruch des Lammes und der Schildkröte. Und Kupfer ist darüber und darunter." Wir können keinen Sinn in dem Spruch erkennen, aber Krösus war begeistert: Er hatte am Stichtag in einem Kupferkessel das Fleisch von Lämmern und Schildkröten gekocht.
Damit war für Krösus die Sache klar: Pythia hatte den Test gewonnen, sie hatte Kontakt zu den Göttern gehabt. Heutige Wissenschaftler haben eine andere Erklärung für die tolle Antwort der Pythia. Sie vermuten, dass die Priester in Delphi über einen Informanten am Hofe des Königs Krösus verfügten, der die richtige Antwort herausfand und nach Delphi meldete. Jetzt mussten die Priester nur noch dafür sorgen, dass sich die Rückkehr der Gesandten um einige Tage verzögerte. Sie konnten den Brief mit der richtigen Antwort gegen den leeren Umschlag austauschen, den sie den Gesandten zunächst mitgegeben hatten. Aber auch diese Erklärung ist nur eine Vermutung; einen stichhaltigen Beweis, dass tatsächlich ein Betrugsmanöver vorlag, gibt es nicht.

Ein Grieche befragt die Pythia (Malerei auf einer Trinkschale aus dem 5. Jahrhundert v. Chr.)

Orakelsprüche deuten: Versuche es selbst!

Auch Alexander der Große besuchte das Orakel. Als er in Delphi eintraf, hatte die Pythia jedoch, wie wir heute sagen würden, keine Sprechstunde. Alexander aber beharrte so energisch darauf, vorgelassen zu werden, dass die Pythia endlich mit den Worten nachgab: „Alexander, wer könnte dir widerstehen?" Diese Aussage nahm Alexander hocherfreut entgegen; er stellte keine einzige Frage, sondern nahm diese Aussage als gültigen Orakelspruch.
Alexander hatte also keine Probleme mit der Deutung; wie verstehst du die beiden folgenden Orakel?

Als König Krösus von Lydien einen Kriegszug gegen die Perser plante, konnte er seine Siegchancen nicht richtig einschätzen. Er fragte also an, ob er den Halys, den Grenzfluss zum Reich der Perser, überschreiten sollte. Die Antwort des Orakels: „Wenn Krösus den Halys überschreitet, wird er ein großes Reich zerstören."

Als der Perserkönig Xerxes mit einem großen Heer Griechenland überfiel, fragten die Athener, wie sie sich verhalten sollten. Pythia sagt voraus: „Alles erliegt dem Feuer des Krieges, nicht nur deine Burg, Athen, wird zerstört. Alles gehört dem Feinde, Täler und Hügel. Nur die hölzerne Mauer sei euch geschenkt. Sie allein bleibt heil zur Rettung für euch und eure Kinder."

Hinweis: Eine hölzerne Mauer gab es in Athen nicht. Schiffe wurden aus Holz gebaut …

Forschungs-
station

Die griechische Kolonisation: Neue Heimat für die alten Griechen

Es hat immer Menschen gegeben, die ihre Heimat verlassen und in einem fremden Land ein neues Leben angefangen haben. Heute sind Australien oder die USA beliebte Ziele deutscher Auswanderer, umgekehrt wandern auch viele Menschen nach Deutschland ein.

In der Zeit zwischen 750 und 550 v. Chr. verließen so viele Griechen ihre Heimatstädte, dass diese Zeit sogar einen eigenen Namen bekommen hat: die Zeit der griechischen Kolonisation. Diese Auswanderung wollen wir genauer untersuchen. Wir stellen zunächst den Sachverhalt fest (Was ist passiert?), dann untersuchen wir an einem Beispiel die Ursachen für die Auswanderung (Warum verließen Griechen ihre Heimat?) und dann das Ergebnis (Welche Folgen und Auswirkungen hatte die Kolonisation?).

1. Schritt: Was ist passiert? Eine Karte gibt Auskunft über den Sachverhalt

M 1 Die Kolonisation der Griechen zwischen 750 und 550 v. Chr.

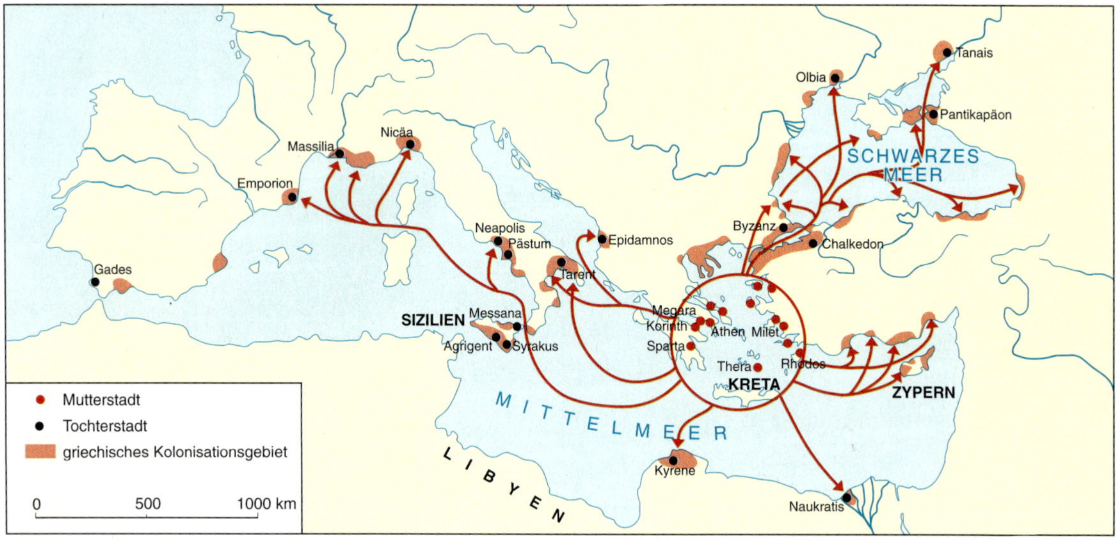

Methodenbox

Eine Geschichtskarte auswerten

Eine Geschichtskarte unterscheidet sich von einer einfachen Landkarte. Im Fach Geschichte spielt die Zeit, auf die sich die Karte bezieht, immer eine große Rolle. Oft werden auch Entwicklungen und Veränderungen über einen längeren Zeitraum hinweg dargestellt. Ein Musterbeispiel ist die Karte auf dieser Seite. Ihr werdet sie gut in den Griff bekommen, wenn ihr folgende Fragen beantwortet:

Schritt 1: Grundsätzliche Fragen:
- Wie lautet das Thema dieser Karte?
- Welches Gebiet ist dargestellt?
- Welcher Zeitabschnitt ist dargestellt?

Schritt 2: Welche Hinweise und Symbole enthält die Kartenlegende?

Schritt 3: Werden Pfeile, Farben oder andere Mittel genutzt, um die Entwicklung darzustellen?

Schritt 4: Was erfahren wir aus der Karte? Welche Aussage erlaubt sie über das Thema?

2. Schritt: Warum verließen Griechen ihre Heimat? Das Beispiel der Insel Thera

Diese Wandmalerei (Schiffe auf See) wurde auf der Insel Thera (heute Santorin) gefunden.

Die Karte erlaubt viele Aussagen, aber sie verrät uns nicht, warum die Griechen auswanderten. Wir wissen, dass die Griechen schon im 9. Jahrhundert hervorragende Schiffe bauen konnten und dass es für sie möglich war, das gesamte Mittelmeer zu befahren. Mit den Städten in Süditalien und Sizilien oder mit den Phöniziern im heutigen Libanon gab es einen regen Austausch an Produkten aller Art – aber mussten sie deshalb gleich auswandern? War es Abenteuerlust, die sie trieb, oder gab es andere, sehr ernsthafte Gründe für diese Entwicklung?
An dem Beispiel der Insel Thera kann man die Frage beantworten, denn Auswanderer von Thera gründeten 631 v. Chr. eine neue Stadt in Nordafrika: die Stadt Kyrene. Über die Umstände dieser Aktion informiert uns der Historiker Herodot in einer schriftlichen Quelle.

M 2

Q Sieben Jahre lang war der Regen auf Thera ausgeblieben, und alle Bäume der Insel waren verdorrt. Da befragte der König der Insel das Delphische Orakel. Pythia gab den Rat, eine Expedition nach Libyen zu entsenden und dort eine Kolonie zu gründen. Die Bürger Theras waren nicht begeistert, befolgten aber den Spruch. Die vom König einberufene Versammlung beschloss, dass aus allen Familien der Insel jeweils ein Sohn auswandern sollte. Die ausgewählten Söhne durften sich nicht weigern; andernfalls erwartete sie die Todesstrafe. Auch durften sie nach Thera nur dann zurückkehren, wenn sich das Unternehmen trotz hartnäckiger Bemühungen nach fünf Jahren als völliger Fehlschlag erweisen sollte. Zum Anführer der Expedition wurde ein gewisser Battos bestimmt. Auf zwei Schiffen richteten sich die etwa 200 Auswanderer ein und verließen den Hafen. Ungünstige Winde ließen sie jedoch nach Thera zurückkehren. Die Inselbewohner aber schossen auf sie und ließen sie nicht an Land. So mussten sie endgültig mit Kurs auf Kreta losfahren. Dort nahmen sie einen kretischen Steuermann in ihre Dienste und setzten nach Libyen über. Sie landeten auf einer unwirtlichen kleinen Insel vor der Küste. Diese schien ihnen ein sicherer Ausgangspunkt für Streifzüge auf dem Festland zu sein. Aber in den folgenden zwei Jahren ging es ihnen auch hier schlecht. Sie verloren jeden Mut und fuhren erneut nach Delphi, doch der Gott Apollon bestand auf ihrer Ansiedlung in Libyen. Daraufhin ließen sie sich für sechs Jahre an der Küste nieder, dann siedelten sie sich endgültig in der Landesmitte an. Dazu wählten sie eine günstige Stelle mit einer ergiebigen Quelle. Dort war der Boden gut bewässert und eignete sich für den Ackerbau. Sie nannten den Ort Kyrene.

(nach: Herodot, Historien IV, S. 150ff.)

1. Lies die Quelle (M 2) aufmerksam; liste auf, welche Handlungen nach und nach durchgeführt wurden.
2. Was erfährst du über die Gründe der Auswanderung?
3. Beurteile das Vorgehen der Bewohner Theras; erscheint es dir zu hart, angemessen, verständlich, raffiniert?
4. Nur Männer wandern aus: Wie erklärst du dir dies? Wieso sind damit neue Konflikte für die Kolonisten unvermeidlich?

Forschungsstation

3. Schritt: Welche Folgen und Auswirkungen hatte die Kolonisation? Griechen sitzen wie Frösche um den Teich

M 3

Ruine eines griechischen Tempels in Selinunt auf Sizilien.

M 4

Malerei auf einem Weinkrug: Odysseus rettet sich aus der Höhle des Polyphem. Der Krug wurde um 510 v. Chr. in Athen hergestellt und bemalt. Gefunden wurde er in Süditalien.

Nicht alle neuen Siedlungen hatten lange Bestand. Aber Kyrene wuchs zu einer bedeutenden Stadt heran und kam zu großem Wohlstand: Die Siedler von Kyrene ließen nie die Verbindung zu ihrer alten Heimat abbrechen. Noch Jahrhunderte später beschenkten Thera und Kyrene gemeinsam die Weihestätte in Olympia, man sprach den gleichen Dialekt und half sich bei kriegerischen Auseinandersetzungen. Für die Menschen in Kyrene blieb Thera die Mutterstadt, sie selbst fühlten sich als deren Tochter.

Thera und Kyrene waren keine Einzelfälle. Fast überall in Griechenland nahm die Bevölkerung seit dem 8. Jahrhundert zu, und wenn Missernten oder Teuerungen auftraten, sahen die Menschen keinen anderen Ausweg, als einige ihrer Mitbürger in die Fremde zu schicken. So entstanden fast überall an den Küsten des Mittelmeeres Tochterstädte, deren Einwohner sich als Griechen verstanden, selbstverständlich die griechische Sprache und Kultur pflegten und auch bei Olympischen Spielen ihre neue Polis vertraten. Allgemein bezeichnet man die neuen, in der Fremde angelegten Siedlungen als Kolonien. Mit dem Begriff Griechische Kolonisation bezeichnet man den Prozess der Auswanderung zwischen 750 und 550 v. Chr. Das Ergebnis dieser Entwicklung hat der Philosoph Sokrates mit einem schönen Bild umschrieben:

„Wir Griechen", so sagte er, „sitzen wie die Frösche um den Teich."

Warum verlassen heute Menschen ihre Heimat?

Die meisten Menschen hängen an ihrer Heimat. Nur wenige Menschen, die heutzutage auswandern, tun dies freiwillig oder aus Abenteuerlust. Fast immer sind es schwerwiegende Gründe, die dazu führen, im Ausland ein neues Leben anzufangen. Oft ist es die blanke Not, die Menschen treibt. Wer in seiner Heimat nichts mehr zu essen findet, muss auswandern um zu überleben. Sehr schlimm ist die Lage für Flüchtlinge. In den zurückliegenden Jahren waren es weltweit immer mehr als 20 Millionen Menschen, die auf der Flucht waren vor einer unmittelbaren Bedrohung ihres Lebens. Immer häufiger kommt es vor, dass ein Krieg die Menschen zu Flüchtlingen macht, weil zum Beispiel verschiedene Bevölkerungsgruppen oder Religionsgemeinschaften sich bekämpfen. Viele Menschen leben in Ländern, in denen man keine eigene Meinung haben darf. Sie werden politisch verfolgt, flüchten und bitten dann zum Beispiel in Deutschland um politisches Asyl. Das Wort Asyl haben wir auch von den Griechen übernommen. Sie nannten so die heiligen Orte, an denen jeder Flüchtende sich aufhalten konnte und an denen man ihn nicht gefangen nehmen durfte. Viele Flüchtlinge sind heute verzweifelt, weil sie in der eigenen Heimat nicht bleiben können, aber keine neue Heimat finden – weil niemand sie aufnehmen möchte.

M 5

Michael B. ist 17 Jahre alt. Mit zehn Jahren ist er mit seinen Eltern aus der Ukraine (Kiew) nach Deutschland gekommen, weil sein Vater hier einen Vertrag als Profi-Basketballer angenommen hatte. Jetzt will Michael Deutschland wieder verlassen:

„Ich spiele Basketball und bin bisher ziemlich erfolgreich. Ich habe vor, nach meinem Realschulabschluss für mindestens ein Jahr nach Amerika zu gehen. Meine Eltern unterstützen mich dabei. Dort will ich eine Highschool besuchen und weiter Basketball spielen. In Amerika gibt es die besseren Trainingsbedingungen für Basketballspieler, sodass ich mich sportlich weiterentwickeln kann. Ich möchte einmal Profi werden wie mein Vater. Sollte ich in Amerika länger als ein Jahr bleiben, werde ich Deutschland sicher sehr vermissen."

M 6

Die Eltern der heute 15-jährigen Griechin Christina K. haben schon vor vielen Jahren ihre Heimat verlassen und sind nach Deutschland gegangen:

„Meine Eltern sind bereits vor meiner Geburt von Griechenland weggegangen. Sie waren arm und konnten da, wo sie gewohnt haben, in Athen, keine Arbeit finden. Heute führen sie in Deutschland ein Restaurant, in dem ich manchmal helfen muss."

1. Welche Gründe zum Verlassen der Heimat haben heutzutage die Menschen?
2. Wo auf der Welt gibt es aktuell viele Menschen, die auf der Flucht sind und eine neue Heimat suchen?
3. Was meint ihr: Haben sich im Vergleich mit der Auswanderung der Griechen die Gründe stark oder wenig verändert?

M 7

Das Foto zeigt Menschen auf der Flucht aus ihrem Heimatland Ruanda in Afrika. In ihrem Land herrschte ein blutiger Bürgerkrieg zwischen verfeindeten Bevölkerungsgruppen. Sie haben Angst davor, umgebracht zu werden.

Sparta und Athen: Zwei unterschiedliche Modelle des Zusammenlebens

Ich bin ein Spartaner. Ich bin sicher, dass meine Polis vorbildlich ist. Bei uns gilt das Prinzip: „Einer für alle, alle für einen!“ Wir selbst nennen uns auch „Die Gleichen“, denn die Gleichheit ist uns besonders wichtig.

Darstellung eines spartanischen Kriegers (6. Jh. v. Chr.)

Ich bin ein Athener. Ich bin ganz sicher, dass meine Polis vorbildlich ist. Bei uns gilt das Prinzip: „Jeder ist seines Glückes Schmied!“ Wir gehen davon aus, dass jeder Einzelne von uns sich daran beteiligen darf und muss, wenn Entscheidungen für alle getroffen werden. Denn die Freiheit ist uns besonders wichtig.

Perikles, ein führender Politiker in Athen (5. Jh. v. Chr.)

Welches Verhältnis hat der einzelne zu seinem Staat? Die meisten Spartaner und Athener dürften über ihre eigene Polis genauso gedacht haben, wie die Sprechblasen andeuten. Jeder war stolz auf die eigene Stadt, und für jeden war ganz klar, dass man in der jeweils anderen Polis einfach nicht hätte glücklich leben können. Zu unterschiedlich waren die jeweiligen Systeme! Die Politik, die Wirtschaft, die Kultur – in fast allen Bereichen gab es gravierende Unterschiede. Sparta setzte auf die Gleichheit, Athen auf die Freiheit.
Wie die unterschiedlichen Schwerpunktsetzungen zustande gekommen sind und wie sie sich im Alltag der Menschen niedergeschlagen haben, lernt ihr auf den folgenden Seiten genauer kennen. Vor allem aber könnt ihr die Beispiele der beiden Staaten nutzen, um euch selbst zu fragen, ob ihr mehr Gleichheit oder mehr Freiheit möchtet. Das Spannungsverhältnis zwischen Gleichheit und Freiheit hat bis heute nichts von seiner Bedeutung verloren. Es ist ein wirklich spannendes Verhältnis.

Sparta – ein idealer Staat oder ein Staat der Unterdrückung?

Wir bilden uns eine eigene Meinung

M 1 So sieht es der Historiker Plutarch

Im 1. Jahrhundert nach Christus fällte der griechische Schriftsteller Plutarch folgendes Urteil über den Stadtstaat Sparta:

Q Niemand durfte leben, wie er wollte; in der Stadt hatten die Spartaner wie in einem Feldlager eine genau festgelegte Lebensweise und eine Beschäftigung, die auf das öffentliche Wohl ausgerichtet war, da sie dachten, sie gehörten ganz dem Vaterland und nicht sich selbst.

Für uns klingt dieses Urteil auf den ersten Blick vernichtend, aber vielen Griechen galt Sparta als eine ideale Polis. In Sparta verzichteten die Bürger freiwillig auf ihre persönliche Freiheit, um sich ohne Einschränkungen in den Dienst des Staates zu stellen. Auch Plutarch, der sonst wenig Positives über Sparta sagte, lobte die Anspruchslosigkeit der Bewohner und bewunderte den Opfermut und die Tapferkeit der spartanischen Krieger.

Das Staatsgebiet Spartas und die Städte der Umgebung

S. 118/119: Lies die folgende Darstellung und die Quellentexte durch (Erschließungsfragen helfen!) und bilde dann ein eigenes Urteil über diesen Staat. Stimmst du Plutarch zu? Begründe deine Meinung in der Form eines Briefes an Plutarch. Der Beginn könnte lauten:

Sehr geehrter Herr Plutarch!

Ich stimme Ihrem Urteil über den Staat Sparta voll und ganz / nur mit Einschränkungen / gar nicht … zu, denn …

Die Ebene von Sparta heute: Von Bergen und Sümpfen umgeben lag hier in der Antike das mächtige Sparta. Heute gibt es so gut wie keine Überreste.

Sparta: Was war das für ein Staat?

Die Polis Sparta liegt im Süden der Halbinsel Peloponnes. Im Laufe mehrerer Jahrhunderte eroberten die Spartaner nach und nach alles Land in ihrer Umgebung, bis sie um 500 v. Chr. die Herrschaft über weite Teile der Halbinsel besaßen. Um die eroberten Gebiete kontrollieren zu können, mussten die Spartaner in ständiger Kriegsbereitschaft leben. Gegenüber der unterworfenen Bevölkerung waren sie nämlich deutlich in der Minderzahl. Deshalb entwickelten sie sich zu einem reinen Militärstaat. Alle Männer waren von Beruf Soldat und im Prinzip gleich: Sie waren Kameraden und halfen sich untereinander in jeder Gefahrenlage. Gegenüber den anderen Bewohnern bildeten sie die kleine Oberschicht, die unumschränkt über die große Mehrheit rechtloser Menschen herrschte. Von den Kriegern verlangte der Staat absoluten Gehorsam. Sie mussten Tag und Nacht zum Krieg bereit sein und hatten sich voll und ganz den strengen Gesetzen unterzuordnen. Freiheit, Vergnügen oder Reichtum gab es in Sparta nicht.

Schon im Alter von 7 oder 8 Jahren lebten die Jungen kaum noch in ihren Familien, sondern in kleinen Gruppen Gleichaltriger. Ihr Alltag bestand darin, den Körper zu trainieren und sich auf den Beruf des Soldaten vorzubereiten. Zwischen 20 und 30 lebten die Männer als Berufssoldaten in Militärlagern; sie nannten sich jetzt Spartiaten und bildeten mit den älteren Männern die Heeresversammlung. In dieser Versammlung wurden Gesetze beschlossen, die zuvor der Rat der Alten ausgearbeitet hatte. Jeder Spartiate hatte eine Stimme und konnte mit „Ja" oder „Nein" abstimmen. Diskutieren galt als unmännlich und Zeitverschwendung und war deshalb streng verboten. An der Spitze des Heeres standen zwei Könige, deren Amt vererbt wurde. Fünf Aufseher, die so genannten Ephoren, kontrollierten das Leben der Spartaner, den Rat der Alten und sogar die Könige. Widerspruchslos musste jeder den Befehlen der Ephoren gehorchen.

Die lebensnotwendige Landarbeit mussten die Menschen leisten, die von den Spartanern unterworfen worden waren. Sie wurden Heloten genannt und ihre Zahl überstieg die der Spartiaten bei weitem. Sie hatten keinerlei Rechte und wurden wie Vieh gehalten. Nach einigen Quellen machten die Spartiaten hin und wieder sogar Jagd auf die Heloten und töteten sie. Für spartanische Jungen war der Diebstahl einer Ziege aus dem Stall eines Heloten eine Art Mutprobe, für die sie nicht bestraft wurden. Außerdem gehörten die Periöken, die Umwohner Spartas, mit zur Polis. Sie arbeiteten oft als Handwerker oder Händler, mussten Steuern zahlen und im Kriegsfall als Soldaten kämpfen. An der Heeresversammlung durften sie nicht teilnehmen. In welchem Maße auch Periöken gewaltsam unterdrückt wurden, weiß man nicht genau.

M 2 Gesellschaftsstruktur in Sparta (um 450 v. Chr.)

ca. 5.000 Vollbürger (Spartiaten)		
ca. 12.000 Frauen und Kinder der Vollbürger (ohne politische Rechte)	ca. 50.000 Periöken (ohne politische Rechte)	ca. 180.000 Heloten (ohne politische und wirtschaftliche Rechte)

(Zusammengestellt nach V. Ehrenberg, Der Staat der Griechen, Zürich 1965, S. 38)

M 3 Staatsaufbau in Sparta

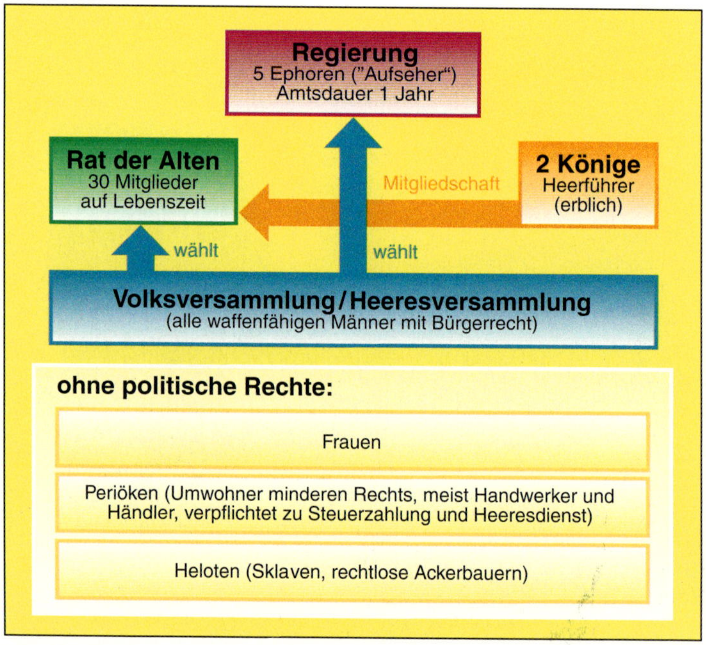

Plutarch berichtet über die Erziehung der Jungen und Mädchen in Sparta

M 4 … Über die Erziehung

Q Das zur Welt Gekommene aufzuziehen unterlag nicht der Entscheidung des Erzeugers, sondern er hatte es an einen Ort zu bringen, Sprechhalle genannt, wo die Ältesten der Gemeindegenossen saßen und das Kind untersuchten und, wenn es wohlgebaut und kräftig war, seine Aufzucht anordneten […] war es aber schwächlich und missgestaltet, so ließen sie es zu den so genannten Apothetai (Ablage) bringen, einem Felsabgrund am Taygetos. Denn sie meinten, für ein Wesen, das von Anfang an nicht fähig sei, gesund und kräftig heranzuwachsen, sei es besser, nicht zu leben […]

M 5 … Über die Frauen und die Erziehung der Mädchen

Der Philosoph Aristoteles hatte lange vor Plutarch berichtet, dass die Frauen in Sparta „zügellos" gewesen seien. Er kritisierte an Sparta, dass die Frauen dort ein „hemmungsloses und ausschweifendes Leben geführt" hätten, weil ihre Männer so oft auf Kriegszügen abwesend gewesen seien. Darauf antwortet Plutarch:

Q Es ist nicht so, wie Aristoteles sagt, dass König Lykurgos es aufgegeben hätte, die Frauen zu bessern, weil er der Zügellosigkeit und Weiberherrschaft nicht habe Herr werden können wegen der vielen Feldzüge der Männer, während deren diese genötigt waren, den Frauen das Regiment zu überlassen und sie daher über Gebühr ehrten und sie Herrinnen nannten.
Vielmehr hat Lykurgos auch den Frauen jede mögliche Sorgfalt zugewendet. Er kräftigte die Körper der Jungfrauen durch Laufen, Ringen, Diskus- und Speerwerfen, damit die Zeugung der Kinder in kräftigen Körpern erfolge […] Weichlichkeit, Verzärtelung und alles weibische Wesen verbannte er und gewöhnte die Mädchen ebenso wie die Knaben, nackt ihre Aufzüge zu halten […]

M 6

Wie wirkt diese spartanische Frau auf dich?

M 7 … Über die Knaben

Q Die Knaben der Spartaner nahm er selbst alle, sobald sie sieben Jahre alt waren, zu sich und teilte sie in „Horden", in denen sie miteinander aufwuchsen, erzogen und gewöhnt wurden, beim Spiel wie bei ernster Beschäftigung immer beisammen zu sein. Als Führer der „Horde" wählten sie sich denjenigen, der sich durch Klugheit und Kampfesmut auszeichnete. Auf ihn blickten sie, hörten auf seine Befehle und unterwarfen sich seinen Strafen, sodass die Erziehung wesentlich in der Übung im Gehorsam bestand […]; die ganze übrige Erziehung war darauf gerichtet, dass sie pünktlich gehorchen, Strapazen ertragen und im Kampfe siegen lernten. […]

(M 4, 5 u. 7 aus: Plutarch, Lykurg; zit. nach: Geschichte in Quellen, Bd. 1, (BSV) München, S. 143)

1. Welche Gruppen sind in der Gesellschaft Spartas zu unterscheiden? Welche Gruppe hat welche Rechten und Pflichten?
2. Setze die Zahlen aus M 2 in ein Säulen- oder Kreisdiagramm um – was ist jetzt deutlich zu sehen?
3. Wieso spricht der spartanische Krieger davon, in Sparta seien „alle gleich" (S. 116)?
4. Vorschlag für ein kleines Rollenspiel:

   a) Versetze dich in eine der fünf Rollen und notiere dann:
   Wie zufrieden bin ich mit meinem Leben in Sparta?

Ich bin ein spartanischer Krieger: …	Ich bin ein spartanisches Mädchen: …	Ich bin ein 12-jähriger Junge: …	Ich bin ein Helote: …	Ich bin ein Perioke: …

   b) In einem Rollenspiel in der Klasse könntet ihr die fünf Positionen direkt aufeinanderprallen lassen.

Info Entwicklung und Grundzüge der Demokratie in Athen

Ihr könnt eine Mind Map nutzen, um den Text zu gliedern und die wichtigen Informationen übersichtlich darzustellen. Im Vorschlag wird Solon in die Mitte gerückt, weil er viel beigetragen hat zur Entwicklung der Demokratie in Athen.

Von der Monarchie zur Aristokratie

In den meisten griechischen Poleis entwickelten sich die politischen Strukturen ganz anders als in Sparta. Vor allem in Athen. Wir wissen, dass Athen im 8. Jahrhundert v. Chr. von Königen regiert wurde und die Staatsform der Monarchie (deutsch: Alleinherrschaft) vorlag. Der Monarch von Athen wohnte in einer Burg oberhalb der Stadt, der Akropolis. Die Führer der reichen Adelsfamilien, die große Landgüter besaßen, berieten den König bei seinen politischen Entscheidungen.
Um 700 gelang es den Adeligen, immer mehr Macht und Einfluss zu gewinnen; sie stürzten den König und übernahmen selbst die politische Macht. Die Aufgaben wurden, wie unter gleichberechtigten Kollegen, auf mehrere Adelige verteilt, und so entstand eine neue Herrschaftsform: die Aristokratie. Die Namensgebung verrät, dass die Adeligen sich selbst als eine Elite sahen: Aristokratie bedeutet nämlich wörtlich übersetzt „Herrschaft der Besten“. Sie hatten keine Zweifel daran, den einfachen Bauern oder Bürgern überlegen zu sein.

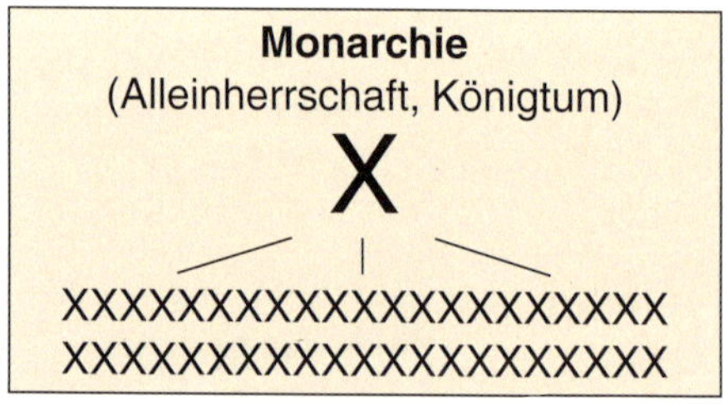

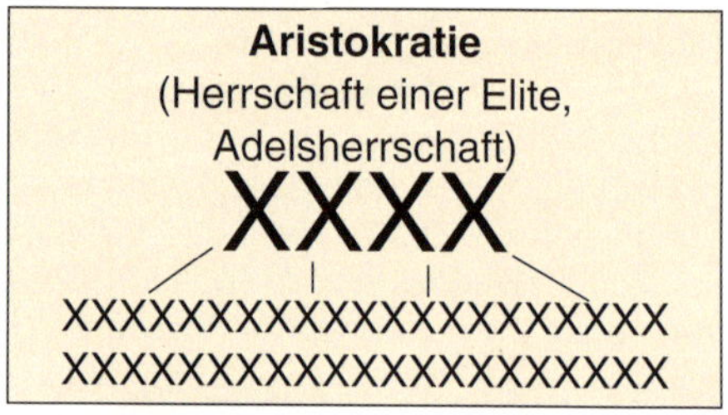

Adliger Krieger (Bronzefigur um 550)

Bauer beim Pflügen (Figurengruppe aus gebranntem Ton, 7. Jh. v. Chr.)

Ein sozialer Konflikt gefährdet die Aristokratie!

Knapp 100 Jahre hielt dieser Zustand an, dann geriet die Herrschaft der Aristokraten in eine Krise: Die Bauern und auch einige Bürger in der Stadt lehnten sich auf, es kam zu Aufständen und ein Bürgerkrieg drohte! Über Jahrzehnte hinweg hatte sich der Konflikt immer mehr zugespitzt, denn die große Masse der freien, aber politisch rechtlosen Bauern verarmte immer mehr und empfand die eigene Lage als unzumutbar und ungerecht. Die Bauern, die häufig nur kleine Grundstücke besaßen, waren bei Missernten oder nach Kriegen oft gezwungen gewesen, sich Geld von den Adeligen zu leihen. Wenn sie diese Schulden nicht zurückzahlen konnten, gerieten sie in die so genannte Schuldknechtschaft: Sie mussten ohne Bezahlung auf den Feldern der Adeligen arbeiten, im schlimmsten Falle sogar die eigenen Kinder oder die Frau in die Sklaverei verkaufen. Ein Protest blieb fast immer erfolglos, denn die Richter waren ja selbst Adelige und urteilten zugunsten ihrer Kollegen. Deshalb kam es zu Aufständen der Bauern. Immer klarer formulierten sie ihre Forderungen: Schuldenerlass, Abschaffung der Schuldknechtschaft und eine Neuverteilung des Landes zugunsten der kleinen Bauern. Die Großgrundbesitzer hatten natürlich ein Interesse daran, ihr Eigentum zu behalten, aber sie befürchteten auch, bei einem Bürgerkrieg das gesamte Hab und Gut oder sogar das eigene Leben zu verlieren. Als sich die Nachrichten häuften, einige Großgrundbesitzer seien von verzweifelten Bauern erschlagen worden, beauftragten die Adeligen einen Mann aus ihrer Mitte, den angesehenen Solon, einen Plan zur Lösung des sozialen Konfliktes zu entwickeln. Im Jahre 594 hatte er sein Reformprogramm durchgeführt.

Solons Reformprogramm: Der Einstieg in die Demokratie

Aus heutiger Sicht kann man unterscheiden zwischen den sofort wirksamen sozialen Reformen und den längerfristig bedeutenden politischen Reformen.

Die ersten Gesetze halfen den Not leidenden Bauern: Alle Schulden, die auf den Höfen der kleinen Bauern lasteten, wurden erlassen. Alle versklavten Bauern wurden frei, die in die Sklaverei verkauften Angehörigen wurden auf Kosten der Reichen freigekauft. Jede Form der Schuldknechtschaft wurde untersagt. Eine Landreform lehnte Solon jedoch ab, die Großgrundbesitzer konnten also ihre Ländereien behalten. Hinter diesen Reformen stand die Idee, dass alle Bürger Athens persönlich frei seien und man ihnen diese Freiheit nicht nehmen könne.

Die Bevölkerung Athens teilte er dann in vier Gruppen auf: Es galt jetzt nicht mehr die Herkunft der Familie, in die man hineingeboren war, sondern das Vermögen und damit die militärische Leistungsfähigkeit. Arme Bürger konnten sich nur leicht bewaffnen und bildeten den untersten Rang (= 4. Klasse); schwer Bewaffnete waren im Kriege wertvoller, sie wurden in Klasse 3 eingestuft; noch mehr leisteten diejenigen Bürger, die mindestens ein Pferd stellten – sie bildeten die erste und zweite Klasse. Wer reich war, so dachte Solon, konnte viel für den Staat tun, vor allem für die Sicherheit. Daher sollte er auch mehr Rechte im Staat haben. Wer keinen Militärdienst leistete, etwa Sklaven oder Frauen, hatte in Solons Augen keinerlei Anspruch auf Mitsprache in der Politik.

Diese Überlegung leitete auch sein politisches Reformprogramm; er teilte nämlich die politische Macht auf: Die höchsten Ämter im Staat konnten nur Angehörige der ersten Klasse bekleiden. Aber diese sog. Archonten waren nicht mehr frei in ihrer Entscheidung, denn sie mussten die Entscheidungen von drei neuen Einrichtungen anerkennen: In einer **Volksversammlung** konnten sich alle freien Männer von Athen, also auch der ärmste Kleinbauer, treffen und über Gesetze entscheiden. Jeder Teilnehmer hatte eine Stimme, die Stimmenmehrheit entschied. Den überwiegenden Teil der Rechtsprechung übernahmen **Volksgerichte**. Jeder Bürger konnte Klage erheben, jeder erwachsene Mann konnte als urteilender Richter berufen werden. Der **Rat der 400** führte die Regierungsgeschäfte aus; er kontrollierte in der Art einer Verwaltungsbehörde, dass die Entscheidungen und Gesetze ausgeführt wurden. Nur die Bürger der drei oberen Klassen konnten dieses Amt bekleiden.

Nach Solons Reformen war Athen keine Aristokratie mehr. Jetzt konnten viele Menschen auf die politischen Entscheidungen Einfluss ausüben: Der Einstieg in die Demokratie war vollzogen.

Demokratie
(Volksherrschaft)

XXXXXXXXXXXXXXXXXXXX
XXXXXXXXXXXXXXXXXXXX
XXXXXXXXXXXXXXXXXXXX

Die Sicht der Zeit:

1. Versetze dich in die Rolle eines reichen Adeligen, der im Jahre 594 Solons Programm beurteilt: Welche Punkte findest du sinnvoll, gerecht; welche Punkte findest du falsch?
2. Versetze dich in die Rolle eines verarmten Kleinbauern, der im Jahre 594 Solons Programm beurteilt: Welche Punkte findest du sinnvoll, gerecht; welche Punkte findest du falsch?

Info

Stelle dir vor, du wärest ein Athener und sehr stolz auf die Demokratie in deiner Polis. Du müsstest einem Spartiaten erklären, wie die Demokratie funktioniert und welche Vorteile dieses System hat. Lies die Doppelseite genau durch und nutze das Schaubild zur Erklärung (hilfreich ist es, das Schaubild auf eine Folie zu übertragen und in der Klasse zu projizieren).

Kleisthenes: Die Demokratie gewinnt an Profil

Solons Reform hielt einige Jahre, aber dann verstärkte sich die Kritik. Auf beiden Seiten, sowohl bei den Adligen als auch bei den Kleinbauern, fanden sich immer mehr, die sich mit dem Kompromiss nicht anfreunden konnten oder wollten und nach radikaleren Lösungen riefen. Erneut drohte ein Bürgerkrieg.

In dieser Situation sammelte der Adlige Peisistratos seine Anhänger, eroberte die Akropolis und machte sich zum Alleinherrscher (561 v. Chr.). Die Tyrannis des Peisistratos konnte den Siegeszug der Demokratie jedoch nur kurzfristig stoppen.

Im Jahre 508 entwickelte der Athener Kleisthenes ein neues Modell der Demokratie. Er übernahm die Ideen des Solon, aber er organisierte die Demokratie viel genauer. Die wichtigste Entscheidung war, die Volksversammlung ins Zentrum der Politik zu stellen. Der Rat der 400 wurde auf 500 Personen aufgestockt, die aus der Menge aller männlichen Bürger gelost wurden. Jeweils 50 von ihnen führten für 36 Tage die Regierungsgeschäfte. Der Vorsitzende wurde täglich neu durch Los ermittelt. So konnte jeder freie Bürger Staatsoberhaupt werden.

Die Volksgerichte wurden beibehalten, aber eine neue juristische Technik, das **Scherbengericht**, trat hinzu: Personen, die zu mächtig wurden oder die sich sonst unbeliebt gemacht hatten, konnten gezwungen werden, Athen für zehn Jahre zu verlassen. Jeder Bürger bekam eine Tonscherbe, auf die er den Namen des Beschuldigten kritzeln konnte, und wenn 6000 Stimmen zusammen kamen, war die Verbannung rechtens. Die Wiederkehr eines Tyrannen sollte so verhindert werden.

Ein weiteres demokratisches Element war die Einteilung Attikas in zehn **Wahlbezirke**, die gleichzeitig militärische Abteilungen bildeten und von je einem Strategen (= Kommandeur, Feldherr) angeführt wurden. Die Strategen mussten militärische Experten sein und waren deshalb die einzigen gewählten Politiker in Athen – alle anderen waren aus der Menge freier Bürger gelost worden.

Auf der Scherbe steht: „Kimon, der Sohn des Militiades".

Perikles: Die Vollendung der Demokratie

In den folgenden Jahrzehnten bildeten sich im Alltag Athens die Strukturen heraus, die wir heute mit dem Begriff der direkten Demokratie bezeichnen. Etwa 40-mal im Jahr tagte die Volksversammlung, und etwa 40-mal im Jahr konnten alle erwachsenen männlichen Bürger in der Volksversammlung erscheinen, Anträge stellen, reden und abstimmen. Halb spöttisch, halb anerkennend sagen Kritiker, Athen sei ein dauernd tagender Debattierklub gewesen. Insgesamt 6000 Athener wurden Jahr für Jahr als Richter ausgelost und entschieden für einen festgelegten Zeitraum alle Streitfälle. Immer deutlicher wurde, dass tatsächlich jeder Athener als geeignet betrachtet wurde, wichtige Entscheidungen zu treffen. Mehr noch: In den Augen eines Athe-

Vor Gericht wurde die einem Angeklagten zustehende Zeit für seine Verteidigung mit einer Wasseruhr begrenzt. Nach etwa sechs Minuten war das Wasser aus dem Topf geflossen.

ners besaß der Bürger nicht nur das Recht, politische Entscheidungen zu fällen, sondern sogar so etwas wie eine selbstverständliche moralische Pflicht. Wer sich nicht für Politik interessierte, wurde verachtet. Welch ein Unterschied zu dem Elitedenken der Aristokraten oder dem alleinigen Herrschaftsanspruch eines Monarchen!

Perikles gilt als Vollender der Demokratie in Athen, weil auf sein Betreiben im Jahre 443 v. Chr. die Bezahlung der Politiker eingeführt wurde. Ihm reichte es nicht, dass jeder mitmachen durfte und sollte, jeder sollte auch mitmachen können! Er wusste, dass ein Recht auf politische Mitwirkung wenig Wert hatte, wenn man keine Zeit für die Politik hatte: Wie aber sollte ein Bauer als Ratsherr oder als Richter für Athen tätig sein, wenn er eigentlich seinen Acker bestellen musste? Perikles setzte nun durch, dass jeder Athener, der als Ratsherr oder Richter für die Polis tätig war, Gelder pro Sitzungstag erhielt, um den Verdienstausfall auszugleichen, die so genannten **Diäten**. Der Betrag war so gesetzt, dass man damit einen Tagelöhner bezahlen konnte, der die eigene Arbeit auf dem Acker, in der Werkstatt usw. erledigte, während man selbst in der Politik aktiv war. Den Teilnehmern der Volksversammlung zahlte man seit 402 Diäten.

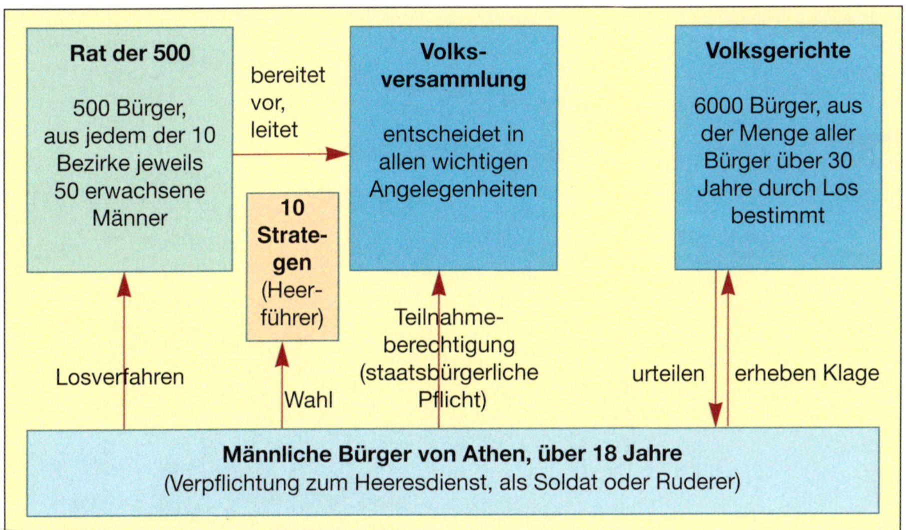

Modell der Demokratie in Athen

Perikles

Anregungen für ein Unterrichtsgespräch:

1. Welche Möglichkeiten hatte ein freier Athener, um in der Politik mitzuwirken? Greife zur Beantwortung der Frage auf den Text und das Schaubild zurück.
2. Wie könnte der Spartiate aus seiner Sicht auf dein Lob der Demokratie reagieren?
3. Welche Elemente der Demokratie in Athen beeindrucken dich besonders? Welche Elemente beurteilst du negativ?
4. Die Demokratie in Deutschland wird als „indirekte" oder „repräsentative" Demokratie bezeichnet. Zentrale Einrichtungen sind der Bundestag, die Bundesregierung und die Gerichte. Könnt ihr mithilfe dieser Fachausdrücke erklären, worin die wichtigsten Unterschiede zwischen der direkten Demokratie im antiken Athen und der Demokratie in der Bundesrepublik Deutschland liegen?

Wie demokratisch war die Demokratie in Athen?

Diese Frage scheint auf den ersten Blick etwas merkwürdig: In einer Demokratie herrscht das Volk, das sagt doch schon die wörtliche Übersetzung. Aber so einfach ist die Antwort nicht. Von den 300 000 Einwohnern von Gesamt-Athen, kamen nur etwa 40 000 Personen als aktive Demokraten in Frage: Frauen, Kinder und Sklaven besaßen keine politischen Rechte. Auch die Menschen, die aus anderen Poleis zugewandert und oft sehr wohlhabend waren, konnten weder eine Volksversammlung besuchen noch als Richter ausgelost werden. Nur freie Männer über 18 Jahre mit dem vollen Bürgerrecht konnten Politik betreiben. (Diese Altersgrenze galt seit 462/61 v. Chr.)
Von diesen freien Männern hat nur etwa ein Viertel, so nimmt man heute an, die Rechte auch regelmäßig wahrgenommen. Wer an der Südspitze Attikas wohnte, war oft stundenlang unterwegs, bis er Athen erreichte – da überlegte sich auch der engagierteste Bürger, ob sich die Sache lohnte. Nur bei ganz wichtigen Fragen, etwa über Frieden oder Krieg, dürfte die Beteiligung höher gewesen sein.

M 1

M 2 **Die Halbinsel Attika bildete das Gebiet der Polis Athen**

Wenn man selbst etwas verstanden hat, kann man es auch anderen erklären.
Erkläre einer Mitschülerin oder einem Mitschüler, welche Faktoren einer Herrschaft des Volkes entgegenstanden. Nutze das Schaubild M 1 und die Karte M 2

In der praktischen Durchführung dominierte nicht das Volk, sondern angesehene Männer. Zwar hatte jeder Bürger das Recht, in der Volksversammlung Anträge zu stellen und zu reden, aber den Ton gaben einige wenige an. Das waren zum einen diejenigen, die aufgrund ihres persönlichen Reichtums wichtige Gemeinschaftsaufgaben finanzieren konnten (denn regelmäßige Steuern bezahlten die Athener nicht). Diese Großzügigkeiten sorgten für Popularität und eine große Zahl von Anhängern. Zum anderen war es unbedingt nötig, die eigene Auffassung auch überzeugend vermitteln zu können. Wer hervorragend reden konnte, hatte große Chancen, eine Mehrheit für seine Auffassungen zu finden, wer sich unklar ausdrückte, wer zu leise sprach oder sich dauernd wiederholte, wurde dagegen ausgelacht. So bildeten sich Führerpersönlichkeiten heraus, die dann um Mehrheiten konkurrierten. Man nannte sie „Demagogen", was wörtlich übersetzt „Volksführer" heißt, aber auch den Beiklang von „Volksverführer" besitzt.

Es ist jedoch wichtig zu wissen, dass keiner der Demagogen eine stabile Machtposition besaß. Auch Perikles, der als der erfolgreichste und einflussreichste dieser Demagogen gilt, musste immer wieder neu um Mehrheiten kämpfen, denn in dem System der direkten Demokratie gab es keine Parteien, keine „treuen" Anhänger und keine Wahlen. Jede Abstimmung der Volksversammlung war eine Einzelentscheidung, deren Ausgang niemand vorhersagen konnte. Wer als Person längere Zeit Einfluss ausüben wollte, konnte dies nur schaffen, wenn er Erfolg hatte. Dann besaß er auch in der nächsten Versammlung ein gewisses Vertrauen, wieder den „richtigen" Vorschlag zu machen. War die Politik nicht erfolgreich, sorgte das Scherbengericht dafür, dass dieser Politiker für zehn Jahre „nichts mehr zu sagen hatte". Das Volk entschied dann gegen ihn.

M 3 Ein Bürger Athens kritisiert die Demokratie seiner Polis

Q Ich kann es nicht billigen, dass sich die Athener für diese Art der Staatsform entschieden haben, denn hiermit haben sie sich dafür entschieden, dass es das einfache Volk besser hat als der Vornehme. Zwar ist es das Volk, das die Schiffe treibt und dadurch der Stadt ihre Machtstellung verschafft. Daher scheint es nur gerecht, dass die Ämter durch das Los oder durch die Abstimmung allen offen stehen und dass es jedem Bürger frei steht, öffentlich zu reden. Aber alle Ämter, die dem gesamten Volke Nutzen bringen, wenn sie in guten, und Gefahr, wenn sie in schlechten Händen sind, die will das Volk doch keineswegs übernehmen! Es versteht sehr wohl, dass es größeren Nutzen davon hat, wenn es solche Ämter, wie beispielsweise die Strategie, nicht selbst, sondern durch die Vermögendsten verwalten lässt. Es gilt für wirklich jedes Land, dass die Vornehmen Gegner der Volksherrschaft sind. Denn bei den Vornehmen ist die Unbeherrschtheit und Ungerechtigkeit am geringsten, gewissenhafter Eifer für das Gute und Edle am größten. Beim Volke aber herrscht ein Mangel an Bildung und Selbstdisziplin. Das Volk ist voller Gemeinheit: Denn sowohl die Armut verleitet es zur Schlechtigkeit als auch der Mangel an Erziehung und Bildung.

(Pseudo-Xenophon (um 430); zit. nach: Ernst Kalinka, Die Pseudo-Xenophonistische Athenaion Politeia, Leipzig und Berlin 1913, S. 65ff.)

Die Rednertribüne der Pnyx, Platz der Volksversammlung in Athen

Wir beziehen Stellung!

1. Lies die Quelle M 3.
   Notiere, welche Kritik der Verfasser an der Demokratie in Athen übt.
2. Zu welcher Bevölkerungsgruppe könnte der Verfasser wohl gehören? Wie denkt er über das „einfache Volk"?
3. Stelle dir vor, du könntest dem Verfasser direkt antworten: Würdest du ihm zustimmen oder seine Auffassung ablehnen? Äußere dich in der Form eines Briefes: *Mit Interesse (Ärger, großer Freude, Verwunderung …) habe ich Ihre Kritik gelesen und möchte …*

Sklaverei und Demokratie – Wie passt das zusammen?

- Sklaverei – das Wort ist so oft gefallen. Aber was bedeutet es eigentlich?
- Welche Arbeit leistet so ein Sklave?
- Ich denke, Solon hat die Sklaverei abgeschafft?
- Sklaverei und Demokratie – passt das überhaupt zusammen?

Lest die Materialien genau durch; ihr müsstet in der Lage sein, den Schülerinnen und Schülern Antworten zu geben.

So merkwürdig es klingt – auch den Historikerinnen und Historikern fällt es nicht leicht, sich über die Sklaverei im antiken Griechenland zu äußern. Die Quellenlage ist recht dürftig. Von Sklaven selbst ist so gut wie keine Aussage überliefert. Bei vielen Abbildungen ist man nicht sicher, ob ein Sklave dargestellt ist oder ein freier Bürger Athens, der als Tagelöhner arbeitet. Obwohl zur Zeit des Perikles etwa ein Drittel der Gesamtbevölkerung Athens aus Sklaven bestand, machte kaum jemand die Sklaverei zum Thema. War die Sklaverei zu selbstverständlich? Oder war sie den Athenern eher peinlich?

Fest steht, dass die prächtigen Bauten und die gewaltigen Leistungen Athens zu einem großen Teil durch die Arbeit der Sklaven entstanden sind. Man weiß, dass fast alle Bergleute im Silberbergwerk von Laureion Sklaven waren. Es ist überliefert, dass der angesehene Athener Stratege Niklas über 1000 dieser Bergwerkssklaven besaß und sie als Kolonne in Laureion arbeiten ließ. Nach heutigen Maßstäben wurde Niklas zum Multimillionär – auf Kosten der Sklaven, deren Arbeit besonders hart war und die in Stollen von nur 90 cm Höhe arbeiteten und bei giftigen Dämpfen sogar ihr Leben aufs Spiel setzten. Ähnlich anstrengend war die Arbeit in den Tongruben, wo das schwere Material für die Vasen gefördert wurde. Andere Sklaven arbeiteten als Knechte oder Mägde auf den Feldern oder im Handwerk, z.B. als Tischler oder Schmied. Die zahlenmäßig größte Gruppe dürfte als „Hausdiener“ in einem städtischen Haushalt beschäftigt gewesen sein: als Köchin, Wäscherin, Arzt oder auch als Lehrer. Diese Haussklaven hatten es fast immer besser als die anderen Sklaven, denn sie wurden geachtet und oft sogar bei Krankheit und im Alter versorgt. Wie alle anderen Sklaven waren aber auch sie unfrei, eine reine Ware, die keinen eigenen Willen entwickeln durfte und jederzeit verkauft werden konnte.

Viele Sklaven waren als Kriegsgefangene nach Athen gelangt oder von fremden Herrschern als Handelsware an Athener Sklavenhändler verkauft worden. Griechen befanden sich unter ihnen kaum, denn seit den Reformen Solons war es den Athenern verboten, Hellenen als Sklaven zu kaufen. Es waren also „Ausländer“, die auf Märkten gehandelt und zum Verkauf angepriesen wurden. Billig waren die Sklaven jedoch nicht – auch wenn die Preise je nach Leistungsfähigkeit und Körperkraft schwankten: Ein Knabensklave kostete etwa 70 Drachmen (für diesen Betrag musste ein Tagelöhner etwa drei Monate arbeiten), ein Handwerkssklave etwa 300 Drachmen und ein Fachmann für den Bergbau nicht weniger als 6000 Drachmen.

Bilder und Quellen geben Aufschluss

M 1

Arbeiter (Sklaven?) bauen in einer Grube Tonklumpen ab; das Gefäß in der Mitte ist entweder eine Öllampe oder ein Gefäß, dem die Männer Wasser zur Erfrischung entnehmen konnten.

M 2

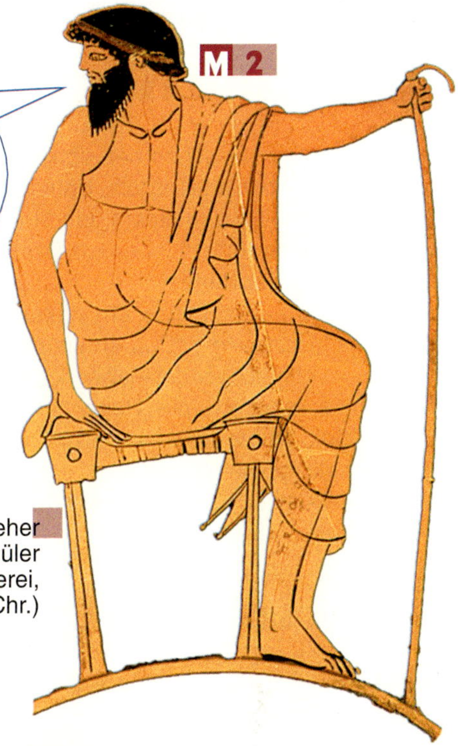

(Aussage des Sklaven Philemon, der als Erzieher bei einem reichen Athener lebte)

Ein Erzieher beobachtet einen Schüler (Vasenmalerei, 5. Jh. v. Chr.)

M 3 Der griechische Schriftsteller Agatharchides berichtet über die Arbeitsbedingungen der Sklaven (2. Jh. v. Chr.):

Q Die jüngeren Männer arbeiten […] kriechend und mit einer Lampe an der Stirn, indem sie den Metalladern folgen. Der geschlagene Quarz wird von Kindern herausgeschleppt, draußen zertrümmern ihn ältere Männer mit einem Hammer. Das Kleingeschlagene wurde dann in Steinmühlen zu Staub gemahlen, die aber nicht, wie sonst üblich, von Ochsen, sondern von Frauen gedreht wurden, je drei an einer Stange. Bei ihnen standen bewaffnete Wächter, von denen sie mit Schlägen angetrieben wurden. Ohne Rücksicht auf ihren körperlichen Zustand mussten sie arbeiten; während des Schlafes wurden sie gefesselt. Alle begrüßten den Tod, wenn er nahte.

(Zit. nach: William Tarn / G.T. Griffith, Die Kultur der hellenistischen Welt, Darmstadt 1966, übers. von Gertrud Bayer, S. 302f.)

M 4 Aristoteles, ein berühmter griechischer Schriftsteller und Philosoph, äußert sich zur Sklaverei:

Q So ist auch für den Hausverwalter jedes Besitzstück ein Werkzeug zum Leben und der gesamte Besitz eine Masse solcher Werkzeuge und der Sklave ein lebendiges Besitzstück. […] Manche Lebewesen zeigen schon bei ihrer Geburt so große Unterschiede, dass die einen zum Dienen, die anderen zum Herrschen bestimmt erscheinen. Es gibt viele Arten dienender Wesen, zum Beispiel Tiere und Sklaven. Es ist vorteilhafter, über einen Menschen zu herrschen als über ein Tier, denn er leistet mehr. Alle, deren Leistung aus körperlicher Arbeit besteht, sind von Natur aus Sklaven, und für sie ist es besser, als solche zu leben. Denn Sklave von Natur ist, wer Vernünftiges zwar versteht, selbst aber keine Vernunft hat.

(Aristoteles, Politik 1253b ff; zit. nach: W. Nestle, Aristoteles Hauptwerke, Stuttgart 8/1977, S. 290f.)

M 5 Platon, Bürger Athens und Philosoph äußert sich zur Sklaverei:

Q Wenn ein Sklave oder eine Sklavin irgendetwas von fremdem Eigentum beschädigt, ohne dass der Geschädigte […] daran mitschuldig geworden ist, so soll der Herr des Schädigers entweder den Schaden ohne Test ersetzen oder den Schädiger selbst ausliefern. … Und wenn ein Zugtier oder ein Pferd oder ein Hund oder sonst ein Haustier etwas vom Besitz des Nachbarn beschädigt, soll der Besitzer in gleicher Weise den Schaden ersetzen.

(Platon, Gesetze XI 936 c–e; zit. nach: R. Rilinger (Hrsg.), Leben im antiken Griechenland. München 1990, S. 290)

Kriege und Konflikte: Ein Dauerthema der griechischen Geschichte

Feindseligkeiten zwischen den einzelnen griechischen Staaten waren selbstverständlich. Kaum war die Ernte eingebracht, wurde – fast in jedem Jahr! – der Ruf laut, das Heimatland müsste verteidigt werden. Der Bauer Athens, der Soldat in Sparta, der Händler in Korinth: Sie alle griffen zu Helm, Schild, Schwert und Lanze, um zu kämpfen. Selten dauerten die Kämpfe lange, meist waren sie nach einigen Tagen oder wenigen Wochen beendet – aber der Krieg war eben nicht die Ausnahme, sondern die Regel – und der Tod auf dem Schlachtfeld wurde als ehrenvoller Tod des Helden gleichermaßen beklagt wie gefeiert.
Im Selbstverständnis der Griechen ragen aus der Unzahl der Kriege zwei Konflikte heraus.

Um sich einen Überblick bei kriegerischen Konflikten zu verschaffen, bietet es sich an, eine kleine Informationstabelle auszufüllen:

Wer waren die Gegner?	
Wann wurde Krieg geführt?	
Welches Gebiet war Kampfgebiet?	
Was war Anlass oder Ursache?	
Welchen Verlauf nahm der Krieg?	
Welches Ergebnis hatte der Krieg?	

Die Perserkriege: Der Kampf zwischen Abendland und Morgenland

M 1 Das Persische Reich und Griechenland (um 480 v. Chr.)

Östlicher Nachbar der Griechen war das Reich der Perser. Seit der Mitte des 6. Jahrhunderts hatte sich dieses Reich vom Persischen Golf immer mehr nach Westen ausgedehnt. Um 500 v. Chr. befanden sich auch Ägypten und die griechischen Städte Kleinasiens unter persischer Herrschaft. Sie konnten weiter nach ihren alten Sitten leben, mussten aber dem persischen Großkönig hohe Geldzahlungen entrichten. Unter der Führung der Stadt Milet wagten die Griechen im Jahre 500 einen Aufstand. Sie baten Athen, Sparta und die anderen Mutterstädte im griechischen Kernland um Unterstützung, was diese auch etwas zögernd gewährten. Die Perser jedoch konnten diesen Aufstand niederschlagen. Sie zerstörten Milet (494 v. Chr.) und begannen ihrerseits mit einem Rachefeldzug gegen die Hellenen auf dem Festland.

Die Perser erwarteten nur geringen Widerstand. Schließlich besaßen sie ein Großreich und sahen in den griechischen Stadtstaaten nur winzige Gebilde, die zudem noch untereinander zerstritten waren. Selbstsicher schickten sie Gesandte aus, die Erde und Wasser forderten, als Zeichen der Unterwerfung. Viele Poleis unterwarfen sich, aber die Athener, so heißt es, stürzten die Gesandten von einem Felsen, und die Spartaner warfen sie in einen Brunnen: Dort könnten sie Erde und Wasser finden. Diese Aktionen waren der Beginn jahrzehntelanger Kämpfe, die auf beiden Seiten mit größter Grausamkeit geführt wurden. Trotz vielfacher Übermacht gelang es den Persern nicht, die Griechen zu besiegen. Die Perser galten in den Augen der Hellenen als unzivilisierte Barbaren, die nichts von dem besaßen, was den Griechen heilig war. Die Perser verstanden kein Griechisch, sie hatten in ihren Augen keine Religion, sie hatten keine Vorstellung von Ehre und Freiheit. Die Besucher des Großkönigs mussten sich ihm gebückt nähern oder sogar auf den Boden werfen und die Füße küssen! Unfassbar fanden sie, dass viele Soldaten des Großkönigs gar keine Perser waren, sondern Söldner aus fremden Ländern, die nicht aus freien Stücken für die Unabhängigkeit ihrer Heimatstadt kämpften, sondern gegen Bezahlung (= Sold) für ein fremdes Land. Wie konnte man sich nur so erniedrigen? Für die Griechen war dieses Denken einfach nur verabscheuungswürdig. Die Ablehnung des gemeinsamen Feindes sorgte dafür, dass die griechischen Städte ihre alten Rivalitäten untereinander zurückstellten und gemeinsam, als Hellenen, gegen die Truppen der Perser kämpften. Die Erfolge bei Marathon, bei den Thermopylen und in der Seeschlacht von Salamis wurden aus ihrer Sicht zum Inbegriff für den heldenhaften Verteidigungskampf des zivilisierten Abendlandes gegen die vermeintliche Übermacht aus dem Osten. Ähnlich wie die Erzählungen Homers wurden auch die Kämpfe gegen die Perser immer und immer wieder erzählt: Jedes Schulkind war stolz auf diese Vergangenheit. Im Jahre 480 hatten die Perser zwar Athen zerstört und die Tempel in Brand gesteckt, aber 479 v. Chr. wurden sie endgültig vom griechischen Festland vertrieben.

Griechen und Perser – zwei unversöhnliche Gegner

M 2

Der persische König empfängt eine Gesandtschaft (Relief aus Persepolis, zwischen 490 und 480 v. Chr.).

M 3 Der griechische Schriftsteller Herodot berichtet von dem Besuch zweier Spartaner im Perserreich. Zunächst schildert Herodot das Gespräch mit Hydarnes, einem Heerführer der Perser:

Q „Ihr Spartaner, erklärt mir doch einmal, warum ihr euch weigert, Teil unseres persischen Reiches zu werden. Schaut mich an: An meinem Beispiel könnt ihr erkennen, wie der persische Großkönig tapfere Männer ehrt – mich hat er zum Befehlshaber seiner Truppen in Kleinasien gemacht! Wenn ihr euch unterwerft, macht der König jeden von euch zum Herren über ein großes Gebiet in Hellas."
Darauf erwiderten die Spartaner: „Hydarnes! Dein Rat kommt aus einer anderen Welt. Du kennst die Perser, uns aber verstehst du nicht. Du kennst die Knechtschaft, nicht aber die Freiheit. Wenn du die Freiheit erlebt hättest, dann würdest du uns raten, nicht nur mit Speeren für sie zu kämpfen, sondern sogar mit Äxten." […]
Als die beiden Spartaner an den Hof des Großkönigs gelangten, befahlen ihnen die Leibwächter, vor dem König auf die Knie zu fallen. Aber die beiden sagten: „Selbst wenn man uns mit dem Kopf auf den Boden stößt, weigern wir uns, denn bei uns ist es nicht Brauch, sich vor Menschen niederzuwerfen."

(Herodot VII, 134–136; nach der Übersetzung von A. Horneffer, Stuttgart (Kröner Verlag) 1963, S. 482f.)

1. Informiere dich (Lexikon, Internet) über Besonderheiten der Kämpfe in Marathon, bei den Thermopylen oder bei Salamis.
   Informiere die Klasse.
2. Beschreibe das Relief (M 2). An welchen Einzelheiten erkennst du die Stellung des Großkönigs?
3. Formuliere in eigenen Worten, warum sich Perser und Spartaner nicht verstehen (M 3).
4. M 2 und M 3 können auch zum Nachspielen in der Klasse genutzt werden: M 2 als Pantomime, M 3 als kleine Theaterszene. Achtet darauf, dass die Besonderheiten von „Abendland" und „Morgenland" deutlich dargestellt werden.

Der Peloponnesische Krieg: Athen und Sparta kämpfen gegeneinander

Wer zog den Nutzen aus den Perserkriegen?

Der Attisch-Delische Seebund

Die Perserkriege hatten gezeigt, dass die Griechen keine Macht zu fürchten hatten, wenn sie gemeinsam handelten. Aber kaum hatten die Perser das griechische Festland verlassen, brachen die alten Konflikte wieder auf. Stein des Anstoßes war der Aufstieg Athens zur führenden Macht in der Ägäis. Unter Hinweis auf die überlegene Flotte der Kampfschiffe boten die Athener allen anderen griechischen Poleis ein dauerhaftes Verteidigungsbündnis an: Der Attisch-Delische Seebund sollte verhindern, dass die Perser noch einmal die Griechen überfallen könnten (478). Alle Mitglieder des Bundes verpflichteten sich, Schiffe und Ruderer zu stellen oder Geld an die Bundeskasse zu zahlen, die zunächst auf der Insel Delos eingerichtet wurde. Als es den Mitgliedern des Seebundes gelang, die gesamte Küste Kleinasiens von den Persern zu befreien, wuchs die Mitgliederzahl auf etwa 300 Poleis an. Diese Poleis bildeten nun einen einheitlichen Wirtschaftsraum, in dem die Währung Athens (die Drachme) vorherrschte. Der Handel blühte auf, und ein allgemeiner wirtschaftlicher Aufschwung setzte ein. Athen profitierte am meisten, denn der vorgelagerte Hafen Piräus wurde zum Hauptumschlagplatz aller Waren. Streitigkeiten blieben jedoch nicht aus; als einzelne Bundesmitglieder keine Gelder mehr zahlen wollten, weil die Persergefahr ja nicht mehr bestand, schickte Athen Kriegsschiffe aus und trieb die Gelder mit Waffengewalt ein. Es wurde immer deutlicher, dass aus dem ursprünglichen Verteidigungsbündnis eine Zwangsgemeinschaft unter der alleinigen Vorherrschaft Athens geworden war. Als 454 die Bundeskasse nach Athen verlegt wurde, war allen Griechen klar, dass die Polis Athen keinerlei Widerspruch duldete und alles daran setzen würde, den Seebund und die Zahlungen der Bündner zu erhalten. Alle wussten, dass Athen nur einen geringen Teil der Gelder in die Verteidigung steckte, aber mit dem Löwenanteil Prachtbauten auf der Akropolis finanzierte und die Ausgaben für die Demokratie bezahlte (Diäten). Kritiker sprachen von der Tyrannis Athens über freie Griechenstädte. Sparta erneuerte 450 ein ähnliches Bündnis auf der Peloponnes, den Peloponnesischen Bund, der bereits seit 560 bestand. Jetzt standen sich zwei Machtblöcke gegenüber: angeführt von den beiden Großmächten Athen und Sparta.

Griechen kämpfen gegeneinander

Die Spannungen verschärften sich immer mehr. Viele Städte, die aus dem Seebund austreten wollten, baten Sparta um Unterstützung, Athen wiederum schürte den Konflikt, indem es Bundesgenossen Spartas den Handel verbot. Beide Seiten rüsteten auf: Die Spartaner stärkten ihr Landheer, die Athener ihre Flotte. Perikles überzeugte die Volksversammlung, dass man die Spartaner und deren Verbündete von See aus durch überfallartige Angriffe zermürben könnte. Auf dem Lande jedoch sei man den Spartanern unterlegen und könne zwar die Stadt Athen, nicht aber die heimischen Felder in Attika verteidigen. Von der See her seien jedoch genügend Lebensmittel zu beschaffen. Deshalb ließ er den Weg vom Hafen bis zur Stadt Athen mit gigantischen Mauern sichern. Niemand war überrascht, als der Krieg im Jahre 431 tatsächlich ausbrach, aber wohl niemand ahnte, dass er 28 Jahre andauern würde. Wie Perikles vorausgesagt hatte, besetzten die Spartaner Attika und verwüsteten die Felder; die Bevölkerung lebte auf engem Raum, aber relativ geschützt, innerhalb der Stadtmauern – bis in der Stadt die Pest ausbrach und ein Drittel der Bevölkerung hinwegraffte. Auch Perikles fiel der Seuche zum Opfer. Die Spartaner fürchteten die Ansteckung und eroberten die Stadt nicht. In den nächsten Jahren wechselten Siege und Niederlagen einander ab, die Athener beherrschten die See, die Spartaner das Land. Am Ende siegte Sparta. Im Jahre 404 musste sich das belagerte Athen unterwerfen, die Schutzmauem niederreißen und die Vorherrschaft Spartas anerkennen. Aber auch Sparta war geschwächt. Nur eine vergleichsweise geringe Zahl waffenfähiger Männer hatte den Krieg überlebt, und der entscheidende Sieg war nur mit Unterstützung der persischen Flotte errungen worden. Griechenland als Ganzes hatte verloren. Der eigentliche Gewinner war Persien, das jetzt die griechischen Städte an der kleinasiatischen Küste nahezu ohne Gegenwehr erobern konnte.

Der Krieg gegen Sparta aus der Sicht der Athener: Wir untersuchen die Position des Perikles

Im Sommer 431 und im Sommer 430 verwüsteten die Spartaner das Staatsgebiet außerhalb der befestigten Stadt Athen. Perikles wurde in der Volksversammlung heftig angegriffen und hielt Reden, die sehr viel über das Selbstverständnis der athenischen Demokratie aussagen und auch den Krieg rechtfertigen. Der Historiker Thukydides hat diese Reden aus der Erinnerung aufgeschrieben und sich dabei, wie er selbst sagt, möglichst „eng an den Sinn des Gesagten gehalten“.

Büste des Perikles um 430. Der Helm weist auf das Amt des Strategen (= Feldherrn) hin.

M 2 Aus der „Totenrede“ des Perikles (Sommer 431)

Er hielt diese Rede bei der Totenfeier für gefallene Athener.

Q Wir leben in einer Staatsform, die die Einrichtungen anderer Staaten nicht nachahmt. […] Wir nennen sie, weil wir uns nicht auf die Minderheit, sondern auf die Mehrheit im Volke stützen, Volksherrschaft. Alle genießen vor den Gesetzen gleiches Recht; bei der Vergabe von Ämtern im Staate wird nicht der bevorzugt, der einer besonderen Klasse angehört […], auch ein armer Mitbürger wird, wenn er dem Staat nur nutzen kann, von keinem politischen Amt ausgeschlossen. […] So leben wir als freie Menschen miteinander. […] Zusammenfassend sage ich, dass unsere Stadt insgesamt das Vorbild für ganz Hellas ist, und dass der einzelne Mensch, wie mir scheint, bei uns wohl am besten leben kann. Für eine solche Stadt sind die Menschen, deren Tod wir heute beklagen, in edlem Kampfe gefallen.

M 3 Aus der Rede des Perikles in der Volksversammlung (Sommer 430)

Q Der Staat ist wie ein Schiff. Und ich bin überzeugt, dass dieses Staatsschiff dem einzelnen Bürger am meisten nützt, wenn es selbst auf dem richtigen Kurs bleibt. Es nützt aber nichts, wenn es dem einzelnen Bürger gut geht, das Staatsschiff dabei aber Schiffbruch erleidet. […] Ihr seid Bürger eines großen Staates und seid aufgewachsen in einer Haltung, die dieses Staates würdig ist. Daher müsst ihr auch den schwersten Schlägen standhalten und dürft den Glanz eurer Ehre nicht trüben lassen. […] Niemand, nicht der Perserkönig oder irgendeine andere Macht, kann euch hindern, wenn ihr mit eurer Flotte in See stecht. Das ist eure Macht. Und im Vergleich dazu sind eure Häuser und Felder so gut wie nichts wert. […] Ihr müsst begreifen, dass ihr euch all das wieder aufbauen könnt, wenn wir in diesem Krieg unsere Freiheit verteidigen. Wenn wir aber unterworfen werden, verlieren wir alles. […] Eure Stadt verdankt ihre Ehre der Herrschaft über den Seebund. Für diese Ehre müsst ihr euch einsetzen; dafür dürft ihr keine Mühe scheuen, sonst habt ihr überhaupt kein Recht mehr, nach irgendeiner Ehre zu streben. Glaubt ja nicht, dass es in diesem Kampf nur um die eine Frage geht: Knechtschaft oder Freiheit. Nein! Man will euch euer Reich, den Seebund rauben. Und die eigentliche Gefahr, die euch droht, ist der Hass, den ihr euch mit eurer Herrschaft zugezogen habt. Diese Herrschaft könnt ihr nicht mehr rückgängig machen, von dieser Herrschaft könnt ihr nicht nur ein kleines Stückchen abgeben. Das sollen sich diese Politiker gesagt sein lassen, die das jetzt fordern, weil die Lage schwierig ist. Es kann ja sein, dass eure Herrschaft über den Seebund eine Gewaltherrschaft ist, und man kann das ein Unrecht nennen. Es wäre aber Selbstmord, diese Herrschaft aus der Hand zu geben.

(M 2/3 nach: Thukydides, Geschichte des Peloponnesischen Krieges, II, Kapitel 37 und S. 60ff.)

Wir erschließen die Reden durch drei Aufgaben:

1. Welche Absicht verfolgte Perikles mit diesen Reden?
2. Mit welchen Überlegungen forderte Perikles dazu auf, weiter zu kämpfen und wie rechtfertigte er die Haltung Athens?
3. Wie beurteilst du die Position des Perikles?

Der Fall Mytilene – Eine Entscheidung der Volksversammlung wird nachgespielt

Der griechische Geschichtsschreiber Thukydides informiert in seiner „Geschichte des Peloponnesischen Krieges“ ausführlich über den Konflikt zwischen Athen und der Stadt Mytilene auf der Insel Lesbos. Nach seiner Darstellung waren sich die Athener nicht einig, wie man mit Mytilene umgehen sollte. In der Volksversammlung ging es hoch her; die Positionen prallten heftig aufeinander. Wir nutzen die Darstellung des Thukydides, um die entscheidende Volksversammlung nachzuspielen. Dieses Vorgehen nennen wir Simulation (lateinisch = Nachahmung).

Methodenbox

Simulation

Eine historische Situation nachspielen: Wie geht das?

Vorschläge zur Durchführung:

1. Zunächst müsst ihr die grundlegenden Informationen genau durchlesen; dann entscheidet euch, welche der beiden Rollen ihr übernehmen wollt.
2. Die Rollenkarten enthalten stichwortartig die wichtigen Angaben, aber ihr müsst euren Redebeitrag noch selbst zusammenstellen und die Rede auch erst „trainieren“.
3. Die Lehrerin oder der Lehrer können dann die Redner aufrufen (wie es ein Vertreter vom Rat der 500 gemacht hat) und für den ordnungsgemäßen Ablauf sorgen – aber vielleicht traut ihr diese Aufgabe auch einem Mitschüler zu?
4. Die Reden werden nacheinander gehalten; dann erfolgt die Abstimmung.
5. Die Umsetzung in der Klasse macht mehr Spaß, wenn der Redner ein (weißes) Tuch umlegt (z. B. ein altes Bettlaken), wenn eine Karte des antiken Griechenland aufgehängt ist und wenn ihr den Redeplatz etwas erhöht. Die Mitschüler sollten im Halbkreis stehen und zuhören, sie bilden das Volk.

M

Athen und Sparta mit ihren Verbündeten

Die Vorgeschichte: Der Aufstand in Mytilene

Im Jahre 427 v. Chr. befindet sich Athen bereits seit vier Jahren im Krieg mit Sparta. Die Verluste auf beiden Seiten sind hoch, die Stadt Athen hat schon mehrere Niederlagen hinnehmen müssen und ist geschwächt. In dieser Situation spitzt sich die Lage in der Stadt Mytilene auf der Insel Lesbos dramatisch zu. Als Mitglied im Seebund hat die Bevölkerung von Mytilene nämlich seit Jahrzehnten hohe Geldzahlungen an Athen leisten müssen, ohne einen erkennbaren Gegenwert zu erhalten. Jetzt sieht man in Mytilene eine große Chance: Man weigert sich, weiterhin Geld zu zahlen – und will sich mit Sparta verbünden.

Die Reaktion: Athen schlägt den Aufstand nieder

Die Volksversammlung in Athen reagiert sofort: Man beschließt, unter dem Kommando des Strategen Paches eine Flotte nach Mytilene zu schicken, die Stadt zu belagern und den Aufstand niederzuschlagen. Es gelingt den Athenern, den Hafen einzunehmen und die Mytilener zur Kapitulation zu zwingen. Die Anführer des Aufstands, etwa 1000 Männer, werden gefangen genommen.

Das Problem: Wie sollte man mit Mytilene umgehen?

Jetzt musste entschieden werden, was mit den Gefangenen und der übrigen Bevölkerung in Mytilene geschehen sollte. Der Geschichtsschreiber Thukydides berichtet, dass es in der Volksversammlung turbulent zuging. Die Athener waren so zornig über den Aufstand der Mytilener, dass sie folgenden Beschluss fassten: Die 1000 Gefangenen und alle weiteren Männer sollten getötet werden, die Frauen und Kinder seien in die Sklaverei zu verkaufen. Ein Schiff wurde losgeschickt, diesen Beschluss an den Befehlshaber in Mytilene zu überbringen.

War der Beschluss sinnvoll?

Noch am selben Tag entstanden die ersten Diskussionen, ob dieser Beschluss vielleicht zu grausam war. Der Rat der 500 entschied sich für eine ungewöhnliche Maßnahme: Bereits am kommenden Tag sollte eine erneute Debatte zum gleichen Thema stattfinden. Für diese zweite Volksversammlung gehen zwei Anträge ein; die Wortführer sind Kleon und Diodotos.

Rollenkarte 1

Antrag des Kleon:
Die Entscheidung von gestern darf nicht verändert werden. Todesstrafe für alle Männer, Sklaverei für Frauen und Kinder!

Wir Athener haben die Perser besiegt und von daher das Recht zu herrschen und die Abgabe von Tributen zu verlangen.
Als Herrscher darf man nicht schwach sein, sondern muss Härte zeigen, denn sonst gehorchen die Untertanen nicht. Nur eine harte Strafe schreckt ab; wenn wir zu mild sind, folgen vielleicht weitere Städte dem Beispiel und lehnen sich auf gegen uns. Alle Mytilener haben mitgemacht, also müssen alle bestraft werden. Außerdem: Was soll diese heutige Sondersitzung? Wir haben doch gestern abgestimmt, und damit basta!

Rollenkarte 2

Antrag des Diodotos:
Die Anführer des Aufstandes sollen getötet werden, alle anderen sollen leben.

Todesstrafe und Versklavung sind unüberlegte Maßnahmen und von Nachteil für Athen. Sie wirken nicht abschreckend, sondern im Gegenteil: Der Aufstand in Mytilene war schnell niedergeschlagen, weil die Menschen auf eine milde Strafe hofften. Wenn Athen in Zukunft wieder eine Stadt belagert, wird sich aber niemand ergeben, sondern erbittert kämpfen, denn es besteht ja keine Aussicht, mit dem Leben davonzukommen.
Außerdem: Wenn alle Einwohner tot oder versklavt sind, kann die Stadt keine Abgaben mehr zahlen – bei einer milderen Behandlung kann Athen aber weiter Geld einnehmen.

(Nach: Thukydides, Geschichte des Peloponnesischen Krieges, übers. von G.P. Landmann, München 1973, III, S. 37ff.)

Übrigens: In der neu angesetzten Volksversammlung erhielt der Antrag des Diodotos eine knappe Mehrheit. Die Athener schickten sofort ein weiteres Schiff nach Mytilene, das mit dem neuen Beschluss noch rechtzeitig dort eintraf. Es wurden also „nur“ die 1000 Anführer getötet …

Das Leben in Athen zur Blütezeit der Demokratie

Ein Stadtrundgang zeigt uns wichtige Bauwerke – und verrät noch vieles mehr

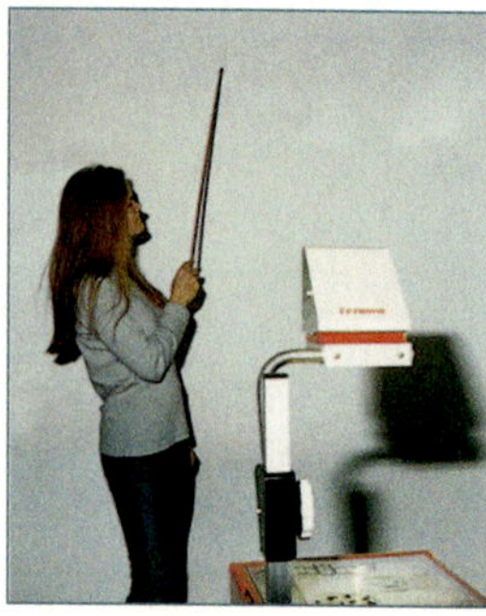

Vorschlag:
Du übernimmst die Rolle einer Stadtführerin oder eines Stadtführers. Du zeigst einem fremden Besucher die Sehenswürdigkeiten Athens. (Dabei nutzt du Folien, die Karten und vielleicht auch einzelne Abbildungen aus dem Buch.) Folgende Stichwörter sollten nicht fehlen: Piräus, Hafen/Triere, Lange Mauern, Pnyx, Agora, Akropolis. Zum Schluss solltest du dem Fremden erklären, wie Athen die Pracht finanzierte.

M 1 **Athen und Piräus im 5. Jahrhundert v. Chr.**

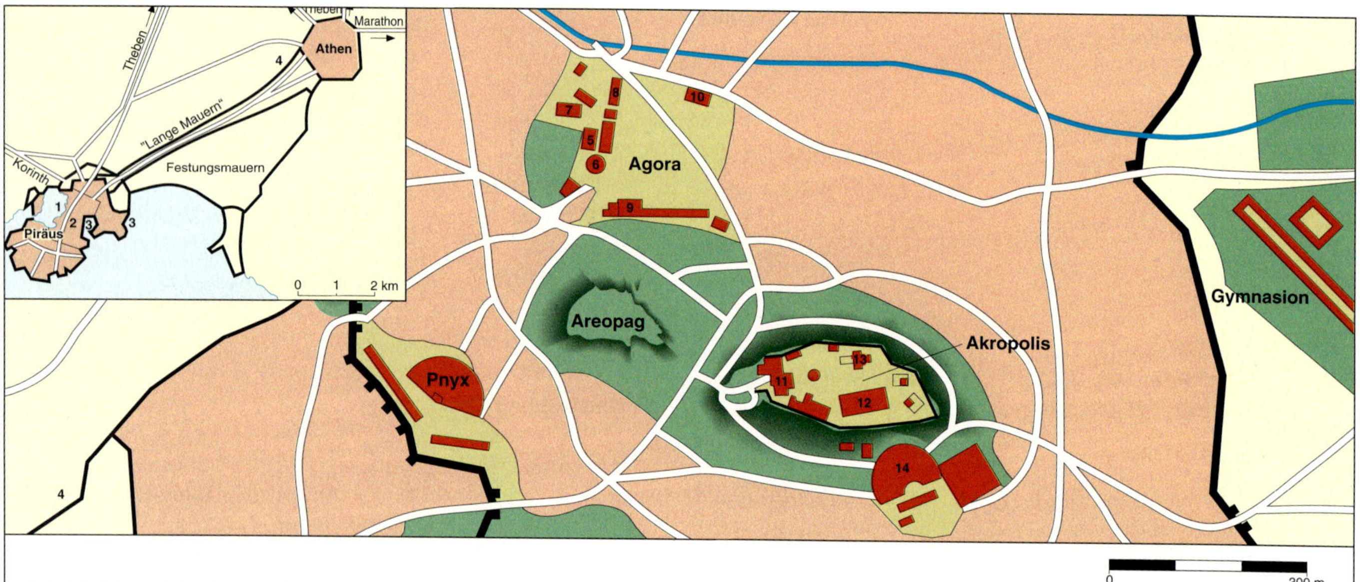

Ein Fremder, der in den Jahren vor Ausbruch des Peloponnesischen Krieges die Stadt Athen besuchte, musste ins Staunen geraten. Athen war das, was man heute als eine Weltstadt bezeichnen würde: Ein geschäftiges Treiben in allen Straßen und Gassen, beeindruckende Gebäude und ein Sprachengewirr aus aller Herren Länder. Wie international Athen war, konnte der Besucher bereits im Hafen von Piräus spüren. Täglich fuhren Handelsschiffe in die Hafenanlage und brachten Getreide, Vieh, Fisch, Eisen, Kupfer, Flachs und auch Holz, das in den Werften für den Schiffbau verwendet wurde. Täglich verließen auch Schiffe den Hafen und exportierten die Produkte, die in der Stadt von den Handwerkern hergestellt worden waren. Exportschlager waren neben Geräten aus Bronze vor allem Gefäße (Keramik); kleine und große Amphoren dienten als Behälter zum Transport oder zur Aufbewahrung von Öl, Wein und Getreide. Vasen und Teller wurden oft kunstvoll bemalt und waren besonders begehrt. Durchschnittlich sieben Tage brauchte ein Schiff, um Nordafrika oder Zypern zu erreichen, in drei oder vier Tagen war man auf Kreta oder Rhodos. War Athen gerade nicht im Krieg, lagen in den Schiffshäusern der beiden Kriegshäfen etwa 200 Trieren: Auf jedem dieser 40 m langen und 5 m breiten Schiffe dienten mindestens 150 Ruderer und 20 bis 50 Schwerbewaffnete oder Bogenschützen.

M 2 Attische Triere (Rekonstruktion)

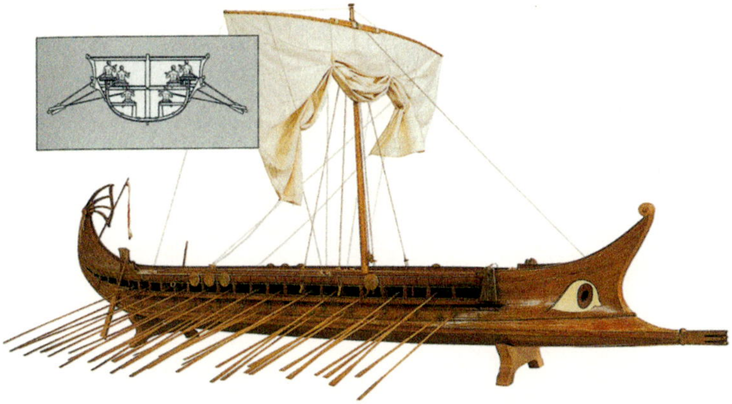

M 3 Töpferwerkstatt (Vasenmalerei)

Hatte der fremde Besucher die knapp 6 Kilometer zurückgelegt, die Piräus von Athen trennten, erreichte er die Stadt Athen und stieß gleich auf die Pnyx – das war der Ort, an dem sich die Männer zur Volksversammlung trafen. Gut 200 Meter weiter erreichte er einen großen Platz, die Agora. Dieser Platz war eindeutig das Zentrum der Stadt. Einerseits diente er – genau wie heute ein Marktplatz – wirtschaftlichen Zwecken, andererseits lagen hier auch die wichtigen Gebäude der Demokratie sowie viele religiöse Bauten und Altäre. Auf der Agora war immer etwas los, die Agora war der Treffpunkt in Athen. Jeder männliche Bürger Athens, der etwas auf sich hielt, ging dort einmal am Tage vorbei, spazierte in den Säulenhallen und unterhielt sich: über Politik, über die Preise, über die neuesten Nachrichten oder einfach nur über das Wetter.

M 4 Pnyx

M 5 Agora in Athen (Rekonstruktion)

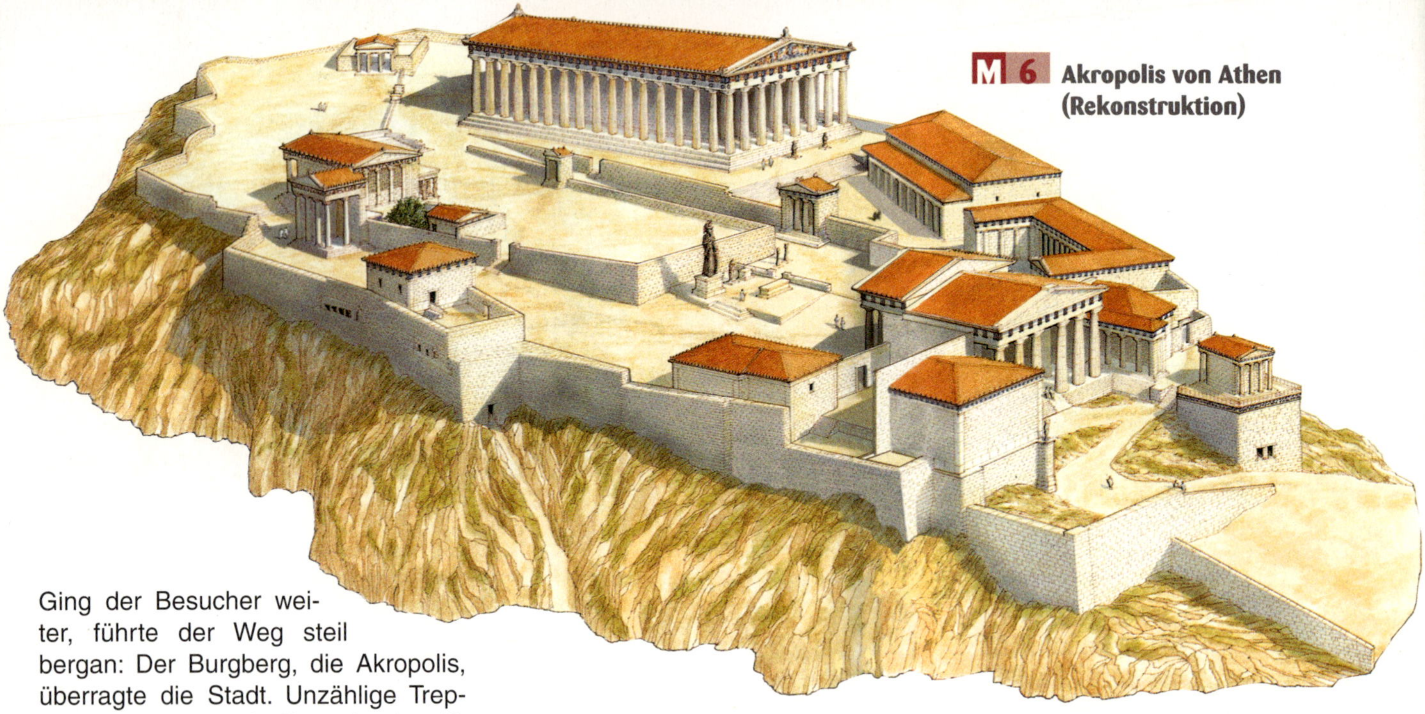

M 6 Akropolis von Athen (Rekonstruktion)

Ging der Besucher weiter, führte der Weg steil bergan: Der Burgberg, die Akropolis, überragte die Stadt. Unzählige Treppenstufen musste der Besucher bewältigen, bis er die Säulen der mächtigen Eingangshalle passierte und dann die Tempel bestaunen konnte, die hier auf engem Raum konzentriert waren. Der größte und beeindruckendste von allen war der Parthenon, das Heiligtum der Athena. Perikles hatte in der Volksversammlung eine Mehrheit für den Antrag gefunden, der Schutzgöttin auf der höchsten Stelle des Burgberges einen Tempel zu bauen – aus Dankbarkeit für den Beistand in den Perserkriegen und als Arbeitsbeschaffungsmaßnahme für die vielen armen Bürger Athens. Bis heute ziehen Akropolis und Parthenon Millionen von Besuchern aus aller Welt in ihren Bann. Tritt man auf die Südseite des Tempels, blickt man vom Burgberg direkt in das Dionysos-Theater hinab, das knapp 18 000 Zuschauern Platz bot. Einfach phantastisch!

M 7 Parthenon-Tempel auf der Akropolis

M 8 Das Dionysostheater in Athen

Das Wirtschaftswunder lässt sich erklären

Woher nahmen die Athener das Geld, um die prächtigen Bauwerke zu bezahlen? Heute denkt man sofort: Der Parthenon, das Theater oder auch die Langen Mauern sind sicher aus Steuern der Einwohner finanziert worden! Das aber ist ein Irrtum – für einen freien Athener war allein der Gedanke, dass er Steuern bezahlen sollte, völlig abwegig. Die Athener haben sich hauptsächlich aus drei Quellen finanziert.

Zum einen durch Zölle. Man weiß, dass im Hafen von Piräus auf jedes Produkt ein Einfuhrzoll von etwa zwei Prozent des Warenwertes erhoben wurde. Wenn die Wirtschaft florierte und große Mengen umgeschlagen wurden, zog auch die Stadt Athen daraus Nutzen.

Eine zweite wichtige Einnahmequelle waren die Silberbergwerke von Laureion (im südlichen Attika). Die Bewirtschaftung erfolgte zwar durch private Unternehmer, aber die Gruben gehörten der Polis Athen. Die Volksversammlung entschied immer wieder neu, welcher Bewerber für welche Zeitdauer ein Bergwerk pachten durfte und welche Gebühr zu entrichten war. So bekam die Polis viel Geld, ohne selbst im Bergbaugeschäft tätig zu sein.

Im Laufe des 5. Jahrhunderts wurde eine dritte Einnahmequelle angezapft. Die Bundesgenossen Athens im Delisch-Attischen Seebund zahlten Beiträge in eine Bundeskasse, um die Flotte gegen einen möglichen Angriff der Perser zu modernisieren. Diese Bundeskasse wurde seit 454 in Athen aufbewahrt, und im Laufe der Jahre bürgerte es sich ein, dass Athen den Großteil zu einem Ausbau der Stadt nutzte, was in der Volksversammlung oft kontrovers diskutiert wurde.

1. Kannst du den Namen „Triere“ erklären? Betrachte die Rekonstruktionszeichnung (S. 135, M 2), denke an die Bedeutung von Wörtern wie „Trio“.
2. Errechne, wie viele Personen im Kriegsfall in der Marine Athens dienten.
   Wenn du diese Zahl in eine Beziehung zu der Einwohnerzahl Athens setzt, wirst auch du staunen …

Lernstationen:

Station 1:
Wie sah der Alltag der Mädchen und Frauen aus? (S. 139–141)

Station 2:
Schulalltag im antiken Athen – ein reines Vergnügen? (S. 142/143)

Einblicke in das Alltagsleben Athens

Station 3:
Warum waren Theatervorstellungen ein großes Freizeitvergnügen? (S. 144/145)

Station 4:
Warum gelten die alten Griechen als Erfinder der Wissenschaften? (S. 146/147)

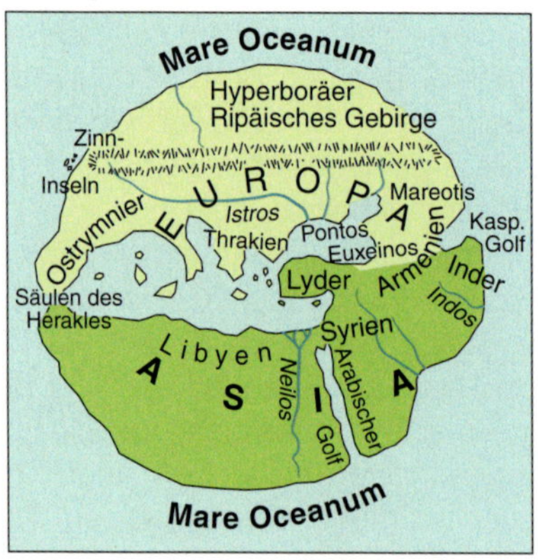

Auf den folgenden Seiten steht das Alltagsleben in Athen im Vordergrund. In insgesamt vier Lernstationen werden vier unterschiedliche Themen auf der Grundlage unterschiedlicher Materialien abgehandelt. Bei allen Themen findet ihr eine längere moderne Erzählung auf der Basis antiker Texte und Fundstücke – diese Erzählungen sind oft sehr anschaulich formuliert und sollen euch helfen, den Sachverhalt besser zu verstehen.
In der Klasse solltet ihr die Arbeit aufteilen: Eine oder mehrere Gruppen sind für jeweils eine Lernstation zuständig und erarbeiten das Material. Schaut euch also die Teilgebiete an und entscheidet euch für ein Thema. Die Leitfrage, die jeweils am Beginn steht, sollte eure Arbeit führen. Klärt Probleme in der Gruppe und erarbeitet ein gemeinsames Ergebnis (= Antwort auf die Leitfrage). Da die Mitschülerinnen und Mitschüler die Informationen nicht besitzen, ist es wichtig, dass jede Gruppe die eigenen Arbeitsergebnisse so präsentiert, dass alle in der Klasse den gleichen Kenntnisstand besitzen. Diese Präsentation kann durch einen Vortrag erfolgen, durch die Erläuterung einer Folie oder eines Tafelanschriebes oder in anderer Form. Auf jeden Fall sollten alle Gruppenmitglieder an dieser Präsentation beteiligt sein. Vorschläge zur Erarbeitung einzelner Materialien findet ihr bei den Stationen.

Lernstation 1: Wie sah der Alltag der Mädchen und Frauen aus?

Als der Grieche Herodot um 450 v. Chr. nach Ägypten kam, war er sehr erstaunt über die zahlreichen Rechte und Freiheiten der Ägypterinnen. Er konnte kaum fassen, dass die Frauen als Händlerinnen auf den Märkten arbeiteten und dass sie ohne Begleitung auf den Straßen herumliefen. Aus Griechenland war er ein ganz anderes Verhalten gewohnt. Zwar gab es je nach Polis einige Unterschiede, aber fast überall war es so wie in Athen, wo die Frau im öffentlichen Leben so gut wie keine Rolle spielte. Eine Ausnahme bildeten nur die Göttinnen und unter diesen die Göttin Athene, die geradezu verehrt wurde.

Wie lebte eine reiche Athenerin?

Die wohlhabende Athenerin blieb zu Hause und beaufsichtigte die Sklaven. Harte körperliche Arbeit musste sie nicht leisten, denn die Hausarbeit und die Kindererziehung wurden zu großen Teilen auch von den Sklaven erledigt. Sie hätte Zeit gehabt zu lernen – aber sie hatte kaum eine Chance. Die meisten Männer wollten nicht, dass ihre Frauen den Geist trainierten; sie befürchteten Widerworte und dauernden Streit. Die erwachsenen Männer verbrachten den Tag in der Stadt, während die Mädchen und Frauen im Haus bleiben mussten. Dort lebten sie abgeschirmt von Männern – wie in einem goldenen Käfig. Selbst mit männlichen Verwandten sprachen sie nur selten. Wenn eine Frau aus reichem Hause trotzdem allein ausging, lief sie Gefahr, ihren guten Ruf zu verlieren. Für eine anständige Frau gehörte sich so etwas einfach nicht! Andere Männer sprachen den Ehemann an und rieten ihm, er solle mit Riegeln und wachsamen Sklaven auf sie Acht geben.

Wie lebte eine ärmere Athenerin?

Einfache, arme Frauen konnten es sich nicht leisten, im Haus zu bleiben. Sie gingen hinaus, um zu arbeiten: um Wasser zu holen, Waren auf dem Markt zu verkaufen oder Obst zu pflücken. Manche betreuten auch als Ammen die Babys anderer Leute. Mädchen aus armen Familien kamen also eher in Kontakt mit jungen Männern und heirateten vielleicht aus Liebe. Die Töchter der Reichen konnten keine Männer kennen lernen und ihre Hochzeit wurde von den Eltern arrangiert. Sehr arme junge Frauen und Sklavinnen lernten oft Instrumente zu spielen, zu tanzen und Männer bei Festen zu unterhalten. Man nannte sie Hetären. Aber auf diesen Festen ging es rau und unfein zu, vor allem wenn die Männer viel getrunken hatten. Alle wohlhabenden Frauen sahen auf eine Hetäre hinab – sie waren stolz, unter vornehmen, geachteten Frauen in ihrer eigenen Welt zu leben. Nur sehr wenige Hetären schafften es, geachtet zu werden.

1. Schildere das Leben
a) einer reichen Athenerin,
b) einer ärmeren Athenerin.

2. Welches Leben würdest du vorziehen? Begründe deine Meinung (Vorteile, Nachteile).

M 1

Der Ausschnitt eines Vasenbildes von 420 v. Chr. zeigt ein Mädchen, das tanzen lernt zu einer Melodie, die von seiner Tanzlehrerin auf einer Doppelflöte gespielt wird.

M 2 Hochzeit in Athen – eine moderne Erzählung auf der Basis alter Texte

Euphiletos und Demarete lernen sich kennen

Euphiletos' Übergang zum Mannesalter war durch eine Zeremonie gekennzeichnet, bei der sein Haar, das er während der Kindheit lang tragen durfte, abgeschnitten und einem Gott geopfert wurde. Mit 18 musste er dann einen zweijährigen Militärdienst antreten. In der ersten Hälfte der Dienstzeit wurde er zum Krieger ausgebildet […]. Das zweite Jahr verbrachte er in einer Garnison an der Grenze Attikas. Danach konnte er in Notfällen noch bis zu seinem 60. Lebensjahr einberufen werden.

Mit 20 Jahren schließlich durfte Euphiletos seinen Platz in den Rängen der Athener Bürger einnehmen. Welchen Beruf er wählte, wissen wir nicht. Vielleicht hatte er ja auch genügend Einkünfte von seinem Landgut.

Der nächste Meilenstein in seinem Leben war der schicksalhafte Entschluss zu heiraten. Leider hat uns die Geschichte den Namen seiner Frau nicht überliefert – was bereits viel aussagt –, und deshalb werden wir sie Demarete nennen. Sehr wahrscheinlich war sie jünger als Euphiletos, denn Mädchen heirateten gewöhnlich bereits mit 14 Jahren, und zwar nicht selten Männer, die doppelt so alt waren wie sie. In jenem zarten Alter unterschied sich Demaretes Leben schon sehr stark von dem des Mannes, den ihre Eltern für sie ausgewählt hatten.

Als Kind hatte Demarete keine Schule besucht, wie Euphiletos es getan hatte. Mädchen wurden zu Hause erzogen. Dort lernten sie in erster Linie, wie man einen Haushalt führte, wobei manche Eltern auch dafür sorgten, dass ihre Töchter lesen und schreiben, vielleicht auch tanzen sowie Flöte und Lyra spielen konnten […].

Bei der Auswahl ihres Ehepartners hatte Demarete nur wenig mitzureden. Ihre Eltern hatten die Wahl getroffen, lange bevor sie eine eigene Meinung äußern konnte. Ein wichtiger Faktor für den künftigen Bräutigam war die Höhe der Mitgift, welche die Braut in die Ehe einbrachte. War sie erst einmal verheiratet, ging die Mitgift in den Besitz des Mannes über, der damit machen konnte, was er für richtig hielt. Bei einem Bruch der Verbindung allerdings war er verpflichtet, der Familie der Frau das Geld zurückzuerstatten. […]

Der Tag der Hochzeit

Am Hochzeitstag suchte Euphiletos bei Einbruch der Nacht Demaretes Familie auf, um offiziell um ihre Hand anzuhalten – vermutlich der erste Anlass, zu dem das Mädchen den künftigen Gemahl zu Gesicht bekam […].

Als nächstes nun musste die Braut in einer Prozession zu ihrem neuen Heim geführt werden: Dies war der zentrale Akt der Hochzeit. Braut und Bräutigam bestiegen einen von Maultieren und Ochsen gezogenen Wagen. Verwandte und Freunde folgten den beiden zu Fuß. Unter lautem Rufen wie „Auf jetzt!", „Aus dem Weg!" und „Halte die Fackel!" rollte der Wagen mit seinem Gefolge schließlich los. […]

Nachdem Demarete das Haus betreten hatte, führte Euphiletos die Braut zum Herd, der symbolischen Mitte des

Diese Szene auf einem griechischen Parfümbehälter zeigt eine Hochzeitsgesellschaft, die sich im Fackelschein zum Haus des Bräutigams begibt. Was wird die Braut im Haus des Bräutigams erwarten?

Hauses, wo die Gäste als Zeichen der Festlichkeit Früchte und Nüsse über die frisch Vermählten streuten […]
Von hier aus ging das Paar ins Hochzeitszimmer, in dem Demarete vielleicht zum ersten Mal ihren Schleier hob. Sobald die Tür hinter ihnen ins Schloss fiel, setzte sich ein Freund des Bräutigams davor, um böse Geister abzuwehren, während der Rest der Gesellschaft mit lauter Stimme Hochzeitslieder sang, um böse Geister zu verjagen.

Alltag einer Ehe

Die ersten Jahre der Ehe waren wahrscheinlich voller Freude. Als Demarete schließlich einen Sohn gebar, schien ihr Glück vollkommen […]
Da eine Athener Braut zum Zeitpunkt der Hochzeit normalerweise noch sehr jung und der Altersunterschied zu ihrem Mann groß war, hatte ein Ehepaar gewöhnlich keine gemeinsamen Freunde. Außerdem war der Mann tagsüber meistens unterwegs. Die Sonne traf ihn nie zu Hause an, wie ein Athener Sprichwort lautete. Trotz der großen Bedeutung der Familie und des Haushalts war der typische Athener davon überzeugt, dass sein Platz in der Öffentlichkeit war und seine Rolle von ihm forderte, ständig auf den Beinen zu sein und seinen Geschäften nachzugehen. […]
Mit der Zeit jedoch wurde Demarete immer unzufriedener mit ihrer Rolle. Außer der Erziehung ihres Sohnes und der Überwachung der Dienerinnen gab es nur wenig, womit sie ihre Zeit verbringen konnte. Nur um gelegentlich ihre Verwandten oder Nachbarinnen zu besuchen, durfte sie die vier Wände des kleinen, düsteren Hauses verlassen, und es gab Zeiten, in denen sie die Dienerinnen beneidete, die auf den Markt gehen konnten, um dort die täglichen Einkäufe zu erledigen – und dabei mit den Frauen der Nachbarschaft zu schwätzen […]

(nach: Wie sie damals lebten – Im Griechenland der Antike, (Time-Life-Verlag) Amsterdam/Hamburg 1998, S. 36 ff.)

Folgende Fragen helfen bei der Erschließung des Materials:

1. Stellt wichtige Stationen in den Lebensläufen von Euphiletos und Demarete einander gegenüber.
2. Über die Unterschiede in der Lebensweise von Frauen und Männern gab es im alten Athen ganz klare Vorstellungen. Man nennt solche Vorstellungen Rollenerwartungen. Welche typischen Rollenerwartungen gegenüber Frauen und Männern lassen sich diesem Hochzeitsbericht entnehmen?
3. Versuche, die Rollenerwartung aus heutiger Sicht zu beurteilen.

Lernstation 2: Schulalltag im antiken Athen – ein reines Vergnügen?

Die Schulzeit

Im Athen der Antike gingen die Mädchen nicht zur Schule. Die Ausbildung einer Athenerin beschränkte sich auf das Haus. Vermutlich konnten deshalb nur wenige Mädchen und Frauen rechnen, lesen oder schreiben. Bei den Jungen war das anders. Ihre Schulausbildung begann damit, dass ein Lehrer ihnen Grundkenntnisse in Mathematik beibrachte. Das Lesen lernten die Schüler mit der Ilias von Homer. Viele Verse mussten sie auswendig aufsagen können. Man schätzt, dass immerhin sieben von zehn Jungen in Athen lesen und schreiben konnten! Erst vor 150 Jahren ist in Mitteleuropa ein ähnlicher hoher Prozentsatz erreicht worden, in vielen Staaten der Dritten Welt liegt der Anteil der Analphabeten heute höher als im antiken Athen. Gab es auch „Nebenfächer"? Natürlich – aber Musik, Gesang und Schauspielkunst sowie der Sportunterricht spielten keine Neben-, sondern eine Hauptrolle. Die Polis Athen erwartete, dass die heranwachsenden jungen Männer in jeder Hinsicht gebildet waren, sodass alle Bürger auf den Nachwuchs stolz sein konnten.

M 1

Gab es damals schon einen Laptop? Diese Vasenmalerei aus dem 5. Jahrhundert zeigt verschiedene Schulszenen.
Das Gerät, das einem Computer ähnelt, ist eine Wachstafel, in die der Lehrer mit einem Griffel aus Elfenbein die Buchstaben ritzt.

Folgende Fragen helfen bei der Erschließung der Materialien:

1. Schaut genau hin: Welcher Unterricht findet hier statt?
2. Welche Unterschiede und welche Gemeinsamkeiten zwischen der Schule damals und heute könnt ihr in den Texten und Abbildungen entdecken?
3. Wählt einige Unterschiede zu heute aus und erklärt, warum es das heute nicht mehr in der Schule gibt?

M 2 Ärger in der Schule – eine moderne Erzählung über einen Schultag im antiken Athen

Kritias ist sauer. Er soll zum Unterricht gehen. Ausgerechnet heute. Wo Euxodia wieder da ist. Und wo morgen das große Fest stattfinden soll. Lauter aufregende Dinge werden passieren. Seine Mutter und seine Schwester daheim sind schon ganz nervös. Und er? Er muss in die Schule. Dabei besteht überhaupt keine Verpflichtung dazu. Kein Mensch muss jeden Tag in die Schule gehen, denn Schulpflicht gibt es nicht in Athen. Aber sein Vater bezahlt Schulgeld für den Unterricht, den er kriegt. Naja, und da muss er eben hin. Sein Paidagogos steht schon an der Tür und wartet auf ihn. Kritias braucht in der Schule sein Musikinstrument und seine Schreibtafel. Er muss aber seine Schulsachen nicht selber tragen. Dafür hat er seinen Paidagogos. Der trägt ihm seine Schulsachen, bringt ihn zum Unterricht, setzt sich während der Schulzeit zu ihm und beobachtet, was er lernt. Und dann bringt der Paidagogos ihn wieder nach Hause. Ach so, was man auch noch wissen sollte; der Paidagogos hat seinen Stock bei sich. Es könnte ja immerhin sein, dass Kritias ihm auf der Straße nicht gehorchen will. Dann darf der Paidagogos mit dem Stock ruhig kräftig zuschlagen. […]

„Du trödelst, Kritias", sagt Alexander, der Paidagogos. Es stimmt. Die Schule ist nämlich in Sicht. Und da trödelt Kritias immer. Eine richtige Schule ist das eigentlich nicht. Es ist das Haus des Schreiblehrers. Da ist ein Raum eingerichtet mit vielen kleinen Schemeln. Vorne in einem Lehnstuhl sitzt der Lehrer. Kritias begrüßt den Lehrer und einige Kinder, die bereits Platz genommen haben. Er hockt sich ebenfalls hin. Alexander gibt ihm seine Wachstafel und einen Griffel. Dann setzt sich der Paidagogos auf einen Hocker hinten im Raum. Kritias muss am Diktat teilnehmen. Alle Jungen […] halten ihre Wachstafeln auf den Knien und schreiben mit den Griffeln in das weiche Wachs. Anschließend schaut der Schreiblehrer nach, ob er Fehler entdecken kann. Kritias hat beim Diktat einige Buchstaben vergessen. Der Lehrer tadelt ihn: „Du hast Fehler gemacht, Kritias!" Und dann nimmt er einen Stock und schlägt ihn einige Male über den Rücken. „Gib dir beim nächsten Diktat mehr Mühe", sagt der Schreiblehrer.

Kritias schluckt. Am meisten ärgert es ihn, dass sein Nachbar Kleon darüber lacht, dass er Schläge kriegt. […]

Alexander reicht ihm den Mantel. Jetzt gehen sie zum Gymnasium, zum Sportplatz. Der Sportplatz ist ein großer Hof. Er ist ringsum von Räumen umgeben. Der Sportlehrer wird Paidotribe genannt. Und der Sportlehrer bestimmt, welche Sportart geübt werden soll. Kritias gehört zu der Gruppe der jüngeren Sportschüler. Er geht in den Raum für die Jüngeren und zieht seinen Mantel aus. Im Gymnasium wird nämlich ganz nackt trainiert.

(Heinz Lothar Worm, Ärger in der Schule; in: Alltag im antiken Athen, Geschichte lernen, Heft 16/1990, S. 26f.)

M 3

„Du trödelst, Kritias!"
Diese Vasenmalerei (um 460 v. Chr.) zeigt einen Jungen und seinen Paidagogos auf dem Weg zur Schule.
Der Paidagogos war ein Sklave, der zu einem vornehmen Athener Haushalt gehörte. Was könnten der Paidagogos und der Junge gerade denken?

Lernstation 3: Warum waren Theatervorstellungen ein großes Vergnügen?

M 1

Eine moderne Vorstellung im antiken Theater von Epidauros

M 2 Griechisches Theater

Entstehung

Der Dionysos-Kult war im 6. Jahrhundert der Geburtshelfer des griechischen Theaters gewesen. An bestimmten Festtagen zogen die Menschen zu Ehren des Fruchtbarkeitsgottes verkleidet durch Städte und Dörfer, um Dionysos mit Tänzen und ausgelassener Musik zu feiern. Irgendwann begann vermutlich ein Einzelner auf die singende Menge zu reagieren, indem er ihr antwortete. Der Sänger seinerseits erhielt wieder eine Antwort, und so entstand ein Wechselgesang – der erste dramatische Dialog. Aus diesen Anfängen heraus entwickelten sich die ersten Theaterstücke. Das 5. Jahrhundert gilt als die klassische Zeit des griechischen Theaters. Stücke von Sophokles oder Aischylos werden auch heute noch gelesen und auf den Theaterbühnen aufgeführt.

Inhalte

Schuld und Schicksal, Liebe und Rache, Helden und Bestien – mit diesen Zutaten wird das antike Drama erfunden. Die Tragödien beschäftigen sich mit Helden und Göttern der Mythologie. Die Helden müssen sich einem unentrinnbaren Schicksal stellen, kommen in schier unlösbare Konflikte. Die Zuschauer sollen Furcht und Mitleid mit ihnen empfinden. Am Schluss, wenn sich die Konflikte durch den Untergang der Helden oder durch die Erkenntnis neuer Perspektiven lösen, soll auch das Publikum etwas gewinnen – neue Ideen zum Beispiel oder die Erweiterung des eigenen Horizonts. In Tragödien wird „vorgespielt", wie sich Menschen in schwierigen Situationen verhalten. Die Komödie bildet die zweite große Gattung des antiken Theaters. Sie ist viel heiterer und leichter. Dumme Bauern treten auf, Betrunkene, keifende Alte usw. Oft geht es um Liebesbeziehungen oder aktuelle Politik. Prominente Zeitgenossen bekommen ihr Fett weg, auch über die Schwächen der Götter und der Mitmenschen macht man sich lustig.

Finanzierung

Den Großteil der Ausgaben übernimmt die Polis. Die hölzernen Tribünen, die Athen im Jahre 475 für das Dionysos-Theater errichten ließ, haben eine Unsumme verschlungen. Auch die Gage der Autoren zahlt der Staat sowie den Preis für das beste Stück und den besten Autoren – denn die Festspiele sind als Wettbewerb organisiert. In Athen ist der Eintritt lange Zeit frei. Parallel entwickelt sich eine Art Sponsorentum: Reiche Bürger erhöhen ihr Ansehen in der Stadt, wenn sie die Chorsänger bezahlen und die Kosten der Inszenierung übernehmen.

Die Darsteller

Nur drei Schauspieler sind es, die alle Rollen spielen und mehrere hundert Verszeilen auswendig lernen müssen. In dem Stück „Orestie" zum Beispiel stellt jeder Darsteller sechs verschiedene männliche und weibliche Charaktere dar. Wenn sie die Rollen wechseln, setzen sie einfach eine andere Maske auf. Neben den Schauspielern tritt noch ein Chor auf, der fast immer aus 15 Personen besteht und in einer Art Sprechgesang das Geschehen kommentiert. Die Schauspieler haben lange Prachtgewänder und tragen eine Maske aus gestärktem, bemaltem Leinenstoff. Sie verdeckt das ganze Gesicht und zeigt ein bestimmtes Gefühl, z.B. Zorn oder Schadenfreude. Der Rest des Kopfes verschwindet unter einer Perücke. So ist es für die Schauspieler leicht, in verschiedene Rollen zu schlüpfen und auch Frauen darzustellen.

Durchführung

Jährlich im März oder April strömen die Athener in das Dionysos-Theater am Südhang der Akropolis. Mehrere Tage dauern die Festspiele, jede Vorstellung ist von 17 000 Zuschauern besucht. Schon um 7 Uhr morgens sind die ersten Zuschauer ins Theater gekommen. Adelige, Bürger, Handwerker und Sklaven sind da, auch Kinder und Frauen dürfen mitkommen. Um acht Uhr beginnt die Opferprozession der Darsteller: Dann kündigt ein lauter Trompetenstoß den Beginn der Vorstellung an. Bis zu zwölf Stunden dauert dieser Festtag – unterbrochen durch eine längere Mittagspause. Drei Dramen werden gespielt, dann folgt zum Abschluss als eine „Zugabe" noch ein Satyrspiel, das beim Publikum wegen seines Musical-Charakters (Tanz, Gesang) und frecher Texte besonders beliebt ist.

(Zusammengestellt nach: Felicia Englmann, Griechisches Theater: Ein Rausch für die Sinne; in: Das antike Griechenland (P.M. Perspektive), 1996. S. 54ff.)

Du besuchst das Theater und erzählst deiner Freundin oder deinem Freund von dem tollen Erlebnis.

M 3 Schauspieler mit Maske

Der Schauspieler hat die Maske abgenommen, um den Applaus entgegenzunehmen.

Lernstation 4: Warum gelten die alten Griechen als Erfinder der Wissenschaften?

Naturwissenschaft

Die alten Griechen gelten als die Erfinder des wissenschaftlichen Denkens. Sie griffen Erkenntnisse der Gelehrten aus Ägypten oder Mesopotamien auf und schufen eine theoretische Grundlage für viele Disziplinen, die auch heute noch griechische Namen tragen, zum Beispiel Astronomie, Physik, Mathematik oder Geographie. Nicht alle Griechen, aber eine kleine Elite ging dazu über, Naturereignisse nicht einfach hinzunehmen, sondern nach Erklärungen zu suchen. Ein Beispiel für dieses neue Denken ist der Mediziner Hippokrates, der die genaue Beobachtung zur Grundlage der Diagnose machte und sich erst dann für die entsprechende Heilmethode (Therapie) entschied. Im Prinzip ist dieses Vorgehen bis heute kennzeichnend für alle Formen der Wissenschaft.

M 1 **Astronomie**

Thales von Milet (Mosaik).
Er beobachtete die Bewegung der Sterne und sagte das Datum der Sonnenfinsternis im Jahre 585 exakt voraus.

M 2 **Geographie**

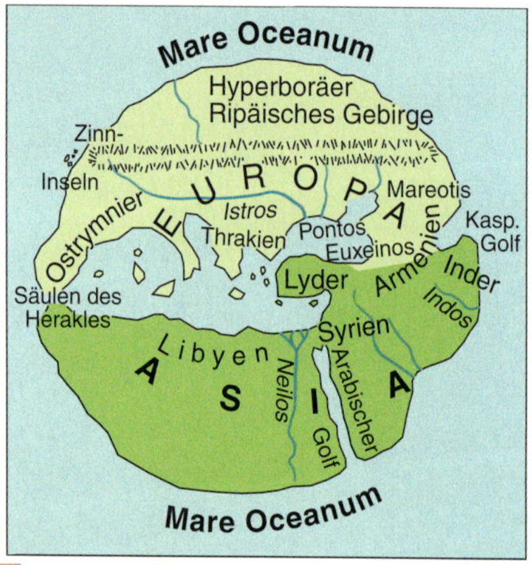

Weltkarte des Hekataios von Milet (um 500, vereinfacht)

M 3 **Medizin**

Abbildung eines Beines mit Dankinschrift des Patienten

Büste des Sokrates

Geisteswissenschaft

Sokrates, Platon und Aristoteles sind die großen Denker ihrer Zeit. Noch heute, nach mehr als 2000 Jahren, profitieren wir von den Überlegungen der Athener, die wir als Philosophen bezeichnen, was wörtlich übersetzt „Freunde der Weisheit" bedeutet.

Im folgenden Textauszug könnt ihr erfahren, welche Ideen der Philosoph Sokrates entwickelte, was diese Gedanken mit „Wissenschaft" zu tun haben und welches Schicksal er erlitt.

Anregung für einen Vortrag in der Klasse:
Der Athener Bürger Sokrates ist ein typischer Wissenschaftler. Von seiner Lebenseinstellung und seinem traurigen Ende will ich euch erzählen: …

M 4 Der Philosoph Sokrates

Ich weiß, dass ich nichts weiß

Die meisten in Athen kennen ihn schon und gehen ihm deshalb aus dem Weg. Meistens lümmelt sich der komische Kauz auf dem Marktplatz herum. Nicht nur, dass er hässlich ist: Er hat O-Beine, einen kugelrunden Bauch, wulstige Lippen und Froschaugen. Dieser Mann mit Namen Sokrates spricht die Menschen einfach auf offener Straße an und nervt sie mit banalen, doch schwer zu beantwortenden Fragen. „Was ist Tapferkeit?", will er zum Beispiel wissen. Oder: „Was ist Freundschaft?" Auch ratlose Gesichter und stotternde Antworten können den Plagegeist nicht abhalten. […]

Sokrates (um 470–399 v. Chr.), gelernter Steinmetz, stellt seine Fragen so, dass auch der größte Besserwisser am Ende zugeben muss, dass er keine Ahnung hat. Das Orakel von Delphi hat ihn als den weisesten aller Menschen bezeichnet. Doch der Philosoph ist deshalb nicht übermütig geworden. Im Gegenteil: Er tut so, als könne er das nicht glauben und behauptet, dass er gar nichts wisse. Bis er schließlich zu der Erkenntnis kommt, dass er im Gegensatz zu allen anderen wenigstens weiß, dass er nichts weiß.

Die einen halten Sokrates für eine Nervensäge, die anderen verehren ihn. Sein Handeln richtet sich nach dem Spruch: „Erkenne dich selbst". Dabei zweifelt er oft an alten Werten. „Wer weiß besser, was für mich gut ist – der Staat oder ich selbst?" Dass eine solche Frage an den Grundfesten des Gemeinwesens rüttelt, stört ihn wenig. Sokrates, der Sohn einer Hebamme, macht wohl als erster deutlich, dass in der Philosophie eine Frage wichtiger sein kann als eine Antwort. Irritierend ist für viele: Er richtet seine Fragen ausgerechnet an jene, die glauben, die Antworten zu kennen. Mit Feldherren diskutiert er den Begriff „Tapferkeit", mit Priestern die „Frömmigkeit" …

Doch auch er selbst kennt die Antworten nicht – seine Dialoge enden meistens im Leeren. Was Tapferkeit wirklich ist, wird ebenso wenig geklärt wie das Wesen der Frömmigkeit. „Hebammen-Kunst" nennt Sokrates solche Gespräche. Aufgabe der Geburtshelferin sei es ja auch nicht, das Kind selbst zu gebären – sie hilft nur dabei. Auch Sokrates will bei der Entbindung von Antworten behilflich sein, ohne sie selbst geben oder auch nur kennen zu müssen. Eine echte Lösung wird nur entstehen, wenn der Befragte sie selbstständig erarbeitet hat. Ihm ist nicht geholfen, wenn man ihm die Lösung einfach vorhält. Hier wird der Grundgedanke des Sich-selbst-Prüfens deutlich, wie er später in der Wissenschaft fundamental werden sollte.

Der Tod des Sokrates

Im Jahr 399 v. Chr. wird Sokrates angeklagt. Er glaube nicht an die Götter und verderbe mit seinen Reden die Jugend. Auf solche Vergehen steht die Todesstrafe. Während der Verhandlung unternimmt Sokrates nicht den geringsten Versuch, sich zu verteidigen. Mit 360 gegen 140 Stimmten verurteilt das Gericht den Philosophen zum Tode.

Seine Freunde schmieden Fluchtpläne, aber Sokrates bleibt im Gefängnis und wartet auf die Vollstreckung des Urteils. Seine Frau Xanthippe klagt heulend, dass er unschuldig sterben müsse. Darauf hat er eine höchst sokratische Antwort: „Wäre es dir lieber, wenn ich schuldig sterben würde?" […] Sokrates muss den Schierlingsbecher mit dem Gift der gleichnamigen Pflanze austrinken. Er leert ihn in einem Zug.

(Nach: Andreas Séché, Der Philosoph stirbt, doch seine Ideen leben weiter; in: P.M. Das antike Griechenland, 1996, S. 28ff.)

1. Wie stellt der Maler Sokrates dar?
2. Wie verhalten sich die Freunde?

M 5

Der Tod des Sokrates (Gemälde von J.L. David, 1787)

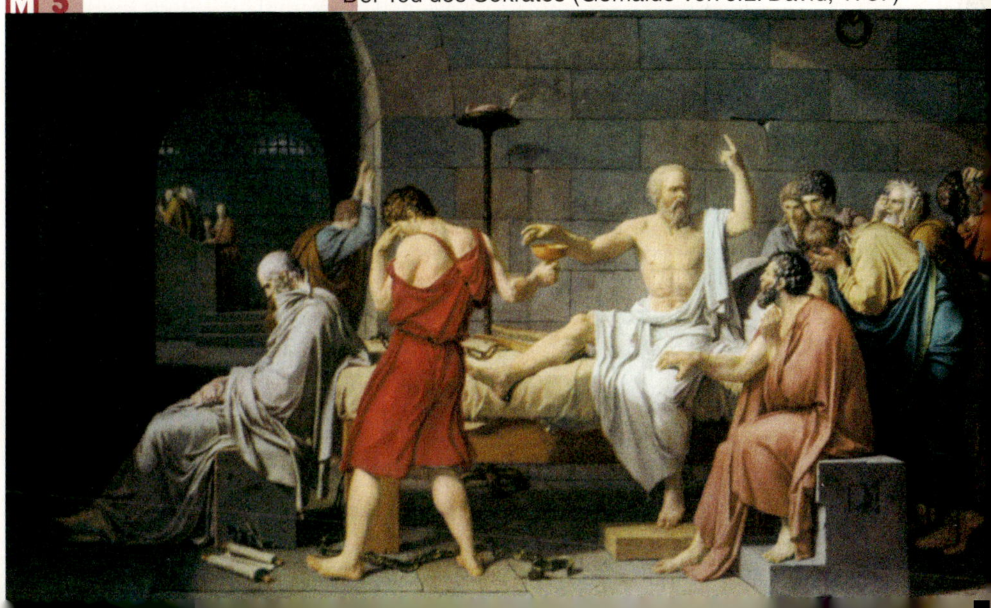

Streit um Alexander – Trägt er den Beinamen „der Große“ zu Recht?

M 1 Alexander der Große

In einem Jugendlexikon findet sich über ihn folgender Eintrag:

Alexander der Große (356–323), regierte als makedonischer König von 336–323, Sohn und Nachfolger Philipps II., Schüler des Aristoteles. Vorbild des glänzenden Eroberers. Im Kampf gegen die Perser führte er griechische Truppen bis zum Indus und sorgte für die Ausbreitung der griechischen Kultur. Spannungen zwischen ihm und der makedonisch-griechischen Basis verschärften sich, weil er sich als Gott verehren ließ. Nach ihm nannten sich später viele Könige, auch römische Päpste. Umstrittene Person, von zweifellos weltgeschichtlicher Bedeutung.

Der Lexikoneintrag deutet bereits an, dass wohl kaum eine andere Person der Weltgeschichte so gegensätzlich beurteilt wird wie Alexander der Große. Schon in der Antike stritten sich die Menschen, wenn es darum ging, seine Leistungen einzuschätzen.

M 2 Das Urteil des griechischen Geschichtsschreibers Diodor

In kurzer Zeit hat dieser König große Taten vollbracht. Dank seiner eigenen Klugheit und Tapferkeit übertraf er die Leistungen aller Könige, von denen die Erinnerung weiß. In nur zwölf Jahren hatte er nämlich nicht wenig von Europa und fast ganz Asien unterworfen und damit zu Recht weit reichenden Ruhm erworben, der ihn den alten Heroen und Halbgöttern gleichstellte.

M 3 Das Urteil des römischen Politikers und Philosophen Seneca

Den unglücklichen Alexander trieb seine Zerstörungswut nicht nur in unbekannte Gegenden, sondern auch in den Wahnsinn. So ein Mensch, der die Unterdrückung seiner eigenen Heimat betreibt, kann einfach nicht geistig gesund gewesen sein – oder? Er war einfach nicht zufrieden mit dem Zusammenbruch so vieler Städte, die sein Vater Philipp besiegt oder gekauft hatte. Deshalb vernichtete er immer weiter – mal diese, mal jene Stadt, und er trug seine Waffen in der ganzen Welt herum. Seine Grausamkeit war unersättlich, genau wie bei wilden Tieren, die mehr zerfleischen, als sie fressen können.

Alexander-Büste

Auch heute noch gibt es Streit um Alexander: Trägt er seinen Beinamen zu Recht oder nicht? An dieser Diskussion könnt ihr teilnehmen. Auf den folgenden Seiten findet ihr ein Streitgespräch, das euch anregen soll, ein eigenes Urteil zu bilden. Der Wortlaut ist erfunden, aber die beiden Kontrahenten nennen genau die Argumente und Beispiele, wie sie in der Wissenschaft vorgebracht werden. Stellt zunächst in einer zweispaltigen Tabelle die Gründe zusammen.

Streit um Alexander – Trägt der den Beinamen zu Recht?

Ja, denn …	Nein, denn …

M 4 Experten sind sich nicht einig

Eine Geschichtslehrerin (A) und ihr Kollege (B) streiten sich über Alexander:

A: Ich fasse einmal kurz die Vorgeschichte zusammen. Also: Nach dem Peloponnesischen Krieg gab es in Hellas keine Führungsmacht. Viele Kriege schwächten die Städte weiter. König Philipp aus dem nordgriechischen Makedonien nutzte die Situation und erkämpfte im Jahre 338 die Vorherrschaft in ganz Griechenland. Für die Griechen war der Sieg der Makedonen eine Katastrophe, denn sie hatten immer abschätzig auf das in ihren Augen rohe und ungebildete Reitervolk hinabgeblickt. Als Philipp im Jahre 336 v. Chr. ermordet wurde …

B: Hier muss ich unterbrechen. Denn du darfst nicht verschweigen, dass schon in der Antike vermutet wurde, Alexander selbst habe seine Finger im Spiel gehabt.

A: Ich weiß, ich weiß. Man hat den Täter sofort gefasst und der ist auf Befehl Alexanders auf der Stelle getötet worden. So konnte er nichts mehr über seine Auftraggeber verraten. Aber dass Alexander an der Ermordung seines eigenen Vaters beteiligt gewesen ist, sind wirklich nur wilde Spekulationen von seinen politischen Gegnern.

B: Nun gut, es fehlen Beweise. Aber es erstaunt, wie schnell Alexander die Macht an sich riss und alle Griechenstädte zwang, seine Herrschaft anzuerkennen. Nur Theben weigerte sich. Und jetzt zeigte Alexander sein wahres Gesicht: Mit brutaler Gewalt unterdrückte er den Aufstand, zerstörte die Stadt bis auf die Grundmauern und verkaufte alle Thebaner in die Sklaverei. Bereits hier konnte man erkennen, dass er gegen jeden Widerstand mit äußerster Brutalität vorging.

A: Was sollte er denn machen? Schließlich verfolgte er die Idee, den Überfall der Perser zu rächen, die Griechenland bedroht und die Akropolis zerstört hatten. Da musste er schon die Griechen hinter sich wissen.

B: Rachefeldzug gegen die Perser? Dass ich nicht lache! Fast 150 Jahre lagen die Perserkriege zurück, seit mehr als 100 Jahren war die Akropolis prächtiger und schöner als je zuvor. Da kam die Rache aber reichlich spät …

A: Aber in den Köpfen der Griechen

M 5 Der Feldzug Alexanders von 334–323 v. Chr.

war die Persergefahr so lebendig, dass Alexander wenig Mühe hatte, sein Heer zusammenzustellen. 35 000 Griechen waren bereit, Persien anzugreifen – ein Reich, das fünfzigmal so groß war wie Hellas. Und diese Männer folgten einem ganz jungen Mann, dem 21-jährigen Alexander. Da musst selbst du zugeben, dass dieser Alexander etwas ganz Besonderes war.

B: Das kann man wohl sagen. Als er die Meerenge zwischen Europa und Asien überquerte, schleuderte er noch vom Boot aus seinen Speer auf den asiatischen Boden. Für mich ist dies schon ein Anzeichen von Größenwahn, denn Alexander kopierte damit genau das Verhalten des Achilles im Trojanischen Krieg – seine Leute sollten denken, er wäre ein Held aus der griechischen Frühzeit.

A: Vorsicht, Vorsicht. Dieser Speerwurf war alter griechischer Brauch. Speergewonnenes Land galt als Göttergeschenk. Und seine Leute fanden diese Idee sofort großartig.

B: Natürlich! Die Soldaten fanden es auch beeindruckend, dass er das Heer nach Troja führte, dort den Göttern opferte und auswendig viele Verse aus der Ilias vortrug. Geschickt erinnerte Alexander an die glorreiche Vergangenheit und mit diesem Trick stellte er den Krieg gegen die Perser unter den Schutz der Helden von Troja – heutige Medienberater müssten vor Neid erblassen, so genial war diese Idee.

A: Selbst ein Nörgler wie du muss aber anerkennen, dass Alexander in den Kämpfen großen persönlichen Mut aufbrachte. Er gab nicht von irgendeinem sicheren Versteck aus seine Befehle, sondern kämpfte in vorderster Reihe. Diese Tapferkeit imponierte seinen Männern, und sein Vorbild riss sie mit.

M 6

Das „Alexander-Mosaik“ (Fußbodenmosaik aus Pompeji, 1. Jh. n. Chr.). Forscher gehen davon aus, dass dieses Mosaik die Nachahmung eines griechischen Großgemäldes aus dem 4. Jh. v. Chr. ist. Dargestellt ist, wie Alexander (links) im Kampf auf den persischen Großkönig Dareios trifft.

B: Da muss ich dir Recht geben. Alexander war mutig, vielleicht sogar tollkühn. Sein Mut hatte manchmal etwas Selbstmörderisches. In der Schlacht bei Issos führte er seine Truppen gegen eine vielfache Übermacht der Perser. Seine Strategie war eigentlich der reine Wahnsinn. Zu Beginn der Schlacht ritt er in höchstem Tempo direkt auf den Streitwagen des Perserkönigs zu – woraufhin dieser seinen Wagen wendete. Die persischen Soldaten sahen dies und dachten, der König würde fliehen. Auch sie wollten jetzt nur noch ihre Haut retten und stoben auseinander. Alexander errang einen großen Sieg und dazu noch die Kriegskasse der Perser, die den Sold seiner Männer sicherstellte. Soviel Glück muss man erst einmal haben!

A: Glück hat auf die Dauer nur der Tüchtige. Alexander wusste, was er wollte und verlangte von seinen Männern nur das, was er auch von sich selbst verlangte. Ich finde, man tut ihm unrecht, wenn man ihn als einen Rambo-Typen darstellt, der stumpfsinnig vorgeht. Er hatte eine beeindruckende Intelligenz und eine exzellente Schulausbildung: Sein Vater Philipp hatte Aristoteles, den berühmtesten Philosophen Athens, als Privatlehrer für ihn engagiert. Und das machte sich bezahlt. Denn Alexander hatte nicht nur auf dem Schlachtfeld brillante Ideen. Mir fällt das Beispiel vom Gordischen Knoten ein. In der Stadt Gordion stand ein Wagen, bei dem Joch und Deichsel so kunstvoll mit einem Knoten verbunden waren, dass weder Anfang noch Ende des Gebildes zu sehen waren. Das Orakel verhieß demjenigen, der es schaffte, den Knoten zu lösen, die Herrschaft über Asien.

B: Ich weiß: Alexander soll nicht lange gefackelt haben. Er nahm sein Schwert und zerschlug den angeblich unlösbaren Knoten. Sofort sorgte er dafür, dass diese Geschichte überall verbreitet wurde. Heute würden wir sagen: Er bastelte ständig an seinem Image. Sein größter PR-Trick war wohl der Vorfall in der ägyptischen Oase Siwa. Ein klarer Fall von Größenwahn.

A: Überhaupt nicht. Als Alexander mit seinen Truppen von den Priestern der berühmten Orakelstätte begrüßt wurde, nannten ihn diese den Sohn des Re. Das war nur konsequent, denn Alexander hatte zweifellos die Macht eines Pharao. Dass seine Dolmetscher davon ausgingen, die Griechen könnten mit dem Namen Re nichts anfangen, und in ihrer Übersetzung deshalb davon sprachen, Alexander sei als Sohn des Zeus begrüßt worden, kann man Alexander nicht anlasten. Ich will nicht abstreiten, dass Alexander sich von nun an selbst als Gott bezeichnete, aber doch wohl nur aus taktischen Gründen. In Ägypten hat er ganz andere Spuren hinterlassen. Er gründete z.B. die Stadt Alexandria – sie gilt als Inbegriff einer geplanten Stadt und besaß die modernste Struktur der damaligen Zeit.

M 7

Alexander (zu Pferde) schlägt Dareios (Vase, Ende 4. Jahrhundert v. Chr.).

M 8

Münze Alexanders des Großen, die ihn als Zeus-Ammon zeigt. Alexander trägt die Widderhörner (als göttliches Abzeichen) und die Königsbinde (das Diadem).

M 9 Plan des hellenistischen Alexandria

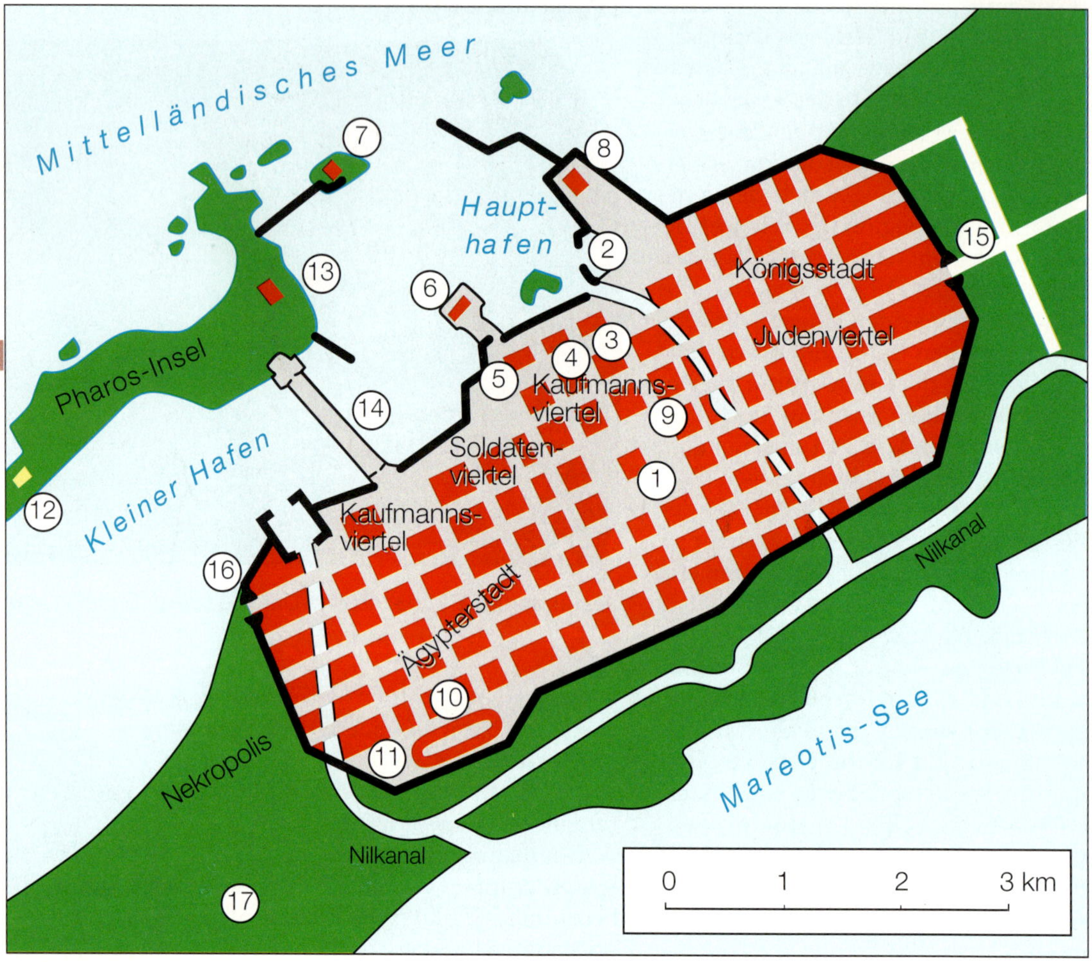

Die Stadt wurde von Alexander gegründet, hier soll er bestattet worden sein.

1 Pan-Heiligtum
2 Königlicher Hafen
3 Bibliothek
4 Theater
5 Museion
6 Zollamt
7 Leuchtturm
8 Königliche Villa
9 Gymnasion
10 Serapis-Heiligtum
11 Stadion
12 Poseidon-Tempel
13 Isis-Tempel
14 Damm
15 Sonnentor
16 Mondtor
17 Siedlung der Toten

B: Dass er Städte gründete, ist sicher verdienstvoll, aber warum musste er sie nach seinem Namen benennen? Mindestens zwei Dutzend Städte hießen von nun an Alexandria, andere Quellen sprechen von 70 Städten, die nun seinen Namen trugen. Die Berichte seiner Zeitgenossen zeigen, dass er sich immer mehr von einem normalen Verhalten entfernte. Wenn ihm jemand widersprach, fehlte ihm jedes Augenmaß. Sogar seine besten Freunde waren vor seinen Wutausbrüchen nicht sicher: Als sein Jugendfreund Kleitos ihn einmal verspottete, tötete Alexander ihn eigenhändig – dass beide sturzbetrunken waren und Alexander später tagelang weinte, entschuldigt nichts. Kallisthenes, wir würden ihn heute als Journalisten bezeichnen, hatte immer positiv über den Feldzug berichtet. Als er sich jedoch weigerte, vor Alexander niederzuknien und ihm die Füße zu küssen, warf Alexander ihm Verrat vor und ließ ihn hinrichten. Alexander verlor jede Bodenhaftung.

A: Wir wissen beide, dass Alexander auch Schwächen hatte. Aber wir dürfen seine Erfolge nicht vergessen. Er ließ sich zum König von Asien ausrufen und eroberte die Hauptstadt des Perserreiches. Er führte sein Heer bis an den Indus, 5000 Kilometer von der Heimat entfernt! Vor allem war er nicht nur darauf aus, die Perser militärisch zu besiegen. Er wollte sie in sein Reich integrieren. Die Idee, Griechen und Perser miteinander verschmelzen zu lassen und die Vorzüge beider Kulturen zu nutzen, ist doch einfach großartig und in meinen Augen höchst modern! Ich erinnere dich nur daran, dass im Frühjahr 324 viele Hochzeitsfeiern in Susa stattfanden und Alexander alle Paare reich beschenkte.

M10

Alexander der Große als Kriegsgott Mars

M11

Alexander (zu Pferde) greift den auf einem Elefanten reitenden Inderkönig Poros an (Münze des 4. Jahrhunderts v. Chr.).

B: Mich beeindruckt das nicht. Um sein Riesenreich zu beherrschen, brauchte Alexander einfach mehr Soldaten und Beamte, als ihm unter Makedonen und Griechen zur Verfügung standen. Die Idee der Verschmelzung mit den persischen Völkern war aus der Not geboren. Die Massenhochzeit von Susa, bei der 10 000 Griechen mit persischen Frauen verheiratet wurden, ist nun wirklich kein Ruhmesblatt. Fast alle griechischen Soldaten hatten in der Heimat Frauen und Kinder, Alexander heiratete eine Prinzessin nach der anderen – nur um seine Macht zu sichern. Da bleibt ein unangenehmer Nachgeschmack.

A: Seine Soldaten sahen dies offenbar anders. Als er im Jahre 323 schwer erkrankte, vermutlich an Malaria, zogen sie, Mann für Mann, an seinem Sterbebett vorbei und verneigten sich vor ihm. Sie brachten damit ihre Ehrerbietung gegenüber einer einzigartigen Person der Weltgeschichte zum Ausdruck. Alexanders Eroberungen machten aus Makedonien, den griechischen Stadtstaaten, aus Ägypten und dem mächtigen Perserreich ein einziges Großreich. Als Alexander starb, zerfiel es zwar in einzelne Teilreiche, kulturell jedoch bildete es noch über Jahrhunderte eine Einheit und wurde so zur Grundlage des Hellenismus. Nicht nur in Sparta und Athen, auch in Ägypten, am Persischen Golf und sogar am Indus wurde Griechisch gesprochen, gab es griechische Amphoren, Tempel und Theater. Und dies über Jahrhunderte hinweg. Ohne Alexander hätte es die hellenistische Welt nicht gegeben.

B: Weißt du, wie viele Griechen, die 334 ihre Heimat verlassen haben, wieder nach Hause zurückgekehrt sind? Wenige tausend! Alexander ist eine Person der Weltgeschichte, aber eine, die bei der Verfolgung der eigenen Ziele über Leichen ging.

M12 Die hellenistische Stadt Pergamon um 150 v. Chr. (Rekonstruktion)

Stopp

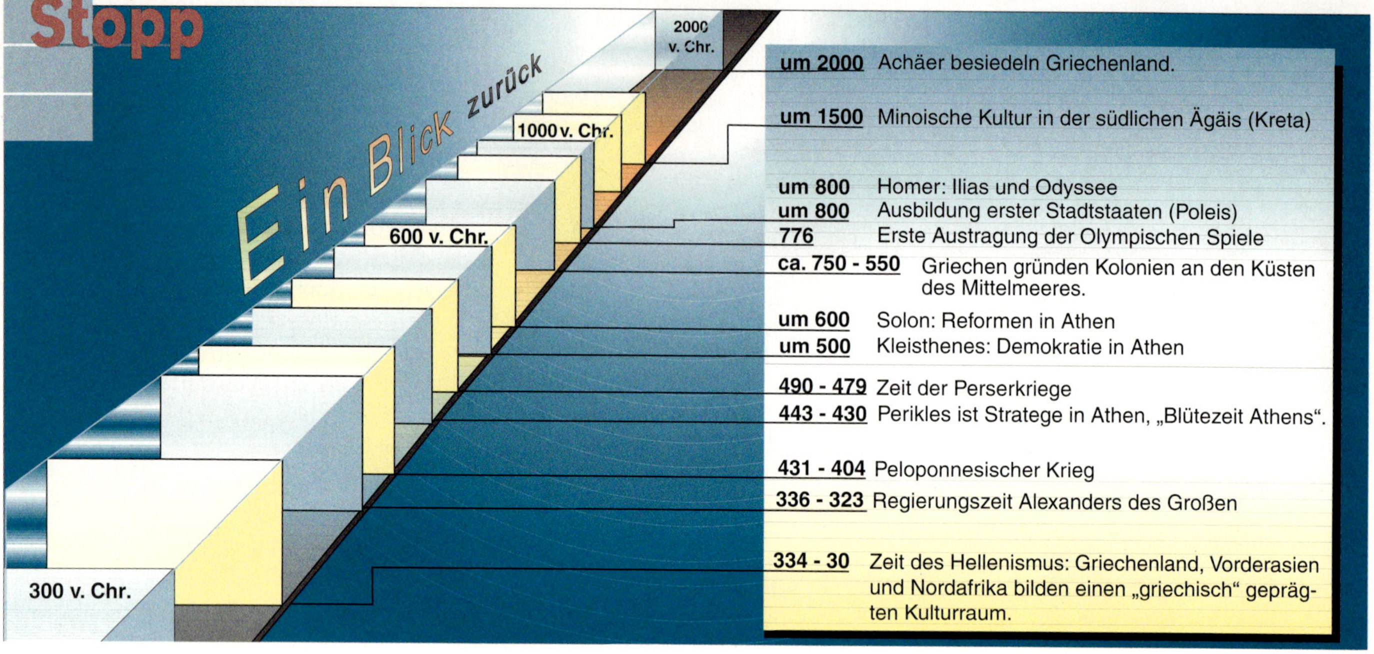

Diese Begriffe kann ich jetzt erklären:

* Antike
* Erste Stadtstaaten
* Olympische Spiele
* Kolonisation
* Blüte Athens
* Vollbürger
* Nichtbürger
* Sklave

M Welche Staatsform ist die beste?

In seinen „Historien“ hat der griechische Geschichtsschreiber Herodot ein von ihm erfundenes Gespräch aufgeschrieben. Drei persische Adlige unterhalten sich am Hofe des Großkönigs über die Unterschiedlichkeit von Staatsformen:

Q *Otanes:* Auch der Edelste wird, wenn er zur Herrschaft gelangt, überheblich, aber auch neidisch auf das Gut der anderen werden. Er verlangt Schmeichelei und setzt das Recht außer Kraft. Die Herrschaft des Volkes aber bringt erstens gleiches Recht für alle. Zweitens aber tut sie nichts von alldem, was ein Alleinherrscher tut. Sie bestimmt die Regierung durch das Los, und diese Regierung ist dem Volke verantwortlich.

Megazybos: Woher sollte vom Volk Vernunft kommen? Ohne Sinn und Verstand, wie ein Strom im Frühling, stürzt es sich auf die Staatslenkung. […] Wir sollten vielmehr einem Ausschuss von Männern des höchsten Adels die Regierung übertragen. Es ist doch klar, dass von den Edelsten auch die edelsten Entschlüsse ausgehen.

Dareios: Es gibt nichts Besseres, als wenn der Beste regiert. Er wird untadelig für sein Volk sorgen, und Beschlüsse gegen Feinde des Volkes werden am besten geheim gehalten werden. Wenn die Edelsten zusammen herrschen, will jeder der Erste sein und seine Meinung durchsetzen. Daher pflegt es zu heftigen Kämpfen der Adeligen untereinander zu kommen. Herrscht dagegen das Volk, so kann es nicht ausbleiben, dass Schlechtigkeit und Gemeinheit sich einstellt.

(Herodot, Historien 3,80ff.; zit. nach: Geschichte in Quellen, Bd. 1, München 1965, S. 201f., übers. v. A. Horneffer)

1. Welche Staatsform hält Otanes für die beste, welche Megazybos, welche Dareios?

2. Mit welchen Argumenten hätte ein Athener begründen können, dass die Staatsform der Demokratie die sinnvollste Staatsform ist? Wie hätte er auf die vorgebrachte Kritik reagiert?

3. Welche Position hätte wohl ein Spartaner unterstützt?

Spartanischer Krieger

Wer könnte welchen Satz gesprochen haben? Gibt es Aussagen die zu beiden passen? Ordne zu!

- Die Sklaven haben natürlich keine Rechte in unserer Polis.
- Schon in meiner Kindheit wurde ich zum Soldaten, zum Gehorsam und zur Aufopferung für die Polis erzogen.
- Die Ehefrauen in unser Polis halten sich fast immer im Haus auf. Das ist auch richtig so, denn auf der Straße haben sie nichts zu suchen.
- Als freier Bürger halte ich es für selbstverständlich, die Volksversammlung zu besuchen.
- Theater? Kunst? Damit kann ich nichts anfangen.
- Die persönliche Freiheit ist mir besonders wichtig.
- Ich wäre sehr gern Olympiasieger geworden.

Sokrates, Bürger Athens

Kreuzworträtsel

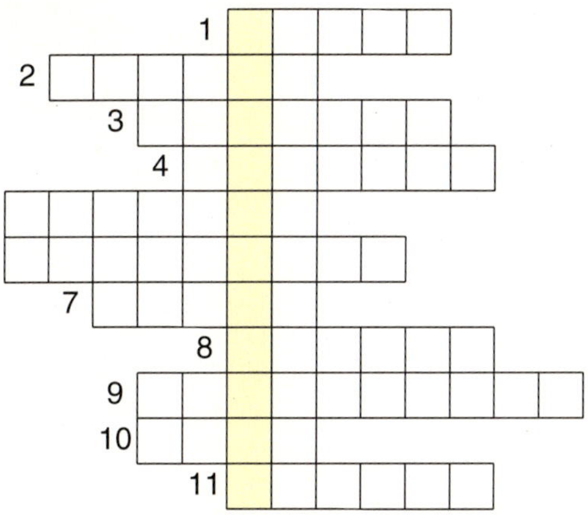

1 Er gilt als der Dichter von Ilias und Odyssee.
2 In Delphi spricht die Pythia ein …?
3 Kyrene ist die … von Thera.
4 An diesem Ort fanden alle vier Jahre bedeutende Festspiele statt.
5 Bezeichnung für das klassische Altertum
6 Umstrittener Feldherr und Eroberer – war er „groß“?
7 So nannten die Griechen ihren „Stadtstaat“.
8 Gegner Athens im Peloponnesischen Krieg
9 Staatsform in Athen (auf deutsch: Volksherrschaft)
10 Göttervater, thront auf dem Olymp
11 Person ohne Rechte; verrichtete Arbeit für die freien Bürger

Bei richtiger Lösung kann man in der markierten senkrechten Spalte einen weiteren Fachbegriff der griechischen Geschichte lesen.

Rundreise durch das klassische Griechenland in fünf Tagen!

Verfasse ein kleines fünfseitiges Faltblatt, einen Prospekt o.Ä., der Touristen an den fünf Stationen Mykene, Sparta, Olympia, Delphi und Athen kurz und knapp über die historischen Sehenswürdigkeiten und Hintergründe informiert.
Vorschlag: Zeichne als Blickfang ein Gebäude, ein Kunstwerk o.Ä. und beschrifte es sinnvoll.

Die Römer

Ein Aquädukt mit Namen Pont du Gard in der Nähe von Nimes, ein Amphitheater in Arles, der Hadrianswall, Kaiserthermen in Trier, ein Amphitheater in El Djem bei Tunis, ein Kaiserpalast in Split. Die Fotos der Überreste dieser Bauwerke belegen, dass wir europaweit von England über Mitteleuropa, Spanien und den gesamten Mittelmeerraum und sogar in Nordafrika und darüber hinaus bis in den Orient an vielen Orten Spuren der Römer finden.

Bauwerke aus römischer Zeit: Wer stellt ein Bauwerk vor?

Wo nachschlagen?

Z.B. im folgenden Kapitel über die Römer, in Lexika und Bildbänden.

Tipp:

ENCARTA Enzyklopädie

Nord-see
Britische
St.-Georgs-Kanal
Der Kanal
Straße v. Dover
Golf von Biscaya
Kantabrisches Gebirge
Pyrenäen
Golf du Lion
Balearen
Korsika
Sardinien
Tyrrhenisches Meer
Adriatisches Meer
Ionisches Meer
Mittelmeer
Sahara-atlas
Kreta
Zypern
Schwarzes Meer
Balkan
Rhodopen
Pontisches Geb.
Syrische Wüste
Kleine Syrte

Rom: Gründungsmythos einer Stadt, römische Gesellschaft und politische Ordnung

Wie ist Rom entstanden? – Zwei Antworten

Viele berühmte Städte haben berühmte Wahrzeichen. In Berlin z.B. ist das der Bär. Auch die antike Stadt Rom besaß ein solches Wahrzeichen: eine Wölfin. Sie war den Römern sehr wichtig, denn in der Sage von der Gründung Roms spielt sie eine besondere Rolle. Auf diese Sage und ihr Wahrzeichen waren die Römer sehr stolz. Von Generation zu Generation wurde die Sage von der Gründung Roms weitererzählt, bis sie der römische Schriftsteller Vergil (70–19 v. Chr.) aufgeschrieben hat, sodass wir sie noch heute lesen können.

Sagen sind oft auf wahre Ereignisse zurückzuführen, aber diese Ereignisse sind im Laufe der Zeit immer ein wenig anders erzählt worden. Was schließlich Sage und was Wirklichkeit ist, das bleibt oft fraglich. So gibt uns die wissenschaftliche Forschung heute eine ganz andere Antwort auf die Frage, wie die Stadt Rom entstanden ist. Die Unterschiede sind so beträchtlich, dass man zurecht ernsthaft fragen kann:

- **Warum haben die Römer die Sage über die Gründung Roms gerade so erzählt?**

Die römische Wölfin: Bronzefigur aus dem 5. Jahrhundert v. Chr.; die Zwillinge sind später hinzugefügt worden.

So könnt ihr zu einer eigenen Antwort gelangen:

1. Lest die Gründungssage (M 1) aufmerksam durch. Erzählt in eigenen Worten den Ablauf des Gründungsvorgangs, so wie ihn die Sage beschreibt.
2. Danach schreibt jeder von euch als Grundlage für ein Klassengespräch auf,
   – was euch persönlich an dieser Sage besonders auffällt;
   – warum eurer Meinung nach die Römer diese Sage so erzählt haben.

M 1 Was berichtet uns die Sage?

Der römische Autor Vergil gibt die Sage sehr ausführlich wieder. Hier eine Zusammenfassung:

Der trojanische Held Aeneas rettete sich mit einigen Mitkämpfern aus der brennenden Stadt Troja und fand nach langer Reise eine neue Heimat in Latium, einer Landschaft in Mittelitalien. Seine Söhne gründeten dort die Stadt Alba Longa und herrschten als Könige. Die Königstochter Rea Silvia, die heimlich mit dem Kriegsgott Mars vermählt war, gebar die Zwillinge Romulus und Remus. Ein machthungriger Onkel entführte die beiden Jungen und setzte sie in einem Korb im Fluss Tiber aus. Doch Romulus und Remus wurden in der Nähe des Hügels Palatin an Land gespült. Hier wurden sie von einer Wölfin gefüttert und später von dem Hirten Faustulus aufgezogen. Als die beiden Jungen erwachsen geworden waren, beschlossen sie eine Stadt zu gründen. Sie stritten sich jedoch darüber, ob diese Stadt auf dem Hügel Palatin oder auf dem Hügel Aventin erbaut werden sollte. Es kam zum Kampf und Romulus tötete Remus. Romulus gründete nun die nach ihm benannte neue Stadt auf dem Hügel Palatin und wurde der erste König Roms.

Tipp:

Wer vergleichen möchte!
Das Buch des Autors **Richard Carstensen, Römische Sagen – Den Quellen nacherzählt, München (dtv junior) 1998** enthält die Aeneassage in ausführlicher Form. In diesem Buch findet ihr übrigens auch weitere Sagen aus der römischen Geschichte.

Was hat die Geschichtsforschung ermittelt?

Die Frage, wie Rom entstanden ist, hat immer wieder auch Archäologen und Historiker beschäftigt. Sie haben Berichte antiker Autoren studiert und Funde aus der Stadt Rom und ihrer Umgebung untersucht. Dabei sind sie zu folgenden Ergebnissen gekommen:
Die moderne Geschichtsforschung zeigt uns ein anderes Bild von der Entstehung Roms als die Sage.
Etwa um 1000 v. Chr. ließ sich das Volk der Latiner am unteren Tiber nieder. Auf den Hügeln *Palatin* und *Quirinal* bildeten sich in dieser Zeit Ansammlungen einfacher Hütten. In die nach den *Latinern* benannte Landschaft Latium wanderten ein Jahrhundert später die *Etrusker* ein. Die Herkunft dieses kulturell hoch entwickelten Volkes ist bis heute ungeklärt. Um 600 v. Chr. erlangten die Etrusker die Vorherrschaft über Latium.
Sie legten die sumpfigen Niederungen zwischen den besiedelten Hügeln trocken und schufen einen Entwässerungskanal, die *cloaca maxima.* In dieser Zeit entstand auch das *Forum,* ein Zentrum für die Siedlungen der Stadt.
Vieles spricht dafür, dass Rom als Stadtstaat von den Etruskern ins Leben gerufen wurde. Der Name Rom leitet sich wahrscheinlich von dem etruskischen Königsgeschlecht der Romulier ab.
Seit etwa 600 v. Chr. herrschten etruskische Könige über die Stadt Rom, deren Herrschaft um 510 v. Chr. zu Ende ging.

M 2

Plan der Stadt Rom zur Zeit der frühen Republik

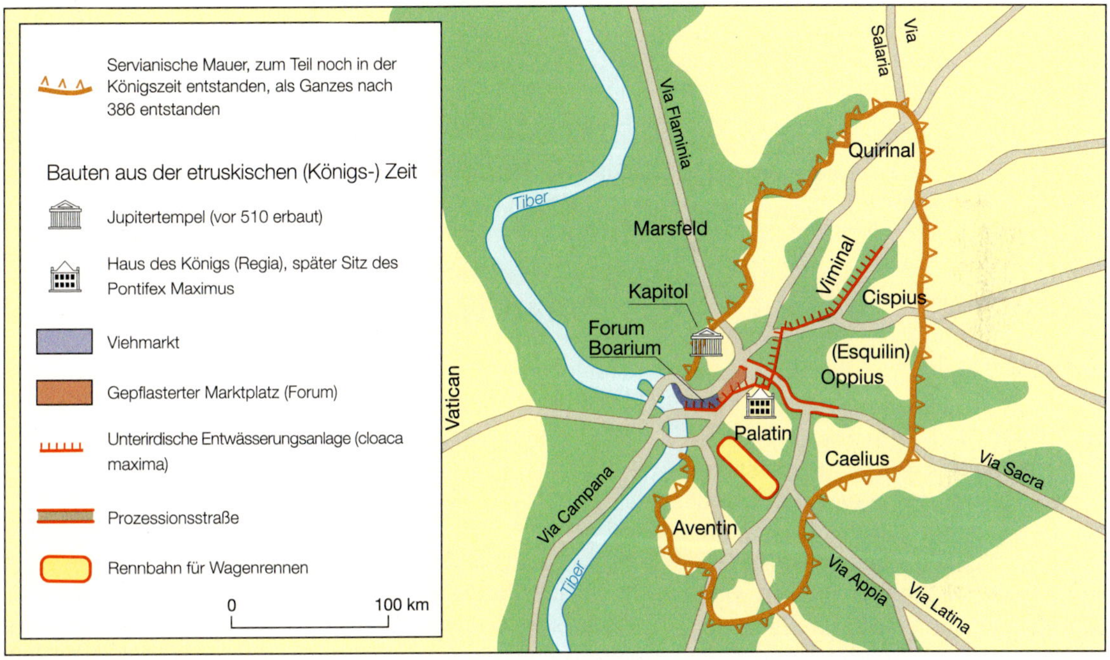

Ein Kreisgespräch: Sage und historische Befunde über die Gründung Roms – Wir vergleichen

So könnt ihr euch auf das gemeinsame Gespräch vorbereiten:

1. Stellt die Aussagen in der Sage und die Forschungsergebnisse gegenüber.
   Wo finden sich Gemeinsamkeiten und Unterschiede?
2. Überlegt, welchen historischen Kern die Inhalte der Sage über den Gründungsvorgang Roms haben könnten. **Tipp!** Orientiert euch bei euren Überlegungen an dem Beispiel der Minotaurussage (s. S. 100).

Herrschaft und Gesellschaft: römische Antworten

Wenn Menschen sich entschließen, in einer größeren Gemeinschaft zu leben, müssen sie ihr Zusammenleben organisieren und regeln. Dabei bestimmte Herrschaft bereits die ersten und verglichen mit heute noch einfacheren Formen organisierten menschlichen Zusammenlebens. Der gesamte Zeitraum der uns bekannten Geschichte von der Frühzeit bis in unsere heutige Gegenwart ist maßgeblich bestimmt von einem Miteinander oder auch Gegeneinander von Herrschenden und Beherrschten und von konkurrierenden unterschiedlichen gesellschaftlichen Gruppen.

- Welche gesellschaftlichen Gruppen gibt es und welche gesellschaftlichen Abstufungen und Unterschiede lassen sich erkennen? Wie sieht die politische Ordnung aus? Wer ist an der politischen Macht beteiligt und wer nicht? Wer herrscht in der Gemeinschaft? Zu fragen ist in diesem Zusammenhang aber auch: Welche verbindenden gemeinsamen Werte, Vorstellungen und Traditionen gibt es?

Die schon bekannten Beispiele aus der Vor- und Frühgeschichte, das Beispiel der antiken Hochkultur Ägypten und die Gesellschafts- und Herrschaftsformen in den griechischen Stadtstaaten lassen erkennen, dass die Menschen diese Fragen für sich unterschiedlich beantwortet und jeweils auf ihre spezifische Lebenswelt zugeschnittene gesellschaftliche und politische Ordnungsentwürfe entwickelt haben.
Das gilt auch für die Römer, um deren Vorstellungen von Staat und Gesellschaft es auf den folgenden Seiten geht.

Standbild eines Römers mit den Büsten seiner Vorfahren (1. Jh. n. Chr.)

Wer regiert in Rom? – Der lange Weg zur „res publica“

Etruskische Könige

Zunächst herrschten etruskische Könige über die Stadt Rom. Sie waren Heerführer, riefen die Bürger zu Versammlungen zusammen, waren Vorsitzende des Ältestenrates und leiteten als oberste Priester die Gottesdienste.
Der Senat, der Rat der Ältesten, stand den Königen beratend zur Seite. Mitglieder des Senats waren vor allem die Angehörigen der vornehmen und wohlhabenden Familien Roms, die Patrizier.
Eine Volksversammlung, zu der alle waffenfähigen Bürger gehörten, trat in der Regel zweimal im Jahr zusammen, um über wichtige Gesetzesvorschläge sowie über Krieg und Frieden abzustimmen. Die Mehrzahl dieser Männer waren kleine Bauern, Handwerker und Händler. Sie galten als Plebejer, d.h. „Volksmenge“, abgeleitet von dem lateinischen Begriff „plebs“, das Volk. Die Plebejer hatten nicht die gleichen Rechte wie die Patrizier und waren oft sogar von diesen wirtschaftlich abhängig.
Um 500 v. Chr. fand die etruskische Königsherrschaft in Rom ein Ende. Der Sage nach waren alle Römer am Sturz des letzten, besonders grausamen Königs Tarquinius Superbus beteiligt. Wahrscheinlich waren es allerdings vor allem die Patrizier, die das Ende der Königsherrschaft einleiteten und besiegelten.

Rom wird Republik

Die Regierung Roms sollte nicht mehr die Sache eines Einzelnen sein. Den neuen Staat nannten die Römer „res publica“, die öffentliche bzw. gemeinsame Sache. Die Frage, wer diese neue Republik regieren sollte, alle oder nur bestimmte Gruppen, war schnell beantwortet. Die Patrizier teilten die früheren Aufgaben des Königs unter sich auf. Sie entschieden als adelige Römer anstelle des Königs in der Politik und kontrollierten die öffentlichen Angelegenheiten. Ihnen blieben alle politischen Ämter vorbehalten. Um ihre Macht und ihren Einfluss, der sich auf adelige Abstammung und großen Landbesitz gründete, langfristig gegen die Plebejer zu sichern, verboten sie die Heirat mit den übrigen römischen Bürgern.

Die Geschichte Roms ist die Geschichte eines langfristigen Ringens unterschiedlicher Personen und Gruppen um Macht, Einfluss, um politische Rechte und Beteiligung.

1. Wer regiert im Rom der Frühzeit?
2. Wer genießt Vorrang, ist mächtig und einflussreich?

Informiert euch mithilfe des Darstellungstextes über die Entwicklungen im Rom der Frühzeit und formuliert eure Antworten auf die beiden Fragen.

„Gemeinsame Sache“? – Ein Stand wehrt sich

Gesellschaftliche Gruppen, die durch Geburt und rechtliche Bestimmungen und Verordnungen klar voneinander getrennt sind und bei denen aus diesen Gründen ein Wechsel von der einen in die andere Gruppe bewusst verhindert wird sowie weitgehend auch ausgeschlossen ist, heißen Stände. In diesem Sinne verstanden sich die Patrizier und Plebejer – die beiden gesellschaftlichen Großgruppen in Rom – als Stände. Im Gegensatz zu den Patriziern hatten die Plebejer zunächst keine politische Macht und kaum Rechte. Wie würden diese beiden Gesellschaftsgruppen langfristig miteinander auskommen und umgehen? Das war eine der spannenden Fragen in der frühen römischen Republik.

M

Münze mit dem Bild des Concordia-Tempels. Der Concordia-Tempel soll 367/366 v. Chr. als Zeichen der Einigkeit und Eintracht (lat.: concordia) von Patriziern und Plebejern errichtet worden sein. Wie sah das Verhältnis wirklich aus?

Über zweihundert Jahre dauerte der politische Streit zwischen Patriziern und Plebejern um die Machtverteilung im Staat. Die abgebildete Münze zeigt, wie aus Sicht der Römer das Ergebnis dieser Auseinandersetzung zu bewerten ist.

1. Welche Botschaft will die Münzabbildung vermitteln?
2. Wie fällt euer Urteil in der Sache aus?

So könnt ihr zu einem eigenen Urteil gelangen:
Informiert euch anhand der Übersicht über die Entwicklung der Ständekämpfe und vergleicht mit der Bildaussage.

Ständekämpfe: wichtige Daten und Ergebnisse

Die Streitsache war klar. Es ging um die Frage, wer die Macht im Staat ausüben sollte. Die reichen Patrizier wollten möglichst wenig von ihrer politischen Machtstellung und ihren Vorrechten in der Gesellschaft abgeben. Die Plebejer forderten eine stärkere Beteiligung an der Macht im Staat sowie eine Verbesserung der rechtlichen Gleichstellung. Den Plebejern war bewusst, dass sie im Kriegsfall die Hauptlast trugen, denn sie dienten als schwer bewaffnete Fußsoldaten. Sie wussten, dass das römische Heer ohne sie weitgehend kampfunfähig war. Diesen Umstand nutzten sie als Druckmittel, um mehr politische Rechte und Rechtssicherheit zu erlangen. In diesen langwierigen so genannten Ständekämpfen gelang es den Plebejern schrittweise, eigene Forderungen durchzusetzen.

Der lange Weg zur Eintracht

490 v. Chr.: Plebejer dürfen eigene Versammlungen abhalten. Sie dürfen Volkstribunen wählen, die gegen Maßnahmen der Regierung Einspruch erheben können.

↓

450 v. Chr.: Auf zwölf Bronzetafeln werden Gesetze festgeschrieben, die Plebejer vor der Willkür der Patrizier schützen (Zwölf-Tafel-Gesetz).

↓

367 v. Chr.: Plebejer dürfen oberste Staatsbeamte werden.

350 v. Chr.: Plebejer dürfen das Priesteramt bekleiden.

↓

287 v. Chr.: In den Versammlungen der Plebejer dürfen Gesetze beschlossen werden.

↓

CONCORDIA

Wie sieht die politische Ordnung in der römischen Republik aus?

Grieche trifft Römer: „Warum ist bei euch Römern alles so kompliziert?“

Das folgende Gespräch ist erfunden, könnte aber so stattgefunden haben. Mithilfe dieses Beispiels könnt ihr eure Kenntnisse über die Staatsformen der Griechen wieder auffrischen und zugleich sehen, wie es um die politische Beteiligung in Rom bestellt war.
Achtet besonders darauf, was ihr über den Senat, den Magistrat und die Volkstribunen erfahrt. Diese Informationen werdet ihr brauchen.

M 1

Wir schreiben das Jahr 350 v. Christus. Der griechische Händler Empedokles ist mit seinem Schiff in Ostia, dem Hafen Roms, gelandet. In den nächsten Tagen will er seine Ware auf den Märkten in Rom anbieten. Im Hafen von Ostia erwartet ihn sein Freund Markus Drusus, ein römischer Händler, den Empedokles vor einem halben Jahr in Athen kennen gelernt hat. Während Sklaven das Schiff entladen, setzen sich die beiden in eine Taverne und feiern ihr Wiedersehen.

Markus: Kannst du dich denn auf deine Sklaven verlassen, Empedokles?

Empedokles: Sicher. Sie müssen gehorchen, und wenn nicht, werden sie hart bestraft. Das wird bei euch nicht anders sein.

Markus: Nein, aber ich dachte, ihr habt doch eine Demokratie, in der jeder mitbestimmen kann und jeder frei ist.

Empedokles: Ja, wir haben eine Demokratie und wir haben sie sogar erfunden. Mitbestimmen dürfen allerdings nur die freien Männer. Frauen, Kinder und Sklaven dürfen das nicht.

Markus: Seltsam, eure Verfassung.

Empedokles: Das musst du gerade sagen. Bei euch Römern blickt man ja überhaupt nicht durch, wer da herrscht. Habt ihr eine Demokratie oder eine Aristokratie?

Markus: Diese Begriffe passen beide nicht auf unsere Verfassung.

Empedokles: Aber wer hat die Macht?

Markus: Also, das ist nicht so einfach. Es gibt da drei Machtzentren, wenn du so willst. Senat, Magistrat und Volkstribunen. Der Senat war früher der Adelsrat, so wie bei euch der Areopag. Heute haben die Senatoren angeblich nur beratende Funktion. Aber die Senatoren kommen alle aus dem alten Adel und waren früher selbst in der Regierung tätig. Sie haben großen Einfluss, und keine Regierung kann gegen sie arbeiten. Die Regierungsbeamten, die Magistrate, würden das ohnehin nicht tun, denn meist kommen sie ebenfalls aus den Adelsfamilien. Sie sind also auch Patrizier …

Empedokles: Patrizier?

Markus: Ja, so nennt man die Adligen. Die einfachen Leute heißen hier Plebejer.

Empedokles: Und die haben keine Rechte?

Markus: Doch schon. Sie dürfen eigene Versammlungen abhalten und sie wählen Volkstribunen, die gegen Maßnahmen der Magistrate Einspruch erheben können. Es ist ja auch nicht so, dass die Patrizier machen können, was sie wollen. Wir haben das Zwölf-Tafel-Gesetz. Das gilt für alle.

Empedokles: Aber grundsätzlich habt ihr hier in Rom doch eine Aristokratie.

Markus: Tatsache ist, dass die Patrizier, also der Adel, die wichtigsten Regierungsämter besetzen. So gesehen, kann man schon sagen, dass es in Rom eine Herrschaft des Adels, also eine Aristokratie gibt. Aber, wie gesagt, die Plebejer haben schon einen gewissen Einfluss. Und es sind auch nicht immer die gleichen Leute, die die Regierungsämter übernehmen. Jedes Amt darf man nur ein Jahr ausüben. Und man ist auch nie allein in seinem Amt, sondern hat immer mindestens einen Kollegen. Aber es ist sicherlich so, dass noch immer fast alle Regierungsämter von Patriziern besetzt werden.

Empedokles: Das ist wirklich eine komplizierte Sache, eure Verfassung.

Markus: Sie hat sich über Jahrhunderte so entwickelt und wird sich wohl auch weiter entwickeln. Aber jetzt Schluss mit der Politik. Lass uns auf dein Schiff gehen. Ich bin gespannt, was du mitgebracht hast.

1. Die unterschiedlichen Aufgaben von Senat, Magistrat und Volkstribunen könnt ihr in einer Tabelle gegenüberstellen:

	Senat	Magistrat	Volkstribunen
Aufgaben			

2. Überlegt, wer in Rom die Macht hat.

Republik Rom: Wie sieht die Verfassung aus?

Im Laufe des mehr als zweihundertjährigen Streites wurde eine recht komplizierte Ordnung für die Beteiligung der verschiedenen Gruppen der römischen Gesellschaft an der Macht im Staat entwickelt. Eine solche Ordnung, welche die wichtigsten Regeln und Rechte in einem Staat festlegt, bezeichnen wir als eine Verfassung.
Die Römer sprachen von ihrem Staat als „res publica", als gemeinsame Sache. Darin steckt das Wort Republik, das heute noch zahlreiche moderne Staaten in ihrer Namensbezeichnung führen. Eine Republik ist eine Staatsform, die aus dem Volk heraus – als gemeinsame Sache aller Beteiligten – entstanden ist. Wenn wir heute sagen: „Wir leben in einer Republik", so heißt das: „Wir leben in einem Staat, dessen Verfassung das ganze Volk so will."

Methodenbox

Wie erklärt man ein Schaubild über die Verfassung eines Staates?

M 2

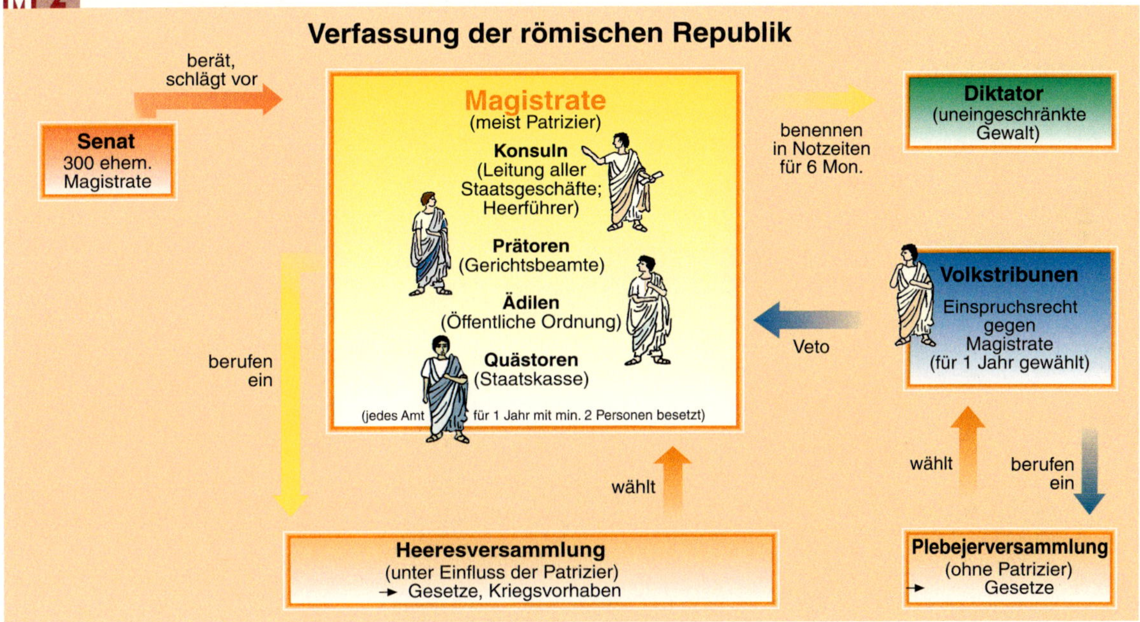

Auf dieser Seite findet ihr ein Schaubild, das die Verfassung der Römischen Republik verdeutlicht. Schaubilder wie diese können uns anschaulich machen, wie ein Staat aufgebaut und geordnet ist – vorausgesetzt, man geht fachgerecht mit ihnen um.

Beachtet bei eurer Arbeit mit diesem und anderen Schaubildern folgende Aspekte:

Staatliche Einrichtungen

- Welche festen Einrichtungen gibt es in diesem Staat?
- Welche Aufgaben haben diese Einrichtungen?

Gruppen und Personen

- Welche Gruppen gibt es im Staat?
- Welche Ämter und Positionen werden von Mitgliedern dieser Gruppen bekleidet?

Macht und Mitbestimmung

- Welche Gruppen oder Personen dürfen im Staat mitbestimmen, welche nicht?
- Wer bestimmt darüber, von wem die verschiedenen Ämter und Positionen im Staat besetzt werden?
- Wer hat wie viel Macht im Staat, wer hat keine?

Info Römische Religion

Das römische Volk war nicht nur politisch eine Einheit. Trotz häufigen Streits zwischen den verschiedenen gesellschaftlichen Gruppen gab es gemeinschaftliche Wertvorstellungen, die kein Römer ernsthaft infrage stellte. Man blickte zurück auf die Vergangenheit und sah in der *Tradition,* der Überlieferung der Vorfahren, eine wichtige Orientierung in allen Fragen des täglichen Lebens. Diese allen Römern gemeinsame Tradition zeigte sich vor allem in den Bereichen der Religion und der Familie (Forschungsstation S. 166–169).

Zu den die Römer verbindenden Wertvorstellungen gehörte zweifelsohne die gemeinsame Religion. Sie war ein fester Bestandteil des privaten wie öffentlichen Lebens. Der folgende Info-Text verdeutlicht,

- wie die römische Religion entstanden ist,
- welche Götter in Rom verehrt wurden,
- welche Bedeutung die Religion im Alltag der Römer besaß.

Münze mit dem Bild des doppelgesichtigen Gottes Janus. Die Münze wurde 235 v. Chr. geprägt, in einem der wenigen Jahre, in dem die Tore des Janus-Tempels geschlossen waren.

Die verschiedenen Völker, aus denen das römische Volk zusammenwuchs, hatten unterschiedliche religiöse Anschauungen. So lernten die Römer schon früh, verschiedene Vorstellungen von den Göttern nebeneinander zu dulden. Das war eine der Voraussetzungen dafür, dass später Völker mit unterschiedlichen Religionen in ihrem Reich friedlich miteinander lebten.

Die italischen Hirten auf den Hügeln am Tiber glaubten an das Walten unsichtbarer Gottheiten, die Sturm, Regen, Blitz, Donner und Feuer verursachten. Diese verehrten sie durch Altäre unter freiem Himmel oder in Höhlen. Erst unter dem Einfluss der Etrusker begannen die Römer, sich die Götter in menschlicher Gestalt vorzustellen und ihnen Tempel zu bauen. Für viele der etruskisch-römischen Götter gibt es griechische Entsprechungen. So wurde der Staatsgott Jupiter mit dem griechischen Göttervater Zeus, Juno, die Beschützerin der Ehe, mit Hera und Minerva mit Athene gleichgesetzt. Andere römische Götter mit griechischen Entsprechungen waren der Meeresgott Neptun (Poseidon), der Schmiedegott Vulcanus (Hephaistos), der Kriegsgott Mars (Ares), die Göttin der Jagd Diana (Artemis), die Göttin der Liebe Venus (Aphrodite) und der Götterbote Merkur (Hermes).

Römisch sind dagegen der Gott Janus und die Göttin Vesta. Janus, ein Gott mit zwei Gesichtern, war der Gott der Türen, des Eingangs und Ausgangs, des Anfangs und Endes. Sein Tempel war ein uralter Torbogen auf dem Forum, dessen Tore im Krieg offen standen und im Frieden verschlossen waren. Vesta war die Göttin des Staatsherdes. In ihrem runden Tempel auf dem Forum brannte ein heiliges Feuer, das die Priesterinnen der Göttin, die *Vestalinnen,* hüteten, die sehr hohes Ansehen genossen.

Gegen den Willen der Götter wollten die Römer auch nichts Wichtiges unternehmen. Sie suchten daher nach einem „Omen“ (Vorzeichen), das ihnen zeigte, wie die Götter zu der geplanten Unternehmung standen. Ein solches Omen konnte man, so hatten sie von den Etruskern gelernt, zum Beispiel im Flug oder im Verhalten der Vögel oder in der Lage und Form der Eingeweide von Opfertieren finden. Besonders ausgebildete Priester deuteten die Vorzeichen und verboten, wenn diese ungünstig waren, das Vorhaben. Hierdurch erhielten die Priester in Rom auch großen politischen Einfluss. Die wichtigsten Priester Roms bildeten ein „Kollegium“, an dessen Spitze der *Pontifex Maximus* (eigentlich: „oberster Brückenbauer“) stand. Dieser Titel ist später auf den Papst übergegangen.

Auch jedes Privathaus hatte seine Götter. Die „Penaten“ bewachten die Vorräte im Haus, die „Laren“ schützten ursprünglich das Land, später allgemein die Familienmitglieder. Die Bilder der Hausgötter standen in der Nähe des Herdes, damit sie am Familienleben teilnehmen konnten. Bei jeder Mahlzeit opferte man ihnen am Hausaltar zum Beispiel Wein oder Honig. Zum Haus gehörten auch die Seelen der verstorbenen Vorfahren. An die Vorfahren erinnerten die Wachsmasken, die an einem Ehrenplatz im Haus aufgehoben wurden. Dieses Verhältnis zu den Vorfahren und das Bewusstsein, in einer langen *Tradition* zu stehen, sieht man als einen Grund dafür an, dass die Römer trotz mancher Rückschläge ihre Herrschaft über den gesamten Mittelmeerraum und darüber hinaus ausdehnen konnten.

Römischer Hausaltar (aus Pompeji, 1. Jh. n. Chr.). Auf dem Altargemälde sind die Laren, die Schutzgötter der Familie zu sehen. Zwischen ihnen steht der Genius, der gute Geist des Hausherrn. Die Schlange am unteren Bildrand verkörpert den Geist des pater familias (s. S. 166).

Das Pantheon in Rom, erbaut zur Zeit des Kaisers Augustus, ein Tempel, der allen Göttern geweiht war

Forschungs-station

Die römische Familie

Unter „Familie" verstehen wir heute die Gemeinschaft von Vater, Mutter und Kindern. Das war nicht immer so. Früher gehörten dazu oft auch Großeltern, Verwandte und all jene, die in einem Familienbetrieb arbeiteten.
Die römische „familia" hatte ihre Besonderheiten. Auf den folgenden Seiten könnt ihr erforschen, wie die römische Familie ausgesehen hat, und erfahrt dabei zugleich etwas darüber, welche Wertvorstellungen die Römer hatten, welche Lebensweise sie gut fanden, was damals „typisch Mann" und „typisch Frau" war und welche Rolle die Kinder in der Familie hatten.

Euer Forschungsauftrag: Untersucht

- **die Rolle des Mannes** (S. 166 und M 2, M 3, M 5);
- **die Rolle der Frau** (S. 166, S. 168 und M 2, M 4);
- **das Leben der Kinder** (S. 168 und M 6, M 7 – M 10).

Beachtet dabei auch, welche Werte einem römischen Mann/einer römischen Frau wichtig waren.

Bildet mehrere Gruppen, die die verschiedenen Themen bearbeiten. Jede Gruppe soll abschließend über ihr Thema vor der Klasse berichten können.
Als Arbeitsgrundlage stehen euch Bild- und Textquellen sowie Darstellungen zur Verfügung. Hinweise und Aufgaben helfen euch, die Materialien auszuwerten.
Anschließend solltet ihr eure Ergebnisse so aufbereiten, dass ihr sie für einen kleinen Vortrag nutzen könnt. Überlegt euch, wer in eurer Gruppe für was zuständig ist, schreibt euch Stichwortzettel und entwerft Plakate, die euren Vortrag veranschaulichen.

Die Macht des Vaters

Die römische *familia* hat mit der Familie, wie wir sie heute kennen, nur wenig gemeinsam. Zur *familia* gehörten nicht nur der Vater mit seiner Frau, die Töchter und die Söhne, sondern auch deren Töchter und Söhne sowie die Sklaven. Über all diese Personen und über den Besitz der *familia* hatte der Vater absolute Gewalt. Nur er durfte Besitz erwerben und Geld ausgeben. Erst wenn der Vater starb, wurden seine Söhne selbstständig und durften Familienoberhaupt sein. Nicht nur Sklaven, sondern auch Frauen und Kinder waren also persönliches Eigentum des Vaters und konnten von ihm in besonderen Ausnahmefällen sogar getötet werden. Solch ein besonderer Fall konnte bei der Geburt eines Kindes vorliegen, wenn es behindert zur Welt kam und die Familie sehr arm war.
Zur *familia* wohlhabender Römer gehörten oft auch *Klienten*, die nicht im Haus des Vaters wohnten. Der Vater gewährte ihnen als *Patron* Schutz und Hilfe in Notfällen. Als Gegenleistung unterstützten die *Klienten* ihren *Patron* z. B. bei politischen Vorhaben und Wahlen.

Die Rolle der Frau

In der römischen *familia* bestand die Aufgabe der Frau vor allem darin, Kinder zu bekommen und den Haushalt zu führen.
Auch die Erziehung war in den ersten sechs Jahren die Aufgabe der Mütter. Dann begann die Schulzeit. Vom siebten Lebensjahr an wurden Mädchen und Jungen unterschiedlich erzogen. Das römische Mädchen blieb bis zu seiner Hochzeit im Haus bei der Mutter und lernte hier alle Fähigkeiten, die für die Führung eines Haushaltes nötig waren. Der Vater übernahm die Erziehung der Jungen.
Erst mit der Hochzeit wurden die Mädchen erwachsen. Der Vater gab seine Tochter dann frei (lat.: emancipatio). Doch die junge Frau ging mit der Hochzeit unmittelbar in die Vormundschaft ihres Ehemannes über. Etwa seit Beginn der Kaiserzeit gelang es Frauen vor allem aus wohlhabenderen Familien, sich stärker von der Bevormundung durch Männer zu lösen. Wirkliche Gleichberechtigung erlangten jedoch auch sie nicht.

M 1 Aufbau der römischen Familie

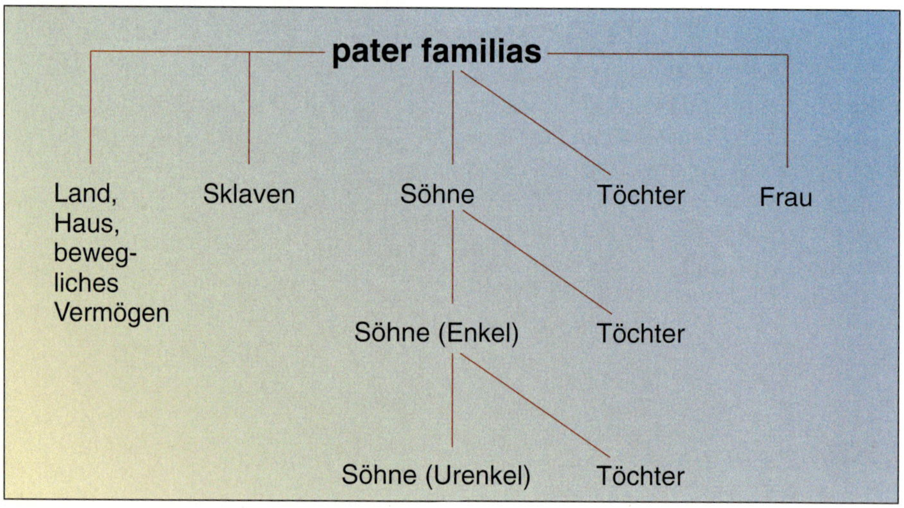

Familie damals – Familie heute: Nennt Unterschiede!

M 2 Römische Familie (Teilansicht eines Sarkophags aus dem 2. Jahrhundert n. Chr.)

Was erfahrt ihr aus dieser Abbildung über die Rolle von Mann und Frau?

M 3 Römer mit den Büsten seiner Vorfahren (Marmorstatue, 1. Jahrhundert n. Chr.)

Welche Werte werden dadurch ausgedrückt, dass sich ein Römer mit den Büsten seiner Vorfahren darstellen lässt?

M 4 Grabinschrift für eine Frau

Q Fremder, es ist nur wenig, was ich sage, bleib stehen und lies:

Hier ist das einfache Grab einer schönen Frau. Die Eltern gaben ihr den Namen Claudia. Ihren Mann liebte sie von ganzem Herzen. Sie brachte zwei Söhne zur Welt. Den einen ließ sie auf der Erde zurück, der andere liegt unter der Erde. Ihre Sprache war geistreich, ihr Gang war voll Anmut. Sie hütete das Haus und spann Wolle. Ich habe gesprochen. Nun geh!

(CB 52, übersetzt von Christoph Andreas Marx)

M 5 Grabinschrift für einen Mann

Q Die Mannestugenden meines Geschlechtes habe ich durch meine Lebensführung gemehrt, Nachkommenschaft gezeugt, den Taten des Vaters nachgeeifert, den Ruhm der Vorfahren erhalten, damit sie sich freuen sollten, dass ich ihnen geboren wurde.

(CIL VI 1293, übersetzt von Walter Arend; zit. nach: Geschichte in Quellen, Altertum, (Bayerischer Schulbuch-Verlag) München [4]1989, S. 407, bearbeitet)

M 6 Grabinschriften für Kinder

Q Dieses Grab hat mir meine Mutter errichtet, die mich sehr vermisst, mich, der ich hier viel zu früh begraben worden bin.

(CIL VI 16606, übersetzt von Christoph Andreas Marx)

Q Für Anthis Chrysostoma, das süße geschwätzige Vögelchen, das Plappermäulchen, die drei Jahre, fünf Monate und drei Tage gelebt hat. – Die Eltern Faenomenus und Helpis.

(CIL VI 34421, übersetzt von Christoph Andreas Marx)

Welche Taten, welche Vorzüge werden bei der verstorbenen Frau, welche bei dem Mann, welche bei den Kindern hervorgehoben?

Forschungs-station

Kinder und Erziehung

Erziehung in der Familie

Die Erziehung in der Familie war für die Römer wichtiger als der Schulunterricht. Nicht für alle wird das Leben idyllisch gewesen sein. Die Kinder einfacher Bauern, Handwerker oder Sklaven wurden wohl schon früh zur Arbeit herangezogen.
Vom siebten Lebensjahr an erzog man Mädchen und Jungen unterschiedlich. Das römische Mädchen blieb bei der Mutter. Die Jungen begleiteten den Vater auf allen Wegen. Sie konnten an dessen Seite sogar an Senatssitzungen und den Festen der Erwachsenen teilnehmen.
Die Familienerziehung der Jungen und Mädchen endete etwa mit dem 17-ten Lebensjahr.

Die römischen Kinder gehen zur Schule

Mit dem siebten Lebensjahr begann für die römischen Kinder die Schulzeit. Jungen und Mädchen gingen zunächst einige Jahre zur *Elementarschule,* um lesen, schreiben und rechnen zu lernen. Eine Schulpflicht gab es nicht. Aber viele römische Kinder werden zumindest diese Schule besucht haben, denn der Unterricht in der Elementarschule war nicht teuer. Unterrichtet wurde in einfachen Mieträumen oder auf offener Straße. Die Schüler verbrachten hier die Vormittagsstunden. Geschrieben wurde mit einem Griffel auf Wachstafeln. Die Kinder erlernten die vier Grundrechenarten und auch Bruchrechnen.
Für die Mädchen endete danach meist die Schulausbildung. Jungen aus besser gestellten Familien gingen in den folgenden Jahren in die *Schule des Grammatiklehrers.* Hier lernten sie vor allem römische und griechische Dichtkunst, Geschichte, Geographie und Physik. Die Schüler mussten dabei viel auswendig lernen.
Einige wenige Jugendliche besuchten dann die *Rhetorenschule.* Für eine Laufbahn als Politiker oder Anwalt war es wichtig, dass man gute Reden halten konnte.

Vergleicht diese Unterrichtsszene mit der Schilderung von Juvenal (M 9). Wie lassen sich die Unterschiede erklären?

M 7 Unterricht beim Privatlehrer (Relief aus Neumagen/Mosel)

M 8 Das römische Relief zeigt vier Lebensabschnitte des Kindes

Beobachtet genau: Wie alt ist das Kind wohl in den vier dargestellten Lebensphasen? Was tut es?

M 9 Juvenal (ca. 60 – 140 n. Chr.) über den Alltag an römischen Schulen

Q In einem Säulengang war die Schule des Lehrers für die Kleinen: ein paar Schemel, ein Pult für den Lehrer, einen freigelassenen Sklaven, der sich für geringes Entgeld die Mühe aufgeladen hatte, den Lausbuben das Lesen und Schreiben beizubringen.

Die Leute, die in der Nähe des Säulenganges vorbeikamen, sahen und hörten die Buben, wie sie mit einer Tafel auf den Knien ein Diktat schrieben oder der Reihe nach das aufsagten, was der Lehrer vorsprach. Immer wieder musste einer eine tüchtige Tracht Prügel einstecken, denn auch das gehört zu der Erziehungsmethode des Lehrers. […] Nicht viel anders waren die Verhältnisse an der höheren Schule, beim Rhetoriklehrer: ein enger Raum oder ein Säulengang, die gleiche Litanei sechs Stunden lang und die gleichen Prügel, solange einer nicht halbwegs erwachsen war.

(Juvenal, 7. Satire; zitiert nach: Italo Salvan/Renato Coporali (Hg.), Rom und seine große Zeit – Leben und Kultur im antiken Rom, (Arena Verlag) Würzburg 1963, S. 68; bearbeitet)

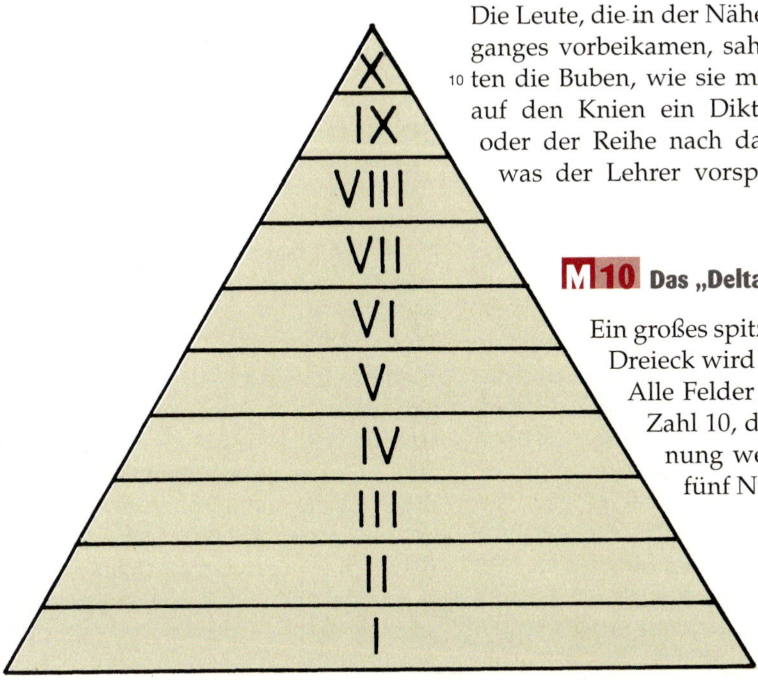

M 10 Das „Delta-Spiel“

Ein großes spitzwinkliges Dreieck wird auf den Boden gezeichnet. Das Dreieck wird mithilfe waagerechter Striche in zehn Felder aufgeteilt. Alle Felder bekommen Zahlen, das oberste Feld in der Spitze die Zahl 10, das unterste Feld die Zahl eins. Aus drei Metern Entfernung werfen die Spieler Nüsse in die Felder. Jeder Spieler hat fünf Nüsse. Wer die meisten Punkte erreicht, hat gewonnen.

Welche Fähigkeiten werden durch dieses Spiel gefördert? Probiert es aus.

Vom Stadtstaat zum Weltreich

Die Entwicklung des Römischen Reiches

Die Römer haben im Verlauf von ungefähr fünf Jahrhunderten ein Reich geschaffen, das von Britannien – dem heutigen England – im Norden, von Spanien im Westen bis nach Nordafrika und bis an den Euphrat und Tigris im Osten reichte. Angesichts dieser Ausmaße des Reiches ist es nicht verwunderlich, dass die Frage, wie eine Stadt in Mittelitalien den Aufstieg zu einem Weltreich dieser Größe geschafft hat, sowohl die Zeitgenossen wie auch Historikerinnen und Historiker bis heute beschäftigt hat. Die Römer haben dieses Reich in vielen Kämpfen zusammengebracht. Weitgehende Einigkeit besteht in der Beschreibung des Expansionsprozesses, wie man einen solchen Vorgang der Gebietserweiterung nennt. Wohingegen die Frage nach den Gründen, warum die Römer über so viele Jahrhunderte Krieg mit anderen Völkern geführt haben, unterschiedlich beantwortet wird.

M 1 Die Ausbreitung Roms in Italien bis etwa 240 v. Chr.

Wie erringen die Römer die Vorherrschaft über Italien?

1. Liste in einer Zeittabelle auf, in welchen Schritten die Römer Italien erobert haben.

2. Erkläre anhand der Karte M 1, wie die Römer ihre hinzugewonnenen Herrschaftsgebiete sicherten.

Rom erobert Mittel- und Unteritalien

Seit dem Ende des etruskischen Königtums war Rom selbstständige Stadt. Zum Schutz vor Feinden schloss es sich mit anderen Städten zum Latinischen Bund zusammen. Im 5. Jahrhundert v. Chr. kam es mehrfach zum Krieg zwischen Rom und der Nachbarstadt Veji. Die Römer blieben Sieger. Das eroberte Gebiet wurde zum römischen Staatsland erklärt und von römischen Bauern besiedelt – ein Vorgehen, das auch in den folgenden Jahren gegenüber besiegten Städten und Völkern angewandt wurde. 340 v. Chr. kam es zum Krieg zwischen Rom und den Städten des Latinischen Bundes. Auch hier siegten die Römer und machten fast alle Städte zu Staatsland. Ein jahrzehntelanger Krieg mit den Samniten in Mittelitalien endete 290 v. Chr. ebenfalls zu Gunsten der Römer. Nach langer Auseinandersetzung mit der Hafenstadt Tarent kontrollierten die Römer seit 270 v. Chr. auch Süditalien.

Wie sichert Rom seine Herrschaft über Italien?

Für die Organisation ihrer Herrschaft in Italien hatten die Römer zunächst kein einheitliches Konzept, sie verfuhren von Fall zu Fall unterschiedlich.
Manche eroberten Gebiete wie z.B. die Stadt Veji wurden zum Staatsgebiet Roms erklärt und an römische Siedler vergeben. Auch die Städte der Latiner galten als römisches Territorium. Sie wurden Landstädte (Munizipien), die sich teilweise selbst verwalteten. Einige Gemeinden erhielten das römische Bürgerrecht, nahmen aber nicht an den Wahlen in Rom teil.
Während der Kriege mit den Samniten begannen die Römer damit, in unsicheren eroberten Gebieten waffenfähige römische Bürger anzusiedeln. Diese Siedlungen, *Kolonien* genannt, waren selbstständige Stadtstaaten, aber unlösbar mit Rom verbunden. Sie dienten als Außenposten in unsicherem Gebiet.
Im weiteren Verlauf der Expansion wurden die meisten Stämme und Städte Italiens als *Bundesgenossen* gegenüber Rom verpflichtet, im Falle eines Krieges Soldaten zu stellen. Die Bundesgenossen waren also von Rom unabhängige Staaten ohne eigene Außen- und Militärpolitik. Durch diese Art der Herrschaftsorganisation kontrollierten die Römer schließlich nicht nur ganz Unter- und Mittelitalien, sondern waren durch die von den Latinern und den Bundesgenossen bereitgestellten Soldaten zur stärksten Macht am Mittelmeer geworden.

Rom erobert die Vorherrschaft am Mittelmeer

Seit den Kriegen mit der See- und Handelsmacht Karthago besaß Rom Eroberungen außerhalb Italiens. Im 2. Jahrhundert v. Chr. wurden auch Gebiete im östlichen Mittelmeer erobert. Wie sollte man die neuen Gebiete verwalten?

Anders als in Italien übernahm Rom die Verwaltung nun stärker in eigene Hände. Mit Sizilien wurde zum ersten Mal erobertes Land zur Provinz erklärt. Ein römischer Proprätor regierte als Richter, oberster Beamter und Militärführer die Provinz und übte eine direkte Herrschaft über die Untertanen aus. Weitere römische Beamte halfen ihm bei dieser Arbeit. Die Provinzbewohner mussten regelmäßige Abgaben leisten. Römische Legionäre (Soldaten) sorgten für Ruhe und Ordnung im Land. Rom übertrug diese Form der Herrschaft in der Folgezeit auch auf andere Gebiete im Mittelmeerraum.

1. Beschreibe mithilfe der Karte M 2 die Ausdehnung der römischen Macht bis in das 2. Jahrhundert v. Chr.

2. Verfolge, in welchen Etappen das Reich weiter vergrößert wurde.

3. Beschreibe den Umfang und die Grenzen zur Zeit der größten Ausdehnung. Konnte man Rom als Weltreich bezeichnen?

4. Jetzt kannst du einen Vortrag zum Thema „Roms Weg zur Weltmacht“ halten. Deine Arbeitsergebnisse und die Karte helfen dir dabei.

M 2 Die Ausdehnung des Römischen Reiches

Die Römer führten 500 Jahre Krieg: Warum?

Der Fall Karthago

Mithilfe von Geschichtskarten lässt sich die Ausweitung des römischen Herrschaftsbereiches nachvollziehen. Karten verraten jedoch wenig über das Wie und Warum dieses Prozesses.
Am Beispiel der Punischen Kriege könnt ihr typische Motive und Anlässe, Ziele und Strategien römischer Kriegsführung herausarbeiten.

Hannibal, Karthagos Staatsmann und Feldherr

Der römische Feldherr Publius Cornelius Scipio

Rom gegen Karthago

Die Karthager, von den Römern Punier genannt, beherrschten seit dem 5. Jahrhundert v. Chr. den Handel im westlichen Mittelmeer. Die Stadt Karthago war Hafen für eine große Flotte von Kriegs- und Handelsschiffen, die vor allem das westliche Mittelmeer befuhren, aber auch mit Britannien und der afrikanischen Elfenbeinküste Handel trieben. Die Römer hatten durch die Eroberung in Süditalien den ehemals griechischen Seehandel übernommen. Römer und Karthager wurden so zu Konkurrenten; im Jahre 264 v. Chr. kam es zum Krieg. Was war der Anlass? 264 v. Chr. wurden Rom und Karthago in den Streit zweier sizilischer Städte einbezogen. Diese im Grunde nicht sehr bedeutende Auseinandersetzung war Ausgangspunkt für einen mehr als 20 Jahre andauernden Krieg zwischen beiden Großmächten *(1. Punischer Krieg)*. Um dem Gegner auch auf dem Wasser gewachsen zu sein, bauten die Römer eigene Kriegsschiffe. Durch wechselnde Erfolge auf beiden Seiten zog sich der Krieg in die Länge. Als schließlich Karthagos Versuch, die letzten Stellungen auf Sizilien zu retten, mit dem Verlust der Flotte endete, war es bereit, Frieden zu schließen. Rom forderte von Karthago als Kriegsentschädigung ca. 80 Tonnen Silber und beherrschte nun auch Sizilien und Sardinien.

Die Karthager verschafften sich bald Ersatz für die verlorenen Gebiete; sie eroberten den Süden des heutigen Spanien. Rom sah diese Expansion mit Besorgnis; es fürchtete eine weitere Ausdehnung des punischen Einflussgebietes. 226 v. Chr. wurde der Fluss Ebro in einem Vertrag zur Grenze des römischen und punischen Einflussgebietes erklärt.

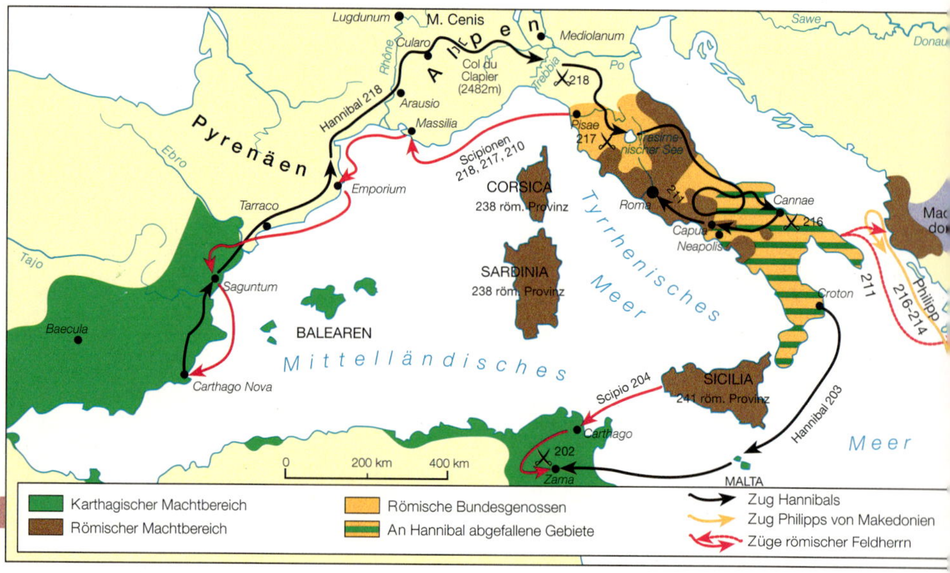

Rom und Karthago zur Zeit des 2. Punischen Krieges

Hannibal vor den Toren Roms

Im Jahre 221 v. Chr. war der 26 Jahre alte Hannibal Feldherr des karthagischen Heeres geworden. 218 v. Chr. eroberte er die Hafenstadt Sagunt in Spanien. Sagunt war mit den Römern verbündet. Hannibal wusste, dass die Römer auf dem Seeweg Truppen schicken würden.

Er tat das Unglaubliche: Mit 50 000 Soldaten, 9000 Reitern und 37 Kriegselefanten zog er über die Pyrenäen, durchquerte Südfrankreich und wagte die äußerst gefährliche Überquerung der Alpen. Noch ehe die Römer ein Heer nach Spanien schicken konnten, stand Hannibal in Oberitalien – zum Schrecken der Römer, denn Hannibal zog durch das Land und verwüstete es. Die Römer versuchten Hannibal aufzuhalten, doch die römischen Truppen wurden mehrfach vernichtend geschlagen. Im Jahre 216 v. Chr. brachte die Schlacht bei Cannae den Römern die Katastrophe: 70 000 Männer fielen – der Großteil des römischen Heeres. „Hannibal vor den Toren!" Das war die Angst, die nun in Rom umging. Die Römer bereiteten sich darauf vor, dass Hannibal die Hauptstadt angreifen würde. Selbst Tiberbrücken wurden abgerissen. Doch zur Verwunderung der Römer griff Hannibal nicht an, sondern zog weiter nach Süditalien, um das Land zu erobern.

Der Konkurrent wird ausgeschaltet

Viele Bundesgenossen lösten sich jetzt von Rom. Die Zahl der Gegner wuchs. Auch Makedonien erklärte Rom den Krieg. Die römischen Heere kämpften gleichzeitig in Italien, Sizilien, Spanien und Griechenland. Trotz großer Verluste nahm der Krieg kein Ende. Während die Römer neue Heere aufstellen konnten, hatte Hannibal bald Probleme mit dem Nachschub. Die Wende gelang dem römischen Feldherrn Scipio. Er besiegte die Karthager in Spanien, zwang Hannibal zur Rückkehr und besiegte ihn bei Zama nahe Karthago. Die Besiegten mussten alle Schiffe abgeben, auf Spanien und Sizilien verzichten und Zahlungen an die Römer leisten. 50 Jahre später wurde Karthago im *3. Punischen Krieg* endgültig vernichtet.

Kriegselefant (Teller aus dem 3. Jahrhundert v. Chr.)

1. Von der ersten Auseinandersetzung der Römer und Punier bis zur Zerstörung Karthagos hat es fast 100 Jahre gedauert. Da fällt es schwer, die Übersicht zu behalten. Aber vielleicht gelingt es euch doch. Mithilfe des folgenden Schemas könnt ihr die Informationen zum „Fall Karthago" in eurem Heft oder an der Tafel ordnen:

Die Punischen Kriege	Ursachen/Anlass	Ziele/Strategien	wichtige Ereignisse	Ergebnisse	Folgen/Bedeutung

2. Wenn ihr euch Übersicht verschafft habt, könnt ihr zu den Punischen Kriegen Stellung nehmen:

„Also, wenn ich Römer wäre, dann wäre ich sicher der Meinung, dass …"

„Ein Punier würde den Krieg aber ganz anders beurteilen …"

„Aus heutiger Sicht könnte man noch ganz anderer Meinung sein …"

M 1

Das römische Relief auf einem Sarkophag aus dem 3. Jahrhundert v. Chr. zeigt das Leiden der Krieger. Die Soldaten sind nackt dargestellt, obwohl sie in Wirklichkeit nicht nackt gekämpft haben. Links werden die Kämpfenden so gezeigt, als würden beide verlieren. Rechts versucht ein Soldat seinen Mitkämpfer zu retten – vergeblich.
Was meint ihr: Verherrlicht oder verurteilt diese Darstellung den Krieg?

Wie rechtfertigten die Römer ihre Kriege?

In der Antike wurde die Notwendigkeit von Kriegen selten infrage gestellt. Es gab Gründe, die einen Krieg offenbar rechtmäßig erscheinen ließen: der Wunsch nach Macht und Ausdehnung der Herrschaft, Angst vor Bedrohung, Landmangel, Hunger. Als Rom Mitte des 2. Jahrhunderts v. Chr. zur Weltmacht aufgestiegen war, machte sich kaum jemand Gedanken darüber, wie oder warum das so geschehen war. Die Stärke und der Mut des römischen Volkes und die Gerechtigkeit seiner Weltherrschaft wurden aber von den antiken Schriftstellern gelobt.
Doch wie kann ein Krieg mit all seinen Grausamkeiten und menschlichen Leiden „gerecht“ sein?

M 2 Dazu meint der sizilianische Schriftsteller Diodor (1. Jahrhundert v. Chr.):

Q Die Römer errichteten ihre Weltherrschaft durch die Tapferkeit ihrer Heere und brachten sie zur größten Ausdehnung durch die überaus anständige Behandlung der Unterworfenen. Und sie blieben so sehr frei von Grausamkeit und Rachsucht den Unterworfenen gegenüber, dass man hätte glauben können, sie kämen zu ihnen nicht wie zu Feinden, sondern gleichsam zu Männern, die sich um sie verdient gemacht hätten, und zu Freunden.

(Diodorus 32, 4, 4, übersetzt von Walter Arend; zit. nach: Geschichte in Quellen, Altertum, (bsv) München 1989, S. 456, bearbeitet)

Ungerechter oder gerechter Krieg? Was vermittelt uns der Text des Diodor über die römische Eroberungspolitik?

Methodenbox

Wir untersuchen widersprüchliche Textquellen

Texte aus früheren Zeiten sind wichtige Quellen, wenn wir etwas über die Vergangenheit erfahren wollen. Doch Vorsicht! Nicht immer ist alles wahr, was wir in alten Texten lesen. Jeder Mensch, der etwas aufschreibt, hat schließlich seine persönliche Sicht der Dinge. Manchmal widersprechen sich Texte, auch wenn sie das gleiche Thema behandeln. Das könnt ihr an den beiden folgenden Texten von Sallust und Cicero untersuchen.

M 3 Der römische Historiker Sallust (86–34 v. Chr.) lässt den von den Römern besiegten König Mithridates VI. von Pontos über die Römer urteilen:

Q Die Römer haben ein einziges und uraltes Motiv dafür, mit allen Nationen und Völkern und Königen Krieg anzufangen: unermessliche Begierde nach Herrschaft und Reichtum. […] die Römer führten ihre Waffen gegen alle Völker, die schärfsten gegen die, deren Niederlage die meiste Waffenbeute einbringt; durch […] Täuschen und dadurch, dass sie Krieg an Krieg reihen, sind sie groß geworden. Und so werden sie alles vernichten und selbst zugrunde gehen […].

(Sallust, Historien 4, 69, übersetzt von Walter Arend; zit. nach: Geschichte in Quellen, Altertum, (bsv) München 1989, S. 505f.)

M 4 Der römische Philosoph Marcus Tullius Cicero (106–43 v. Chr.) schreibt über den „gerechten Krieg“:

Q Das sind ungerechte Kriege, die ohne Grund unternommen worden sind. Denn nur dann kann ein Krieg […] als gerecht gelten, wenn es sich darum handelt, Rache an den Feinden zu üben oder diese abzuwehren. Sonst nicht. Kein Krieg gilt für gerecht, wenn er nicht vorher angekündigt, wenn er nicht formell erklärt ist, wenn er nicht aus Gründen der Wiedergutmachung geführt wird. Unser Volk hat dadurch, dass es seine Bundesgenossen verteidigte, sich selbst aller Länder bemächtigt.

(Cicero, de re publica 3, 35, übersetzt von Walter Arend; zit. nach: Geschichte in Quellen, Altertum, (bsv) München 1989, S. 523)

Textquellen vergleichen: Wie geht das?

Ein Vergleich von Textquellen bietet sich immer dann an, wenn sie das gleiche Thema behandeln. Wir lernen so, die geschichtlichen Ereignisse aus unterschiedlichen Sichtweisen zu sehen, und können uns eine klügere Meinung bilden – zum Beispiel zu der Frage:

Können Kriege gerecht sein?

Prägt euch für Textvergleiche die folgenden drei Schritte ein:

1. Was ist das gemeinsame Thema der verschiedenen Texte?
2. Welche Informationen liefert uns jeder einzelne Text zum Thema?
3. Welche Unterschiede können wir feststellen?

Ihr könnt dann weiter überlegen, wie die unterschiedlichen Bewertungen zu erklären sind. Schaut hin, wer im Text zu Wort kommt und warum. War es ein Freund oder Feind, ein Sieger oder ein Besiegter, usw.?
Könnt ihr nun zu euren Ergebnissen ein übersichtliches Tafelbild entwickeln?

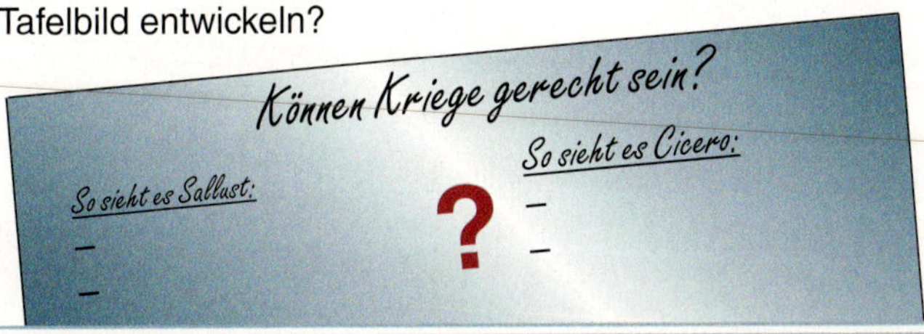

Diskussion:
Kann Krieg ein rechtmäßiges Mittel der Politik sein?

Diese Frage solltet ihr in der Klasse aus eurer Sicht abschließend noch einmal diskutieren. Ihr dürft dabei auch von aktuellen Beispielen ausgehen. So könnt ihr euch vorbereiten: Jeder sammelt für sich zunächst einmal alles, was ihm zu dieser Frage einfällt, was er darüber denkt. Dann kann die Diskussion beginnen.

Info

Nach außen mächtig – Krise im Inneren?

In vielen schwierigen Kriegen hatte Rom seinen Machtbereich im 2. Jahrhundert v. Chr. ausgedehnt und war zur vorherrschenden Weltmacht geworden. Erhebliche Anstrengungen waren dazu nötig gewesen. Große Reichtümer fielen in die Hände der Römer. Außenpolitisch mächtig, aber Staat und Gesellschaft innerlich erkennbar zerrissen:

- Wie geht das zusammen?
- Wie lassen sich die Probleme lösen?

Rom in der Krise

Neuer Reichtum – neue Armut

Nur wenigen Römern brachten die militärischen Erfolge einen Gewinn. Römische *Bauern* konnten durch den Kriegsdienst ihre Äcker nicht mehr bestellen. *Großgrundbesitzer* dagegen waren in der Lage, ihre Ländereien durch den Einsatz von Sklaven bewirtschaften zu lassen, die als Kriegsgefangene ins Land kamen. Die meisten römischen Bauern hatten durch den Anbau von Getreide ihren Lebensunterhalt verdient. Nun gelangte Getreide aus den Provinzen in großen Mengen nach Rom und drückte die Preise. So waren einfache Bauern auf doppelte Weise geschädigt: Ihre Äcker waren durch ihre lange Abwesenheit verwildert; das wenige Getreide, das sie nun produzierten, reichte kaum noch zum Überleben. Der Beuteanteil, den sie im Krieg erhalten hatten, musste häufig für die Bezahlung von Schulden behalten. Viele Bauern waren deshalb dazu gezwungen, ihre Äcker an Großgrundbesitzer zu verkaufen und als Tagelöhner bei ihnen zu arbeiten. Andere zogen vom Land in die Stadt, in der Hoffnung dort etwas Neues aufbauen zu können. Doch nur wenige fanden neue Arbeit. Immer mehr Menschen waren arbeitslos und lebten von öffentlichen Spenden. Da sie außer ihren Kindern oft nichts besaßen, wurden sie *Proletarier* genannt (von lat. proles = Kind). Immer weniger Bauern waren in der Lage, sich für den Dienst im Heer selbst auszurüsten.

Unvergleichlich besser ging es dagegen vielen Mitgliedern der *Senatorenfamilien.* Da es den Senatoren nicht gestattet war, Handel zu treiben, konzentrierten sie sich auf die Vergrößerung ihres Grundbesitzes: Es entstanden die *Latifundien,* große private Ländereien. Als *Händler und Steuerpächter* traten dagegen immer mehr die *Ritter* in den Vordergrund. Ihr Stand war aus der Reiterschaft des römischen Heeres hervorgegangen. Sie besaßen das nötige Vermögen, um Handel zu treiben oder das Steuerrecht für eine Provinz zu erwerben. Mit der Ausdehnung Roms wurde der Handel immer wichtiger und lukrativer. Durch das Eintreiben von Steuern bestand die Möglichkeit, erhebliche Gewinne zu erzielen, denn den Überschuss durften die Steuerpächter behalten.

In dieser Situation kam es zu einem Bürgerkrieg, der fast hundert Jahre andauern sollte. Während dieser Zeit gab es viele Versuche, die Krise zu lösen.

Römischer Bauer auf dem Weg zum Markt

Wege aus der Krise?

1. Versuch: Tiberius Gracchus

Die großen Ungleichheiten wurden 133 v. Chr. von dem Volkstribun Tiberius Gracchus angeprangert. Er schlug ein Gesetz vor, nach dem jeder Römer künftig nicht mehr als 1000 Morgen Land besitzen durfte. Alles übrige Land sollte an die besitzlosen Bürger Roms verteilt werden. Dieser Vorschlag führte erwartungsgemäß zu erheblichen Protesten durch die Großgrundbesitzer. Dennoch brachte Tiberius Gracchus den Antrag in die Volksversammlung, ohne ihn, wie sonst üblich, vom Senat vorberaten zu lassen. Die Volksversammlung stimmte den Reformen des Tiberius Gracchus zu – eine geradezu revolutionäre Handlung, weil der Volksversammlung solche Rechte nicht zustanden. Es wurde ein Ausschuss gebildet, der sich um die Verteilung der Ländereien kümmern sollte. Doch noch bevor dies richtig angelaufen war, ging die Amtszeit des Gracchus zu Ende. Obwohl es verboten war, in zwei aufeinander folgenden Jahren das Amt des Volkstribuns einzunehmen, sah Gracchus nur so die Möglichkeit, seine Reformen durchzusetzen, und stellte sich zur Wiederwahl. Für viele Senatoren war nun die Ordnung gefährdet; einige meinten, Gracchus strebe die Alleinherrschaft an. Als die Volksversammlung zur Wahl schreiten wollte, wurden Gracchus und viele seiner Anhänger von Senatoren erschlagen.

2. Versuch: Gaius Gracchus

Zehn Jahre später griff Gaius Gracchus die Reformpläne seines Bruders wieder auf. Die politisch Einflussreichen hatten sich in der Zwischenzeit gespalten. Die einen wollten mithilfe der Volksversammlung und der Volkstribunen Reformen durchsetzen. Sie vertraten weitgehend die Interessen des einfachen Volkes und wurden *Popularen* genannt (von lat. populus = Volk). Die *Optimaten* dagegen (von lat. optimus = der Beste) setzten sich für die Beibehaltung der alten Ordnung und die Machterhaltung des Senats ein. Gaius Gracchus wollte römischen Bauern Land in den Provinzen zuteilen, den Bundesgenossen die römische Staatsbürgerschaft geben und feste Getreidepreise einführen, damit ärmere Römer in schlechten Erntejahren nicht Hunger leiden mussten. Durch Versprechungen an das Volk gelang es den Senatoren, die Anhänger des Gracchus zu spalten. Wie sein Bruder wurde Gaius Gracchus umgebracht.

3. Versuch: Gaius Marius

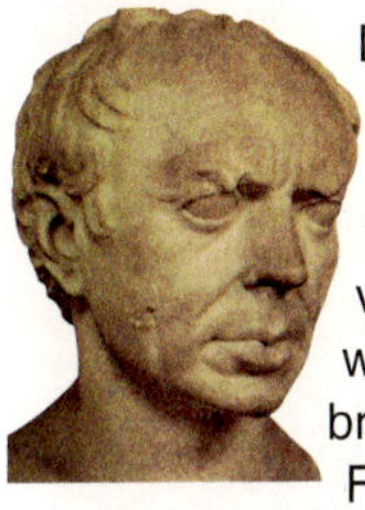

Doch die Probleme blieben: Konnte man der Menge der Proletarier überhaupt Arbeit verschaffen? Eine gewisse Erleichterung brachte die von dem Feldherren und mehrmaligen Konsul Marius eingeleitete Heeresreform. Da die Zahl der freien Bauern und damit auch die Zahl der Wehrpflichtigen schrumpfte, wandelte er das römische Heer von einem Bürgerheer in ein Berufsheer um. Freiwillige Soldaten wurden seit 104 v. Chr. vom Staat besoldet und erhielten ihre Ausrüstung gestellt. Als Alterssicherung wurde ihnen von Marius Land versprochen. Erstmals wurden den Soldaten damit stark an ihre Feldherren gebunden, eine Neuerung, die später dazu führen sollte, dass Soldaten mehr an einen erfolgreichen Feldherren als an den Römischen Staat gebunden waren.

4. Versuch: Lucius Cornelius Sulla

Zu Beginn des 1. Jahrhunderts v. Chr. flammte der Streit zwischen Optimaten und Popularen wieder auf. Der Führer der Optimaten, Lucius Cornelius Sulla, erhielt 88 v. Chr. als Konsul den Oberbefehl für einen Krieg im Osten. Als die Volksversammlung nicht zustimmte und stattdessen dem führenden Vertreter der Popularen Marius das Kommando übertrug, führte Sulla seine Soldaten gegen Rom, vertrieb Marius und tötete viele seiner Anhänger. Sobald Sulla in den Osten aufgebrochen war, nahm Marius mit seinen Truppen Rom ein und verfolgte nun die Anhänger Sullas. Noch während der Abwesenheit Sullas starb Marius. Sulla kehrte nach Rom zurück, wurde vom Senat zum Diktator auf unbestimmte Zeit ernannt und ließ die Anhänger der Popularen öffentlich verfolgen. Er schränkte die Rechte der Volksversammlung und der Volkstribunen erheblich ein und festigte damit die Position des Senats. Im Jahre 79 v. Chr. legte Sulla überraschend seine Diktatur nieder.

Ihr könnt die Krise Roms in eurer Klasse durchspielen:
- Ich erläutere, wie sich die wirtschaftliche und gesellschaftliche Situation verändert hat und was die Gründe dafür waren.
- Ich berichte über Tiberius Gracchus.
- Ich berichte über den Reformversuch des Gaius Gracchus.
- Ich stelle den Lösungsansatz des Marius vor.
- Ich berichte über das Vorgehen Sullas.

Ausweg aus der Krise?
Wir sind römische Bürger.
Wir diskutieren das Für und Wider der einzelnen Lösungswege.

„Als wären wir dabei gewesen“:

Mordfall Caesar

Die Klasse klärt einen der berühmtesten politischen Morde auf

Wahrscheinlich habt ihr den Namen Julius Caesar schon gehört. Vielleicht habt ihr Caesar auch schon als Comicfigur in einem Asterixheft gesehen.
Auf dieser Doppelseite könnt ihr herausfinden, wer dieser Caesar wirklich war. Dazu müsst ihr in die Rolle von Kriminalisten schlüpfen. Ihr habt es nämlich mit einem der berühmtesten Kriminalfälle der Geschichte zu tun. Das Motiv? Ihr müsst es herausfinden. Am Ende eurer Untersuchungen könnt ihr – wie jede echte Kriminalpolizei – einen Bericht vortragen, der auf folgende Fragen Antwort gibt:

- ➔ **Wer war Julius Caesar?**
- ➔ **Wie ist die Mordtat begangen worden?**
- ➔ **Wer waren die Täter?**
- ➔ **Warum wurde Caesar ermordet?**
- ➔ **Wie schätzt ihr die Schuld der Täter ein?**

Marmorbüste Caesars

Die Tat
(frei erzählt nach den Schilderungen des griechischen Schriftstellers Plutarch (46–125 n. Chr.)

15. März, 44 v. Chr., Mittagszeit:
Caesar betritt das Gebäude, in dem der römische Senat tagt. Ein Wahrsager hatte ihn vor einer möglichen Gefahr an den „Iden des März“, dem 15. Tag des Monats, gewarnt. Seine Frau Calpurnia hatte ihn am Morgen angefleht, das Haus nicht zu verlassen. Vergeblich – sogar eine Leibwache hat Caesar abgelehnt. Nun schreitet er zu seinem Amtssessel und nimmt Platz. Die Sitzung beginnt. Da erheben sich einige Senatoren und gehen auf Caesar zu, darunter Gaius Cassius und Marcus Iunius Brutus. Einer von ihnen bringt ein Bittgesuch vor. Das ist das verabredete Zeichen. Im Senat starren die Leute entsetzt auf das, was jetzt geschieht. Als Caesar einen Dolch blitzen sieht, will er sich erheben. Zu spät: Die Männer werfen sich mit ihren gezückten Dolchen auf ihn. Der erste Stoß verletzt den Diktator an der Schulter. Vergeblich versucht er sich zur Wehr zu setzen und zu fliehen. Doch es ist aussichtslos. Schwer verletzt zieht das Opfer die Toga über den Kopf und wehrt sich nicht mehr. Nur einmal soll er aufgeschrien haben, als er seinen vermeintlichen Freund Brutus, den er vorher mit Ämtern und Ehren überhäuft hatte, unter den Mördern entdeckte. Mit 23 Dolchstichen, einem von jedem Verschwörer, sinkt er blutüberströmt zu Boden und stirbt. Die Täter stürzen aus dem Gebäude und versuchen sich in Sicherheit zu bringen.

Wer war Caesar?

Gaius Julius Caesar wurde 100 v. Chr. als Sohn einer Adelsfamilie aus dem Geschlecht der Julier geboren.
In den 70er-Jahren wurde Caesar von Piraten entführt. Als sie ein Lösegeld von 20 Talenten forderten, erklärte er selbstbewusst, er sei 50 wert, und schwor, nach seiner Freilassung zurückzukommen und sie zu kreuzigen. Die Piraten hielten das für einen Scherz. Caesar jedoch hielt Wort, kehrte zurück und ließ sie töten.
68 v. Chr. wurde er zum Quästor gewählt, 62 zum Prätor und ein Jahr später wurde er in die Provinz Spanien geschickt, um sie zu verwalten.
Nach seiner Rückkehr nach Rom verbündete er sich 60 v. Chr. mit den mächtigen Männern Pompeius und Crassus in einem *Triumvirat* gegen den Senat. Ohne ihre Zustimmung konnte nun nichts mehr geschehen im Staat. Ein Jahr später war Caesars Einfluss bereits so groß, dass man ihn in das höchste Amt der Republik, das Amt des Konsuls, wählte.
Als Befehlshaber einer riesigen Armee unterwarf Caesar dann zwischen 58 und 51 v. Chr. das gesamte Gallien bis zum Rhein. In der Zwischenzeit hatte Crassus den Tod gefunden. Der Senat fürchtete zunehmend Caesars Machtansprüche. Pompeius stellte sich nun gegen Caesar und auf die Seite des Senats. Der Senat forderte Caesar auf, ohne sein Heer nach Rom zurückzukommen, um sich vor Gericht für verschiedene Verfassungsbrüche zu verantworten. Er widersetzte sich diesem Befehl und setzte mit den berühmten Worten „Der Würfel soll geworfen werden" (heute sagt man: „Die Würfel sind gefallen") mit seinem Heer über den Fluss Rubikon bei Rimini. Es folgte ein fast fünfjähriger Bürgerkrieg gegen Pompeius und den Senat, der sehr viel Blut forderte. 45 v. Chr. zog Caesar als Alleinherrscher im Triumph in Rom ein. Pompeius floh und wurde wenig später in Ägypten ermordet.
Caesar hatte keine ernst zu nehmenden Gegner mehr und wurde als Konsul, Oberbefehlshaber des Heeres und Diktator auf Lebenszeit der alleinige Herr in Rom.

Wer waren die Täter?

Der Widerstand gegen Caesar entstand in den Kreisen der wohlhabenden Patrizier. Mit Sorge beobachteten sie, wie Caesar daranging, den römischen Staat neu zu organisieren. Sie fürchteten um ihre Vorrechte. Caesar erweiterte den Senat von 600 auf 900 Mitglieder, indem er zahlreiche seiner Freunde, auch Nichtrömer, zu Senatoren ernannte. Er nahm den Titel eines Diktators auf Lebenszeit an. Das Volk von Rom unterhielt er mit großzügigen Spenden und Gladiatorenspielen.
Der Kopf der Verschwörung gegen Caesar war Marcus Brutus. Caesar hatte ihn mit Ämtern und Ehren überhäuft und so geglaubt, dass Brutus sein Freund sei. Aber die Patrizier drängten Brutus zum Widerstand gegen Caesar. Die Vorfahren des Brutus hatten einst die etruskischen Könige vertrieben und von daher schien Brutus der richtige Mann zu sein, um Rom vor der Tyrannei zu bewahren. Als Caesar mit dem Gedanken spielte, König zu werden, und öffentlich verkündete: „Die Republik ist ein Nichts!", sahen sich die Verschwörer zum Handeln gezwungen. Sie wählten die nächste Senatssitzung am 15. März als Zeitpunkt für den Mord.
Nach dem Mord verloren die Täter rasch die Kontrolle über die Lage. Brutus floh und beging drei Jahre später Selbstmord.

Stimmen zum Mord

„Der Mord an Caesar war ein gemeines Verbrechen!"

„Die Attentäter haben die Republik gerettet und die Tyrannei verhindert!"

„Caesar war ein guter Römer und ein Freund des Volkes!"

„Der Mord geschah aus Notwehr!"

„Man hätte Caesar mit friedlichen Mitteln bekämpfen sollen!"

1. Für den Vortrag eurer Abschlussberichte könnt ihr euch die Arbeit teilen:
- Ich stelle Julius Caesar vor.
- Ich schildere die Mordtat.
- Ich berichte über die Täter und ihre Motive.

2. Am Ende der Untersuchung könnt ihr gemeinsam über die Schuld der Täter diskutieren. Dabei solltet ihr die Stimmen zum Mord berücksichtigen. Können wir ein „Attentat", also einen Mord aus politischen Gründen, rechtfertigen oder ist auch der so genannte „Tyrannenmord" ein unverzeihliches Verbrechen?

Augustus setzt eine neue Ordnung durch: der Prinzipat

Zwei Jahrzehnte nach Caesars Tod gelingt es einem Mann die Macht in Rom zu erobern: Sein Name ist Oktavian. Doch man nennt ihn bald „Augustus", der Erhabene. Im Gegensatz zu Caesar gelingt es ihm, sich an der Macht zu halten.

- Was macht Augustus anders?
- Wie geht er mit seinen Gegnern um?
- Was wird aus der Verfassung der Republik?

Augustus beendet die Bürgerkriege

Die Mörder Caesars hatten geglaubt, mit ihrer Tat die Republik wiederherzustellen. Doch als bekannt wurde, dass Caesar dem Volk in seinem Testament ein großes Geldgeschenk hinterlassen hatte, kam es erneut zu Unruhen. Die Mörder Caesars mussten aus Rom fliehen. In Rom selbst erhielten Antonius und Lepidus, zwei Feldherren Caesars, und Caesars Adoptivsohn Oktavian durch Volksbeschluss den Auftrag, als *Triumvirat* den Staat neu zu ordnen. Von neuem begann der Bürgerkrieg. Unter dem Vorwand, die Caesarmörder auszuschalten, wurden Tausende ermordet. Den römischen Herrschaftsbereich teilten die Triumvirn untereinander auf: Oktavian kontrollierte den Westen des Reiches, Antonius den Osten, Lepidus erhielt Afrika. Als Antonius im Jahre 34 v. Chr. in Ägypten Kleopatra und ihren Sohn zu „Königen der Könige" erklärte, setzte Oktavian durch, dass gegen Kleopatra und damit auch gegen Antonius Krieg geführt wurde. In der Seeschlacht bei Actium im Jahre 31 v. Chr. konnte Oktavian seinen Gegner ausschalten. Oktavian stand jetzt allein an der Spitze des römischen Staates. Drohte Rom nun ein zweiter Caesar?

Oktavian gab dem Senat im Jahre 27 v. Chr. in einem feierlichen Akt alle Vollmachten zurück. Der Senat verlieh ihm daraufhin den Beinamen *„Augustus"*, der Erhabene, und bat ihn zugleich, die Verantwortung für die öffentliche Ordnung und den Frieden auch weiterhin zu tragen. Augustus hatte diese Reaktion wohl vorausgesehen. Nach all den Bürgerkriegen sehnte sich das Volk nach Frieden und Augustus war der Einzige, der ihn durchsetzen konnte.

Marmorbüste des Oktavian Augustus

M 1 Der „Tatenbericht" des Augustus

Q Von den Taten des Gott gewordenen Augustus, durch die er den Erdkreis der Befehlsgewalt des römischen Volkes unterworfen hat. […] Im Alter von 19 Jahren [44 v. Chr.] brachte ich aus eigenem Entschluss und mit eigenen Mitteln ein Heer auf, mit dessen Hilfe ich den Staat, der durch die Gewaltherrschaft einer Partei unterdrückt war, in die Freiheit zurückgeführt habe. Aus diesem Grunde nahm mich der Senat […] in seine Reihen auf [43 v. Chr.] […] und gab mir die militärische Befehlsgewalt. […] Kriege habe ich zu Wasser und zu Lande gegen Bürger und auswärtige Gegner auf dem ganzen Erdkreis geführt, und als Sieger habe ich alle Bürger, die um Gnade baten, verschont. […] Die Diktatur, die mir […] sowohl vom Volk als auch vom Senat […] angetragen wurde, habe ich nicht angenommen [22 v. Chr.]. […] Auch das Konsulat, das mir damals als jährliches und dauerndes angetragen wurde, habe ich nicht angenommen. […] In meinem sechsten und siebten Konsulat habe ich, nachdem ich die Bürgerkriege ausgelöscht hatte […], den Staat aus meiner Amtsgewalt dem Ermessen des Senats und des römischen Volkes überantwortet. Und für dieses mein Verdienst bin ich durch Senatsbeschluss „Augustus" genannt worden [28/27 v. Chr.]. […] Nach dieser Zeit habe ich an persönlichem Einfluss *[auctoritas]* alle übertroffen, an Amtsgewalt *[potestas]* aber habe ich nicht mehr gehabt als die Übrigen, die in dem jeweiligen Amt mit mir Kollegen gewesen sind. […] Als ich das dreizehnte Konsulat innehatte, haben der Senat und der Ritterstand und das römische Volk insgesamt mich Vater des Vaterlandes genannt [2 v. Chr.]. […] Als ich dies geschrieben habe, stand ich im 76. Lebensjahr.

(Res gestae divi Augusti, übersetzt von Werner Weber; zit. nach: Geschichte in Quellen, Altertum, (bsv) München 1989, S. 581 ff., bearbeitet)

M 2

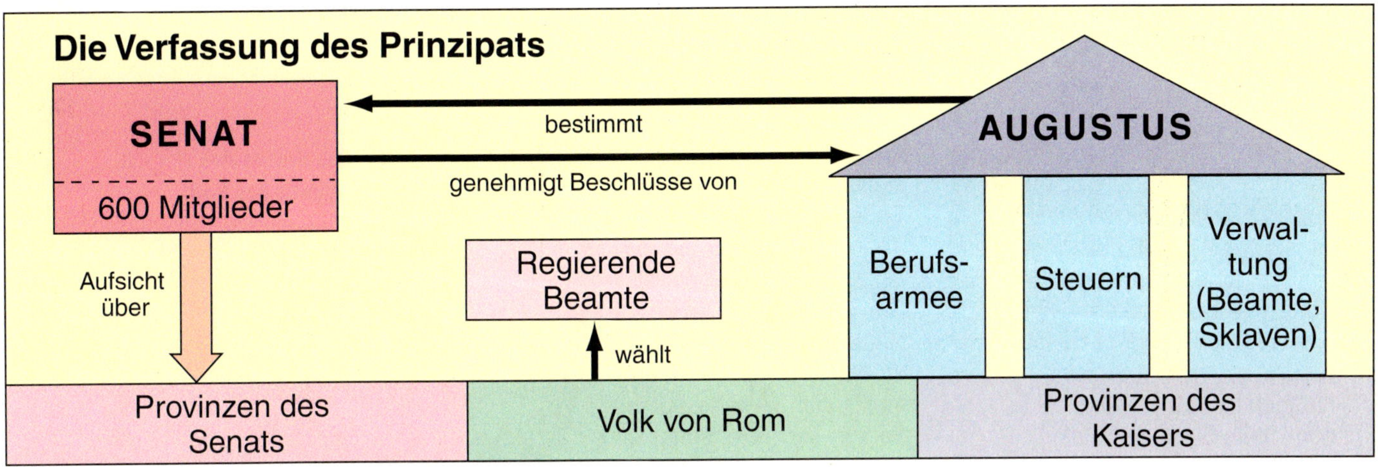

Eine neue politische Ordnung für Rom – der Prinzipat

Augustus ließ alle Verfassungseinrichtungen der Republik bestehen. Tatsächlich hatten Senat und Magistrat aber erheblich an Funktion verloren. Senat und Volksversammlung übergaben Augustus alle wichtigen politischen Rechte; als Imperator hatte er künftig den Oberbefehl über die römischen Truppen; er war zugleich *pontifex maximus* (lat. = oberster Priester). Viele Provinzen unterstanden Augustus direkt, der damit auch über regelmäßige Steuereinnahmen verfügen konnte. Der Senat bezog Einnahmen aus den senatorischen Provinzen. Da Augustus für die vielen Aufgaben Hilfe benötigte, entstand mit der Zeit neben dem Magistrat eine kaiserliche Verwaltung, in der vor allem Angehörige des Ritterstandes und auch freigelassene Sklaven tätig waren. Augustus besaß also Befugnisse, die mit denen Caesars durchaus vergleichbar waren; dennoch konnte er sich an der Macht halten. Warum?

Augustus hatte es von Beginn an vermieden, sich als König anreden zu lassen. Stattdessen ließ er sich schon im Jahre 29 v. Chr. zum „Ersten des Senats“ (*princeps senatus*) ernennen und dementsprechend bezeichnete er sich fortan als *princeps*. Die von ihm geschaffene Regierungsform wird deshalb heute als Prinzipat bezeichnet.
Viele Römer sahen in der Wiederherstellung des Friedens die besondere Leistung des Augustus. So gab es nur wenig Widerstand gegen den neuen Herrscher. Die *pax augusta*, der Augustusfriede, wurde von vielen Menschen als Beginn eines neuen Zeitalters empfunden. Als äußerliches Symbol für die neue Friedenszeit ließ Augustus im Jahre 9 v. Chr. einen Friedensaltar, die *ara pacis*, errichten. Tatsächlich sorgten die römischen Legionen für Sicherheit an den Grenzen, die Kämpfe im Inneren des Reiches waren beendet.

1. Mithilfe des Schaubildes und des Textes könnt ihr nachweisen,
a) wie viel Macht Augustus tatsächlich besaß und
b) warum die Mehrzahl der Römer seine Machtstellung nicht kritisierte.

2. Auf Seite 163 habt ihr die Verfassung der römischen Republik kennen gelernt.
Unter Augustus hat sich einiges geändert. Ihr könnt die Verfassung des Prinzipats mit der der Republik vergleichen, wenn ihr den folgenden Fragen nachgeht:
– Wie ist der Staat aufgebaut?
– Welche Gruppen gibt es?
– Wer hat die Macht?

3. a) Entwerft mithilfe des Tatenberichts (M 1) einen stichwortartigen Lebenslauf des Augustus.
b) Welche seiner Taten hebt Augustus besonders hervor?
c) Was bezweckt Augustus mit seiner Selbstdarstellung?

4. Warum erleidet Augustus nicht das Schicksal Ceasars? Was macht er anders?

Methodenbox
Herrschaftsdarstellungen

Zu allen Zeiten haben Herrscher versucht, sich und ihr „Programm“ in der Öffentlichkeit darzustellen. Es ist schwierig, die Leistungen und Erfolge eines Menschen in einer Statue auszudrücken. Schließlich lassen sich Eigenschaften wie Klugheit, Überlegenheit, Heldenhaftigkeit nicht so einfach aus einem Stein herausmeißeln.
Wie stellt man mit künstlerischen Mitteln Herrschaft dar?

> Ihr könnt das selbst – zum Beispiel in einer großen Pause – in einer kleinen pantomimischen Übung ausprobieren. Stellt euch nacheinander in die Mitte eines Kreises und denkt euch: „Ich bin jetzt eine große Herrscherin, ein großer Herrscher.“ Nehmt dann die entsprechende Körperhaltung an. Im Kontrast dazu könnt ihr auch sagen: „Ich bin jetzt ein Sklave, ein armer Bauer, ich bin besonders klug, stark, erfolgreich …“ usw.

Wir können davon ausgehen, dass Herrschaftsdarstellungen einen Menschen so zeigen, wie er gerne gesehen werden möchte, aber nicht, wie der Mensch wirklich ausgesehen hat.

Die Darstellung des Augustus zum Beispiel ist 2,04 Meter hoch. Augustus soll 1,70 groß gewesen sein. Sein Blick ist in die Ferne gerichtet. Augustus ist barfuß, obwohl die Römer doch Sandalen trugen. Aber die Götter wurden immer barfuß dargestellt. Was soll die kleine Figur an einer Seite? Die Römer wussten, dass der Knabe ein Liebesgott ist, ein Kind der Göttin Venus. Der Brustpanzer ist reich verziert. Zufall? Oder drückt der Künstler damit etwas aus? Hier zeigt der Panzer mehrere Götter und die Mutter Erde mit ihren Kindern. Wozu trägt ein Herrscher einen Stab in der Hand?
Um Herrschaftsdarstellungen zu verstehen, müssen wir ganz genau hinschauen. Die folgenden Schritte helfen euch dabei.

Herrschaftsdarstellungen verstehen: Wie geht das?

1. Der Gesamteindruck

Wie sind Körper und Körperhaltung dargestellt? (Größe der Statue, Kopfhaltung, Blick, Stellung der Arme und Beine, Kleidung)

2. Die Einzelheiten

Welche Besonderheiten fallen euch auf? (Hier geht es um Einzelheiten, die nicht unbedingt dazugehören: der Knabe, der Brustpanzer, der Herrschaftsstab, die nackten Füße usw.)

3. Die Wirkung auf den Betrachter

Welche geistigen Eigenschaften der Person hat der Künstler auszudrücken versucht? (Klugheit, Überlegenheit, Heldenhaftigkeit, Göttlichkeit usw.)

M 1 Die Statue des Augustus aus Primaporta bei Rom

Hat Augustus wirklich so ausgesehen?

Wie stellt ein Künstler Frieden dar?

Von Kriegen kennen wir viele Darstellungen, vom Frieden nur wenige. Ist der Frieden schwieriger darstellbar als der Krieg?

Um das herauszufinden, könnt ihr wieder eine praktische Übung machen. Teilt ein Blatt in zwei Teile und schreibt auf die eine Seite: „Solche Vorstellungen habe ich vom Krieg“ und auf die andere: „Solche Vorstellungen habe ich vom Frieden“. Fertigt dazu Zeichnungen an.
Überlegt nachher, was euch leichter fiel: Krieg darzustellen oder Frieden.

Augustus sah sich als Friedensbringer. Deshalb ließ er im Jahre 9 v. Chr. einen Friedensaltar erbauen, die „ara pacis“ – ausgerechnet auf dem Marsfeld, dem Truppenübungsplatz in Rom. Der Friedensaltar sollte ein sichtbares Zeichen für das Ende der Bürgerkriege und für die neue Friedenszeit unter der Herrschaft des Augustus sein. Auf einer Seite des Altars findet man das abgebildete Relief.
Wie kann man es deuten?

Stichwort: Symbole

Vielleicht habt ihr es ja bei euren Zeichnungen selbst gemerkt. Wenn man einen nicht sichtbaren Zustand wie Frieden darstellen will, verwendet man bestimmte Zeichen. Vielleicht habt ihr ein Herz gemalt als Zeichen für Liebe oder einen Sonnenuntergang als Zeichen für Harmonie oder zwei Menschen, die sich die Hand geben, als Zeichen für Freundschaft. Wenn man ein Zeichen verwendet, von dem man glaubt, dass der Betrachter es versteht, so bezeichnet man das als ein Symbol. Ein Symbol ist ein Erkennungszeichen.
Die Darstellung des Friedens auf dem Friedensaltar des Augustus ist voller Symbole.

Wir können symbolische Zeichen nicht verstehen, wenn wir nicht eingeweiht sind. Deswegen müssen wir uns manchmal Informationen über ein Kunstwerk besorgen, die uns die Symbolik erklären. Viele der Symbole können wir aber auch für uns selbst deuten, wenn wir nur lernen, genau und mit Interesse hinzuschauen.

M 2

Der Friedensaltar „ara pacis“ des Augustus

Das Römische Reich ist als Mutter dargestellt. Die Mutter beschützt und ernährt ihre Kinder. Sie blickt voller Güte auf die Kinder herab und die Kinder blicken voll Freude und Hochachtung in das Gesicht der Mutter. Im unteren Teil weidet friedlich ein Schaf und der Stier ist ganz zahm. Blumen blühen im Hintergrund.
Was sollen die verschiedenen Symbole dem Betrachter über den Frieden im Römischen Reich mitteilen?

Achtet bei dieser Darstellung und bei anderen, die euch noch begegnen werden, immer auch auf Folgendes:

4. Symbole

Welche Zeichen, welche symbolischen Darstellungen kann ich erkennen? Wofür stehen die Symbole?

5. Offene Fragen

Welche Zeichen bleiben mir unerklärlich?

Das Kaiserreich und seine Menschen

Wer ist ein Römer?

Zur gleichen Zeit in einem kleinen gallischen Dorf ...

Nach vielen Kriegen hatte sich der römische Machtbereich gewaltig ausgedehnt. Der Kaiser in Rom herrschte über ein Weltreich, das sich rund um das Mittelmeer erstreckte. Mit der Vielzahl erworbener Provinzen ergaben sich ganz neue Aufgaben. Wie sollte man mit den Menschen in den eroberten Gebieten verfahren? Wie die Provinzen verwalten? Millionen von Menschen standen nun unter der Herrschaft Roms. Welche gesellschaftliche Stellung, welche politischen Rechte hatten diese Menschen? Waren sie nun alle zu Römern geworden?
Auf den folgenden Seiten findet ihr Antworten.

Die Zweifel des Obelix

Sieht Asterix die Sache richtig? – Sein Freund Obelix hat da Zweifel. Am nächsten Tag geht er im Wald Wildschweine jagen und begegnet dort dem römischen Soldaten Secundus Furor, der große Angst vor Obelix bekommt. Obelix verspricht dem Römer, ihm nichts zu tun. Dafür muss Secundus Furor ihm ein paar Fragen beantworten. „Bin ich wirklich ein Römer?“, fragt Obelix. „Wer ist überhaupt Römer und wer nicht? Welche Vorteile hat man, wenn man ein Römer ist?“

- Informiert euch im folgenden Text über all diese Zusammenhänge und entwerft ein Gespräch zwischen dem fragenden Obelix und Secundus Furor, der ihm die Dinge erklärt.

Das römische Recht kennt feine Unterschiede

Wenn ihr euren Reisepass aufschlagt, dann stellt ihr fest, dass dort eure Staatsangehörigkeit verzeichnet ist. Ihr gehört also einer bestimmten Nationalität an. War das im Römischen Reich ähnlich? Hatten auch die Römer einen Pass?
Zur Zeit des Augustus lebten etwa 70 Millionen Menschen unter römischer Herrschaft (zum Vergleich: Deutschland hat 80 Millionen Einwohner). Durch die Expansion Roms war auch die Zahl der in den Grenzen des Reiches lebenden Menschen angewachsen. Waren das nun alles Römer?
Nein, das war nicht der Fall. Das römische Recht machte da feine Unterschiede:
Zunächst wurde zwischen Freien und Unfreien unterschieden. Die *Unfreien,* also die *Sklaven,* hatten nicht die römische Staatsbürgerschaft.
Aber auch bei den *Freien* unterschied man zwischen *Peregrinen* (Fremden) ohne römische Staatsbürgerschaft und *römischen Bürgern.*
Noch in der Zeit der Republik waren nur die Bewohner der Stadt Rom und einiger Nachbarstaaten römische Staatsbürger. Im Jahre 89 v. Chr. erhielten alle Bewohner Süd- und Mittelitaliens die römische Staatsbürgerschaft.
Zur Zeit des Augustus hatte sich daran kaum etwas geändert. Nur ganz wenige Menschen aus den Provinzen waren zu römischen Bürgern ernannt worden. Das geschah nur, wenn jemand besondere Leistungen für den römischen Staat erbracht hatte.
Als römischer Staatsbürger hatte man einige Vorteile: Man war von vielen Steuern befreit, konnte politische Ämter übernehmen und hatte in Notsituationen ein Anrecht auf Unterstützung durch den Kaiser. Auch vor Gericht stand man sich als römischer Staatsbürger besser. Ging es um Leben oder Tod, durfte nur das kaiserliche Gericht in Rom über einen römischen Staatsbürger urteilen.

Die Frage, wie man mit den vielen verschiedenen Kulturen im Reich umgehen sollte, beschäftigte die römische Politik.
In der folgenden Quelle äußert sich der römische Kaiser Claudius zu der Frage, wer römischer Staatsbürger werden soll. Verdeutliche, wie er die Sache sieht. Handelt er klug?

M Kaiser Claudius, ein Nachfolger des Augustus, zur römischen Staatsbürgerschaft

Q Meine Vorfahren, deren Ältester – Clausus, ein gebürtiger Sabiner – das römische Bürgerrecht erhielt und zugleich unter die Patrizierfamilien aufgenommen wurde, mahnen mich als Staatsoberhaupt, nach den gleichen Grundsätzen zu verfahren und alles nach Rom zu verpflanzen, was sich irgendwo hervorgetan hat. Auch ich weiß, dass die Julier aus Alba, […] die Porcier aus Tusculum, dass ferner, um nicht erst in der alten Geschichte nachzuforschen, Familien aus Etrurien, Lucanien, überhaupt aus ganz Italien in den Senat berufen wurden, ja, dass Italien selbst bis an die Alpen vorgeschoben wurde, sodass nicht bloß einzelne Männer, sondern ganze Landschaften und Stämme zu einem einheitlichen römischen Volk zusammenwuchsen. […]
Was wurde denn den Lacedaemoniern und den Athenern zum Verhängnis? Nichts anderes, als dass sie die Unterworfenen als Ausländer von sich fernhielten. Der Gründer unseres Reiches, Romulus, war dagegen so weise, dass er sehr viele Völkerschaften, die eben noch unsere Feinde waren, am gleichen Tag zu Mitbürgern machte.

(Tacitus, Annalen 11, 24ff., übersetzt von Carl Hoffmann. (Goldmann) München 1978, S. 260f., bearbeitet)

Rom und die Menschen im Reich

Das lateinische Wort „imperium“ bedeutet „Herrschaft“, aber auch „Reich“. „Imperium Romanum“, so nannten die Römer ihr Weltreich. Dieses Reich zu verwalten war keine einfache Aufgabe. Grundsätzlich boten sich verschiedene Möglichkeiten dazu an: Man konnte das Reich von Rom aus zentral regieren. Man konnte die Provinzen sich selbst verwalten lassen. Oder man konnte Stellvertreter in die Provinzen entsenden, die dort in römischem Namen regierten.

Welche Lösung wählten die Römer? Informiert euch mithilfe des Schaubildes und der Darstellung über die von Augustus geschaffene Provinzverwaltung. Was haltet ihr von seiner Lösung?

Die Verwaltung in den Provinzen

Seit den Punischen Kriegen besaßen die Römer eroberte Gebiete außerhalb Italiens. Diese Gebiete wurden zu Provinzen erklärt. Ein Teil dieser Provinzen wurde im Auftrag des Senats durch einen Prokonsul verwaltet, die kaiserlichen Provinzen durch einen Verwalter des Kaisers.

Dennoch wäre Rom mit der Eintreibung von Steuern und der Rechtsprechung in den vielen tausend Städten überfordert gewesen. Die Städte nahmen diese Aufgabe selbst in die Hand. Sie wählten dafür zumeist in jährlichen Abständen eigene Beamte.

Die Römer griffen also relativ wenig in die Geschicke der Untertanen ein. Obwohl die Provinzialen und besonders die Städte in vielen Verwaltungsfragen selbstständig arbeiteten, war es aber dennoch möglich, sich bei Problemen und Streitigkeiten direkt an die kaiserliche Zentrale zu wenden. Sachbearbeiter antworteten im Auftrag des Kaisers. Abschriften der eigenen Reskripte (Rückschreiben) wurden von der kaiserlichen Verwaltung gesammelt, um in ähnlichen Fällen entsprechend antworten zu können.

Die kaiserliche Verwaltungszentrale

Augustus hatte als Princeps so viele wichtige Aufgaben übernommen, dass er sie unmöglich alle allein ausführen konnte. Er brauchte zu diesem Zweck eine eigene Verwaltung. Dafür setzte er Beamte ein. Das folgende Schaubild zeigt:

a) wie Augustus die Verwaltung des Reiches organisiert hat und
b) wie er trotzdem die Fäden der Macht in der Hand behielt.

M 1

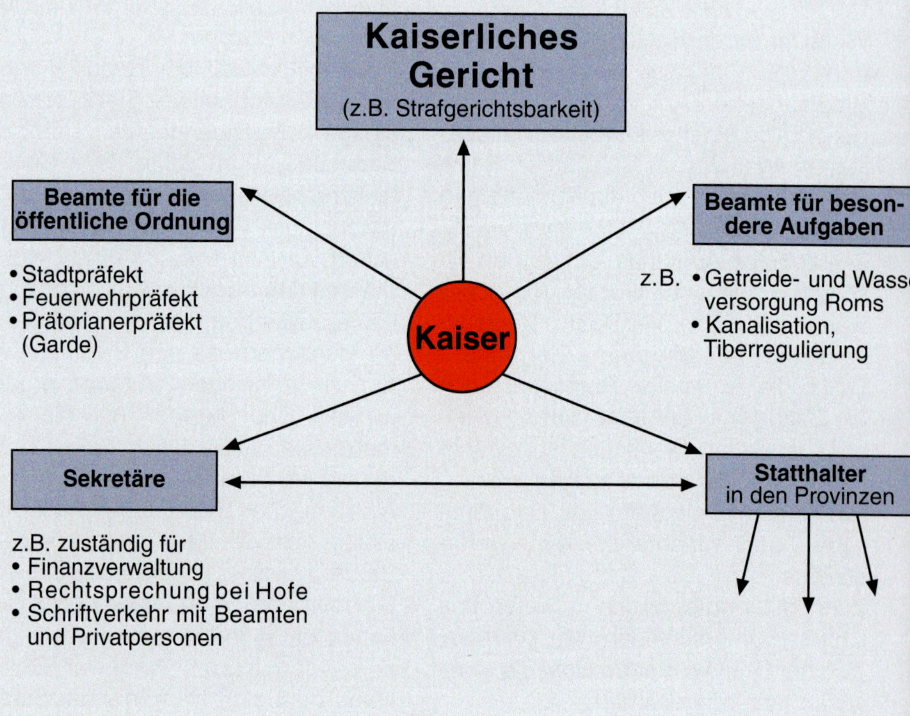

Die Gesellschaft der frühen Kaiserzeit

Noch im 3. Jahrhundert v. Chr. gab es nur zwei große Gruppen in der römischen Gesellschaft. Das änderte sich in der folgenden Zeit. Neue gesellschaftliche Unterschiede entstanden.

Zur Zeit des Augustus sah die römische Gesellschaft so aus:

M 2

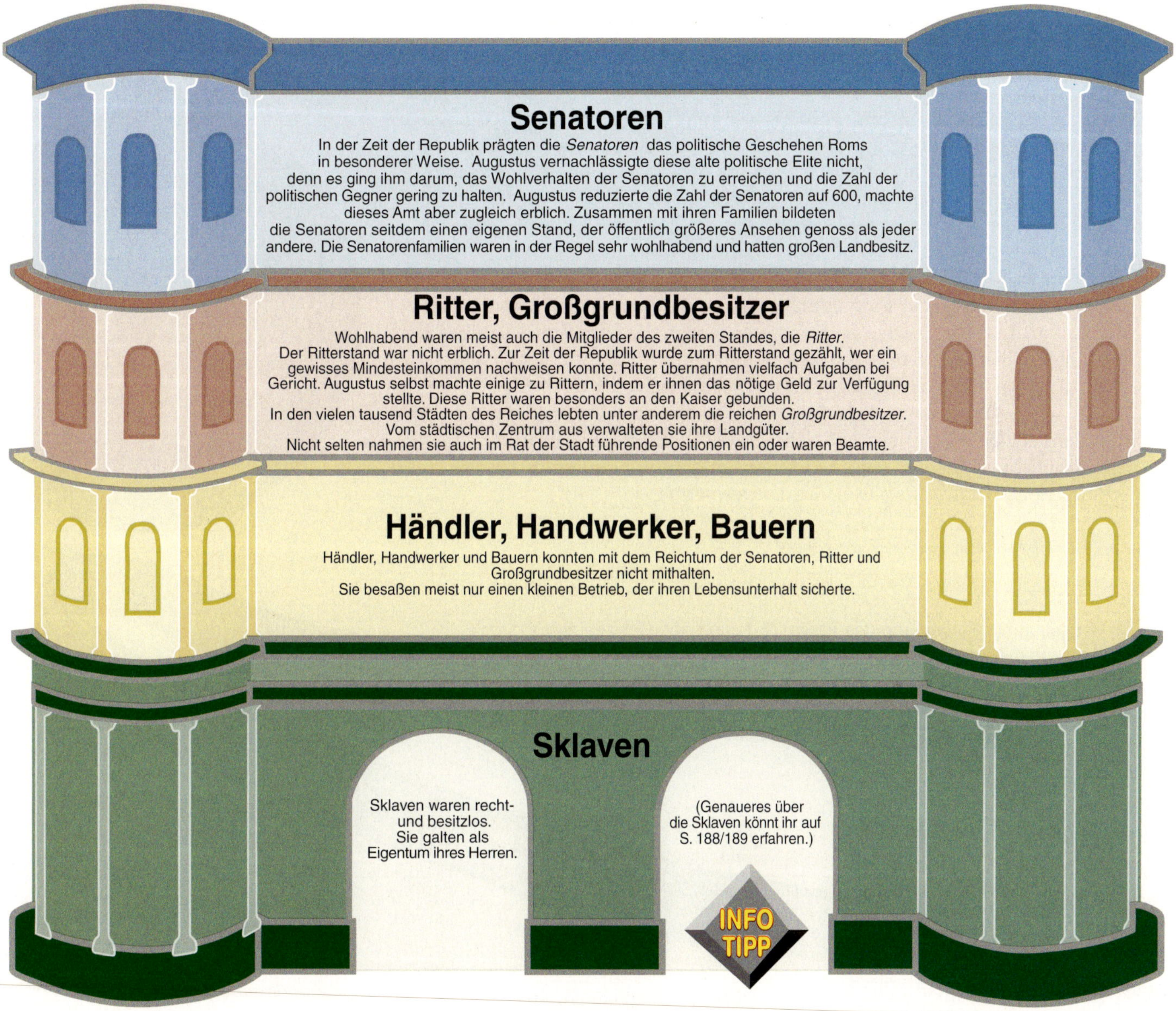

- Vergleicht die römische Gesellschaft der frühen Kaiserzeit mit der Gesellschaft zur Zeit der Republik (S. 161). Was hat sich geändert?

Menschen oder Werkzeuge? – Sklaven im Römischen Reich

Wie lebten Sklaven im Römischen Reich? Wie ging man mit ihnen um? Was war das Leben eines Sklaven in den Augen der Römer wert?
Diese Fragen könnt ihr mithilfe der Materialien und des Darstellungstextes auf dieser Doppelseite beantworten.

M 1 Der römische Philosoph Seneca (4 v.–65 n. Chr.) berichtet folgende Begebenheit

Q Als Augustus bei Vedius Pollio speiste, zerbrach einer von seinen Sklaven ein Glas. Vedius befahl, ihn zu ergreifen, um ihn auf nicht alltägliche Weise sterben zu lassen: Er sollte seinen Muränen vorgeworfen werden, von denen er Riesenexemplare in einem Fischteich hielt. […] Eine Grausamkeit war das. Der Sklave entkam und flüchtete sich zu den Füßen des Kaisers und bat nur darum, nicht so sterben zu müssen, er wolle nicht zum Futter werden. Der Kaiser war von der Ungewöhnlichkeit und Grausamkeit erschüttert und befahl, ihn ja freizulassen.

(Seneca, de ira 3, 40, übersetzt von Christoph Andreas Marx)

M 2 Seneca schreibt an seinen Freund Lucilius

Q Gern habe ich von denen, die von dir kommen, erfahren, dass du freundschaftlich mit deinen Sklaven lebst. Das spricht für deine Klugheit und Bildung. „Sie sind Sklaven." Nein, Menschen. „Sie sind Sklaven." Nein, Gefährten. „Sie sind Sklaven." Nein, geringer gestellte Freunde. „Sie sind Sklaven." Nein, Mitsklaven, wenn du bedenkst, dass das Schicksal über Freie und Unfreie die gleiche Macht hat. […] Dies also ist der Kern meiner Lehre: Lebe so mit den Untergebenen, wie du selbst wünschen würdest, dass ein Mensch von höherem Rang mit dir leben sollte.

(Seneca, ep. 47, 1f., übersetzt von Christoph Andreas Marx)

M 3 Halsband und Plakette eines Sklaven

1. Vergleicht die Einstellung des Pollio (M 1) und des Seneca zum Umgang mit Sklaven.
2. Die Inschrift auf der Plakette bedeutet: „Halte mich fest, damit ich nicht fliehe, und gib mich meinem Herren zurück."
   Könnt ihr eine Geschichte rund um das Halsband erfinden?
3. Menschen oder Werkzeuge? Wie sahen die Römer die Rolle der Sklaven? Arbeitet dazu auch die folgende Seite durch.

M 4 Sklaven bereiten in der Küche das Essen vor

Wie lebten die Sklaven?

In ihren Kriegen gegen andere Völker nahmen die Römer viele Feinde gefangen. Diese Kriegsgefangenen wurden sehr oft zu Sklaven gemacht. Sklaverei galt in dieser Zeit überall am Mittelmeer als Selbstverständlichkeit. So wurden etwa auf der Insel Delos, einem Zentrum des Sklavenhandels, täglich Tausende von Sklaven verkauft. Sklaven dienten den Römern als Arbeitskräfte und waren gerade deshalb besonders begehrt, weil sie nicht zum Kriegsdienst herangezogen wurden und ihrem Herren somit uneingeschränkt zur Verfügung standen.
Wie lebten Sklaven? *Bergwerkssklaven* wurden von ihren Besitzern in der Regel rücksichtslos ausgebeutet. Ebenso ging es häufig auch *Sklaven,* die in der *Landwirtschaft* eingesetzt waren. Darüber hinaus gab es aber auch *Haussklaven,* die als Köche, Putzhilfen, als Kinderbetreuer oder als Buchhalter eingesetzt waren. Besonders gebildete Sklaven arbeiteten als Lehrer oder Ärzte. Ihnen ging es bedeutend besser als den Bergwerks- oder Landsklaven. Sie lebten meist unter einem Dach mit einer römischen Familie und wurden teilweise fast wie Familienangehörige behandelt.
Sklaven waren grundsätzlich Eigentum ihres Herren und galten vor dem Gesetz als *Gegenstand.* Welche Rechte hatte also ein Sklavenhalter? Er konnte frei über seine Sklaven verfügen, konnte sie bestrafen, foltern, töten oder auch weiterverkaufen. Ein Sklave galt aber zugleich auch als *Person,* denn er konnte freigelassen werden und sogar das römische Bürgerrecht erlangen. Manche Sklaven hatten die Möglichkeit, eigenes Geld zu verdienen und sich freizukaufen; manche wurden aus Dankbarkeit für ihre Arbeit freigelassen.

M 5 Kritzelei an einer Hauswand in Pompeji

Die Inschrift bedeutet: Oceanus, der Freigelassene, hat dreizehnmal gesiegt.

M 6 Sklaven beim Keltern der Trauben

Erinnert ihr euch noch an die Rolle der Sklaven im antiken Griechenland? Ging es ihnen besser oder schlechter oder genauso wie denen in Rom? Vergleicht mit den Seiten 126/127.

Alltag in Rom

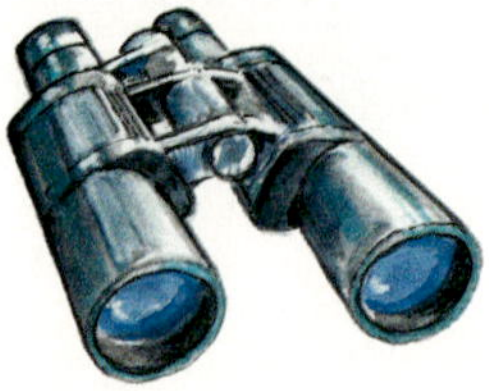

Zeitreise: Ein Spaziergang durch das alte Rom

Wer sich mit dem römischen Recht, der Verwaltung und den verschiedenen gesellschaftlichen Schichten beschäftigt hat, weiß noch nicht sehr viel darüber, wie das tägliche Leben im Römischen Reich konkret aussah. Auf den folgenden Seiten könnt ihr einen Blick auf den Alltag der Menschen im Zentrum des Reiches, in Rom, werfen. Ihr erfahrt etwas darüber, wie diese große Stadt ausgesehen hat und wie die Menschen dort wohnten und lebten.

Zunächst solltet ihr einen kleinen Spaziergang durch die Stadt machen, um einen ersten Überblick zu erhalten. Es kann natürlich kein wirklicher Spaziergang sein, denn das Rom von damals gibt es heute nicht mehr. Aber es gibt ein Modell und einen Plan der Stadt – beides entworfen mithilfe der Forschungsarbeit vieler Historiker und Archäologen – und einen kleinen Reiseführer des Geographen Strabon, der zur Zeit des Augustus Rom besucht und beschrieben hat.
Lest zunächst Strabons Beschreibung. Versucht die Bauwerke und Anlagen auf der Karte oder im Modell zu finden und ihre Funktion zu erklären.

M 1 **Modell der Stadt Rom zur Kaiserzeit**

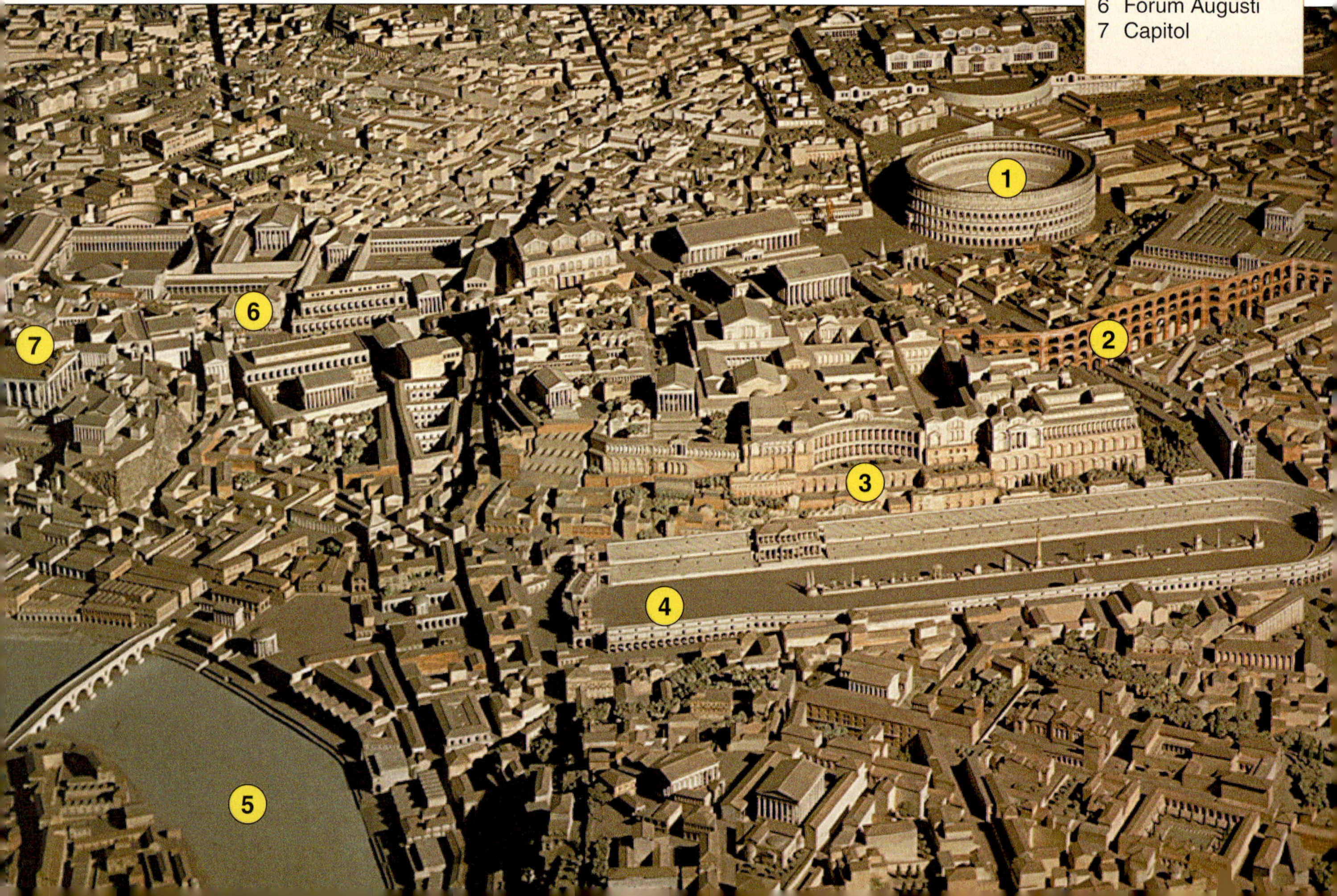

1 Kolosseum
2 Wasserleitung
3 Palatin (Hügel, auf dem kaiserliche Paläste standen)
4 Circus Maximus
5 Tiber
6 Forum Augusti
7 Capitol

M 2 Der griech. Geograph Strabon (63 v. – 20 n. Chr.) beschreibt Rom

Q Die Wassermengen, die durch die Aquädukte in die Stadt geführt werden, sind so groß, dass ganze Flüsse durch die Stadt und die unterirdischen Kanäle strömen, dass nahezu jedes Haus Wasserbehälter und Wasserleitungen hat und reichlich sprudelnde Brunnen besitzt. […]
Pompeius, der göttliche Caesar, Augustus und dessen Söhne […] haben allen früheren Eifer und Aufwand für die Bauwerke übertroffen, die meisten hat das Marsfeld aufzuweisen […]. Allein die Größe des Feldes fordert Bewunderung heraus: Ermöglicht sie doch die Abhaltung von Wagenrennen und sonstigem Pferdesport, während sich gleichzeitig ungehindert eine so gewaltige Menge von Menschen im Ball- und Reifenspiel und im Ringen üben kann […]. In der Nähe liegt ein weiteres Feld mit zahlreichen Säulenhallen im Umkreis, dazu Haine, drei Theater, ein Amphitheater, reiche, ineinander übergehende Tempel, die es überflüssig machen könnten, die anderen Teile der Stadt zu schildern. So schien den Römern dieser Platz so ehrwürdig, dass sie auch die Grabmäler der angesehensten Männer und Frauen dort errichteten. Das erwähnenswerteste davon ist das so genannte Mausoleum, […] nahe am Fluss gelegen, bis zum Gipfel mit immergrünen Bäumen beschattet; auf der Höhe steht ein ehernes Bild des Augustus […]. Kommt man dann wieder auf den alten Markt und sieht, wie sich an diesen Markt um Markt reiht, und sieht die königlichen Basiliken und Tempel, dazu auch noch das Kapitol mit seinen Bauwerken und die auf dem Palatin […], so könnte man leicht alles, was draußen liegt, vergessen. Solcher Art ist Rom.

(Strabon, 5, 3, 8ff., übersetzt von Albert Forbiger; zit. nach: Geschichte in Quellen, Altertum, (bsv) München [4]1989, S. 594f.)

M 3 Karte der Stadt Rom zur Kaiserzeit

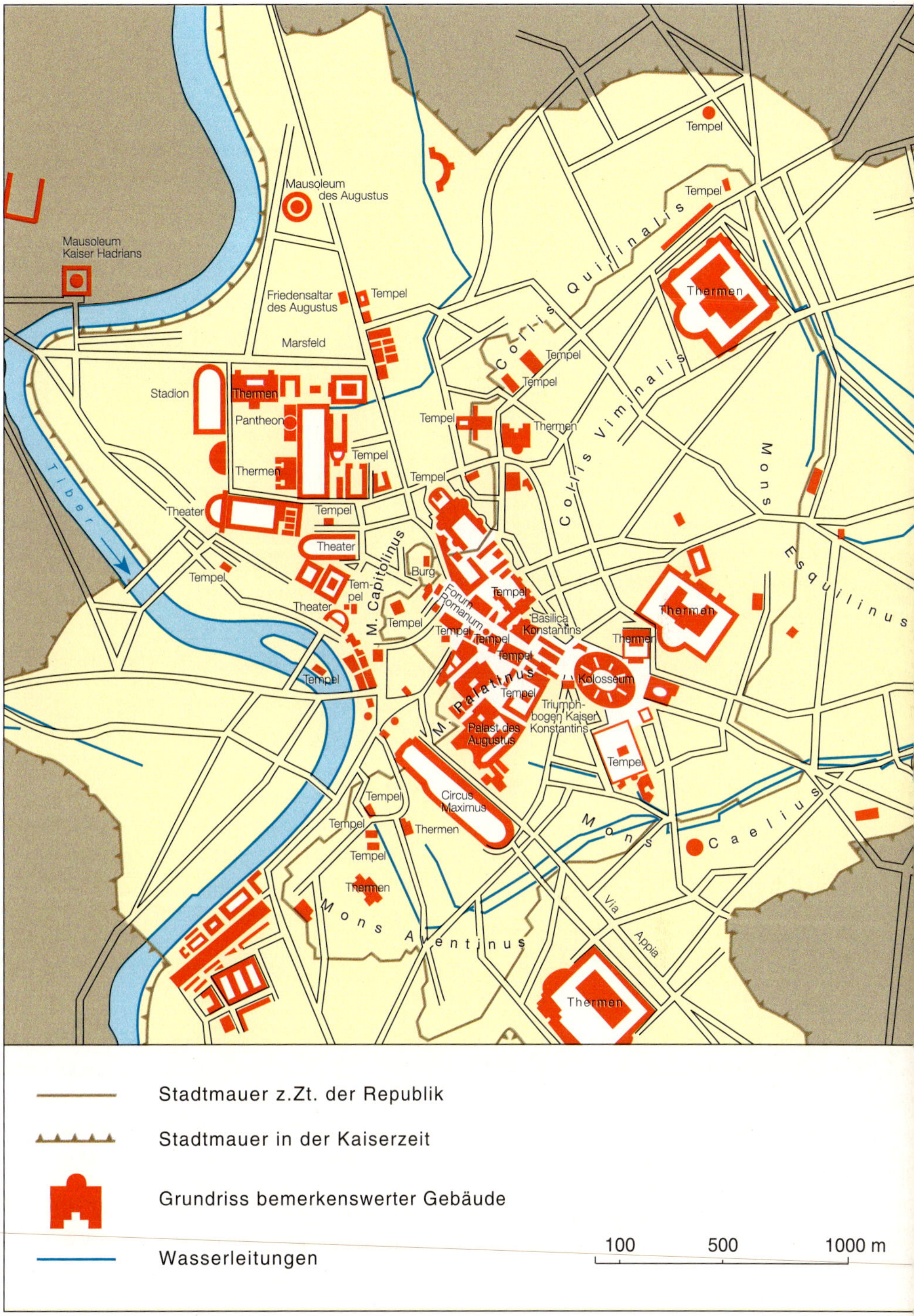

Wie lebten die Menschen in der Weltstadt Rom?

Auf den folgenden Seiten lernt ihr die beiden Mädchen Lea und Dina kennen. Dina aus Korinth ist nach Rom gekommen, um ihre Freundin Lea zu besuchen. Gemeimsam schauen sie sich die Weltstadt an. Die Geschichte der beiden Mädchen ist zwar erfunden, aber alle Informationen über Rom entsprechen den geschichtlichen Fakten. Zusammen mit den beiden könnt ihr euren Spaziergang fortsetzen.

M 1 Rekonstruktion des Forum Romanum

Am ersten Tag bummeln die beiden Mädchen über das berühmte Forum Romanum. Am Abend schreibt Dina einen ersten Brief nach Korinth. Was erfahren Dinas Eltern aus dem Brief über das Forum Romanum?

1. Brief

Liebe Eltern,

Rom ist wirklich unvorstellbar groß. Die Stadt ist voller Menschen. Lea sagt, dass etwa eine Million in Rom wohnen. Genau weiß man das nicht. Dazu kommen die vielen Besucher aus den Provinzen. Sie treiben Handel, wollen Bekannte und Verwandte wiedersehen. Oder sie kommen hierher, um sich zu amüsieren. Den ersten Tag waren wir auf dem Forum Romanum. Hier versammelt sich der Senat. Man findet dort alle wichtigen Behörden und die Gerichte. Der Palast des Augustus liegt in unmittelbarer Nähe. Und man sieht Menschen aus allen Provinzen des Reiches. Auf dem Forum wird nämlich auch gehandelt.
Lea hat Lebensmittel eingekauft, weil wir am Abend kochen wollen. Es gibt Chicoréesalat, Huhn auf parthische Art, Gemüse aus Lattichblättern mit Zwiebeln, Champignons und zum Nachtisch Birnenpatina. Stellt euch vor: Die Römer essen sogar Flamingos! Lea meint aber, die Flamingos wären nicht mehr gut, wenn sie aus Ägypten nach Rom gekommen sind.

Viele Grüße, eure Dina

Mädchen mit Schreibgriffel und Wachstafel (Wandmalerei aus Pompeji)

Am folgenden Tag sind Lea und Dina erneut unterwegs in Rom um einzukaufen. Rechts und links des Weges sehen sie vornehme Villen. Sie unterhalten sich:
Dina: *„Wie sieht es eigentlich im Innern einer Villa aus? Und wie lebt man in einem Mietshaus?“*
Lea: *„Da gibt es große Unterschiede …“*
Wertet die Materialien auf dieser Seite aus und schreibt das Gespräch der beiden Mädchen zu Ende.

Die Mehrzahl der Römer lebte in einfachen *Mietwohnungen,* zumeist in mehrstöckigen Häusern. Im Erdgeschoss hatten kleine Händler und Handwerker ihre Läden bzw. Werkstätten eingerichtet. In den oberen Stockwerken befanden sich einfach ausgestattete Wohnungen.

M 2 Modell eines Mietshauses mit Wohnungen und Läden

M 3 Grundriss: Raumaufteilung in einem Mietshaus

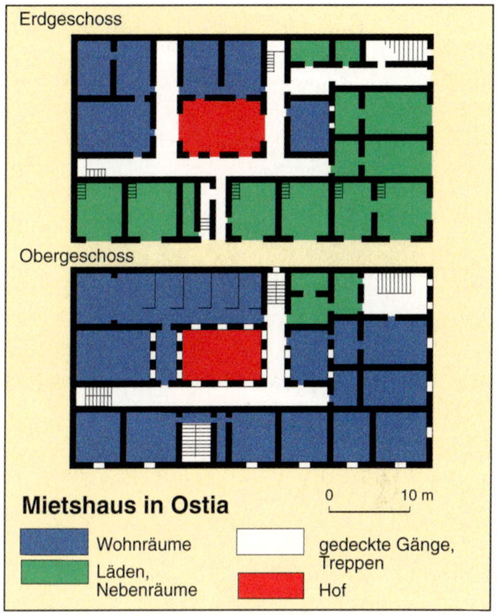

Die Häuser wohlhabender Römer besaßen dagegen genügend Platz für die ganze Familie und die Bediensteten. Hier fand man auch Geschäftsräume und Gästezimmer. Die Wände waren oft kunstvoll bemalt und der Boden mit Mosaiken verziert.

M 4 Vornehme Villa (Querschnitt)

① Eingang
② Läden
③ Atrium
④ Regenbecken
⑤ Schlaf- und Wirtschaftsräume
⑥ verschiedenartige Nutzung (z.B. Studierzimmer, Bibliothek)
⑦ Empfangsraum
⑧ Esszimmer
⑨ Garten mit Säulenhalle

Ingenieurskunst erleichtert das Leben

M 5 Gartenhof einer vornehmen römischen Villa mit Wasserspielen

Dina ist von dem, was Lea erzählt, so begeistert, dass sie mit eigenen Augen sehen will, wie es im Inneren einer vornehmen Villa aussieht. Die beiden betreten einen Innenhof. Dort macht Dina erstaunliche Entdeckungen. Was fasziniert Dina?

2. Brief

Liebe Eltern,

wir sind wieder in Rom unterwegs. Heute ist es sehr heiß. Man kommt fast um in der Stadt. Jetzt sitzen wir gerade an einem Brunnen. Wir haben uns die Hände gewaschen und etwas erfrischt. Glücklicherweise findet man in Rom viele solcher Brunnen. Ich habe mich schon am ersten Tag gewundert, dass es in der Stadt so viel Wasser gibt. Bei der Hitze könnte man es sonst auch kaum aushalten. Viele Menschen besuchen tagsüber die Badeanstalten. Die Villa von Leas Onkel Titus hat sogar einen eigenen Wasseranschluss. Auch öffentliche Toiletten findet man überall. Lea meint, dass es in Rom ein Theater gibt, das man unter Wasser setzen kann. Wie das ganze Wasser in die Stadt kommt, habe ich bis jetzt nicht so recht verstanden. Lea hat eine Skizze gezeichnet. Ihr könnt ja mal schauen, ob ihr etwas damit anfangen könnt. Bis bald.

eure Dina

PS: Morgen gehen wir zu den Wagenrennen in den Circus Maximus.

M 6

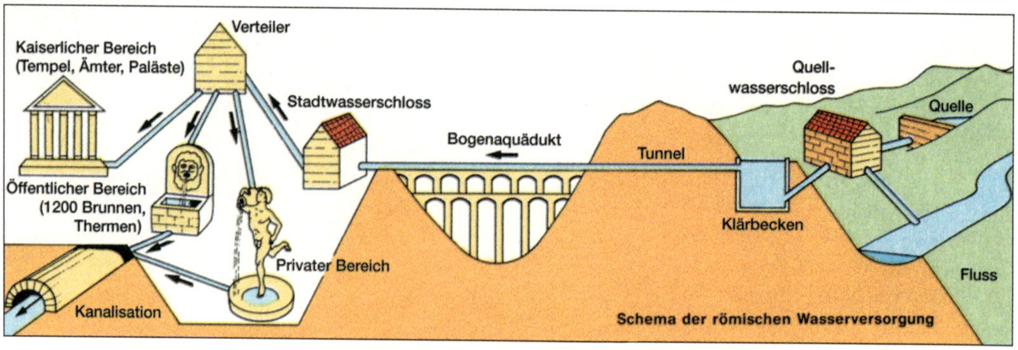

Dina schildert hier eine recht komplizierte Sache. Aber mithilfe von Leas Zeichnung könnt ihr beschreiben, wie die römische Wasserversorgung funktionierte.

Gladiatorenkämpfe und Pferderennen – Unterhaltung im alten Rom

Die Weltstadt Rom hatte auch in Punkto Freizeit und Unterhaltung einiges zu bieten. Besonders beliebt waren Gladiatorenkämpfe und Wagenrennen, über die ihr hier alles Wissenswerte erfahren könnt.

Viele Menschen waren nach Rom gekommen, um dort ihr Glück zu finden. Doch die wenigsten hatten dabei Erfolg. Sie besaßen nichts außer ihren Kindern. Deshalb wurden sie als Proletarier bezeichnet; darin steckt das Wort „proles", das Nachkömmling bedeutet. Die Zahl der Proletarier unter den Einwohnern Roms war groß. Man befürchtete Unruhen und Aufstände. Was tat die kaiserliche Verwaltung für die wachsende Zahl der Armen? „Brot und Spiele" lautete damals die Antwort.

Aus den Provinzen wurde regelmäßig Getreide herangeschafft und kostenlos an Bedürftige verteilt. So war sichergestellt, dass die Ärmsten keinen Hunger leiden mussten.

Außerdem wurden zur Unterhaltung und Ablenkung Wagenrennen und Gladiatorenkämpfe organisiert. Beliebt waren auch Tierhetzen. Raubtiere wie Löwen und Tiger wurden aufeinander gehetzt oder in die Arena geschickt, um hilflose Menschen zu zerfleischen. Gladiatoren mussten mit unterschiedlichen Waffen so lange gegeneinander kämpfen, bis der Besiegte tot am Boden lag. Von den beliebten Wagenrennen erzählt die folgende Geschichte. Sie ist erfunden, könnte sich aber durchaus so zugetragen haben.

„Als wären wir dabei gewesen":

Im Circus Maximus

„Achtung, bleib hier! Lass dich nicht abdrängen!", ruft Lea Dina zu, und die beiden drängeln sich weiter durch die Massen von Menschen, die schon seit Stunden in den Circus strömen, um die Wagenrennen zu sehen. Etwa 200.000 Menschen finden im ovalen Circus Maximus Platz.

Dina ist von der Größe des Circus überrascht. „Wie lang ist die Bahn?" „So etwa 200 Meter", sagt Lea. „Die Quadrigen müssen sieben Bahnen fahren. Also sieben mal 400 Meter." „Die Quadrigen?", fragt Dina. „Ja, das sind die Pferdegespanne. Da unten am Startpunkt siehst du sie. Es sind immer vier Pferde, die einen Wagen ziehen. Sie haben unterschiedliche Farben. Siehst du? Die Blauen, die Roten, die Gelben …" „Wer wird gewinnen?" „Ich tippe auf die Blauen. Übrigens, der Kaiser ist heute auch da. Er wird das Startzeichen geben." Dina blickt zur großen Loge, die nur für Prominente gedacht ist. Tatsächlich. Von dort beobachtet der Kaiser, wie die Fahrer noch einmal ihre Gespanne überprüfen. Auf den Rängen ist der Lärm der Menschen noch lauter geworden. „Es geht gleich los", ruft Lea. Fanfaren erklingen. In der Loge hebt der Kaiser ein weißes Tuch. Dann lässt er es fallen und neun Pferdegespanne preschen los. An der ersten Wende stürzt einer der Fahrer. Dann jagen die Gespanne wenige Meter an Dina und Lea vorbei. Lea sieht, wie die Fahrer ihre Pferde mit der Peitsche antreiben. „Die Roten sind vorne!", ruft Dina. „Wart's ab", ruft Lea zurück, „die Blauen schaffen es!"

Wer schreibt die spannendste Reportage zum Thema „Brot und Spiele – Gladiatorenkämpfe und Wagenrennen"?

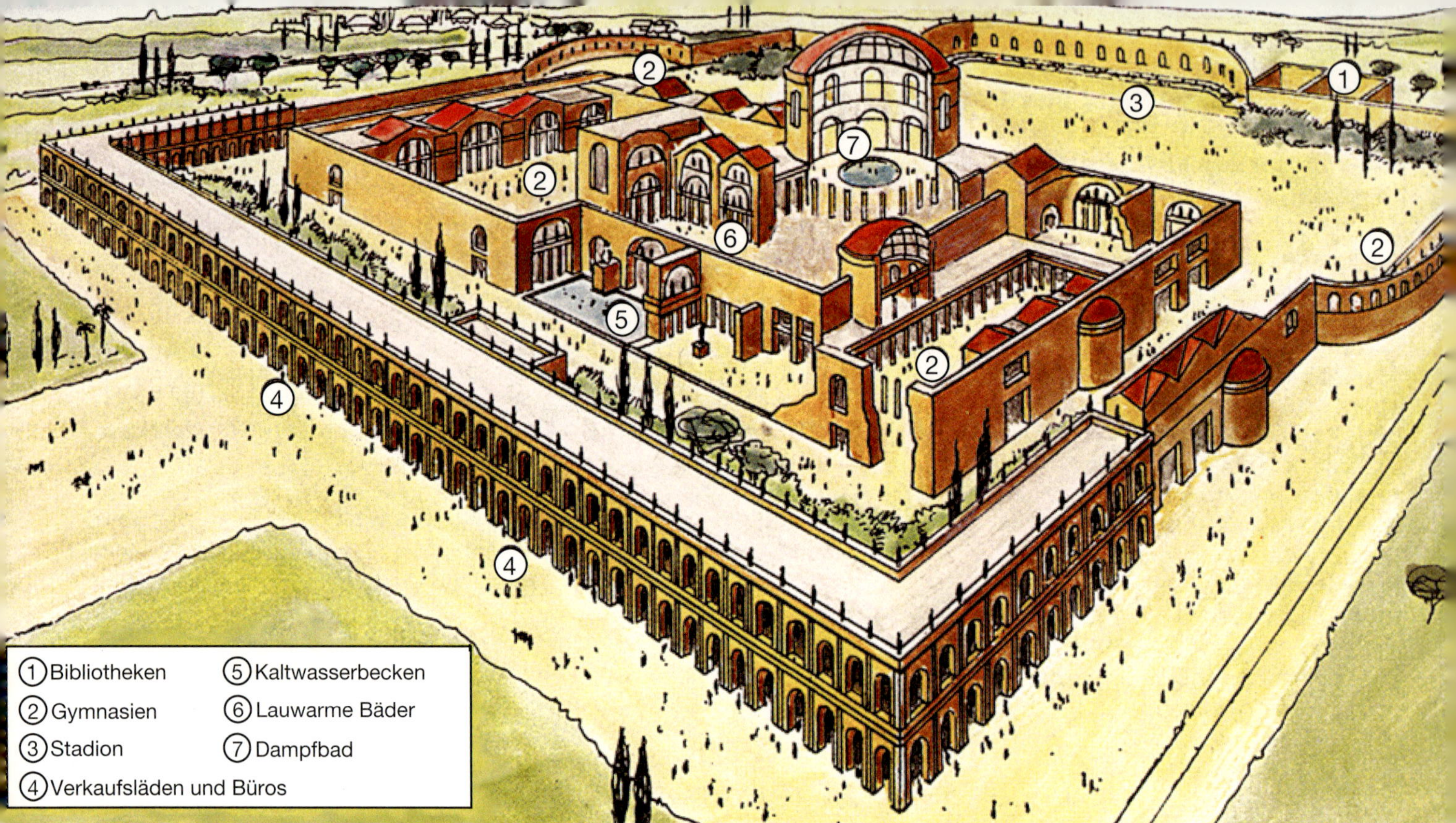

M 7 Rekonstruktion der Thermen des Kaisers Caracalla

Badespaß auf römisch – die Thermen

Lea möchte Dina am letzten Tag ihres Aufenthalts noch etwas Besonderes bieten. Die beiden besuchen eine der Thermen Roms. Lea ist so begeistert, dass sie am Abend alles in ihrem Tagebuch festhalten will. Sie beginnt zu schreiben, aber dann weiß sie doch nicht recht weiter, so viele Eindrücke hat sie an diesem Tag gesammelt.
Hilf ihr. Werte die Materialien auf dieser Seite aus und berichte.

M 8 Galenus, Leibarzt des Kaisers Commodus, über das Baden

Q Nach ihrem Eintritt halten sie sich zuerst im Warmluftzimmer auf, darauf steigen sie ins warme Bad, dann gehen sie hinaus und steigen ins kalte, schließlich reiben sie sich den Schweiß ab. […]
Nach dem Bad muss man den Körper mit Öl salben, […] damit vielmehr die Poren der Haut geschlossen werden. Eben dies dürfte ein Heilmittel gegen die Sprödigkeit der Haut und zugleich gewissermaßen ein Panzer gegen Schädigungen durch die umgebende Luft sein.

(Galenus, de methoda medendi 11, 10 u. 6, 4; zitiert nach: Susanne Grunauer, Thermen und öffentlicher Badebetrieb; in: Der altsprachliche Unterricht 20 (1977), Heft 3, 49–58, S. 56f.)

M 9 Der römische Philosoph Seneca über den Badebetrieb

Q Ich wohne unmittelbar über einer Badeanstalt. Stell dir nun alle möglichen Arten von Stimmen vor, die mich dazu bringen, mein eigenes Gehör zu hassen: Wenn die Kraftmeier trainieren und die Bleihanteln schwingen, wenn sie sich anstrengen oder nur so tun, dann höre ich Geschnaufe, sooft sie die angehaltene Luft ausatmen, Pfeifen und heftiges Ausatmen. […] Wenn aber ein Ballspieler dazukommt und anfängt, die Treffer zu zählen, dann ist's aus. Nimm noch einen Zankteufel hinzu, einen ertappten Dieb und einen, der gerne seine eigene Stimme im Bade hört; nun noch welche, die mit laut aufklatschendem Wasser ins Becken springen; […] ferner die verschiedenen Ausrufe des Getränkeverkäufers, des Wurstverkäufers, des Zuckerbäckers und der ganzen Kneipenkellner, die in ihrer eigentümlich durchdringenden Tonweise ihre Waren anpreisen.

(Seneca, ep 56, 1ff., übersetzt von Christoph Andreas Marx)

Zeitzeugen berichten über die Lebensqualität in der Weltstadt Rom

Der Besuch von Dina in Rom war nur kurz. Klar, dass Lea ihrer Freundin Rom vornehmlich von seiner besten Seite gezeigt hat. Aber war das Leben in Rom wirklich nur so angenehm und fortschrittlich? Oder hatte das Leben in der Weltstadt zu dieser Zeit auch seine Schattenseiten? In den folgenden Quellen berichten Menschen von damals über die Lebensverhältnisse im antiken Rom.

1. Tragt zunächst zusammen, *wer* die Schreiber sind und *was* in den Quellen berichtet wird.
Tipp: den Text gliedern!
Wenn du einen schwierigen Text verstehen willst, hilft es, den Text in Sinnabschnitte zu gliedern. Wie macht man das?
- Lies den Text Satz für Satz.
- Gliedere den Text in sinnvolle Abschnitte. Frage immer: Wo beginnt Neues? Wo endet dieser Sinnabschnitt?
- Fasse den Inhalt jedes Abschnittes mit wenigen Worten zusammen.

2. Auf dieser Gundlage könnt ihr ein Klassengespräch über die Fragen führen:
- Wie groß war die Lebensqualität in der Weltstadt Rom?
- Wie umweltbewusst waren die Römer?

M 10 Der Komödiendichter Juvenal (ca. 60–140 n. Chr.) über die Gefahren des Großstadtlebens

Q […] selbst im traurigsten Nest lebt sich's besser als hier im wilden Getriebe der Hauptstadt mit ihren tausend Gefahren, den Häusereinstürzen und Bränden […].
Das ist durchweg der Fehler: In vornehm tuender Armut leben wir alle in Rom […].
Wir hausen zumeist in Gebäuden mit Stützbalken leichter Art; solche zieht der Verwalter nur ein, wenn die Wand schwankt. Hat er die alten Risse verstopft, dann sagt er, wir sollten ruhig schlafen, obgleich die Gefahr des Einsturzes andauert. Wahrlich, leben sollte man dort, wo Brände nicht schrecken, dort, wo Alarme nicht wecken! […]
Weil es an Schlaf fehlt, gehen in Rom viele Kranke zugrunde […]. Doch wen lässt die Mietswohnung schlafen? Viel Geld kostet der Schlaf in der Hauptstadt, das ist des Übels Kern. Allnächtlich rollen die Reisewagen durch das Gewinkel enger Gassen, wo sich Herden stauen und Flüche der Treiber hallen […].
Hat ein Reicher ein dringendes Geschäft: lässt in der Nacht noch er sich in riesiger Sänfte über die Köpfe der sich drängenden Menge tragen, die ausweicht […].
Mir Eiligem hemmt die vor mir flutende Menge den Schritt, und hinter mir drückt das Volk in Scharen nach. Der stößt mir den Arm in die Seite, jener ein hartes Brett; bald trifft mich ein Balken am Schädel, bald ein Ölfass. Kot bespritzt meine Waden, von allen Seiten bekomme ich Tritte […].
Himmelhoch über der Straße sind Dächer, von denen – wie oft! – ein Ziegel herabkracht, uns auf den Schädel. Da sind die Fenster. Wie oft wirft man altes, zerbrochenes Geschirr herunter, mit einer Wucht, dass Spuren und Loch im Pflaster zurückbleiben […].
Richte zum Himmel ein seufzendes Gelübde und ein stilles Gebetlein, dass diesen Fenstern nicht mehr entström' als der Guss einer Wanne.

(Juvenal, Satire 3,6ff., übersetzt von Otto Weinreich; in: Walter Arend, Geschichte in Quellen, Altertum: Alter Orient – Hellas – Rom, (bsv) München [4]1989, S. 666ff., bearbeitet)

M 11 Der Architekt Vitruvius, ein Zeitgenosse des Augustus, beurteilt die Bauplanung Roms

Q Bei der gewaltigen Ausdehnung der Hauptstadt und der unermesslichen Zahl ihrer Bevölkerung besteht die Notwendigkeit, unzählige Wohnungen zu beschaffen. Da nun das vorhandene Baugelände bei einer ebenerdigen Bebauung nicht mehr dem Bedarf einer solchen Menschenmenge genügen kann, zwang die Not dazu, durch Errichtung höherer Gebäude Abhilfe zu schaffen […]. Da auf diese Weise der Umfang der Stadt durch die vielen Stockwerke sozusagen nach der Höhe hin vervielfacht wurde, verfügt die Bevölkerung Roms ohne irgendwelche Einschränkungen über vortreffliche Wohnungen.

(Vitruvius, Über die Baukunst 2, 8, 17, übersetzt von Jakob Prestel; in: Walter Arend, Geschichte in Quellen, Altertum: Alter Orient – Hellas – Rom, (bsv) München [4]1989, S. 595)

M 12 Der Jurist Ulpian (gestorben 228 n. Chr.) über Schadensersatzforderungen

Q Wenn die Wohnung unter mehrere Benutzer aufgeteilt ist, wird nur derjenige zur Rechenschaft gezogen, aus dessen Wohnungsteil die Flüssigkeit herabgeschüttet wurde. Wenn der Mieter gewerbsmäßig untervermietet, selbst aber den größten Teil der Wohnung benutzt, wird er allein zur Verantwortung gezogen. Wenn dagegen der Mieter zwar gewerbsmäßig untervermietet, aber einen geringeren Teil der Wohnung für sich beansprucht, so sind er und seine Untermieter gleichermaßen zur Verantwortung zu ziehen. Ebenso ist zu verfahren, wenn Wurf oder Guss von einem Balkon erfolgt sind.

(Zitiert nach: Jerome Carcopino, So lebten die Römer während der Kaiserzeit, (Deutsche Verlagsanstalt) Stuttgart 1959, S. 59)

Römischer Einfluss überall: die Romanisierung

Im Rahmen der Eroberungszüge der Römer wurden viele bislang eigenständige Gebiete zu römischen Provinzen gemacht. Für die römischen Kaiser stellte sich die Aufgabe, diese Provinzen vor Feinden zu sichern. Soldaten wurden in die entlegensten Gebiete des Reiches verlegt und brachten römische Kultur und Lebensart mit dorthin. Die Experten sprechen in diesem Zusammenhang von „Romanisierung".

- Wie läuft dieser Prozess der Romanisierung ab?
- In welcher Weise zeigt sich der römische Einfluss?

Das sind die beiden Hauptfragen, um die es auf den nächsten beiden Doppelseiten geht.

Wie sicherten die Römer das Leben im Reich?

M 1 Durch Texte und Funde aus der Römerzeit wissen wir heute viel über das Leben am Limes (Grenzanlage). Auf der Grundlage dieses Wissens entstand die folgende erfundene Geschichte: Wir schreiben das Jahr 170 n. Chr. …

Seit zwei Jahren sind die Legionäre Marius und Quintus in einem Limeskastell in der Nähe von Confluentes (Koblenz) stationiert. Vor einer Stunde sind sie mit ihrer Wachmannschaft ins Lager zurückgekehrt. Die Wachtürme am Limes sind Tag und Nacht besetzt. Denn ständig besteht die Gefahr, dass feindliche Germanen, hier vor allem die Alamannen, die Grenze überqueren wollen. Dann geben die Wachposten Lichtsignale und alarmieren ihre Kohorte (ca. 500 Mann). In der Lagerkantine gönnen sich Marius und Quintus noch ein Glas Wein und unterhalten sich:

M.: In letzter Zeit ist es ja wieder ruhig an der Grenze.

Q.: Kein Wunder, jetzt wo die Grenzanlagen fertig sind.

M.: Wie meinst du das?

Q.: Wo sollen die Germanen denn noch durchbrechen? Hier am Oberrhein haben wir die Grenze mit Pfahlreihen und Gräben gesichert. Der Limes im Süden besitzt sogar eine Steinmauer. Und da, wo es keinen Limes gibt, sind Flüsse wie der Rhein oder die Donau natürliche Grenzanlagen. Wo sollen die Germanen also durchkommen?

M.: Stimmt. Wir haben ja auch am Limes alle 2000 Meter unsere Wachtürme. Aber was geschieht, wenn eine wirklich große Gruppe der Alamannen hier angreifen würde? Dann hätten wir mit unserer Kohorte von 500 Mann ziemliche Schwierigkeiten!

Q.: Du vergisst die großen Legionslager in Bonna, Confluentes oder Mogontiacum. Nein, ich glaube, unsere Feinde kämen nicht weit. Außerdem haben wir mit dem Limes doch auch gute Erfahrungen in Afrika und an der Grenze zum Partherreich gemacht. Kaiser Mark Aurel in Rom weiß, was er tut. Die Provinzen haben seit fast 150 Jahren keinen Krieg mehr erlebt. Ist das nichts?

M.: Doch. Das stimmt. So etwas hat es früher nie gegeben. Hoffentlich bleibt es so, damit man in den Provinzen in Frieden leben kann.

Q.: Wichtig ist, dass es Leute wie uns gibt, die das Reich verteidigen wollen.

M.: Da hast du Recht.

Die beiden Soldaten sprechen über den Limes. Worin besteht nach ihrer Meinung die Bedeutung dieser Grenzanlage für das Römische Reich? Überlegt: Können Marius und Quintus sich sicher fühlen?

M 2 Warenaustausch am Limes (Rekonstruktion im Limesmuseum Aalen)

M 3
Standorte römischer Legionen um 100 n. Chr.

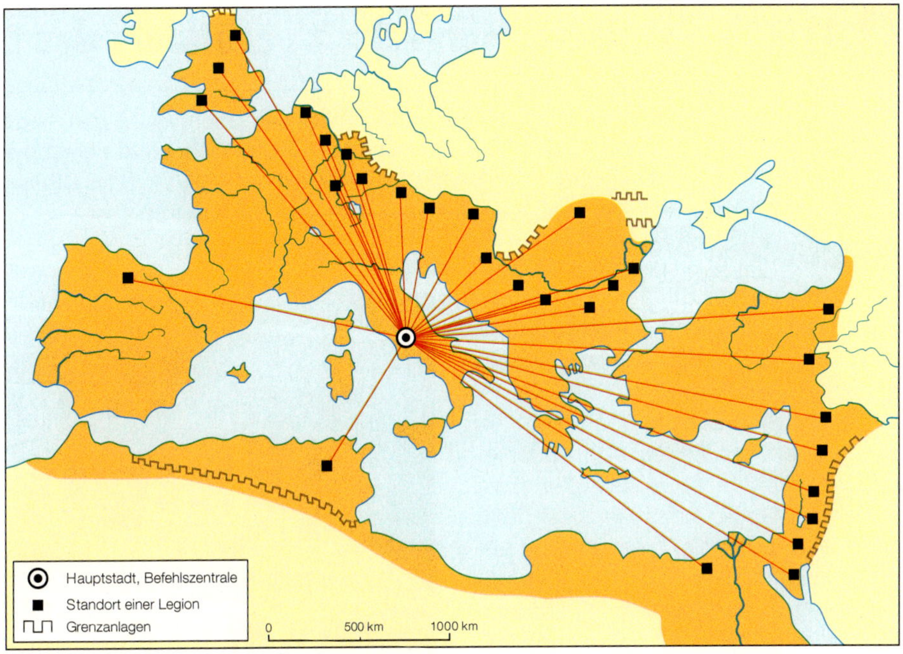

M 4
Die Römer an Rhein und Mosel (3. Jh. n. Chr.)

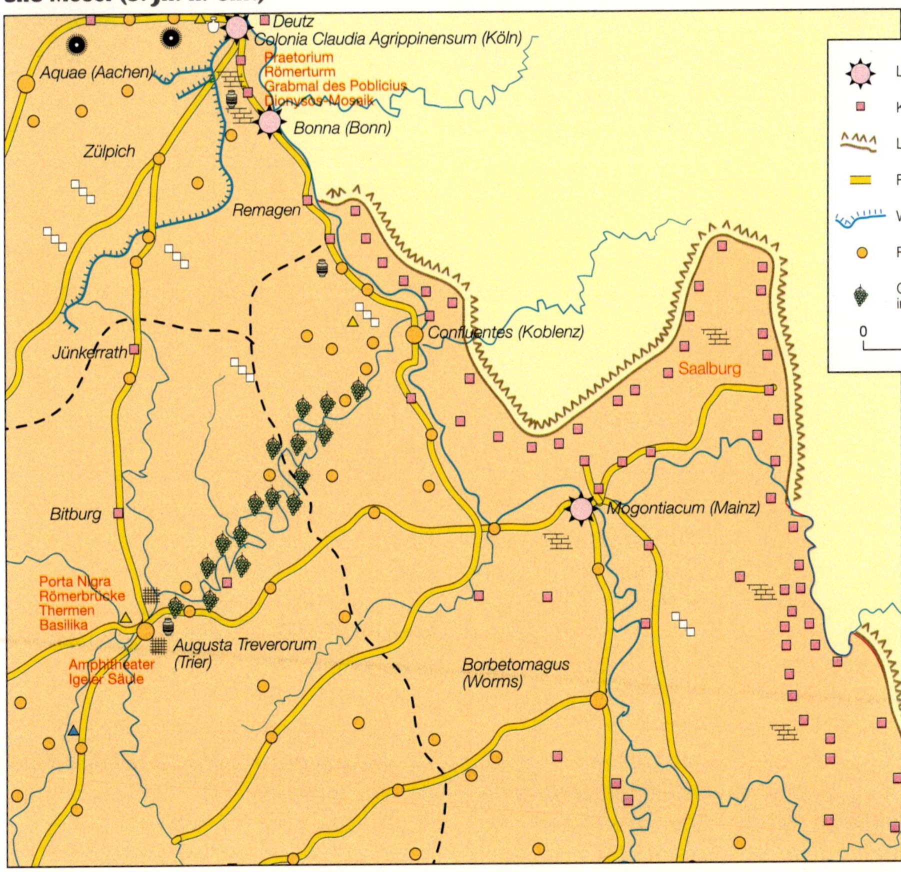

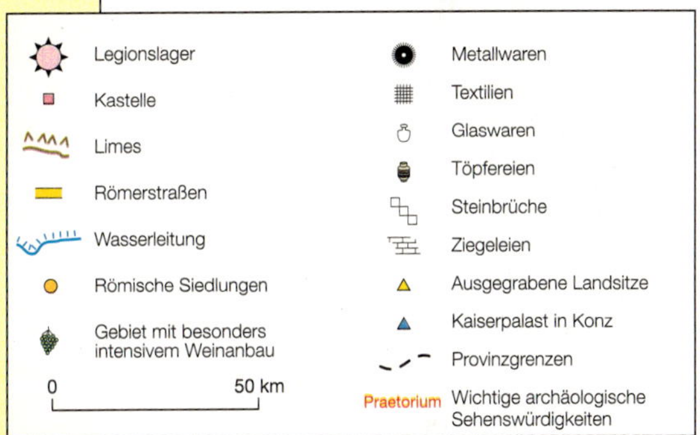

1. Beide Karten zeigen euch, wo die römischen Truppen stationiert waren. Könnt ihr eine geschickte Planung der Römer erkennen?

2. Die Karte M 4 zeigt mehr als nur Limes, Lager und Kastelle. Was erfahren wir über Handel, Handwerk und Leben an Rhein und Mosel?

Info Römische Herrschaft verändert das Leben in den Provinzen

Römische Soldaten, die in den Provinzen stationiert waren, brachten auch ihre Kultur und Lebensweise mit. So blieb die römische Herrschaft auf Dauer nicht ohne Wirkung auf das Leben in den Provinzen. Der folgende Info-Text zeigt diese Veränderungen auf, nennt Vor- bzw. Nachteile für die Provinzbewohner.

Um die Heerlager entwickelten sich mit der Zeit blühende Städte. Heute nennt man diesen Vorgang „Urbanisierung“ (von lat. „urbs“ = die Stadt). Soldaten erhielten nach Ableistung ihres Dienstes nicht selten Land in den Provinzen zugewiesen und ließen sich dort nieder. Sie brachten römische Kultur in die äußersten Gebiete des Reiches, denn sie wollten auch hier nicht auf ihre Lebensgewohnheiten verzichten. An der Grenze zu Germanien entstanden Städte mit Tempeln, Säulenhallen, Wasserleitungen, Thermen und Theatern. Eine Stadt wie Trier war in vielen Dingen Abbild der Hauptstadt Rom.
Vielen Ansiedlungen wurde von den römischen Kaisern das *Stadtrecht* verliehen. Eine solche *civitas* besaß eine eigene Verwaltung. Eingewanderte Römer bildeten hier zunächst die Oberschicht. Viele von ihnen waren als *decuriones* Mitglieder des Stadtrates und wählten aus ihren Reihen die städtischen Magistrate und die beiden Stadtvorsteher, die *duoviri.*

Römischer Gutshof in der Provinz Germanien (Rekonstruktion im Limesmuseum Aalen)

Römische Lebensweise wird zum Vorbild

Römische Kultur prägte nicht nur die Städte, sondern auch das *Landleben.* Häufig waren es Veteranen, die aufs Land zogen und Gutshöfe oder auch Villen im römischen Stil anlegten. Neben einfachen Höfen bauten sich Großgrundbesitzer Herrschaftshäuser im römischen Stil. Solch eine *villa rustica* konnte oft in Größe und Ausstattung mit den Villen in der Hauptstadt durchaus mithalten. Mosaikfußböden, Hausbäder und andere Annehmlichkeiten waren keine Seltenheit.
Für die Provinzbewohner gab es eigentlich Grund genug, neidisch auf die Eroberer zu sein. Wie reagierte die einheimische Bevölkerung auf die ‚Romanisierung‘? Man passte sich relativ schnell der römischen Kultur an; römische Lebensart wurde für viele Bewohner zum erstrebenswerten Vorbild und es gab durchaus Möglichkeiten, am Wohlstand der Römer teilzuhaben. *Provinziale,* die nicht-römischen Bewohner der Provinz, konnten in die römische Armee eintreten und erhielten am Ende ihrer Dienstzeit eine Abfindung. Wenn Provinziale besonders erfolgreich waren, über Vermögen verfügten und die römische Lebensweise übernahmen, hatten sie Aufstiegschancen in Verwaltung und Militär. Auch der Weg ins Zentrum der Macht war möglich. Ende des 2. Jahrhunderts n. Chr. kamen etwa zwei Drittel aller Senatoren Roms aus den Provinzen.
Solche Aufstiegschancen und die Vorteile römischer Kultur sorgten in den Provinzen für Ruhe und Stabilität. So gab es in der Kaiserzeit kaum Rivalitäten zwischen unterschiedlichen Völkern oder gesellschaftlichen Schichten. Immer mehr Provinziale erhielten im 2. Jahrhundert den Status des *civis Romanus,* des römischen Bürgers. Durch ein Gesetz des Kaisers Caracalla wurden im Jahr 212 n. Chr. alle Bewohner des Reiches zu römischen Bürgern.

Eine Stadt wie Rom? – Augusta Treverorum

M

Plan der Stadt Trier

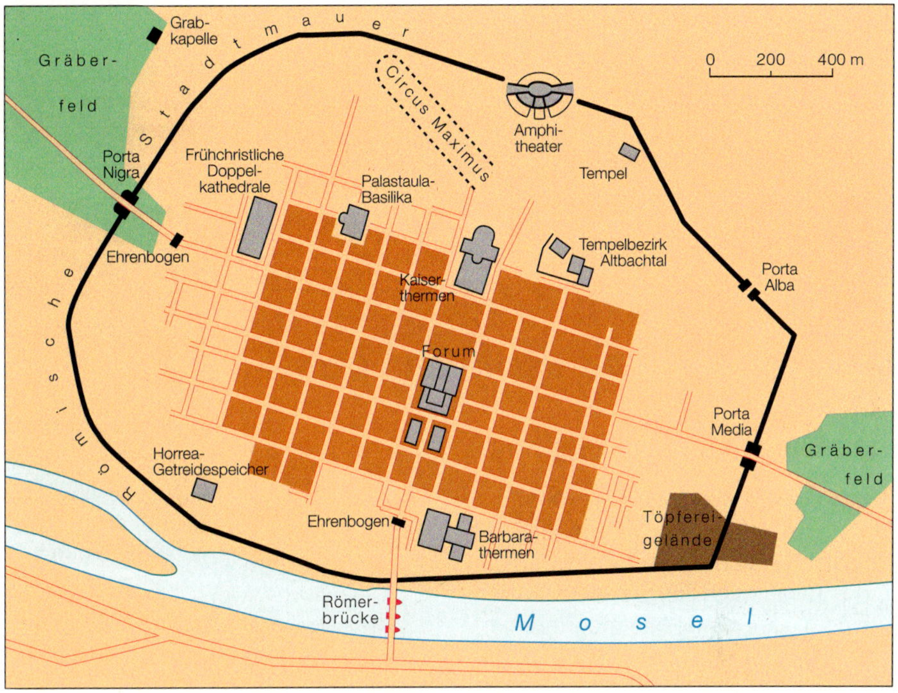

Augusta Treverorum (Trier) wurde im Jahr 15 v. Chr. gegründet. Von 293 bis 395 n. Chr. war Trier die Residenz der römischen Kaiser. Noch heute findet man in und um Trier gut erhaltene römische Bauwerke.

Rom bestimmt das Stadtbild der Stadtgründungen in der Provinz. Stimmt das wirklich? Das könnt ihr selbst überprüfen, indem ihr den Stadtplan Triers mit dem der Stadt Rom vergleicht (s. S. 191):

Rom und Trier

Was ähnlich ist:	Was unterschiedlich ist:

Exkursion – den Römern in Baden-Württemberg auf der Spur

Wenn man die Welt der Römer quasi vor Ort kennen lernen will, dann sind Exkursionen zum „Freilichtmuseum am Rätischen Limes“ oder zum „Limesmuseum Aalen“ eine gute Sache.
Auf dem Rundwanderweg des Freilichtmuseums im Bereich der Gemeinde Rainau begegnet man Rekonstruktionen römischer Grenzbefestigungen, z.B. einem Limeswachturm.
Das Limesmuseum in Aalen bietet dem Besucher einen großen Überblick über die Spuren der Römer in Südwestdeutschland. Zur Römerzeit waren in Aalen im größten römischen Reiterkastell nördlich der Alpen etwa 1000 Soldaten stationiert. Das 1964 gegründete Museum liegt direkt auf der Hauptstraße des ehemaligen Kastells. Neben militärgeschichtlichen Informationen bietet es einen Einblick in den Alltag am Limes vor 1800 Jahren.

Limesmuseum in Aalen

Hier könnt ihr für die Planung eurer Exkursion weitere Informationen finden:

Limesmuseum Aalen:	Anschrift:	Stadt Aalen, St.-Johann-Str. 5, 73430 Aalen
	Internet:	http://www.aalen.de
	E-mail:	limesmuseum-aalen@t-online.de
Limes Freilichtmuseum:	Anschrift:	Gemeinde Rainau, Schlossberg 12, 73492 Rainau
	Internet:	http://www.rainau.de/framefreizeit.html
	E-mail:	info@rainau.de

Was wurde aus dem Römischen Reich?

Auf den vorigen Seiten habt ihr erfahren, was „Romanisierung" bedeutet. Umgekehrt wurde Rom aber auch durch das Weltreich beeinflusst. In diesem Zusammenhang spielt vor allem das Christentum eine wichtige Rolle. Mehr darüber erfahrt ihr auf den folgenden Seiten.

Mithras-Altar. Der Gott Mithras tötet den heiligen Stier und schenkt dadurch Erlösung und Wiedergeburt.

Römisches Leben verändert sich

Die heimliche Eroberung Roms

Schon seit Mitte des 2. Jahrhunderts v. Chr. waren infolge der Ausweitung römischer Herrschaft nicht nur Beutegut und Sklaven nach Rom gelangt. Waren aus dem gesamten Mittelmeerraum erreichten die Hauptstadt. Die Reiserouten römischer Händler führten bis nach Indien. Zur Zeit des Kaisers Mark Aurel gab es sogar Handelsbeziehungen mit China.
Auch die geistige Welt des *Hellenismus* fand Einzug in Rom. Zwar wurde Griechenland von Rom erobert, als Folge eroberten aber griechische Philosophie und Wissenschaft Rom. In vornehmen römischen Kreisen war es bald üblich, in griechischer Rhetorik, Literatur und Philosophie ausgebildet zu sein.
Zu Beginn des 2. Jahrhunderts v. Chr. fanden fremde Kulte Anhänger in Rom. Aus Kleinasien kam die Göttin Kybele, die ‚Große Mutter'. Ebenfalls aus dieser Gegend gelangte der Bacchuskult in die Tiberstadt. Wegen allzu rauschhafter Feste wurde dieser Kult zunächst durch den Senat verboten. Auch der ägyptischen Göttin Isis weihte man im kaiserlichen Rom einen Tempel, nachdem der Glaube an diese Göttin zunächst mehrfach untersagt worden war. Der persische Gott Mithras war vor allem den Soldaten bekannt; sie verehrten ihn als Erlöser und Helfer im Kampf.
Wie lässt sich diese Entwicklung erklären? Der Wunsch nach persönlichen religiösen Erlebnissen und nach Erlösung machte viele Menschen empfänglich für die neuen Kulte, ihre geheimnisvollen Riten und Einweihungszeremonien (Mysterien).
Im Jahre 25 v. Chr. wurde in Rom ein Tempel errichtet, der ausdrücklich allen Göttern geweiht war, das *Pantheon.* Auch auf diesem Gebiet zeigte Rom Toleranz und erwies sich als Sammelpunkt vieler Kulturen.

Das Christentum: Eine Religion steigt auf

- *ca. 4 v. Chr. – 30 n. Chr.:* Vermutlich einige Jahre vor der Zeitenwende wird Jesus in Palästina geboren. Er legt den jüdischen Glauben neu aus. Das Ziel der Nächstenliebe, das Vertrauen auf Gott und die Erlösung des Menschen bestimmen seine Lehre. Auf Betreiben seiner Gegner wird er zum Tode verurteilt.
- *ab ca. 30 n. Chr.:* Apostel (Boten) wie Paulus und Petrus bereisen die jüdischen Gemeinden, die sich in der östlichen Hälfte des Römischen Reiches gebildet haben.
- *seit 64 n. Chr.:* In der Öffentlichkeit entstehen Gerüchte über die Christen. Unter den Kaisern Nero, Domitian, Trajan und Mark Aurel kommt es zu Christenverfolgungen in einzelnen Städten und Regionen.
- *seit 249 n. Chr.:* Unter den Kaisern Decius, Valerian und Diokletian werden Christen im gesamten Reich verfolgt.
- *313 n. Chr.:* Kaiser Konstantin verkündet allgemeine Religionsfreiheit. Das Christentum wird als Religion anerkannt.
- *391 n. Chr.:* Unter der Regierung des Kaisers Theodosius (379–395) werden Kirche und Staat eng verbunden. Theodosius erklärt das Christentum zur Staatsreligion.

„Die heimliche Eroberung Roms" – Könnt ihr erklären, wie diese Überschrift gemeint ist?

Wie soll man mit Neuem umgehen? – Das Beispiel Christentum

Als kaiserlicher Beauftragter musste der Römer Plinius (62–114 n. Chr.) in der Provinz Bithynien Christen bestrafen, die sich weigerten, den Kaiser anzubeten. Da die Sache nicht ganz einfach war, fragte Plinius bei Kaiser Trajan um Rat.

M 1 Plinius an Kaiser Trajan

Q Ich habe es mir zur Regel gemacht, Herr, alles, worüber ich im Zweifel bin, Dir vorzutragen. […]

Gerichtsverhandlungen gegen Christen habe ich noch nie beigewohnt; deshalb weiß ich nicht, was und wie weit man zu strafen oder zu untersuchen pflegt. […]

Vorerst habe ich bei denen, die bei mir als Christen angezeigt wurden, folgendes Verfahren angewandt. Ich habe sie gefragt, ob sie Christen seien. Wer gestand, den habe ich unter Androhung der Todesstrafe ein zweites und drittes Mal gefragt; blieb er dabei, ließ ich ihn abführen. […] Andere, in dem gleichen Wahn befangen, habe ich, weil sie römische Bürger waren, zur Überführung nach Rom vorgemerkt. […]

Mir wurde eine anonyme Klageschrift mit zahlreichen Namen eingereicht: Diejenigen, die leugneten, Christen zu sein oder gewesen zu sein, glaubte ich freilassen zu müssen, da sie nach einer von mir vorgesprochenen Formel unsere Götter anriefen und vor Deinem Bilde […] mit Weihrauch und Wein opferten, außerdem Christus fluchten, lauter Dinge, zu denen wirkliche Christen sich angeblich nicht zwingen lassen.

Andere […] gaben zunächst zu, Christen zu sein, widerriefen es dann aber; sie seien es zwar gewesen, hätten es dann aber aufgegeben […]. Auch diese alle bezeugten Deinem Bilde und den Götterstatuen ihre Verehrung und fluchten Christus. Sie versicherten jedoch, ihre ganze Schuld oder ihr ganzer Irrtum habe darin bestanden, dass sie sich an einem bestimmten Tage vor Sonnenaufgang zu versammeln pflegten, Christus als ihrem Gott einen Wechselgesang zu singen und sich durch Eid nicht etwa zu irgendwelchen Verbrechen zu verpflichten, sondern keinen Diebstahl, Raubüberfall oder Ehebruch zu begehen, ein gegebenes Wort nicht zu brechen, eine angemahnte Schuld nicht abzuleugnen. […] Für umso notwendiger hielt ich es, von zwei Mägden, so genannten Diakonissen, unter der Folter ein Geständnis der Wahrheit zu erzwingen. Ich fand nichts anderes als einen wüsten, maßlosen Aberglauben.

Somit habe ich die weitere Untersuchung vertagt, um mir bei Dir Rat zu holen. Die Sache scheint mir nämlich der Beratung zu bedürfen, vor allem wegen der großen Zahl der Angeklagten. […]

(Plinius, ep. 10, 96, übersetzt von Helmut Kasten, (Artemis) München [3]1976, S. 641ff.)

M 2 Kaiser Trajan an Plinius

Q Mein Secundus!

Bei der Untersuchung der Fälle […] hast du den rechten Weg eingeschlagen. Denn insgesamt lässt sich überhaupt nichts festlegen, was gleichsam als feste Norm dienen könnte. Nachspionieren soll man ihnen nicht; werden sie angezeigt und überführt, sind sie zu bestrafen, so jedoch, dass, wer leugnet, Christ zu sein und das durch die Tat, das heißt: durch Anrufung unserer Götter beweist […], aufgrund seiner Reue Verzeihung erhält.

Anonym eingereichte Klageschriften dürfen bei keiner Straftat Berücksichtigung finden, denn das wäre ein schlimmes Beispiel und passt nicht in unsere Zeit.

(Plinius, ep. 10, 97, übersetzt von Helmut Kasten, (Artemis) München [3]1976, S. 645)

1. Plinius weiß offenbar wenig über Christen. Wie stellt er sie dar?
2. Welche Probleme hat Plinius mit den Christen?
3. Manchmal taten sich die Römer mit Neuem auch schwer. Der Fall des Plinius zeigt, dass es z.B. zwischen Römern und Christen zwangsläufig zu Problemen kommen musste. Könnt ihr erklären, warum?
4. Ihr könnt eine Gerichtsverhandlung des Plinius nachspielen. An der Verhandlung nehmen teil:
   - Plinius
   - zwei Christen
   - zwei Römer, die „irrtümlich“ vor Gericht stehen.

Info Von einer verfolgten Minderheit zur Staatsreligion

Die wichtigsten Daten zum Aufstieg des Christentums kennt ihr schon (s. S. 202), aber Daten bilden nur ein Gerüst. Auf dieser Doppelseite könnt ihr euch näher informieren über diese Entwicklung, die für die Geschichte Europas große Bedeutung erlangte.

Eine ungeliebte Religion

Die Christen lebten im Römischen Reich zunächst innerhalb kleiner Gemeinden. Sie waren eine unbedeutende Minderheit inmitten von Menschen, die einen anderen Glauben besaßen.

Die Christen blieben den öffentlichen Feierlichkeiten für die römischen Götter fern. Sie mieden die damals beliebten Zirkusspiele und auch sonst lebten sie eher zurückgezogen. Das konnte Vorurteile oder Gerüchte entstehen lassen. In den beiden ersten Jahrhunderten n. Chr. kam es aus solchen Gründen in einzelnen Städten oder Gegenden zu Übergriffen auf Christen.

Im 2. und 3. Jahrhundert geriet das Römische Reich durch Angriffe von außen mehrfach in Krisensituationen. Einen Grund der Krise sah man darin, dass nicht alle Reichsbewohner den römischen Göttern opferten. In dieser Zeit wurden die Christen von einigen Kaisern im gesamten Reich verfolgt.

Die Christen weigerten sich auch jetzt, dem Kaiser Opfer darzubringen. Das war nach römischer Auffassung Verrat. Das Misstrauen wurde noch dadurch verstärkt, dass die Christen ihre Gottesdienste nicht in der Öffentlichkeit, sondern zurückgezogen in Privathäusern abhielten. Was hatten sie zu verbergen? Aus den Worten der christlichen Abendmahlzeremonie schlossen manche Römer fälschlicherweise, dass die Christen Menschenfleisch aßen und Menschenblut tranken.

Dieses mittelalterliche Gemälde (Ausschnitt) von Albrecht Dürer (1471–1528) zeigt, wie römische Soldaten Christen dazu zwingen, sich von einem Felsen zu stürzen. Der Grund: Sie weigerten sich, den römischen Göttern zu opfern.

Das Christentum setzt sich durch

Im Jahre 312 stand der römische Kaiser Konstantin im Kampf um die Führung des Reiches seinem Gegner Maxentius gegenüber. Der Legende nach hat Konstantin am Nachmittag über der Sonne ein strahlendes Kreuz – Symbol des Christentums – gesehen, mit der Inschrift: „In diesem Zeichen siege!“ In der nun folgenden Schlacht vor den Toren Roms siegte Konstantin und wurde zum Herrscher des Römischen Reiches im Westen.

Ob diese Legende einen wahren Kern hat, wissen wir nicht. Aber der neue Kaiser erließ im Jahre 313 ein Edikt, in dem die Freiheit des Glaubens garantiert wurde und das Christentum gegenüber den anderen Religionen eine gleichberechtigte Stellung erhielt. Dies bedeutete zugleich das Ende der Christenverfolgungen. In den folgenden Jahren ließ der Kaiser christliche Kirchen erbauen. Der Sonntag, Tag des Gedenkens an die Auferstehung Jesu, wurde im gesamten Reich zum Feiertag. Zu Beginn des 4. Jahrhunderts wuchs somit die Bedeutung des Christentums im Römischen Reich. Auch die Zahl der Christen stieg. War es früher manchmal gefährlich gewesen, Christ zu sein, wurde dies nun nicht selten zu einer guten Voraussetzung für die berufliche Karriere. Schon Kaiser Konstantin näherte sich dem christlichen Glauben an, behielt aber die Würde des obersten römischen Priesters, des „Pontifex maximus“, bei.

Unter der Regierung des Kaisers Theodosius (379–395) wurden Kirche und Staat eng verbunden. Theodosius nahm den heidnischen Titel des „Pontifex maximus“ nicht an und erklärte das Christentum zur Staatsreligion. Nun wurden heidnische Religionen verboten und teilweise auch blutig verfolgt. Heidnische Tempel wurden teilweise zerstört oder dem Verfall überlassen.

Kaiser wie Konstantin und Theodosius erhofften sich von der Verbindung des Staates mit der Kirche auch eine innere Stärkung des Reiches. Die kommenden Auseinandersetzungen konnten dadurch nicht gelöst werden, aber das Christentum hatte sich durchgesetzt.

Münzen Konstantins

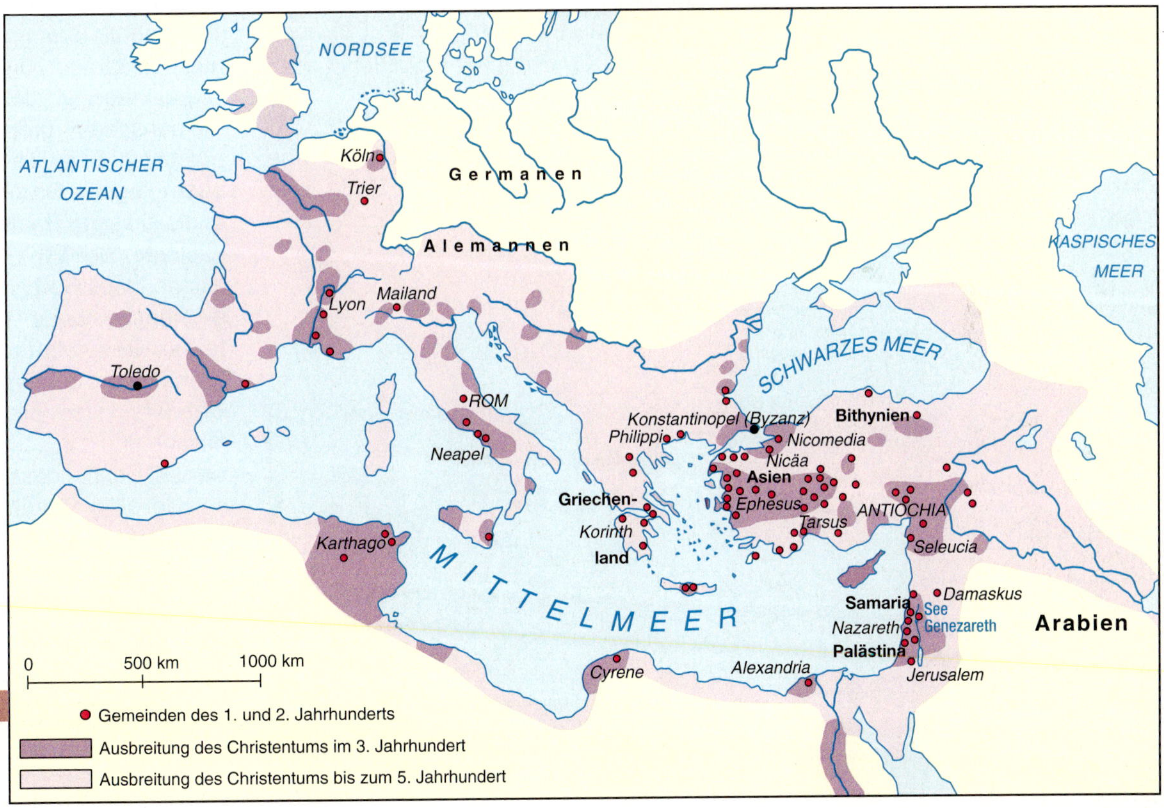

Die Ausbreitung des Christentums im römischen Weltreich

Info Woran Christen glauben

„Eine Sekte, die sich einem neuen gemeingefährlichen Aberglauben ergeben hat" – so urteilte der römische Schriftsteller Sueton zu Beginn des 2. Jahrhunderts n. Chr. über die Christen. Doch wie ihr auf der vorangegangenen Doppelseite bereits erfahren habt, war die Anziehungskraft dieser neuen Religion enorm, sodass sie sich immer mehr ausbreitete und schließlich zur Staatsreligion wurde.
Hier könnt ihr euch über die grundlegenden Elemente des christlichen Glaubens informieren, vor allem unter der Fragestellung, was das Neue an dieser Religion war.

Die ersten Christen

Vielleicht kennen einige von euch die Namen der Menschen, die Jesus begleiteten. Zu ihnen zählen die zwölf Jünger Jesu, z.B. Petrus, Johannes und Jakobus. Auch Frauen wie Maria und Maria Magdalena gehörten dazu. Nach der Kreuzigung und Auferstehung Jesu verließen viele von ihnen Jerusalem und gingen in fremde Länder. Sie nannten sich noch nicht Christen, aber sie sprachen über das Leben Jesu und seine frohe Botschaft, das Evangelium. Besonders erfolgreich war der Apostel Paulus. An immer mehr Orten bildeten sich kleine christliche Gemeinden. Männer und Frauen verkündeten den Glauben und halfen sich untereinander auch im Alltag. Nach und nach entwickelten sich die zentralen Elemente des Christentums, wie wir sie heute kennen und wie sie sich im christlichen Glaubensbekenntnis niederschlagen.

Glaube an einen Gott

„Ich bin der Herr, dein Gott … du sollst keine anderen Götter neben mir haben." Dieses erste der zehn Gebote gilt für Juden, Christen und Muslime gleichermaßen. Sie verbindet der Glaube an einen Gott, der alles geschaffen hat und alles erhält. Für die gläubigen Christen hat sich Gott in maßgeblicher Weise im Leben, Wirken und Sterben sowie in der Auferstehung seines Sohnes Jesus Christus gezeigt. Die Christen glauben auch daran, dass der Geist Gottes weiter wirksam ist und dass Gott für die Welt am Ende ihrer Geschichte ein gerechter Richter sein wird.

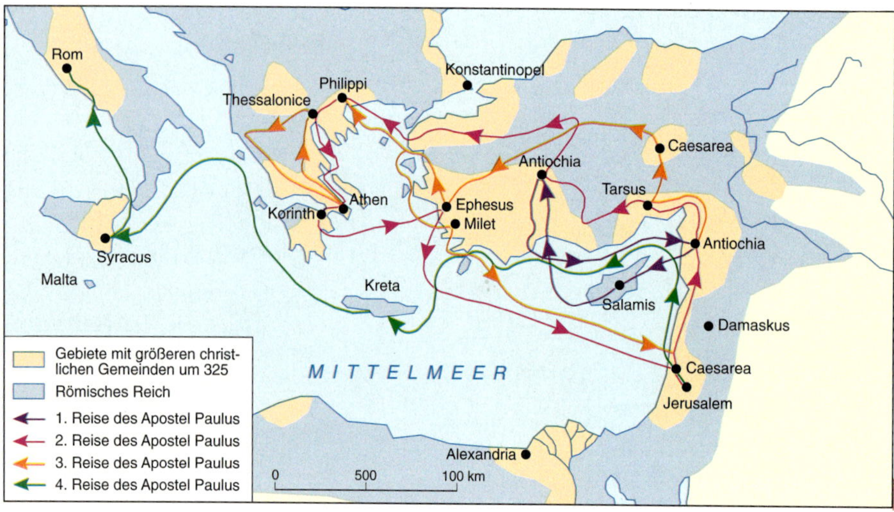

Die Reisen des Apostels Paulus

Jesus Christus

Jesus wurde vermutlich um den Beginn unserer Zeitrechnung geboren und zwischen 30 und 33 gekreuzigt. Er lebte in einem recht kleinen Gebiet, das die einheimischen Juden Israel nannten und das zur späteren römischen Provinz Palästina gehörte. Über sein Äußeres und viele Jahre seines Lebens wissen wir nichts Genaues. Zeitgenössische Bilder gibt es nicht. Die Quellen, die über ihn berichten, sind erst später entstanden. Die Evangelien des Neuen Testaments stammen wahrscheinlich aus den Jahren 70 bis 110 n. Chr.
Unbestritten ist, dass Jesus auf seine Mitmenschen großen Eindruck gemacht hat. Er fand sowohl Anhänger als auch Gegner. Grund hierfür war, dass er die jüdische Tradition auf neue Weise auslegte. So war es Jesus wichtig zu zeigen, dass Gott nicht nur die liebt, die ein frommes Leben führen. Jesus suchte das Gespräch mit den Armen, den Kranken und den Sündern. Er hatte verstanden, dass alle Menschen auch falsche und schlechte Dinge tun. Jesus war es wichtig, dass die Menschen diese Unvollkommenheit erkennen und versuchen besser zu werden. Dazu gehört auch, dem anderen zu verzeihen, ja sogar, seine Feinde zu lieben. Im Mittelpunkt des „Evangeliums", der frohen Botschaft Jesu, steht, dass Gott kein strafender, sondern ein liebender

und verzeihender Gott ist, der sich wie ein guter Vater zu seinen Kindern verhält.

Ein Gott, der seine Gläubigen segnet

In der Götterwelt der Griechen und der Römer waren die Götter viel zu sehr mit sich selbst beschäftigt, als dass sie sich um die Menschen hätten kümmern können. So etwas wie auf diesem Bild hätte es deshalb nicht geben können: Gottes Sohn segnet die Menschen, das heißt er kümmert sich um sie und will, dass sie ein gesegnetes Leben führen. Im christlichen Glauben ist Gott für die Menschen da; er hilft in der Not, spendet Trost und vergibt die Sünden. Das war neu und faszinierend zugleich.
Vier Elemente machten das Christentum besonders attraktiv für Menschen, die in der alten Vielgötterei immer weniger Befriedigung fanden:

> Die Christen haben nur einen einzigen Gott.
> Jesus Christus hatte wirklich gelebt, das Christentum basierte auf einer historischen Grundlage.
> Das Christentum stand Männern und Frauen, allen Gesellschaftsschichten und Völkern offen.
> Der christliche Glaube sprach den ganzen Menschen mit all seinen Gefühlen an.

Ihr könnt eure Erkenntnisse in einer Mindmap festhalten:

Weitergedacht …
Könnt ihr nun erklären, warum das Christentum für viele Menschen so attraktiv war?

Segnender Christus (Apsismosaik, 526–550 n. Chr., Rom)

Info Ein Weltreich geht unter

Trotz vieler Angriffe von außen blieb das Römische Reich über viele Jahrhunderte stabil. Ab dem 4. Jahrhundert gelingt es den römischen Kaisern jedoch nicht mehr, die Grenzen zu halten. Das Reich zerfällt. Wie es dazu kam und was aus dem Römischen Reich wurde, erfahrt ihr auf dieser Doppelseite.

Trotz einiger Auseinandersetzungen an den Grenzen erlebte das römische Weltreich im 1. und 2. Jahrhundert n. Chr. eine weitgehend ruhige Zeit. Das änderte sich Mitte des 3. Jahrhunderts grundlegend. Das Reich geriet in eine tief greifende Krise und war zeitweise ernsthaft gefährdet.

Gründe für die Krise

Völkerwanderungen aus dem Osten bereiteten den germanischen und asiastischen Nachbarvölkern Probleme, die nun ihrerseits die Reichsgrenzen bedrängten. Im 1. und 2. Jahrhundert waren die Limesanlagen ein sicherer Schutz gewesen. Nun wurde die Grenze überrannt. So gelang z.B. den Alamannen um 260 der Durchbruch und sie dehnten ihren Siedlungsraum links des Rheins immer weiter aus. Gleichzeitig war die Schlagkraft des römischen Heeres nicht mehr die alte. Immer weniger römische Bürger waren bereit ins Heer einzutreten. So war es nötig, Söldner aus Völkern außerhalb der Reichsgrenzen anzuwerben.

Für die römischen Kaiser wurde es immer schwieriger, das große Reich zu verteidigen und zu verwalten. An der Spitze des Reiches herrschte Unordnung. Rivalisierende Heerführer stritten um den Kaiserthron. Allein zwischen 235 bis 284 n. Chr. erhoben 40 Feldherren Anspruch auf die Reichsführung. Aus diesem Grund teilte Kaiser Diokletian 284 n. Chr. das Reich in einen westlichen und einen östlichen Bezirk, um es besser regieren zu können. Er zog die Inhaber politischer Ämter stärker als zuvor für Pannen bei der Steuereintreibung zur Verantwortung. Deshalb wollte kaum noch jemand politische Verantwortung übernehmen. Ebenso forderte er von den wohlhabenden Bürgern höhere Abgaben, wodurch Handwerk und Handel immer mehr erlahmten.

Germanen vor einem römischen Lager (Relief aus dem 2. Jahrhundert n. Chr.)

Das Römische Reich zerfällt

Ende des 4. Jahrhunderts n. Chr. drangen die Hunnen, ein mongolisches Nomadenvolk, über die Wolga in das Gebiet der germanischen Stämme ein. Vielen Germanen blieb nur die Flucht auf das römische Reichsgebiet.

Anfangs versuchten die römischen Kaiser die eindringenden Germanenstämme als Verbündete auf römischem Territorium anzusiedeln. Doch der Druck wurde größer. Es kam zum Kampf, wenn Germanen ohne Billigung der Römer das Reichsgebiet betraten. 410 eroberten die Westgoten die Stadt Rom und zogen weiter. Aber auch andere germanische Völker bedrohten das Reich und durchzogen Gallien, Spanien und Nordafrika. Den römischen Kaisern gelang es nicht mehr, Herr der Lage zu bleiben. Im Jahr 476 setzten germanische Truppen den letzten weströmischen Kaiser ab.

Ein mächtiges und glanzvolles Weltreich, das Jahrhunderte Bestand hatte, war zerfallen.

Methodenbox

Geschichtskarten

Auf S. 112 habt ihr bereits eine Geschichtskarte kennen gelernt und mit ihrer Hilfe vieles über die Kolonisation der Griechen erfahren.
Auch auf dieser Seite findet ihr Geschichtskarten. Sie stellen jeweils den Raum des Römischen Reiches dar – allerdings zu unterschiedlichen Zeitpunkten.

Geschichtskarten auswerten:

Wir erinnern uns, wie das geht.

Beschreibt zunächst jede der Karten für sich. Dabei könnt ihr von den bekannten Fragen ausgehen:

1. Welcher Raum und welcher Zeitabschnitt ist dargestellt?
2. Was ist auf der Karte verzeichnet?
3. Was erfahren wir aus der Karte zu unserem Thema?

Anschließend könnt ihr alle Karten vergleichen und deutlich machen, was sich verändert hat.

Tipp:

Macht euch Stichpunkte für einen kleinen Vortrag vor der Klasse. Thema: „Das Römische Reich zerfällt".

M 1 Das Römische Reich unter Theodosius (379–395 Kaiser)

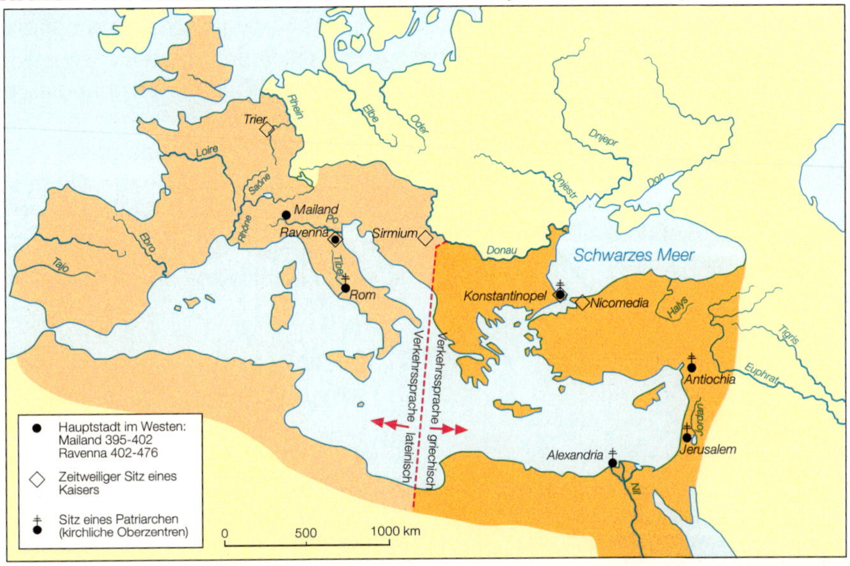

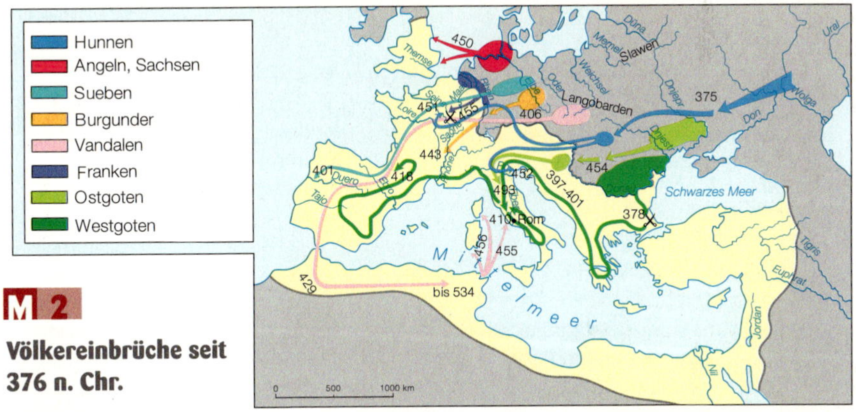

M 2 Völkereinbrüche seit 376 n. Chr.

M 3 Römisches Reich und germanische Reiche um 500 n. Chr.

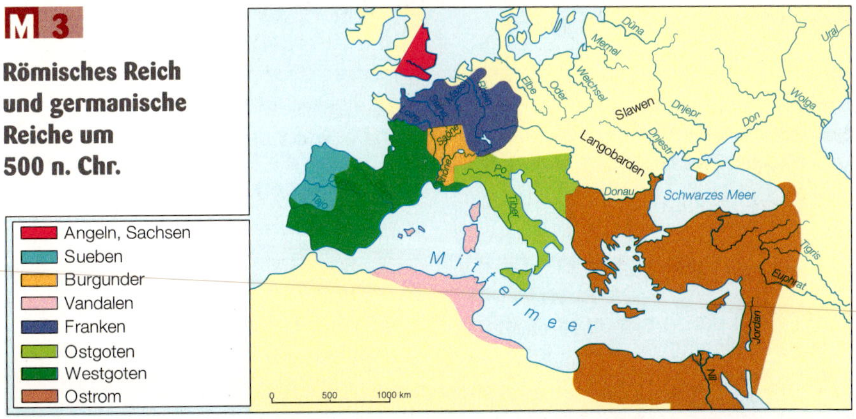

Stopp
Ein Blick zurück

Diese Begriffe kann ich jetzt erklären:

* Römische Republik
* Ständekämpfe
* Diktatur
* Prinzipat des Augustus
* Kaiserzeit
* Forum Romanum
* Romanisierung
* Villa rustica
* Christentum als Staatsreligion
* Völkerwanderung

Wir erstellen Quizkarten über Dinge, die man von den Römern wissen sollte

Am Ende dieses Kapitels steht eine besonders knifflige Aufgabe. Ihr löst sie am besten zu zweit oder in kleinen Gruppen.
Ihr habt den Auftrag, Quizkarten über die Zeit des Römischen Reiches zu entwickeln. Auf der einen Seite findet ihr die Fragen, auf der anderen Antwortgruppen, von denen immer eine zu einer bestimmten Frage passt. Ihr benötigt kleine Karteikarten. Auf die Vorderseite schreibt ihr jeweils eine Frage. Dann sucht ihr die passende Antwortgruppe und die passende Antwort und notiert sie auf der Rückseite. So entstehen fertige Quizkarten. Ihr könnt euch die Fragen dann gegenseitig stellen.
Wenn ihr etwas nicht wisst, dann schlagt noch einmal im Buch nach.

Tipp: Ein solches Quiz könnt ihr auch für die anderen Kapitel in diesem Buch herstellen.

1. Der Sage nach tötete der Gründer der Stadt Rom mit Namen Romulus seinen Zwillingsbruder. Wie hieß das Opfer?

2. Wie hieß der Feldherr, der zwischen 218 und 216 v. Chr. mit einem Heer und mit Kriegselefanten gegen die Stadt Rom zog?

3. Mit welchem Begriff haben die Römer ausgedrückt, dass der Staat „ihre gemeinsame Sache“ ist?

4. Stell dir vor, du hättest im alten Rom zur Gruppe der einfachen Leute gehört, die im Krieg als Fußsoldaten gekämpft haben. Wie hätte man dich genannt?

5. Wie hießen in der Zeit der römischen Republik die beiden höchsten Staatsbeamten, welche die Staatsgeschäfte leiteten?

6. Welches war der wichtigste Grund für die Ermordung Caesars im Jahre 44 v. Chr.?

7. Nach Caesar schuf Augustus eine staatliche Ordnung, die ihm sehr viel Macht gab und trotzdem von den Bürgern akzeptiert wurde. Welchen Namen hat diese Ordnung?

8. Worin sahen die Römer eine besonders gute Leistung des Augustus?

9. Warum gelangte in der Zeit des Augustus großer Reichtum nach Rom?

10. Welches der folgenden Rechte besaß eine Ehefrau und Mutter im alten Rom mit Sicherheit nicht?

11. Mit welchem Gebiet auf der Erde hatten die Römer bereits Handelsbeziehungen?

12. Wie entwickelte sich die Lebensweise der Provinzbewohner in den ersten beiden Jahrhunderten nach Christus?

13. Wie heißt der Tempel in Rom, der ausdrücklich allen Göttern geweiht war?

14. Welches Erbe der Griechen hat mit der Zeit immer stärker das Leben im Römischen Reich geprägt?

15. Welche Entscheidung traf Kaiser Konstantin im Jahre 313 n. Chr.?

Welche Antwortgruppe passt auf die Rückseite welcher Frage?

I

A Senatoren
B Konsuln
C Kaiser

II

Er wurde ermordet, weil er …
A sich aus der Staatskasse bereichert hatte.
B sich zum Alleinherrscher über Rom machen wollte.
C einen neuen Eroberungskrieg beginnen wollte.

III

A Aeneas
B Faustulus
C Remus

IV

A die Kriegskunst
B die Mathematik
C der Hellenismus

V

A mit China
B mit Australien
C mit Amerika

VI

A Monarchie
B Republik
C Demokratie

VII

A Forum Romanum
B Pantheon
C Circus Maximus

VIII

A Er verbot das Christentum.
B Er erkannte das Christentum als Religion an.
C Er ließ die Christen ins Gefängnis werfen.

IX

A Hannibal
B Scipio
C Cicero

X

A Aristokrat
B Patrizier
C Plebejer

XI

A Sie nahmen die römische Kultur und Lebensweise mehr und mehr an.
B Sie weigerten sich strikt so zu leben wie die Römer.
C An ihren Lebensverhältnissen änderte sich nichts.

XII

A die Alleinherrschaft
B das Königtum
C der Prinzipat

XIII

A Mehr und mehr Abgaben der Provinzbewohner füllten die Staatskasse.
B Die Römer entdeckten zur Zeit des Augustus große Goldvorkommen.
C Die reichen Römer spendeten immer mehr Geld für die Staatskasse.

XIV

A Er hat sich als Kaiser anreden lassen.
B Er hat den inneren Frieden in Rom wiederhergestellt.
C Er hat einige Provinzen in die Unabhängigkeit entlassen.

XV

A das Recht, die Kinder zu erziehen
B das Recht, den Haushalt zu führen
C das Recht, ein politisches Amt zu übernehmen

Ihr habt die Antworten mit hoher Wahrscheinlichkeit den Fragen richtig zugeordnet und beantwortet, wenn für die 15 Fragen je 5-mal die Lösungen A, B und C gewählt wurden.

Antike Spuren – Griechisch-römisches Erbe

Müssen wir tatsächlich so viel über die Vergangenheit wissen? Warum sollen wir uns eigentlich noch heute mit der Geschichte der Griechen und Römer vor mehr als 2000 Jahren beschäftigen? Reicht es nicht, das zu wissen, was in der näheren Gegenwart geschieht? Im Grunde ist es ja die Gegenwart, in der wir leben müssen. Doch: So einfach ist die Sache nicht. Unsere Gegenwart hat Vergangenheit. Sie ist nicht plötzlich einfach da; sie ist entstanden. Und vieles in unserer Gegenwart können wir nur verstehen, wenn wir die Vergangenheit kennen. Sogar die griechische und römische Welt, die vor so vielen Jahrhunderten untergegangen ist, lässt sich heute wiederfinden – auch bei uns.

Was wir von den Griechen gelernt haben

M 1 Theater von Epidaurus

Noch heute finden hier im Sommer Aufführungen statt.
In der Mitte die runde Orchestra (Vorbühne, sonst halbrund), rechts die Überreste der Bühnenwand.

M 2

Die Erkenntnisse des Archimedes

Über Archimedes wird folgende Geschichte erzählt: König Hieron von Syrakus wollte einen Goldschmied beauftragen, aus einem Goldklumpen eine Krone herzustellen. Aber er war nicht sicher: Würde der Goldschmied wirklich alles Gold für die Krone verwenden oder einen Teil für sich behalten?
Die Lösung für das Problem fand der griechische Naturforscher Archimedes bei einem Morgenbad. Seine Sklaven hatten die Wanne zu voll gemacht. Als Archimedes untertauchte, schwappte das Wasser schubweise über den Wannenrand. Erst schimpfte er, doch dann ließ er die Wanne erneut bis zum Rand füllen, tauchte unter und dachte nach:

„**Erstens:** Eine Wanne ist randvoll mit Wasser.
Zweitens: Ich, Archimedes, tauche unter.
Drittens: Wasser schwappt aus der Wanne.
Erkenntnis: Mein Körper hat das überschwappende Wasser aus der Wanne verdrängt. Der Rauminhalt des übergeschwappten Wassers muss genauso groß sein wie der Raum, den mein Körper in der Wanne beansprucht."

Archimedes rannte zu König Hieron und berichtete ihm von seiner Entdeckung. „Du solltest den Goldklumpen in ein Gefäß eintauchen, das randvoll mit Wasser ist. Die übergelaufene Wassermenge fängst du in einem zweiten Gefäß auf und bewahrst es auf. Später legst du die Krone in das gleiche Gefäß voll mit Wasser und fängst das überlaufende Wasser wieder auf. So kannst du feststellen, ob der Goldschmied dich betrogen hat. Hast du verstanden?"

Archimedes (285 bis 212 v. Chr.) war der bedeutendste Naturwissenschaftler aus dem alten Griechenland. Er hat nicht nur den Rauminhalt von Körpern berechnet, sondern auch Erfindungen gemacht, die wir heute noch benutzen: den Flaschenzug, das Zahnrad und eine Maschine zur Bewässerung von Feldern, die so genannte „archimedische Schraube".

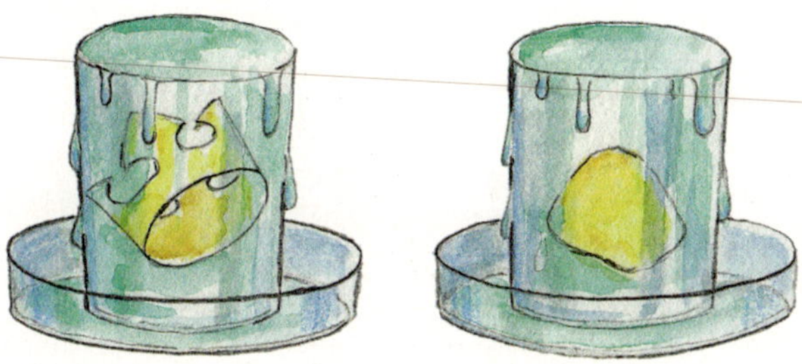

Das könnt ihr tun: Erzählt euren Mitschülerinnen und Mitschülern, wer Archimedes war.
Erklärt und zeigt ihnen, wie er herausgefunden hat, ob der Goldschmied den König betrogen hat oder nicht. Fragt die Physiklehrer, wie die archimedische Schraube funktioniert. Fragt auch eure Mathematiklehrer, was die Mathematik den alten Griechen zu verdanken hat.

M 3 Theatermasken

M 4 Tempel in Athen

M 5 Diskuswerfer

M 6 Schraube des Archimedes

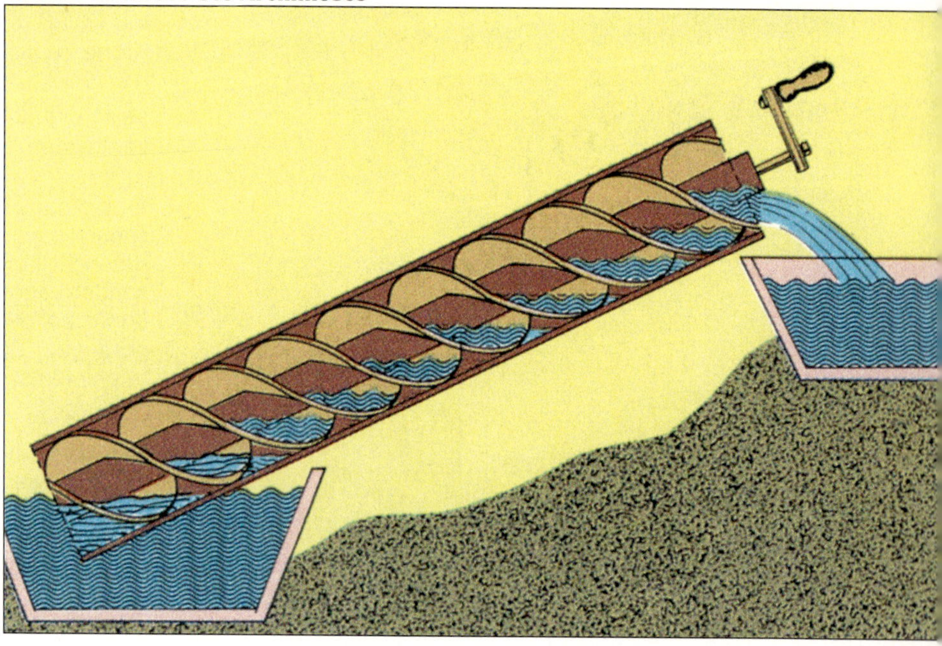

M 7 **Winkel**

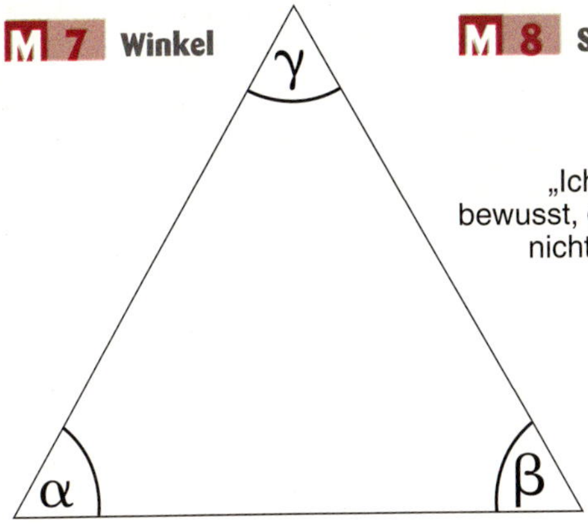

M 8 **Sokrates**

„Ich bin mir bewusst, dass ich nichts weiß."

M 9 **Die Göttin Athene**

M 10 **Eid eines berühmten Arztes**

„Meine Verordnungen werde ich treffen zum Nutzen der Kranken nach bestem Gewissen, sie schützen vor allem, was ihnen schaden und Unrecht zufügen könnte …"
(Hippokrates)

M 11 **Tonscherbe als Stimmzettel**

Architektur Kunst Mathematik Sport Medizin Physik Politik Philosophie Theater Erdkunde

M 12 **Griechische Weltkarte aus dem 3. Jahrhundert v. Chr.**

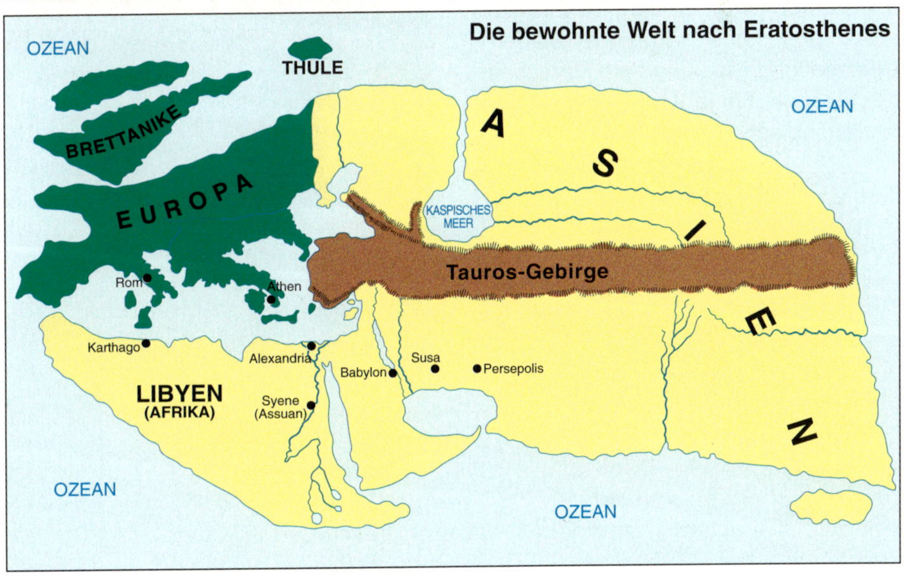

1. Unsere Gegenwart hat den Griechen viel zu verdanken. Ordne die Beispiele (S. 212–215) den Begriffen im Kasten zu.

2. **Du kannst dir ein Thema aussuchen:**
Wähle ein Beispiel aus. Informiere dich genauer über den jeweils dargestellten Sachverhalt bzw. die Personen und erzähle deinen Mitschülerinnen und Mitschülern darüber.
Wichtig: Erläutere den Zuhörern auch, worin die Bedeutung für die heutige Zeit liegt.

Begriff	Beispiel
1 Philosophie	der Philosoph Sokrates
2 Physik	....
3	....

Was bleibt? – Römisches Erbe

Hauptstadt Italiens und Zentrum des Glaubens: das ewige Rom

Nach dem Untergang des weströmischen Reiches war die Stadt allmählich politisch bedeutungslos geworden. Erst seit der Gründung des Staates Italien im Jahr 1871 ist Rom wieder Hauptstadt. Darüber hinaus war und ist Rom das Zentrum der römisch-katholischen Kirche und Sitz des Papstes.

Auch in Deutschland: Spuren der Antike

Römisches begegnet uns in Deutschland auf vielfältige Weise. Vor allem westlich des Rheins finden sich noch Bauwerke aus der Zeit des Weltreiches. Hier kommen bei Bauarbeiten manchmal noch römische Mauern, Münzen und Mosaike zum Vorschein. Museen wie die in Köln und Trier oder archäologische Parks wie in Xanten versuchen die römische Vergangenheit wieder anschaulich und lebendig werden zu lassen.

Trier: Die Konstantinbasilika – im 4. Jahrhundert Thronsaal des Kaiserpalastes, heute evangelische Kirche

M 1 Römisches Erbe im Alltag: die Sprache

fenestra	vallum	corbis	Punkt	Feiertag	Schule
cella	calx	tabula	Tafel	Öl	Karren
crux	caulis	moneta	Korb	Straße	Münze
murus	oleum	pulvis	Kalk	Wein	Most
porta	mustum	punctum	Pforte	Kreuz	Mauer
scola	carrus	feriae	Fenster	Pulver	Keller
vinum	stratum	pater	Vater	Kohl	Wall

Sucht zu den deutschen Begriffen die entsprechenden lateinischen Wörter und ordnet sie nach Lebensbereichen. Wo war der Einfluss der Römer offenbar besonders stark?

Vatikan in Rom – der Petersplatz

Noch heute Vorbild: römische Architektur

M 2 Das Pantheon in Rom

Erbaut wurde es zur Zeit des Kaisers Augustus, ein Tempel, der allen Göttern geweiht war.

M 3 Die innere Kuppel des Pantheons

M 4 Das Nationalarchiv in Washington

M 5 Die ‚Rotunda' im Nationalarchiv in Washington

Hier befinden sich die Originalmanuskripte der Unabhängigkeitserklärung, der Verfassung und des Grundgesetzes der USA.

Das Pantheon ist fast 2000 Jahre älter als das Nationalarchiv in Washington. Dennoch sind die Ähnlichkeiten erstaunlich.

Vergleicht beide Bauwerke und nennt Gemeinsamkeiten.

Begriffe zum Nachschlagen

Abstimmung. „Stimmen wir ab", heißt es immer, wenn es in einer Gruppe verschiedene Meinungen zu einem Thema gibt und wenn eine faire Entscheidung getroffen werden soll. In der Volksversammlung in Athen haben zum Beispiel die stimmberechtigten Männer alle Entscheidungen per Abstimmung getroffen. Eine besondere Form der Abstimmung ist die Wahl. Es wird abgestimmt und wer die meisten Stimmen erhält, ist gewählt (siehe auch Mehrheitsprinzip).

Adel. Eine zahlenmäßig kleine Bevölkerungsgruppe, deren Mitglieder aufgrund von Geburt, Besitz oder Bildung besondere Vorrechte besaßen. Dieser gehobenen gesellschaftlichen Stellung entsprach in der Antike oft auch eine besondere Lebensweise. Die Zugehörigkeit zum Adel war in Griechenland und Rom erblich, konnte in Rom seit Ende der Ständekämpfe aber auch durch die Bekleidung wichtiger öffentlicher Ämter erlangt werden. In der Kaiserzeit bestimmten oft die Kaiser über die Zugehörigkeit zum Adel (vgl. auch Aristokratie).

Altsteinzeit. Auf dieser Stufe der Entwicklungsgeschichte kannten die Menschen keine festen Wohnsitze und zogen als Nomaden umher. Sie lebten in Horden von etwa 10 bis 30 Personen. Sie ernährten sich, indem sie Pflanzen und Kleintiere sammelten oder auf wilde Tiere Jagd machten, etwa das Mammut. Die Menschen der Altsteinzeit besaßen eine sehr enge Bindung zur Natur, in der sie sich hervorragend auskannten. Die Altsteinzeit endete im Vorderen Orient etwa um 10 000 vor Christus, in Mitteleuropa um 6 000 vor Christus (vgl. auch Steinzeit, Jungsteinzeit).

Arbeitsteilung. Eine einfache Form der Arbeitsteilung wurde bereits in der Altsteinzeit praktiziert – die Frauen sammelten Früchte und Beeren, die Männer gingen auf die Jagd. Im Neolithikum, besonders aber während der Metallzeiten spezialisierten sich die Menschen auf bestimmte Tätigkeiten; es bildeten sich erste Berufe heraus. Vielschichtige Formen der Arbeitsteilung, ohne die das Entstehen von Hochkulturen (Ägypten) nicht vorstellbar wäre, entstanden.

Archäologie. Diese Wissenschaft befasst sich mit der Erforschung früherer Zeiträume. Archäologen (wie Herr Kamoya) suchen nach Überresten, z.B. nach Knochen, Bauwerken, Werkzeugen usw. Die Funde werden sorgfältig beschrieben, ausgewertet und rekonstruiert. Je weiter man in der Erdgeschichte zurückgeht, umso häufiger ist man auf Fossilien angewiesen; das sind Abdrücke von Tieren oder Pflanzen im Gestein.

Aristokratie. Die Griechen verstanden darunter „die Herrschaft der Besten und der Angesehensten". Eine Aristokratie ist ein Staat, in dem die politische Herrschaft vom Adel ausgeübt wird. Um 700 v. Chr. hatte der Adel in Athen die Königsherrschaft beseitigt und die Aristokratie eingeführt.

Barbaren. Die Griechen nannten diejenigen Völker, die kein Griechisch sprachen, abfällig Barbaren, was man als ‚Stammler, Laller' übersetzen muss. Die Römer, die ebenfalls ihre eigene Kultur hoch schätzten, übernahmen diese Vorstellung von den Griechen und bezeichneten fremde, auswärtige Stämme (z.B. Germanen) als Barbaren. Barbaren galten in der Antike als ungebildet, grausam, wild, roh, gewalttätig und treulos.

Beamter. Inhaber eines Verwaltungsamtes im Dienste des Staates. Meist wird das Amt auf Dauer ausgeübt, nicht nur für eine begrenzte Zeit; die obersten Beamten allerdings üben in einigen Staaten ihr Amt nur für begrenzte Zeit aus. Beamte erledigen fest umrissene Aufgaben, z.B. das Einziehen von Steuern. Es gibt unter den Beamten deutliche Rangunterschiede: Höhere Beamte können Weisungen erteilen, niedere Beamte haben diese Weisungen auszuführen. Aber auch der höchste Beamte im Staate (in Ägypten: der Wesir) muss seinem obersten Herrn gehorchen. Diese oberste staatliche Macht (in Ägypten: der Pharao) ist auf die Beamten angewiesen und erwartet, dass sie ihre Pflichten treu erfüllen. In jeder staatlichen Organisation hat es Beamte gegeben. Die früheste deutliche Ausprägung eines Beamtentums finden wir in Ägypten.

Bürger. Als Bürger bezeichnet man in der Antike diejenigen Personen, die das uneingeschränkte Bürgerrecht besitzen. Häufig befanden sich Bürger im Verhältnis zur gesamten Einwohnerschaft in der Minderheit. Nur die Bürger stimmten in der Volksversammlung einer Polis oder Roms ab, nur sie durften alle Ämter bekleiden und an allen Kulten teilnehmen. Das Bürgerrecht erlangte man in der Regel durch die Geburt, eine Ausnahme bildete dagegen die Verleihung des Bürgerrechts an Fremde. Jede griechische Polis kannte ihr eigenes Bürgerrecht; im römischen Kaiserreich gab es dagegen seit 212 n. Chr. ein einheitliches römisches Bürgerrecht, denn in diesem Jahre verlieh der Kaiser Caracalla das römische Bürgerrecht an alle freien Bewohner des Reiches.

Christen. Die Anhänger des Christentums. Sie vereint der Glaube an Jesus Christus als den Sohn Gottes, der in die Welt gekommen ist, um die Menschheit zu erlösen. Die Vorankündigungen Jesu sind im Neuen Testament überliefert. Jesus setzte sich für die Nächstenliebe und tatkräftige Unterstützung der Armen und Leidenden ein. Auch die Feinde sollen in dieses Liebesgebot miteinbezogen werden. Jesus verkündete die ‚Frohe Botschaft' (Evangelium) vom ‚Reich Gottes' als dem Endpunkt der Weltentwicklung. Nach dem Tode Jesu verbreiteten die Apostel seine Lehre im Römischen Reich. Die Christen kamen häufig in Konflikt mit dem Staat, weil sie sich weigerten, dem Kaiser zu opfern. Im Jahr 313 n. Chr. wurde das Christentum von Kaiser Konstantin als gleichberechtigte Religion anerkannt, unter Kaiser Theodosius I. 381 n. Chr. zur Staatsreligion erklärt.

Demokratie. Der aus dem Griechischen stammende Begriff ist als ‚Volksherrschaft' zu übersetzen (demos: Volk; kratein: herrschen). Ihren Ursprung hat die Demokratie in Athen, wo alle Angelegenheiten der Polis direkt in die Zuständigkeit der Versammlung der (männlichen) Bürger fielen. Die römische Republik dagegen war keine demokratische Ordnung: In den verschiedenen Volksversammlungen besaß nicht jeder Mann gleiches Stimmrecht.

Diktatur. Die Konzentration aller öffentlichen Macht in der Hand einer einzelnen Person für einen befristeten oder unbegrenzten Zeitraum. In der römischen Republik konnte in besonderen Notsituationen einer der Konsuln auf Vorschlag des Senats zum Diktator ernannt werden, um Krisen durch schnelles, entschlossenes Handeln zu meistern. Diese ‚Diktatur' war auf höchstens sechs Monate beschränkt.

Eiszeit. Auf der Erde herrschte nicht immer das gleiche Klima. Im Laufe der Jahrtausende und Jahrmillionen wechselten sich kalte und warme Zeiten ab. In den letzten zwei bis drei Millionen Jahren gab es mindestens sechs Eiszeiten, in deren Verlauf riesige Wassermassen zu Eis gefroren. Nordeuropa und der Alpenraum lagen mehrfach unter einer kilometerdicken Eisdecke. Die letzte Eiszeit dauerte bis etwa 10 000 vor Christus.

Expansion. Die Ausdehnung des Einfluss- bzw. Herrschaftsgebietes eines Staates mithilfe militärischer, wirtschaftlicher oder politischer Mittel. So erweiterten die Griechen durch Gründung von Kolonien ihren wirtschaftlichen und politischen Einflussbereich. Den Römern gelang es, durch eine Vielzahl von Kriegen über mehrere Jahrhunderte hinweg das eigene Einflussgebiet auszudehnen und ein Weltreich entstehen zu lassen.

Familie. Über ein Familienleben in der Altsteinzeit ist nichts Konkretes bekannt, wahrscheinlich gab es in der Jungsteinzeit bereits Familien, die in einem Haus zusammenlebten, eine Hausgemeinschaft. In Ägypten wurden ebenso wie später in Griechenland und Rom Haus und Familie als Bereich der Frau angesehen. In Ägypten war die Stellung der Frau dennoch besser als in Griechenland oder Rom. Sie war dem Mann rechtlich gleichgestellt, durfte persönliches Eigentum besitzen und auch erben und vererben. In Griechenland gehörten zur Familie der Mann, die Frau und nur wenige Kinder. Der Mann besaß die Verfügungsgewalt über den Familienbesitz und die Kinder. Wie auch in Rom entschied der Vater nach der Geburt eines Kindes, ob es in die Familie aufgenommen oder ausgesetzt wurde. Die römische Familie bestand mit dem pater familias als Vorstand aus der Frau und den Kindern, den Enkeln, Urenkeln und Sklaven. Der pater familias hatte über die Familie und deren Besitz die absolute Gewalt, sie waren sein persönliches Eigentum.

Gesellschaft. Eine Gesellschaft ist die Gesamtheit der Menschen, die beispielsweise in einem Staat wie durch ein Netz miteinander verbunden und aufeinander angewiesen sind. Jede Gesellschaft gliedert sich in Gruppen. Diese Gruppen unterscheiden sich durch den Rang innerhalb der Gesellschaft. Häufig wird zur Darstellung der Rangunterschiede innerhalb einer Gesellschaft auf die Form der Pyramide zurückgegriffen. Dies ist jedoch eine stark vereinfachende Darstellung. In der ägyptischen Gesellschaft etwa waren die Abstände zwischen der Spitze der Gesellschaft (Pharao, hohe Beamte und Priester) und der unteren Stufe (Bauern, Arbeiter, Diener, Sklaven) so groß, dass sie im Bild der Pyramide nicht angemessen dargestellt werden können.

Gottkönigtum. Der König ist gleichzeitig Gott und wird als Gott verehrt;

in Ägypten gab es auch Vorstellungen, die den König nicht als Gott sahen, sondern als Menschen, der aber Sohn eines Gottes war, oder als Stellvertreter Gottes dem göttlichen Bereich sehr nahe stand. Ähnlichkeit mit dem Gottkönigtum hat das Gottesgnadentum, d. h. der König wird durch einen Gott auserwählt. Für die Stellung eines Königs ist es wichtig, sich auf göttlichen Willen berufen zu können; die Herrschaft ist also durch Berufung auf heilige Kräfte gerechtfertigt (Fachausdruck: sakrale Legitimation).

Handel. In der Steinzeit wurden die einzelnen Waren, da Geld noch unbekannt war, getauscht (Tauschhandel). Beliebte Handelsobjekte waren Bernstein, Feuerstein und später in den Metallzeiten für die Herstellung von Bronze auch Zinn und Kupfer. Es entstanden Handelsstraßen und Handelsbeziehungen. In Griechenland und Rom war unter anderem der Sklavenhandel ein einträgliches Geschäft. Athen verdankte seinen Reichtum nicht zuletzt dem Seehandel.

Handwerk. In der Altsteinzeit und auch in der Jungsteinzeit musste jeder alles können: Steine zu Faustkeilen schlagen, Häuser bauen und Keramik herstellen. Da die Herstellung von Metallgeräten Erfahrung und besondere Kenntnisse erforderte und sehr Zeit raubend war, spezialisierten sich manche Menschen auf die Verarbeitung von Metall; sie wurden Bergmann oder Schmied. Andere übernahmen dafür die Tätigkeiten, für die jetzt keine Zeit mehr blieb, und wurden Zimmermann, Schreiner usw.

Hegemonie. Das aus dem Griechischen abgeleitete Wort bedeutet ‚Vorherrschaft'. Sparta übte die Hegemonie über die Mitgliedstaaten im Peloponnesischen Bund aus; Athen war die Hegemonialmacht des Delisch-Attischen Seebundes; zwischen dem 5. und 3. Jahrhundert v. Chr. errang Rom die Hegemonie in Italien.

Hellenismus. Das Wort bezeichnet den Zeitabschnitt von 336 v. Chr. (Herrschaftsantritt Alexanders des Großen) bis 30 v. Chr. (Eroberung Ägyptens durch die Römer). Vorherrschende Staatsform des Hellenismus war das Königtum (Alexanderreich und die Nachfolgereiche). Im Hellenismus breitete sich die griechische Siedlungs-, Denk- und Lebensweise im gesamten östlichen Mittelmeerraum aus.

Herrschaft. Herrschaft ist die Ausübung von Macht über Untergebene. Dazu verfügen die Herrschenden über Machtmittel. Es gibt verschiedene Formen, die Herrschaft zu rechtfertigen, z.B. durch eine Wahl. In Mesopotamien und Ägypten wurde die Herrschaft mit göttlichem Willen gerechtfertigt: Der Herrscher sei also von Göttern berufen. Der Fachausdruck hierfür ist „sakrale Legitimation der Herrschaft" (vgl. auch Gottkönigtum).

Hierarchie. Jede Gruppe, in der deutlich gegliederte Rangstufen bestehen, bezeichnet man als hierarchisch. Der Rangniedere ist an Weisungen des Ranghöheren gebunden. Ein hierarchisches System lässt sich mit einer Pyramide vergleichen: Es ist auf die Spitze hin ausgerichtet. Die Beamten im Alten Ägypten bildeten eine Hierarchie.

Hochkultur. Hochkultur ist die Bezeichnung für die seit etwa 3 000 v. Chr. beginnende späte Kulturstufe in der Entwicklung der Menschheit. Kennzeichen sind: Arbeitsteilung, zentrale Verwaltung, städtische Lebensform, Kenntnis einer Schrift, umfangreicher religiöser Kult, anspruchsvolle künstlerische Leistungen. Die ersten Hochkulturen entstanden 3 000 v. Chr. in den sumerischen Stadtstaaten und in Ägypten. Die ersten Hochkulturen entwickelten sich alle in großen fruchtbaren Stromtälern, am Euphrat und Tigris, am Nil, am Hoangho und am Indus. Man nennt sie deshalb auch Stromtal- oder Stromkulturen.

Imperium. Ursprünglich ‚Oberbefehl' oder ‚Herrschaft'. Im republikanischen Rom konnte das Imperium den höchsten Beamten als Amtsgewalt übertragen werden, die sich auf das Heereskommando bezog. Seit dem 1. Jahrhundert v. Chr. bezeichnete ‚Imperium' auch das Gebiet, in dem Rom seine Herrschaft ausübte (Imperium Romanum = Römisches Weltreich).

Jungsteinzeit. Auf dieser Stufe der Entwicklungsgeschichte wohnten die Menschen in festen Häusern in Siedlungen; sie waren also sesshaft (Beispiel: Köln-Lindenthal). Anders als in der Altsteinzeit arbeiteten die Menschen jetzt als Ackerbauern und Viehzüchter und stellten ihre Lebensmittel selbst her. Dadurch wurden sie unabhängiger von der Natur. Die Auswirkungen auf das alltägliche Leben waren so bedeutsam, dass man von der **Neolithischen (= jungsteinzeitlichen) Revolution** spricht. Großsteingräber sind beeindruckende Gemeinschaftsleistungen dieser Zeit (vgl. auch Steinzeit, Altsteinzeit).

Kolonien. Eine Kolonie ist eine neu gegründete Siedlung; Griechen und Römer haben derartige Neusiedlungen angelegt. Zwischen dem 8. und 6. Jahrhundert v. Chr. entstanden im Bereich der Mittelmeer- und Schwarzmeerküsten griechische Kolonien;

hellenistische Könige verlegten ihre Soldaten in neu gegründete Siedlungen (Militärkolonien) und auch den Römern dienten im 4./3. Jahrhundert v. Chr. ihre neu eingerichteten Kolonien vor allem als militärische Außenposten. Seit dem 1. Jahrhundert v. Chr. wurden häufig römische Soldaten nach Beendigung ihrer Dienstzeit in neuen Kolonien angesiedelt (Veteranenkolonien); in der Kaiserzeit schließlich erhielten bis dahin schon bestehende Orte als Auszeichnung den Ehrentitel „colonia".

König. Die Herrschaft eines Königs als Alleinherrscher (Monarchie) ist in der Frühzeit die vorherrschende Verfassungsform gewesen: in Mesopotamien, in Ägypten, in Persien, aber auch in Griechenland und Rom. Während beispielsweise in Ägypten das Königtum nie abgeschafft wurde, löste in vielen griechischen Poleis der Adel die Könige ab, und in Rom entstand nach der Vertreibung der Könige die Republik. In hellenistischer Zeit setzte sich unter Alexander dem Großen und seinen Nachfolgern (Diadochen) jedoch wieder die Königsherrschaft durch und auch das Römische Reich wurde nach dem Untergang der Republik und Caesars Ermordung wieder jahrhundertelang monarchisch (von Kaisern) regiert.

Kult. Verehrung der Gottheit, z.B. in einem Gottesdienst; dabei werden häufig auch Opfer dargebracht. Den Kult vollziehen meist die Priester.

Kultur. In der Vorgeschichte spricht man von verschiedenen Kulturen, wenn sich eine Gemeinschaft durch eine bestimmte Form oder Verzierung ihrer Geräte, Waffen oder Keramik (z.B. Bandkeramik) oder durch die Art und Weise ihrer Siedlungen und Begräbnisse von einer anderen unterscheidet. Typisch für die mykenische Kultur sind z.B. die Bemalung der Keramik und die Architektur. Die frühen Kulturen sind nur aus Funden, die im Boden erhalten blieben, bekannt. Von den Hochkulturen (Mesopotamien, Ägypten) sind wir durch schriftliche Zeugnisse auch über Verwaltung, Regierung, Recht usw. unterrichtet, sodass wir uns eine genauere Vorstellung von ihrer Kultur machen können.

Manipulation. Wörtlich übersetzt heißt das Wort „geschickte Handhabung". Wer manipuliert, der besitzt die Fähigkeit, durch geschickte Handhabung den Willen anderer Menschen in die von ihm gewünschte Richtung zu lenken. Manipulation wurde zum Beispiel dem Griechen Perikles und dem Römer Cäsar vorgeworfen. In der Geschichte und in der Gegenwart haben immer wieder politische Führer und Verführer versucht, den Willen der Bevölkerung in ihrem Sinne zu beeinflussen. Wichtig ist, dass man lernt, Manipulationsversuche zu durchschauen, damit man nicht darauf hereinfällt. Heute wird das Wort Manipulation oft im Zusammenhang mit den Maßnahmen der Werbung gebraucht.

Mehrheitsprinzip. Das ist eine bestimmte Art und Weise, wie durch eine Abstimmung in einer Gruppe oder in einem Staat eine Entscheidung getroffen werden kann. Zum Beispiel ist gewählt, wer die Mehrheit der Stimmen erhält. Dabei kann man verschiedene Arten von Mehrheit unterscheiden. Bei der *absoluten Mehrheit* müssen es mehr als die Hälfte der Stimmen sein, bei der *relativen Mehrheit* genügt es, wenn von mehr als zwei zu wählenden Personen oder Gruppen eine die meisten Stimmen erhält. Zum Mehrheitsprinzip gehört, dass sich die unterlegene Minderheit dem Willen der Mehrheit fügen muss. Fester Bestandteil der Demokratie muss sein, dass die Minderheit gleiche Rechte hat und besonderen Schutz genießt (vgl. auch Abstimmung und Demokratie).

Metallzeit. Diese Zeitstufe folgte auf die Jungsteinzeit. Als die Menschen lernten, Geräte und Waffen aus Metall herzustellen, wurde der Stein als wichtigster Rohstoff abgelöst. Der Gletschermann Ötzi lebte in einer Übergangsphase zwischen Jungsteinzeit und Metallzeit.

Monotheismus. Glaube an einen einzigen Gott, z.B. im Judentum, Christentum, Islam; im Gegensatz dazu: Polytheismus.

Naturvölker. Dieser Sammelbegriff bezeichnet Menschen, die auch heute noch auf der Entwicklungsstufe der Steinzeit leben (bzw. bis vor kurzer Zeit gelebt haben).

Philosophie. Bei den Griechen bedeutete das Wort „Liebe zur Weisheit". Ein Philosoph denkt zum Beispiel über den Sinn des Lebens nach und stellt viele Fragen, zum Beispiel: Wie soll der Mensch sich verhalten, um ein guter Mensch zu werden? Ein berühmter Philosoph war der Grieche Aristoteles. Er erklärte seinen Schülern, wie sie als einzelne Personen zu einem glücklichen Leben finden können und wie das Leben in der Gesellschaft gestaltet werden soll, damit die Menschen glücklich miteinander leben können. Heute ist Philosophie ein Studien- und Schulfach.

Plebejer. In Rom all jene freien Bürger, die nicht dem Adel angehörten. Die Plebejer sind lange Zeit rechtlos gewesen und erlangten erst durch die Ständekämpfe die Möglichkeit, öffentliche Ämter zu übernehmen und am politischen Leben gleichberechtigt mitzuwirken.

Polis. Das griechische Wort Polis (Mehrzahl: Poleis) bezeichnet den zentralen Lebensraum der Griechen: Eine Polis besteht aus einem Siedlungszentrum und dem dazugehörigen Umland. Die Gesamtzahl der Vollbürger einer Polis bildet die Bürgergemeinde, die nach Möglichkeit alle öffentlichen Angelegenheiten eigenständig regelt und wirtschaftlich unabhängig ist. Seit dem 8. Jahrhundert v. Chr. war die Polis der Mittelpunkt des öffentlichen Lebens in Griechenland, das in hunderte derartiger Poleis zerfiel. Unser heutiger Begriff ‚Politik' ist von der griechischen Polis abgeleitet.

Polytheismus. Glaube an mehrere Götter, z.B. bei den Ägyptern, Griechen, Römern.

Prinzipat. Die Bezeichnung der von Augustus geschaffenen Herrschaftsform. Augustus nannte sich ‚Princeps' (= Erster), um seine Herrschaft vom Königtum und von der Diktatur zu unterscheiden. Er ließ Elemente der republikanischen Verfassung bestehen, hatte aber selbst fast uneingeschränkte Macht. Der Prinzipat kann demnach als eine Form der Monarchie angesehen werden. Nach dem Tod des Augustus blieb diese Herrschaftsform mehrere Jahrhunderte lang erhalten.

Provinzialisierung. Ein Begriff, der jene Veränderungen bezeichnen soll, die sich für Rom und die Römer aus dem Kontakt mit den Provinzen ergaben. In der Kaiserzeit konnten zunehmend mehr Provinzbewohner (Provinziale) das römische Bürgerrecht erwerben oder Beamte und Senatoren werden. Die Bevölkerung Roms war in dieser Zeit, zumindest was die unteren Schichten betraf, eine bunte Völkermischung. Ebenso wie römische Lebensweise in die Provinzen getragen wurde (Romanisierung), gelangten provinziale Einflüsse in die Hauptstadt. Die altrömische Kultur wandelte sich, neue Religionen und Kulte fanden in Rom ihre Anhänger. Rom wurde ‚provinzialisiert'.

Quellen. Das sind Überlieferungen aus der Vergangenheit; sie berichten über die Zeit, aus der sie stammen oder stammen umgekehrt aus der Zeit, über die sie berichten. Die wesentlichen Quellengruppen sind: Textquellen (z. B. Inschriften, Urkunden, Briefe), Bildquellen und gegenständliche Quellen (z. B. Bauwerke, Gräber, Münzen).

Recht. Das Recht besteht aus einzelnen Regeln, die ein geordnetes Zusammenleben von Menschen ermöglichen sollen. Die Einhaltung dieser Regeln wird durch die Androhung von Strafen angestrebt. Die entsprechenden Verbote bzw. Vorschriften können schriftlich niedergelegt sein, aber dies muss nicht der Fall sein. Der Kodex Hammurabi etwa ist eine schriftlich aufgezeichnete Gesetzessammlung; auch der ägyptische Pharao ließ Ge- und Verbote aufschreiben. In Griechenland ragt Solon als Gesetzgeber hervor; in Rom wurden um 450 v. Chr. auf 12 Tafeln die wichtigsten Gesetze festgeschrieben (Zwölftafelgesetze). Über die Einhaltung des Rechts wachen Richter und Gerichte, bei denen Klagen eingereicht werden können.

Religion. Im weitesten Sinne ein besonderes Verhältnis des Menschen zu einem Gott. Im Alten Ägypten, Griechenland und Rom wurden viele unterschiedliche Götter verehrt (Polytheismus). Für die Ägypter verkörperte sich das Göttliche in Tier- und Menschengestalten. Die Götter der Griechen hatten nicht nur menschliches Aussehen, sondern auch menschliche Eigenschaften. Die Römer kannten darüber hinaus Götter, die symbolisch für bestimmte Werte standen. Während man in Ägypten und Rom mithilfe von Opfergaben und Gebeten versuchte, die Götter gnädig zu stimmen, war es in Griechenland auch möglich, sich in Zukunftsfragen an ein Orakel zu wenden, um göttlichen Rat zu erhalten. Bei Opfern, Gebeten und Orakeln übernahmen zumeist Priester eine vermittelnde Funktion zwischen Mensch und Gottheit. Während die meisten antiken Völker mehrere Götter anbeteten, verehrten schon in dieser Zeit die Juden einen einzigen Gott (Monotheismus). Eine weitere Ausnahmeerscheinung stellten in der Antike die Erlösungsreligionen dar, deren Anhänger an ein Leben nach dem Tod glaubten. Hierzu zählten auch die Christen.

Republik. Eine Staatsform, in der das Volk oder ein Teil des Volkes die politische Macht besitzt (lat.: res publica = die öffentliche Angelegenheit). Die obersten Staatsämter werden nur für eine bestimmte Zeit durch Wahl besetzt. Die römische Republik war keine Demokratie wie Athen. In Rom wurden politische Ämter zunächst nur von den Adligen bekleidet. Durch die Ständekämpfe erlangten auch die Plebejer Mitbestimmungsrechte. Dennoch blieb die römische Republik weitgehend eine Aristokratie (= Herrschaft der Besten).

Ritter. In der römischen Republik all jene Bürger, die über genügend Einkommen verfügten, um sich im Kriegsfall aus eigenen Mitteln als Reiter auszurüsten. Ab dem 2. Jahrhundert v. Chr. wurden offenbar all jene, die ein gewisses Mindestvermögen nachweisen konnten, zu den Rittern gezählt. Seit dem Ende der

Republik setzten die Kaiser Ritter in wichtige Verwaltungspositionen ein und bestimmten selbst, wer in den Ritterstand aufgenommen wurde.

Romanisierung. Die Verbreitung der römischen Kultur im Römischen Weltreich. Durch die Ausbreitung römischer Bürger im gesamten Reichsgebiet gelangten römische Baukunst, Verwaltung, Bildung und Sprache in die eroberten Provinzen. In vielen Lebensbereichen übernahmen die Provinzbewohner das römische Vorbild. Die lateinische Sprache wurde vor allem im Westen zum gemeinsamen Verständigungsmittel.

Schrift. Wesentliches Kennzeichen einer Hochkultur. Von Schrift kann erst gesprochen werden, wenn Bildzeichen – eine Vorform der Schrift – durch Lautzeichen ersetzt werden. Dieser Schritt vollzog sich um 3 000 v. Chr. in Ägypten und Mesopotamien. Die ägyptischen Hieroglyphen haben zwar die Form von Bildern, stehen jedoch überwiegend für einzelne Laute (wie in unserem Alphabet) oder Silben. Die Zeit, aus der schriftliches Material vorliegt, nennen wir Geschichte, die Zeit davor Vorgeschichte.

Senat. Die Bezeichnung für das Beratungsgremium des römischen Staates (lat.: senatus = Rat der Ältesten). Der Senat unterbreitete den Konsuln Vorschläge für ihre Arbeit; er hatte großen politischen Einfluss. In der Zeit der Republik war der Senat aus Mitgliedern der Patrizier zusammengesetzt. Hohe Beamte (Magistrate) wurden nach Ablauf ihrer Amtstätigkeit ebenfalls zu Senatoren auf Lebenszeit. Im Zusammenhang der Ständekämpfe erhielten ab 367 v. Chr. auch die Plebejer Zugang zu diesem Ratsgremium. In der Kaiserzeit verlor der Senat zunehmend an politischer Bedeutung.

Sklaven. Nach griechischem und römischem Recht Gegenstände, über die der Besitzer frei verfügen konnte. Sie wurden im Bergbau, in der Landwirtschaft, im Haus und in der öffentlichen Verwaltung eingesetzt und lebten unter sehr verschiedenartigen Bedingungen. Vor allem durch Kriegsgefangenschaft gelangten Menschen in die Sklaverei. Die Kinder von Sklaven waren ebenfalls Sklaven.

Staat. Eine Einrichtung, die das Zusammenleben einer bestimmten Menschengruppe auf einem abgegrenzten Gebiet ermöglichen soll. Die ersten Staaten entstanden in Mesopotamien und Ägypten vor dem Hintergrund hoher kultureller Entwicklung und der Notwendigkeit, größere Aufgaben gemeinsam bewältigen zu müssen. Seit Aristoteles unterscheidet man drei grundsätzliche Formen der Herrschaft in einem Staat: Monarchie (Herrschaft eines Einzelnen), Aristokratie (Herrschaft der Besten) und Demokratie (Volksherrschaft).

Staatsform. Darunter versteht man die Art und Weise, wie ein Staat organisiert und gegliedert ist. Die Griechen haben die Staatsform der Demokratie entwickelt, die Römer die der Republik. Auch die Monarchie und die Aristokratie sind Kennzeichnungen für verschiedene Staatsformen. Wichtige Merkmale zur Unterscheidung verschiedener Staatsformen sind die Machtverteilung, das Maß an Mitbestimmung der Menschen in der Politik, die Freiheit und die Gleichheit vor dem Gesetz.

Steinzeit. Grob gesagt bezeichnet der Begriff den Abschnitt der Geschichte, in dem die ersten Menschen lebten. Ihren Namen erhielt die Steinzeit, weil die typischen Werkzeuge (etwa der Faustkeil) aus Stein hergestellt wurden und diese Steingeräte in großer Zahl erhalten geblieben sind – im Gegensatz zu Geräten aus anderen Materialien wie etwa Holz. Da man nicht genau sagen kann, wann die ersten Menschen gelebt und Steinwerkzeuge hergestellt haben, kann man auch den Beginn der Steinzeit nicht mit einer genauen Jahreszahl angeben; einige Wissenschaftler rechnen schon „Lucy“ zur Steinzeit, andere erst den „Jungen vom Turkana-See“; wieder andere meinen, die Steinzeit beginne erst viel später. Wann aber endete die Steinzeit? Diese Frage ist einfacher zu beantworten: Mit der Erfindung von Bronze und Eisen brach eine neue Zeit an, die Metallzeit löste die Steinzeit ab. Dies geschah in Mitteleuropa etwa um 3 000 vor Christus (vgl. auch Altsteinzeit, Jungsteinzeit).

Tragödie. Die von den Griechen entwickelte Tragödie, das Trauerspiel, ist eine der beiden bis heute in den Theatern ständig gespielten Hauptformen des Schauspiels (neben der Komödie). Die Handlungen wurden aus den griechischen Heldensagen entnommen; gespielt wurde von 2 bis 3 Schauspielern und einem so genannten Chor (einer Gruppe von Bürgern). Die Tragödie war Bestandteil der Kultfeiern zu Ehren des Gottes Dionysos.

Tyrannis. Die Tyrannis bedeutete für die Griechen die Herrschaft eines einzigen Adligen, der sich im Kampf um die Macht gegen seine (ebenfalls meist adligen) Gegner durchgesetzt hatte. Tyrannen gab es vor allem in größeren griechischen Poleis im 7. und 6. Jahrhundert v. Chr. (z.B. in Athen und Korinth). Nach heutigem Verständnis ist die Tyrannis gleichbedeutend mit der Unterdrückung von Bürgern und der Ausübung von Gewalt. Diese Vorstellungen dürfen jedoch nicht einfach auf die griechische Zeit übertragen werden.

Verfassung. Unter der Verfassung versteht man die Ordnung eines Gemeinwesens (z.B. einer Polis oder eines größeren Reiches). In dieser Ordnung ist geregelt, wer für was zuständig ist, welche Rechte und Pflichten Amtsträger (z.B. die römischen Konsuln), Einrichtungen (z.B. der römische Senat) und Bürger haben. Manchmal, aber nicht immer, wird die Verfassung in schriftlicher Form festgehalten.

Verwaltung. Vor allem die Regelung von Aufgaben des Staates; eine sehr frühe Form wirksamer Verwaltung findet man im Alten Ägypten in der Tätigkeit der Beamten.

Volksgericht. Die Einrichtung des Volksgerichts gehört zu den Reformen Solons in Athen. Jeder Bürger Athens durfte hier eine Klage einreichen, selbst wenn er nicht persönlich von einem Unrecht betroffen war. Später, im klassischen Athen, wurden aus der gesamten Bürgerschaft 6000 Richter durch das Los bestimmt. Auch im republikanischen Rom gab es das Volksgericht: Die Volksversammlung betätigte sich zugleich als Gerichtshof, seit dem 2. Jahrhundert v. Chr. wurde das Volksgericht jedoch zusehends von ständigen Gerichten verdrängt.

Volksversammlung. Die Versammlung aller stimmberechtigten Bürger eines Staates. Im demokratischen Athen übte die Volksversammlung selbst die höchste Staatsgewalt aus und entschied über alle wichtigen politischen Fragen. Im republikanischen Rom gab es verschiedene Formen der Volksversammlung. Dort wurden zwar Gesetze beschlossen, Beamte gewählt und über Krieg und Frieden entschieden; diese Volksversammlungen hatten jedoch bei weitem nicht das politische Gewicht wie im demokratischen Athen. In der Kaiserzeit wurde die Volksversammlung zunehmend bedeutungslos.

Vorgeschichte. Umfasst den Zeitraum, aus dem wir keine schriftlichen Zeugnisse besitzen (also die Steinzeit und die frühe Metallzeit). Um etwas über die Menschen herauszufinden, die in diesen Zeiten gelebt haben, sind wir auf Funde angewiesen: auf Knochenfunde („Lucy“, Neandertaler), auf Höhlenmalerei (Altsteinzeit), auf Pfostenlöcher (Köln-Lindenthal) oder auf eine Gletschermumie („Ötzi“).

Zeitrechnung. Ein von Menschen geschaffenes System, bestimmte Ereignisse in der Vergangenheit in eine Zeitskala einzuordnen; es ist abhängig von der jeweiligen Kultur. Unsere Zeitrechnung geht von der Geburt Christi aus. Eine andere Zeitrechnung haben die Muslime, die die „Hedschra“ 622 n. Chr. als Ausgangspunkt für ihre Zeitrechnung nehmen. Die alten Römer begannen ihren Kalender mit der Gründung Roms im Jahre 753 v. Chr. Als grobes Raster wird die Geschichte unterteilt in Vorgeschichte, Antike, Mittelalter, Neuzeit. Die Antike umfasst die Geschichte Griechenlands und Roms. In Zahlen ausgedrückt umfasst die Antike oder das „klassische Altertum“ die Zeit vom 11. Jahrhundert v. Chr. bis zum 6. Jahrhundert n. Chr. Das Mittelalter schließt an die Antike an und endet im 16. Jh.; hier beginnt die Neuzeit. Die Übergänge zwischen den einzelnen Epochen sind fließend, auch die Anfangs- und Enddaten können variieren. Die Historiker sind sich nicht immer einig, welches Ereignis den Beginn einer ‚neuen‘ Zeit auslöste.

Zivilisation. Voraussetzung für eine Zivilisation ist eine arbeitsteilig organisierte Gesellschaft, die in Städten zusammenlebt und von der Landbevölkerung versorgt wird. Zivilisation und Kultur stehen in engem Zusammenhang. Römische Kultur, Lebensweise, technische Errungenschaften sowie die sozialen Lebensbedingungen ergeben die römische Zivilisation.

Register

Methodenbox

Die Methodenboxen in diesem Buch

Bildquellenverzeichnis

Agora-Museum, Athen: S. 138 u.l. und S. 145 (Spot News), S. 214 M5, S. 215 M11; Ägypten. Gestern und heute. Lithographien u. Reisetagebuch von David Roberts. Erlangen: Karl Müller Verlag 1996, S. 117: S. 72 (Antonio Attini); Ägyptisches Museum, Kairo: S. 68 o.r., S. 69 (Jürgen Liepe, Berlin); AKG, London: S. 101 u.l.; Alinari, Florenz: S. 177 r.; American School of Classical Studies, Athen: S. 122 r. (Marie und Craig Mauzy); Anderson, Rom: S. 177 M.; Frank Andraschko, Reppenstedt: S. 51 M.r.; Anthony, Beuerberg: S. 10/3. Abb. v.l., S. 11 o.M., S. 212, S. 214 M3, S. 217 M3; Archäologie in Deutschland, Theiss-Verlag, Nr. 2/1998, S. 24: S. 33 l.u. (Z. Burian); Archäologischer Park Xanten: S. 169 u.; Archäologisches Landesmuseum Mecklenburg-Vorpommern: S. 44 (Otto Braasch); Archäologisches Landesmuseum, Schleswig: S. 51 u.r.; Archäologisches Museum, Neapel: S. 192 u., S. 194 M.; Archiv für Kunst und Geschichte, Berlin: S. 8 (akg-images/Erich Lessing), S. 102 l., S. 109 o.l., S. 110 r., S. 120 o., S. 122 l., S. 132 (Erich Lessing), S. 135 u., S. 146 u., S. 155 r., S. 158, S. 195 l., S. 204 (Erich Lessing); Archiv Gerstenberg, Wietze: S. 214 M4; Aventinum Verlag: S. 31 r.M. (K. Sklenár); Badisches Landesmuseum, Karlsruhe: S. 202; Bavaria, Gauting / R. Arnold: S. 61 o.r.; C. Bevilacqua, Mailand: S. 116 l., S. 119, S. 155 l.; Bildarchiv Foto Marburg: S. 208; Bildarchiv Preußischer Kulturbesitz, Berlin: Umschlag/1, S. 9 M., S. 68 l. (Margarete Büsing), S. 109 o.r. und u.l., S. 110 l., S. 116 r., S. 123, S. 127 r. und l., S. 131, S. 138 o.l. und S. 139 (Christa Begall), S. 142, S. 150 u., S. 151 u., S. 178, S. 180, S. 190; Brian Brake / John Hillelson Agency, London: S. 157 o.l.; British Museum, London: S. 19 o., S. 83, S. 84, S. 94 u.l., S. 108 l.o. und l.u., S. 140 und 141, S. 153 o.r., S. 188; Buchner: S. 96; Göran Burenhult: S. 46; Hans-Joachim Cornelissen, Monte Estoril: S. 35 o.; Pierre Crotti, Lausanne: S. 31 l.u. und r.u.; Delta Verlag, Stuttgart / Les Éditions Albert René, Paris: S. 184; Deutsches Archäologisches Institut, Athen: S. 102 r.; Deutsches Archäologisches Institut, Kairo: S. 56/57, S. 81 l.; Deutsches Architekturmuseum, Frankfurt: S. 41o.; Deutsches Museum, München: S. 10 o.l.; Dominique Le Doare / Daniel Soret: S. 47 r.; dpa: S. 95, S. 115 u.; DVA, Stuttgart: S. 25 r.; Edizioni White Star: S. 193 u.; Egmont Children's Books, London: S. 192 o. (Philipp Hood); Ekdotike Athenaion S.A., Athen: S. 135 o.r., S. 215 M9; Ekschmitt, Die Sieben Weltwunder. Philipp von Zabern Verlag, Mainz 1993 (9. Aufl.), S. 209: S. 89; C. Emmler / laif, Köln: S. 26 o.M.; ET Archive, London / Staatliche Antikensammmlungen und Glyptothek, München: S. 148; Evangelisches Gemeinde- u. Verwaltungsamt im Kirchenkreis Trier: S. 216 o.; Mary Evans Picture Library: S. 146 r.; Explorer, Paris: S. 34 o. (M. Evans); Joachim Feist, Pliezhausen: S. 30 u.r.; Forschungsinstitut für Alpine Vorzeit der Universität Innsbruck: S. 17, S. 48; Foto Marburg: S. 108 o.M.; Alex R. Furger/Fanny Hartmann, Vor 5000 Jahren..., Verlag Paul Haupt, Bern und Stuttgart 1983, S. 119: S. 37 r.u.; Gamma Liaison, New York: S. 20/21; Gemeinnützige Stiftung Leonard von Matt, Buochs: S. 173; Griffith Institute, Ashmolean Museum, Oxford: S. 90; Sibylle und Fritz Haase, Bremen: S. 68 M.u.; Sonia Halliday Photographs: S. 100 u.l.; Robert Harding Ass., London: S. 91; Helvetia archäologica, CH - Biel-Benken: S. 42; Herakleion Museum: S. 100 u.r. (EA); H. Holzbauer / K.-H. Zuber (Hg.) u.a., bsv-Geschichte 1 N, Bayerischer Schulbuchverlag / München 2/1992, S. 137 o.: S. 196 (Detlev Richter); A. Howarth / Woodfin Camp / Agentur Focus: S. 47 M.; Institut für Ur- und Frühgeschichte der Universität Tübingen / W. Tambour: S. 55 M.; Kestner Museum, Hannover: S. 85 l. und r.; Kunsthistorisches Museum, Wien: S. 61 u. (Ingrid Asmus-Seipel, Konstanz), S. 66; Ernst Kuper: S. 125; Landesamt für Archäologie, Dresden: S. 31 o.r. (U. Wohmann); Landesamt für Bodendenkmalpflege / Archäologisches Landesmuseum, Mecklenburg-Vorpommern: S. 45 o.; P. Landmann / Arenok, Paris: S. 50; Johannes Lehmann, So rechneten Ägypter und Babylonier, Urania Verlag, Berlin 1994 S. 16, 18: S. 62 r.; Limesmuseum, Aalen: S. 198, S. 200; W. Lindsay / H. Taylor: Geschichte des Lebens, Hildesheim / Gerstenberg 1994 (Foto: Harry Taylor): S. 22 l.u. (2 Abb.); Lotos Film, Kaufbeuren: S. 60, S. 94 M.r. (E. Thiem), S. 207; Louvre, Paris: S. 9 o., S. 167 l.; David Macauly, Wo die Pyramiden stehen, © 1974/1997 Artemis & Winkler Verlag, Düsseldorf / Zürich: S. 86, S. 87, S. 88; Marshall Edition, London: S. 136 o.; Mauritius / v.d. Ropp: S. 106; Jane McIntosh: Archäologie, Hildesheim / Gerstenberg 1995, S. 44: S. 55 o.; mediacolors, Mainz: S. 10/1. (Löhr) – 4. (Damm) – 5. (Vogelsang) – 6. Abb. v. l., S. 11 o.r. (Bieniek), S. 98/kl. Abb. (LEG), S. 137, S. 165 u. und 217 o.l. (DW), S. 216 u.; Wolfgang Meier, Bad Salzuflen: S. 9 u.r.; Arnoldo Mondadori, Verona: S. 23 o.r.; Museo Nazionale, Neapel: S. 150 o., S. 172 o.r. und l.; Museum für Vor- und Frühgeschichte, Berlin: S. 34 u., S. 36/M2 und M3; Nationalmuseum, Athen: S. 108 r.u., S. 113; National Museum of Denmark: S. 31 M., Natural History Museum, London: S. 24 M., S. 24 r., S. 27 (Lucy); Neanderthal Museum, Mettmann: S. 30 u.l., S. 33 l.o.; Niederösterreichisches Landesmuseum St. Pölten: S. 36 r.u.; Niedersächsisches Landesverwaltungsamt/Institut für Denkmalpflege – Archäologisches Archiv, Hannover: S. 25 l.; Ogando / Montage bdw: S. 33 r.; The Oriental Institute of The University of Chicago: S. 129; Pinacoteca Di Brera, Mailand: S. 147; Planet Earth Pictures: S. 23 o.l. (Peter Scooner); Axel Poignant Archive: S. 55 u.; John Reader / Science Photo Library/Focus: S. 27 o.r.; Regionalkrankenhaus Bozen / Südtiroler Archäologiemuseum (www.iceman.it): S. 49 r.; Rheinisches Landesmuseum, Trier: S. 157 o.r., S. 168, S. 189 o. (Thomas Zühmer); Roemer- und Pelizaeus-Museum, Hildesheim: Umschlag/1 (P.W. Windszus), S. 70, S. 71 (P.W. Windszus), S. 78, S. 79 (P.W. Windszus); © Roemer- und Pelizaeus-Museum, Hildesheim und Verlag Philipp von Zabern, Mainz 1986: S. 80 l. und o.r., S. 81 r.; Römisch-Germanisches Museum/Archäologische Gesellschaft, Köln: S. 37 l.o.; Römisch-Germanisches Zentralmuseum, Mainz: S. 49 M. und l. (Christin Beeck); Römisch-Germanisches Zentralmuseum Forschungsinstitut für Vor- und Frühgeschichte/ Forschungsbereich Altsteinzeit: S. 31 o.r. und o.M.; Michael Ruetz/Agentur/Focus, Hamburg: S. 98/gr. Abb., S. 117/gr. Abb.; Scala, Florenz: S. 160, S. 167 r., S. 182, S. 183, S. 193 o.l.; Günter Schlottmann, Paderborn: S. 14 o., S. 15 u., S. 16 u., S. 19 u.r., S. 26 o.r., S. 27 (Mensch), S. 38 o., S. 115 M., S. 126, S. 159 u., S. 175 l.; Friedemann Schrenk: Die Frühzeit des Menschen, C. H. Beck / Wissen in der Beck'schen Reihe Nr. 2059, C.H. Beck'sche Verlagsbuchhandlung, München: S. 26 u. (Zeichnung: Claudia Schnubel); Daniel Schwartz/LOOKAT, Zürich: S. 144; Siliotti, Alberto: Ägypten. Erlangen: Karl Müller Verlag 1994, S. 99–102/Edizioni White Star: S. 92/93; Norbert Simianer, Ostfildern: S. 201u.; Staatliche Antikensammlung, München: S. 103, S. 114 r., S. 176; Staatliche Münzsammlung, München: S. 164, S. 205 o.l. und r.; Stern / Picture Press, Hamburg: S. 109 u.r. (Smetek); Henri und Anne Stierlin: Das Gold der Pharaonen, Editions Pierre Terrail, Paris 1993: S. 64; Tony Stone, Hamburg: S. 10/2. Abb. v.l. (Cosmo Condina), S. 11 o.l. (Jean Pragen), S. 26 o.l. (Peter Correz), S. 27 (Gorilla/Art Wolfe, Schimpanse/Manoj Shah); F. Teichmann, Stuttgart: Umschlag/1, S. 94/gr. Abb.; Time Life, Amsterdam: S. 153 u.; topic Verlag, Karlsfeld: S. 73 u.; Trinity College, Cambridge: S. 18; Helmut Uhlig, Berlin: S. 41 u.; ullstein bild-Camera Press Ltd.: S. 9 u.l.; Weldon Owen Pty Limited, Australien: S. 28, S. 52, S. 53; Illustration von Fritz Wendler; aus: Ernst Probst, Deutschland in der Steinzeit © C. Bertelsmann Verlag GmbH, München 1991, in der Verlagsgruppe Bertelsmann: S. 39 u.; Westermann Schulbuchverlag GmbH, Braunschweig: S. 157 (Karte); Wolgensinger, Zürich: S. 58; ZEFA, Düsseldorf / Robin Smith: S. u.l.; Roger Wood, London: S. 157 u.l.; weitere: Verlagsarchiv Schöningh.

Sollte trotz aller Bemühungen um korrekte Urheberrechtsangaben ein Irrtum unterlaufen sein, bitten wir darum, sich mit dem Verlag in Verbindung zu setzen, damit wir eventuell notwendige Korrekturen vornehmen können.